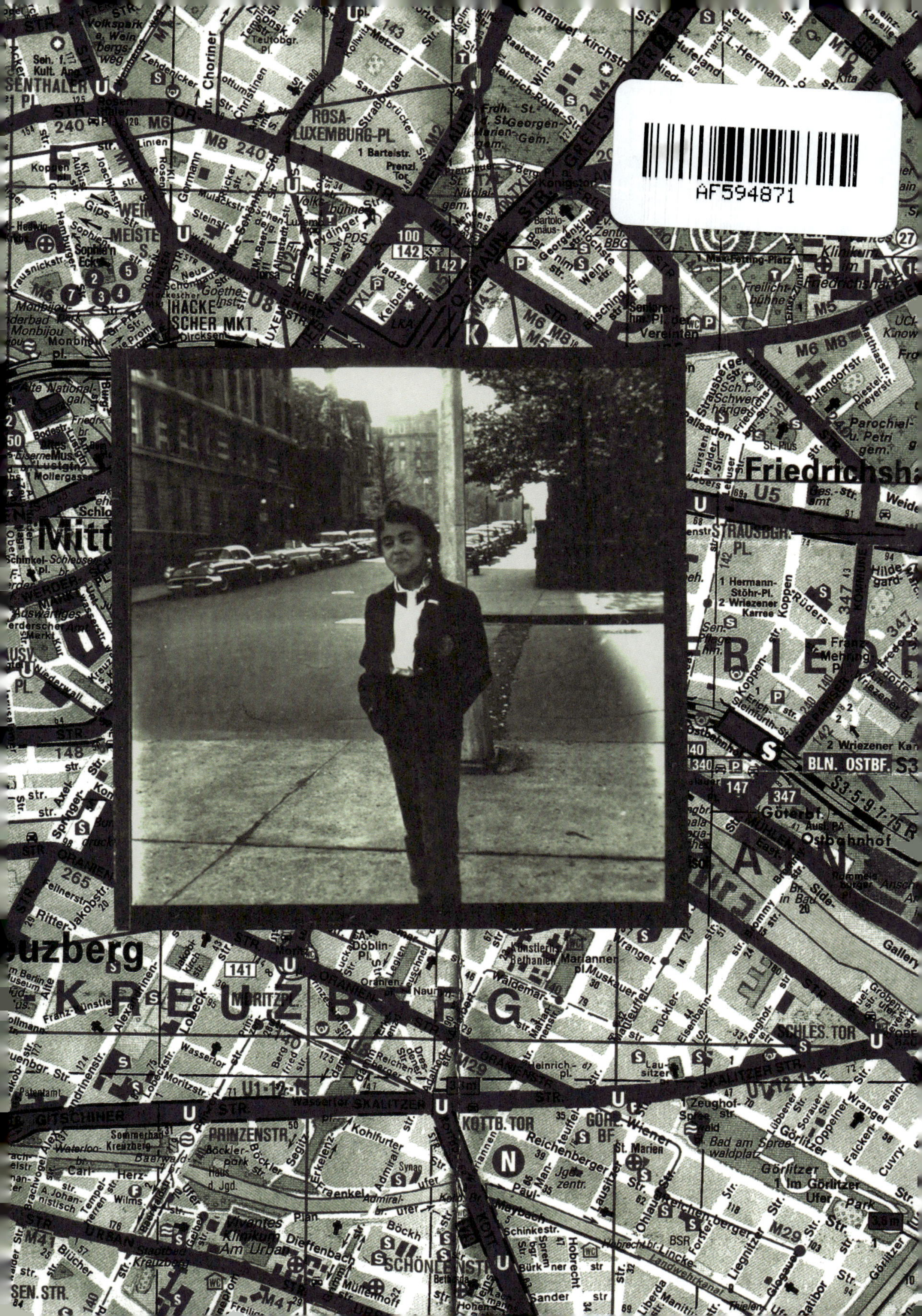
ROSA-LUXEMBURG-PL.
HACKESCHER MKT.
Mitt
Friedrichsha
FRIED
uzberg
KREUZBERG
BLN. OSTBF.
Ostbahnhof
SCHLES. TOR
KOTTB. TOR
PRINZENSTR.
MORITZPL.
SKALITZER STR.
GITSCHINER
Görlitzer Park
SCHÖNLEINSTR.

Adrian Piper

ESCAPE TO BERLIN
A Travel Memoir

FUGA A BERLINO
Memorie di viaggio

Se l'America avrà mai grandi rivoluzioni, queste saranno provocate dalla presenza dei negri nel territorio degli Stati Uniti: vale a dire non sarà l'eguaglianza delle condizioni, ma la diseguaglianza che le farà sorgere [...] A mano a mano che gli uomini divengono più simili, il dogma dell'eguaglianza delle intelligenze si insinua a poco a poco nelle loro credenze e diviene più difficile per un novatore, chiunque egli sia, acquistare ed esercitare grande potere sullo spirito di un popolo. [...] Ogni volta che le condizioni sono eguali, l'opinione generale pesa immensamente sullo spirito di ogni individuo, lo abbraccia, lo dirige e l'opprime: ciò dipende dalla costituzione stessa della società più che dalle sue leggi politiche. Via via che gli uomini si assomigliano di più, ognuno si sente sempre più debole di fronte a tutti gli altri. Non scoprendo nulla che lo elevi molto al di sopra di essi e che lo distingua, diffida di se stesso quando essi lo combattono. [...] Quando un'opinione ha preso piede in un popolo democratico e si è stabilita nello spirito della maggioranza, sussiste in seguito per forza propria e si perpetua facilmente senza che nessuno l'attacchi. Quelli che prima l'avevano respinta perché falsa finiscono per riceverla come una regola generale, e quelli che continuano a combatterla in fondo al loro cuore non lo dimostrano affatto; hanno cura di non mettersi in una lotta molto pericolosa e inutile. [...] I suoi nemici, siccome continuano a tacere o si comunicano i loro pensieri di nascosto, non hanno la forza di assicurare che si è compiuta una grande rivoluzione e nel dubbio rimangono immobili. Osservano e tacciono. La maggioranza non crede più, ma ha ancora l'aria di credere e questo vano fantasma di opinione pubblica basta per raffreddare i novatori e tenerli in silenzio e in rispetto. [...] Quando vedo la proprietà divenire tanto mobile e l'amore della proprietà così inquieto e ardente, non posso non temere che gli uomini giungano al punto di vedere ogni nuova teoria come un pericolo, ogni innovazione come un turbamento noioso, ogni progresso sociale come un passo verso una rivoluzione e che rifiutino interamente di muoversi per timore di essere trascinati. Io temo, lo confesso, che essi si lascino, infine, dominare da un fiacco amore per i beni presenti, che l'interesse per il loro avvenire e per quello dei loro discendenti scompaia e che preferiscano seguire pigramente il corso del loro destino più che fare, all'occorrenza, uno sforzo energico e improvviso per rimetterlo sulla giusta via.

— Alexis de Tocqueville, *La democrazia in America*, Einaudi, Torino 2006, pp. 691-697

If America ever experiences great revolutions, they will be instigated by the presence of blacks on American soil: that is to say, it will not be the equality of social conditions but rather their inequality which will give rise to them. ... As men increasingly grow alike, the doctrine of intellectual equality gradually creeps into their beliefs and it becomes harder for any innovator to gain and exercise great power over the mind of a nation. ... Whenever social conditions are equal, the opinion of all bears down with a great weight upon the mind of each individual, enfolding, controlling, and oppressing him. This is due much more to the constitution of society than to its political laws. As all men grow more alike, each individual feels increasingly weak in relation to the rest. Since he can find nothing to elevate himself above their level or to distinguish himself from them, he loses confidence in himself the moment they attack him .... Whenever an opinion has taken hold in a democracy and has become established in the minds of the majority, it thereafter exists in its own right and persists without effort because no one attacks it. Those who had initially rejected it as false eventually acknowledge its general acceptance and those who continue to fight against it within their own hearts conceal their dissent, taking great care not to involve themselves in a dangerous and purposeless contest. ... As its opponents continue to say nothing or only stealthily exchange their opinions with others, they are unable to ascertain that a great revolution has taken place and in this state of uncertainty they make no moves. They observe and remain silent. Most people have ceased to believe but still look as if they did and this empty ghost's publicly held opinion is enough to freeze innovation to the spot and to keep opponents silent and respectful. ... When I see property changing hands so quickly and love of property becoming so restless and passionate, I cannot help fearing that men will reach the point of regarding every new theory as a threat, every innovation as a vexatious disturbance, all social progress as the first step toward a revolution and that they will refuse absolutely to move at all lest they are swept away. I confess to the dread that they will ultimately allow themselves to be so overtaken by a craven love of immediate pleasures that concern for their own future and that of their descendants may vanish, and that they will prefer to follow tamely the course of their own destiny rather than make a sudden and energetic effort to set things right when the need arises.

—Alexis de Tocqueville, Democracy in America, Volume II, Chapter 21 (1840)

Volume pubblicato in occasione
della mostra / Book published
on the occasion of the exhibition
Adrian Piper. Race Traitor
a cura di / curated by Diego Sileo
19 marzo / 19 March–9 giugno / 9 June, 2024
Milano, PAC Padiglione d'Arte Contemporanea

To the memory of Nicola Ferrero

In ricordo di Nicola Ferrero

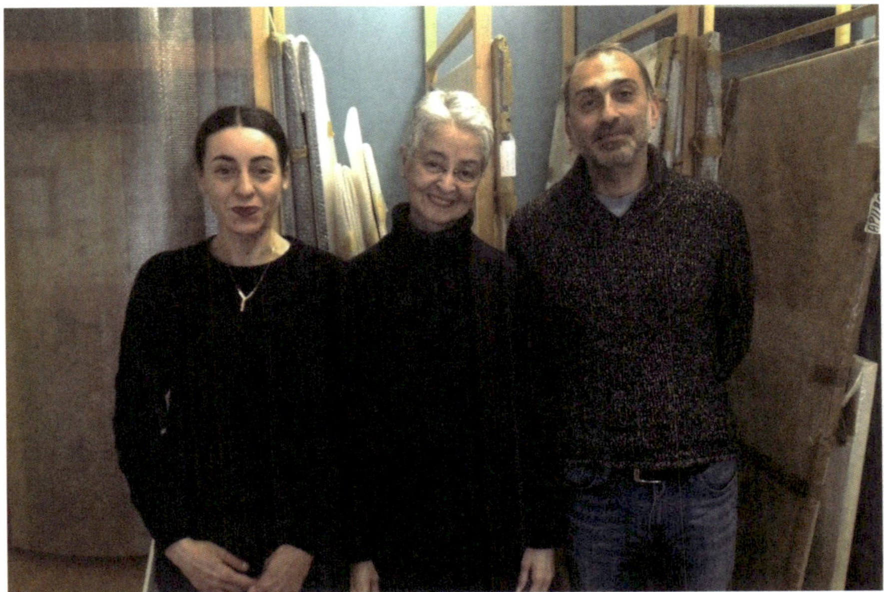

Vuoi sapere perché lasciai gli Stati Uniti
e perché mi rifiuto di tornare?

Ecco perché.

Would you like to know why I left the U.S.
and refuse to return?

This is why.

1. Tu

Pensa all'io che sei veramente in questo modo. Immagina un germoglio, un minuscolo alberello mentre, lentamente e laboriosamente, si spinge fuori dalla terra e sale nell'aria. Ha questo aspetto, guar-

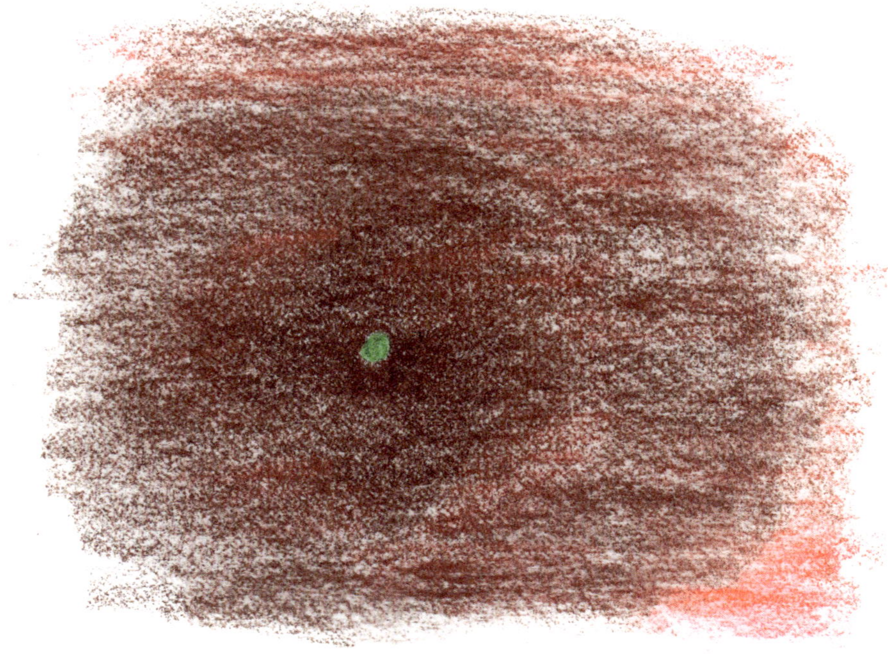

dandolo dal cielo. Man mano che cresce rispetto alla superficie della terra, si spezza e sviluppa sempre più pelli esterne, avvolgendosi di strati che, moltiplicandosi progressivamente, formano intorno a sé anelli come quelli di un albero. Questi tengono il germoglio per il punto centrale e, creando una corazza esterna, gli forniscono protezione, nutrimento e calore. Lo rendono invisibile, plasmando formidabili superfici esterne, sempre più dure e spesse, che, aumentando in numero e circonferenza, respingono ogni contatto. Appena iniziano a crescere intorno al germoglio, questo diventa visibile solo dall'alto, dal cielo, e solo da una prospettiva particolare. A meno che non provi a tagliarlo nella parte media, come è possibile fare con un alberello vero. Se ci proverai, non vedrai che una fetta decapitata del germoglio, che inizierà a morire fin da subito. No, se vuoi vedere il germoglio intero devi osservarlo dall'alto, appunto da quella prospettiva particolare.

1. You

Think of the self you really are this way. Envision a sprout, a tiny sapling slowly and laboriously pushing its way above ground and emerging into the air. From the sky, it looks like this. As it grows taller relative to the ground it breaks, it also grows more and more outer skins, so that it is enveloped by progressively multiplying layers that form something like tree rings around it. These hold the sprout in the middle, providing protection, nourishment, and warmth by creating an outer armor around it. They make it invisible, fashioning increasingly tough, thick, formidable external surfaces that repel touch as they expand in number and girth. Once these start to grow around the sprout, the original sprout itself is visible only from above, from the sky, and only from a particular perspective. But not if you try to slice off the sprout at midsection, as you could a real sapling. If you do that, you will only see a decapitated slice of the sprout, and it will immediately begin to die. If you want to see the whole sprout, you have to look down on it from above, from that particular perspective.

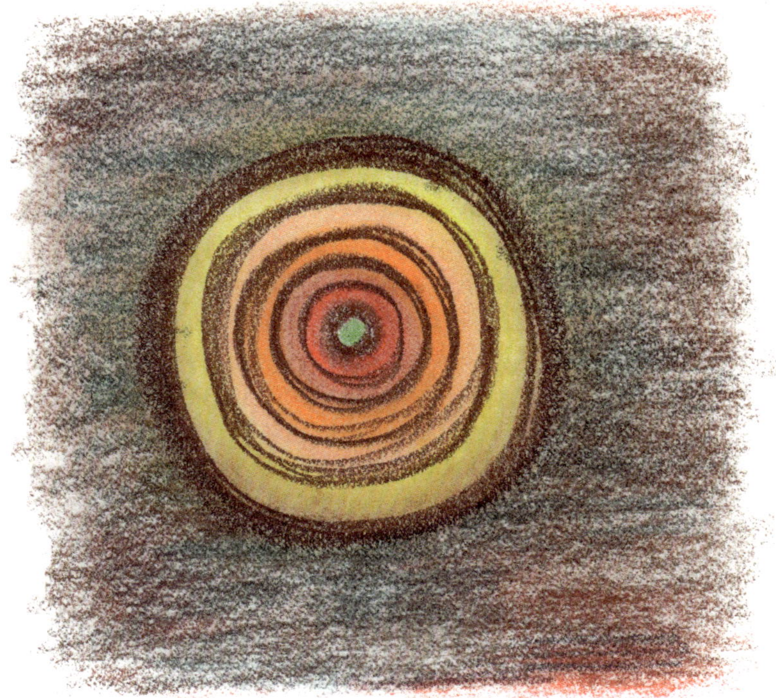

Esistono molti modi per concepire gli strati. Uno di questi è fisico, come strati protettivi di osso, muscolo, carne e sangue, con un involucro di pelle che li tiene tutti dentro. Insieme, queste varietà di carne ti ricoprono e ti ospitano la mente, scolpendo il tuo aspetto fisico esteriore.

Un altro modo è psicologico, come strati di personalità e carattere che evolvono durante il processo di maturazione attraverso il graduale acculturamento e il vissuto personale che ti plasmano e ti fanno diventare l'individuo particolare e unico che sei.

Seppur collegato agli altri, un modo diverso per concepire gli strati è come avvolgenti strati della socializzazione, che proteggono il germoglio da eventuali pericoli, dandogli nutrimento, sicurezza e amore; che, inoltre, avviluppando il germoglio così, in un particolare contesto umano, lo piegano in un particolare insieme di abitudini sociali, lo circondano con un particolare ambiente sociale, e lo avvolgono in modo ben saldo entro i confini di particolari convenzioni sociali. Osservare il germoglio in questo modo aiuta a cambiare leggermente la metafora visiva: da quella di un germoglio a quella di un rocchetto sul quale si potrebbe aggomitolare una striscia di tessuto senza fine. Immagina un rocchetto sottile e allungato avvolto più volte dal tessuto. Immagina che ci sia tanto morbido tessuto da avvolgere intorno al rocchetto quanto vissuto quotidiano altrui con cui circondare, infondere e condizionare la tua consapevolezza: tanto tessuto quanto il numero delle varie comunità, sottoculture e configurazioni di individui in cui sei invischiata in quanto essere sociale.

La tua consapevolezza viaggia naturalmente verso lo strato più esterno del tessuto con il quale ti avvolgono le persone con cui interagisci attualmente, all'interno della comunità in cui ti trovi attualmente. Per questo, la tendenza a vivere sempre sulla superficie della mente è assai forte. Più si avvicina lo strato più esterno al rocchetto, più sensibile, più fragile, più influenzabile diventa. Nel tempo, più si allontana dal centro, più ne aumentano l'insensibilità e la resistenza. Aumenta anche la quantità degli stimoli necessari per suscitare una reazione. Tuttavia, in quanto è nuovo e immediato, e si sta adattando ai contorni esterni del tessuto già avvolto intorno al rocchetto, lo strato più esterno è quasi sempre quello che ti interessa di più. Il processo di avvolgimento di questo particolare strato di tessuto intorno a quelli già avvolti intorno al rocchetto – al tuo rocchetto, cioè a te – tiene desta la tua attenzione, come se stessi provando un nuovo cappotto. Perché questo processo di avvolgimento è continuo e interminabile come lo stesso processo di socializzazione,

There are many ways to think about the layers. One way is physical, as protective layers of bone, muscle, flesh, blood, plus an envelope of skin that holds them all inside. Together, these varieties of meat coat and house your mind, and sculpt your external physical appearance.

Another way is psychological, as layers of personality and character that evolve during the process of maturation, through the gradual acculturation and personal experience that mold you into the distinctive and unique individual you become.

A different but connected way to think of the layers is as enveloping layers of socialization itself, layers that protect the sprout from damage, give it nourishment, security, and love; that also, thereby, envelop the sprout in a particular human context, fold it into a particular set of social habits, surround it with a particular social environment, and wrap it securely within the confines of particular social conventions. To see it this way, it helps to change the visual metaphor slightly, from a sprout to a spool, on which one might wind an unending length of woven fabric. Visualize a slender, elongated spool with fabric wound around it many times. Imagine that there is as much soft cloth to wind around the spool as there is daily experience of others to surround, infuse, and affect your awareness—as much cloth as there are various communities, subcultures, and configurations of individuals in which you are enmeshed as a social being.

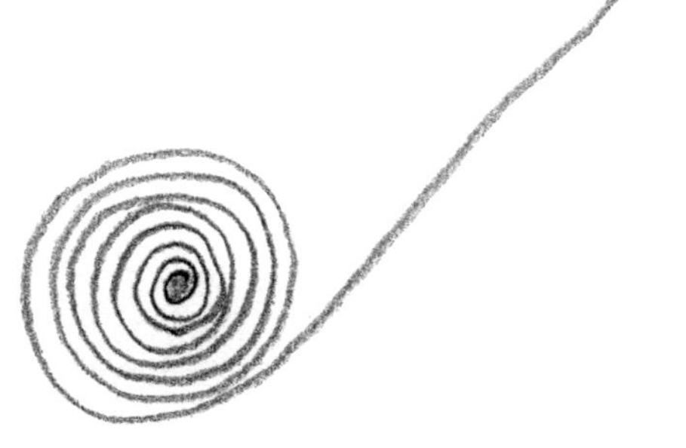

Your awareness naturally travels to the outermost layer of fabric presently being wound around you by the individuals you are presently interacting with, in the community you are presently in. So the tendency to always live on the surface of your mind is very strong. The closer the outermost layer is to the spool itself, the more fragile, sensitive, and impressionable it is. Numbness and toughness increase with distance from the center, and so with time. So also does the quantity of stimulation necessary to elicit reaction. Nevertheless, the outermost layer is almost always most interesting to you because it is new and immediate, and in the process of fitting itself to the outer contours of the already wrapped spool. The process of wrapping that particular layer of cloth

essendo la tua attenzione attratta sempre dalla continua formazione dello strato più nuovo, ovvero l'impronta dell'esperimento sociale che stai vivendo. La differenza sta nel fatto che, al contrario di un nuovo cappotto, lo strato nuovo non è così facile da togliere.

Perché no? Perché, una volta che hai deciso che uno strato di corazza in più e il rivestimento protettivo che ti offre non valgano la restrizione di mobilità, il senso di soffocamento e la limitazione di impulsi che impongono, non puoi semplicemente rifiutare o scartare un nuovo strato di involucro come se fosse un cappotto.

Perché la tua mobilità, il tuo respiro, i tuoi impulsi sono già stati così compressi dai primi strati di involucro–quegli strati precedenti che fungevano anche da protezione e nutrimento da una parte, da restrittive sanzioni sociali dall'altra–che non hai più né la destrezza né la forza di cui avresti bisogno per scartarlo. Rimani impietrita da quella fascia di tessuto senza fine che si avvolge intorno a te in modo sempre più stretto, sempre più intimo, immobilizzandoti in un bozzolo di impegni, aspettative, esigenze, debiti, obblighi, abbigliandoti del bisogno di adempierli tutti con successo. E del desiderio di ottenere i premi che promettono se ci riesci. I tuoi bisogni e desideri, formati e plasmati da precedenti avvolgimenti, diventano essi stessi parte dell'involucro che ti tiene, fissa, nella sua morbida presa.

Anche perché le tue concezioni di destrezza, forza, impulso, respiro, mobilità–in una parola, di libertà–sono state talmente condizionate da quegli strati precedenti che forse non ti passa nemmeno per la mente che ci sia qualcosa da scartare. Gli eventi continuano semplicemente a capitarti, e tu reagisci a essi in modo tale da imprimere e fissare sempre più in profondità il carattere particolare e la persona sociale che hanno plasmato in precedenza. Superato un certo punto, relativamente precoce, quegli strati di socializzazione ti rendono la persona che pensi di essere, e altri strati in più servono semplicemente a rinforzarti in ciò. È così che funzionano le istituzioni sociali efficaci.

Ecco che le istituzioni sociali efficaci attirano la tua attenzione verso di sé e i loro successi, e sempre più lontana dal rocchetto germogliante al tuo centro. Divorano la tua consapevolezza, riempendola della propria importanza e della complessità del proprio funzionamento, così risvegliando il tuo bisogno di trovare il tuo posto al loro interno. Alla fine, sostituiscono la consapevolezza del tuo centro interiore, il locus cui ti rivolgi per trovare te stessa, con una periferia esterna lungo la quale si succedono in continuazione eventi che ti invitano al coinvolgimento e ti incoraggiano a dare il tuo contributo. Il significato stesso dell'io inizia a spostarsi verso l'esterno,

around the previous layers that are in turn wrapped around the spool—your spool, you—holds your attention, as would trying on a new coat. Because that process of wrapping is as continuous and unending as the process of socialization itself, your attention is always naturally drawn to the current formation of that newest layer, the imprint of the social experience you are currently having. The difference is that unlike a new coat, the new layer is not as easy to remove.

Why not? Why can you not simply reject or discard a new layer of wrapping as though it were a new coat, once you decide that another extra layer of armor and the protective padding it offers are not worth the constriction of mobility, the suffocation of breath and impulse they exact?

Because your mobility, breath, and impulse have already been so constricted by earlier layers of wrapping, those previous layers that doubled as protection and nourishment on the one hand and restrictive social sanctions on the other, that you no longer have the dexterity or strength you would need in order to unwrap it. You are frozen in place by that unending length of woven fabric, wrapping itself ever more tightly and intimately around you: immobilizing you in a cocoon of commitments, expectations, demands, debts, obligations; dressing you in the need to fulfill them all successfully, and the desire for the rewards of so doing which they promise. Your needs and desires, formed and molded by earlier layers of wrapped fabric, themselves become part of the wrapping that holds you, fixed, in its soft grip.

And also because your conceptions of dexterity, strength, impulse, breath, mobility—in a word, freedom—have been so deeply conditioned by those earlier layers that it may no longer occur to you that there is anything to unwrap. Events simply continue to happen to you, and you react to them in such a way as to impress and fix even more deeply the particular character and social persona they have previously molded. Past a certain, rather early point, those layers of socialization make you whom you think you are, and additional layers simply reinforce you in this. That is the way successful social institutions work.

So successful social institutions draw your attention toward themselves and their successes, and further away from the sprouting spool at your center. They devour your awareness, filling it with their importance and the complexity

verso la superficie, verso l'ambiente, mentre l'allestimento riuscito di questi eventi ti preoccupa in modo sempre più totale.

Il processo di costante raccolta e assorbimento di sempre più esperienza lungo la tua periferia esterna porta, a lungo andare, a un rocchetto germogliante così avvolto da grandi fasce rigonfie di tessuto da soffocare e frustrare qualsiasi tentativo di respirare e di muoverti. Poi il rocchetto smette di germogliare, pur continuando a girare su se stesso, per poter accogliere i nuovi strati di involucro con cui viene avviluppato in continuazione. In questa condizione, la tua consapevolezza insegue costantemente la tua superficie più esterna, mentre continua, ora lentamente ma comunque incessantemente, ad aumentare di volume, peso e superficie, girando e gonfiandosi e resistendo, al punto che supera lo stesso processo di avvolgimento.

È quella che definiamo morte per cause naturali. La stasi di quella che definiamo morte per cause naturali è legata solo in via secondaria a processi fisici interni che alzano le mani al cielo per la disperazione, e fanno sciopero. In origine, si tratta invece della paralisi delle circostanze, dell'essere talmente sprofondati in tutti gli strati successivi di preoccupazione per quello esterno più recente da non poter più muoversi o respirare o battere le palpebre, in quanto, provandoci, le conseguenze provocherebbero ulteriori movimenti alla periferia, altri avvolgimenti e, così, altro soffocamento. La configurazione di obblighi, istanze, desideri e aspettative, sanzioni e convenzioni che si formano e si fossilizzano intorno a te – il prezzo dell'amore, della sicurezza, del nutrimento – rende a poco a poco impossibile il movimento spontaneo. E così la crescita, e così altra germogliazione. Questa configurazione sempre più fissa è quella che ti raggiunge in modo graduale, costringendoti a un passo lento e facendo sì che il tuo rocchetto germogliante più interno sia disposto a tutto pur di strappare gli strati, affettarli o tagliarli o segarli o farli a pezzi, così rischiando anche di perdere protezione e nutrimento, per fuggire la prigione

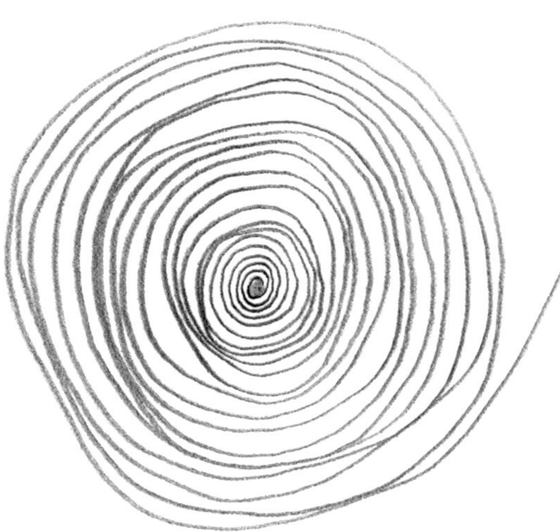

of their functioning, and awakening your need to find your place within them. Eventually they replace awareness of your internal center, the locus to which you turn to find your self, with an external periphery along which events are constantly occurring that invite your involvement and encourage your contribution. The very meaning of the self begins to shift to the external, the surface, and the surroundings, as the successful staging of these events preoccupies you more and more fully.

This process, of constantly gathering and absorbing ever more experience along your outer periphery, eventually results in a sprouting spool so thoroughly wrapped in great, billowing swaths of fabric as to suffocate and stymie any attempt at breath or movement whatsoever. Then the spool stops sprouting, while continuing to revolve in place, in order to accept the new layers of wrapping that are being continually wound around it. In this condition, your awareness is constantly chasing your outermost external surface, as it continues, now sluggishly but persistently, to expand in volume, weight, and surface area, revolving and bloating and boggling to the point where it outpaces the wrapping process itself.

This is what we call death from natural causes. The stasis of what we call death from natural causes is only secondarily about internal physical processes that throw up their hands in desperation and go on strike. It is primarily about the paralysis of circumstance, of being mired so deeply in all of the successive layers of preoccupation with the most recent, external one that it becomes no longer possible to move or breath or blink, because the consequences of so doing themselves elicit further movement at the periphery, further wrapping, and so further suffocation. The configuration of obligations, demands, desires and expectations, sanctions and conventions that form and fossilize around you—the price of love, security, and nourishment—gradually make spontaneous movement, and so growth, and so further sprouting, impossible. This increasingly fixed configuration is what gradually catches up with you, slows you to a crawl, makes your innermost sprouting spool desperate to tear off the layers, to slice or cut or saw or hack through them, risk even the loss of protection and nurture, to escape their imprisoning embrace in whatever way you can and at whatever cost. When you are

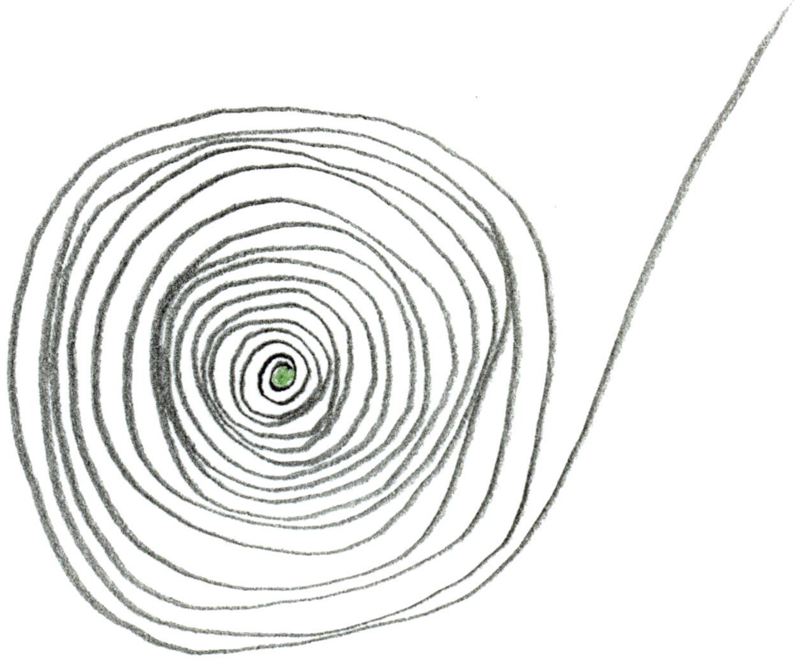

del loro abbraccio. In qualsiasi modo possibile e a qualsiasi costo. Quando sei pronta a invertire la rotta, a srotolare tutti gli strati di involucro che hanno celato e attutito e imbavagliato le avvisaglie dell'io profondo, ad abbandonarle per sempre in un mucchio disordinato, allora sei pronta anche a "morire".

Tuttavia, quella che chiamiamo morte per cause naturali non è morte reale, così come non muore il serpente quando muta la pelle o la farfalla quando esce dal bozzolo o l'energia quando cambia forma. È solo che pare così agli osservatori in quanto la tua immobilità impietrita fa sì che non sembri altro che il tuo involucro, ora sbrindellato. Non riescono, cioè, a vedere quello che succede al germoglio man mano che si sbroglia l'involucro.

Quello che succede è che, srotolandoli in modo graduale, ti stai liberando da tutti gli strati di involucro sociale che prima ti ricoprivano, che stai tornando di nuovo viva, consapevole del terrore e dell'isolamento della libertà, della paura e dell'ansia del libero movimento spontaneo, del precipitarsi e girare per lo spazio sconfinato, della perdita dell'io riflesso che scompare quando scompaiono gli altri, della temporanea agonia che consiste nel cercare freneticamene qualcuno o qualcosa cui relazionarti. E nel trovare nulla e nessuno da nessuna parte dal quale differenziarti. Ora è la tua vibrante, infinitamente estesa ipercoscienza che ti paralizza e ti gela in un punto arbitrario nello spazio profondo, non più il pigro involucro di avvolgimenti che prima ti opprimeva.

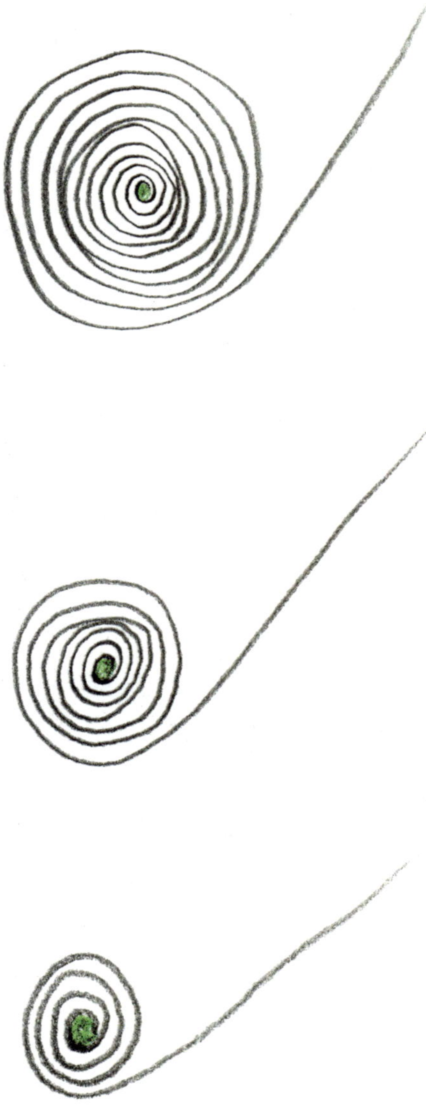

ready to reverse course, to unspool all of the layers of wrapping that have concealed and muffled and gagged the stirring of the deep self, to leave them behind in a disheveled heap forever, then you are ready to "die."

However, what we call death from natural causes is not really death, any more than the snake dies by shedding its skin or the butterfly by shedding its cocoon or energy by changing its form. It just seems that way to observers, because your frozen immobility makes it look as though you are nothing but your now-tattered wrappings. They cannot see what is happening to the sprout as the wrapping unravels.

What is happening as you are gradually unspooling yourself from all of the layers of social wrapping that encased you is that you are now becoming newly alive, to the terror and isolation of freedom, the dread and anxiety of spontaneous untrammeled movement, of hurtling and spinning through unbounded space, of the loss of the reflected self that disappears when others do, of the temporary death throes that consist in casting about frantically for anyone, anything to be in relation to, and finding nothing, no one anywhere to be different from. Now it is your vibrating, infinitely extending hyperconsciousness that transfixes, freezes you at some arbitrary point in deep space, not the sluggish encasement in layers of wrapping that used to weigh you down.

Because if you are really shedding all of those layers forever, then you are on your own. No one who invited you in, wrapped themselves around you, integrated you into their community or subculture protects you if you abandon it, and still less if you are forced out of it. No one supports you, no one cherishes or loves you, no one is there for you. For to do any of those things is to distance oneself from one's community of origin, just as you have. It is to betray its values by allying oneself with someone who has rejected them, namely you.

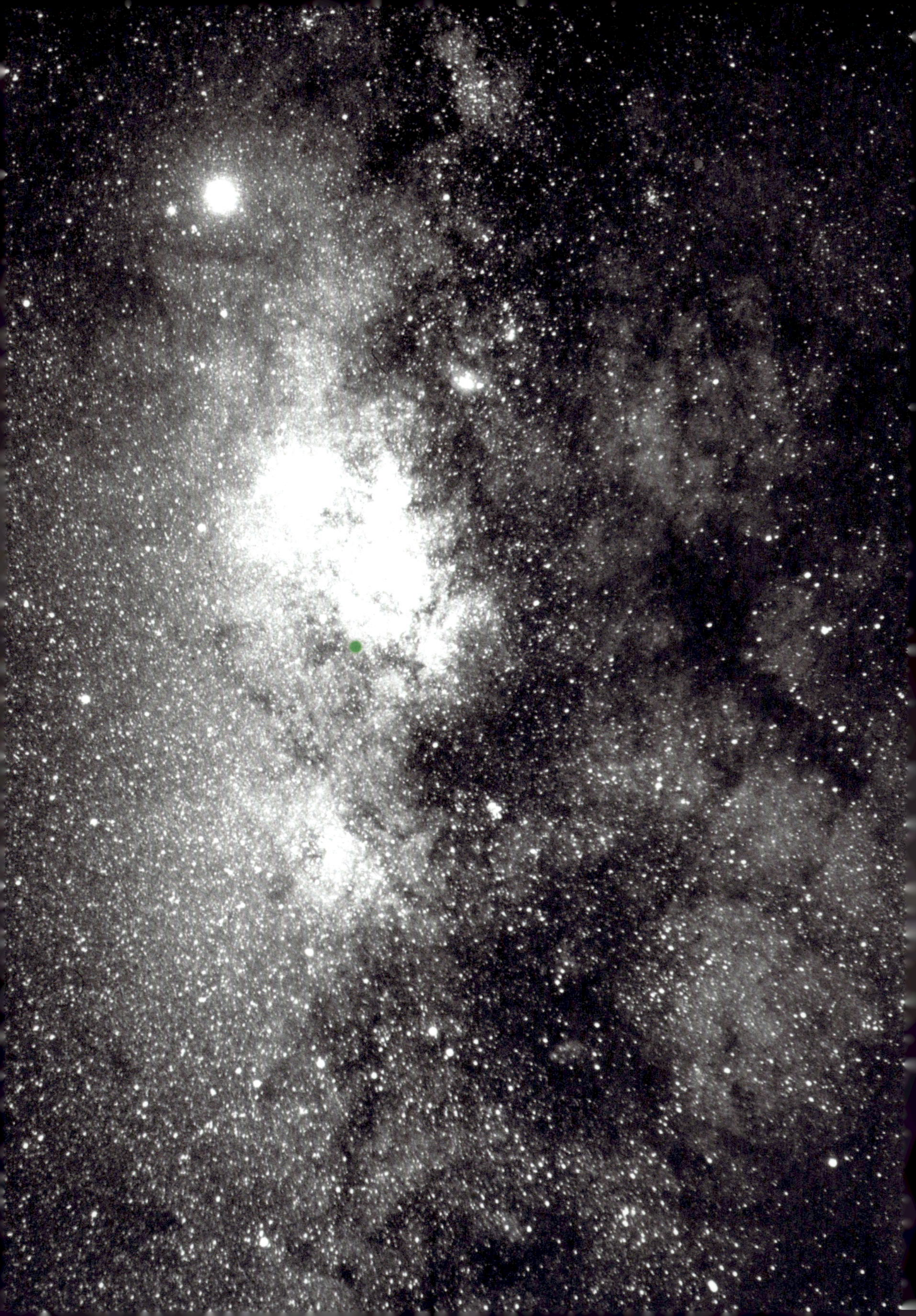

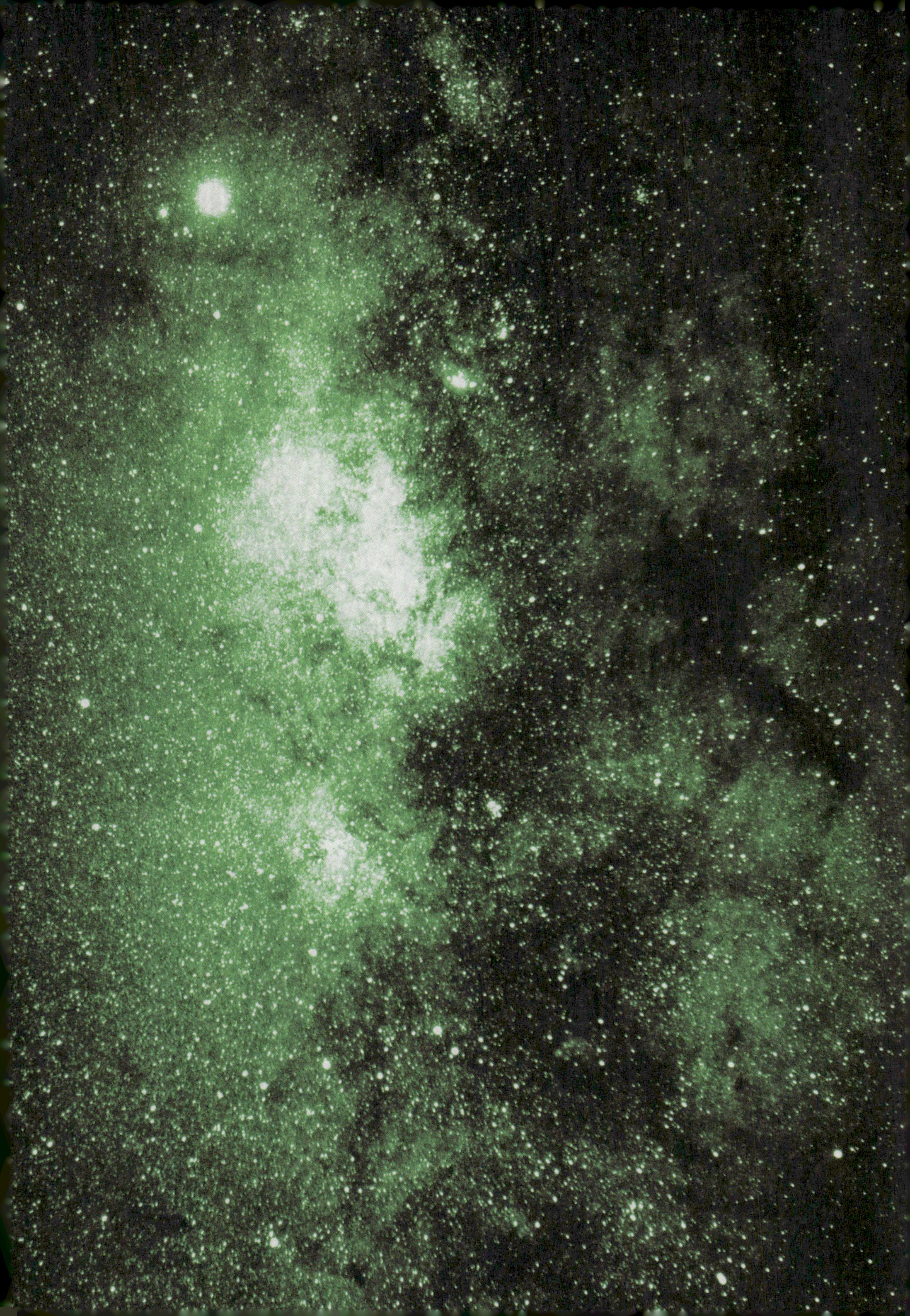

Perché se perdi veramente tutti quegli strati per sempre, allora resti sola. Nessuno tra quelli che ti hanno invitata a entrare, che si sono avvolti intorno a te, che ti hanno integrata nella loro comunità o sottocultura, ti protegge se l'abbandoni, tanto meno se sei costretta a lasciarla. Nessuno ti sostiene, ti cura o ti ama, nessuno sta al tuo fianco. Perché fare una qualsiasi di queste cose significa distanziarsi dalla tua comunità di origine, come hai fatto tu. Significa tradire i suoi valori, allearti con chi li ha ripudiati, vale a dire te stessa. Ma coloro che ti hanno accolta nella loro comunità, avvolgendosi intorno a te, non hanno alcuna intenzione di tradirla per te. Debbono la propria sopravvivenza, la propria vita, il proprio benessere a quella comunità. Anch'essi restano impietriti, preoccupati dalle proprie superfici esterne, rotanti e sempre più gonfie, così come lo eri tu. In questa matrice, tutti si mettono al proprio posto, l'uno con l'altro. Ciascuno è lo strato più esterno di tessuto avvolgente avviluppato intorno al rocchetto germogliante di ciascun altro. Nessuno riesce a muoversi senza strappare il tessuto che lega tutti. Il tuo abbandono indebolisce la presa di quel tessuto, minaccia di scoprire i rocchetti fragili per proteggere i quali si sono avvolti l'uno intorno all'altro fin dall'inizio. Liberandoti, sia deliberatamente sia involontariamente, te ne renda conto o meno, ricordi a tutti gli altri la vulnerabilità e transitorietà delle loro interconnessioni reciproche. Nessuno desidera affrontare ciò.

Dopodiché, se non ti rimangono troppi rimpianti o ancora cose da sbrigare o lezioni disimparate, non sei costretta a tornarvi ancora. Anzi, il duro strato pietroso di ego che separa il germoglio al suo interno da tutti gli strati esterni che lo circondavano, comincia a sciogliersi, a disintegrarsi man mano che si sbroglia, allentando la stretta presa mortale sul minuscolo germoglio, ora molto sfruttato, intrappolato al suo interno, permettendogli di inalare all'infinito, di contenere tutto, di espandersi senza limiti, di disperdersi ed evaporare in tutto quello che è stato, in tutto quello che l'ha circondato, in tutto quello che ha lasciato indietro nel momento in cui ha iniziato a sbrogliarsi e staccarsi dal suo involucro. A questo punto, sei veramente libera. Si tratta del momento in cui diventi l'io che sei davvero.

But those who accepted you into their community by wrapping themselves around you have no intention of betraying it for your sake. They owe their survival, their life, and their wellbeing to that community. They, too, are frozen in place and preoccupied by their revolving, rapidly ballooning outer surfaces, just as you were. Everyone holds one another in place in this matrix. Everyone is the outermost layer of wrapping cloth wound around everyone else's sprouting spool. None of them can move without tearing at the fabric that binds them all together. Your defection weakens the grip of that fabric, threatens to expose the fragile sprouts for whose protection they wound themselves around one another in the first place. By unwrapping yourself, whether deliberately or involuntarily, you are, whether you realize it or not, reminding everyone else of the vulnerability and transience of their own mutual interconnections. No one wants to be confronted with that.

Then, if you do not have too many regrets or unfinished business or unslaked desires or unfulfilled needs or unlearned lessons, you do not have to go back for more. Instead the hard, stony layer of ego that separates the sprout within it from all the outer layers that surrounded it, begins to melt and disintegrate as it unravels, releasing its constricting death-grip on the tiny, now highly impacted sprout trapped inside it, allowing the sprout to inhale endlessly, to take everything into it, to expand without limit, to disperse and evaporate into everything it has ever been, everything that has ever surrounded it, everything it left behind when it began to unspool from its wrappings. Then you are really free. That is when you become the self you really are.

LA MIA OGIVA (1994)

Io sono un razzo
che decolla
costantemente o così sembra
almeno una volta ogni decennio
sgancio un altro cilindro
che scoppia
in un fuoco silenzioso
Lo guardo allontanarsi
sciogliersi in sabbia e cielo
minuscoli grani scintillanti
che galleggiano lenti, si girano, si attorcigliano, si dimenano
persi per sempre nello spazio
Lo saluto:
    Ciao droga!
    Ciao alcol!
    Ciao carne!
    Ciao sesso!
    Ciao tele!
    Ciao gente!
    Ciao cose!
    Ciao!
dal punto di vista distanziato
della mia ogiva

La mia ogiva,
un gioiellino lucente argenteo appuntito
mi fa sembrare l'Uomo di latta
non mi dispiace
è carina
brilla
si lancia attraverso tutto
scandaglia lo spazio profondo
e verità profonde
va dove nessuna ogiva è mai arrivata
ad alte velocità
sempre accelerando
oltre
Einstein aveva torto
ecco l'aspetto della realtà
dall'altro lato della velocità della luce:

MY NOSE CONE (1994)

I am a rocket
blasting off
constantly it seems
at least once every decade
I drop another cylinder
it explodes
in silent fire
I watch it fall away
dissolve in sand and sky
tiny winking grains
slowly floating turning twisting writhing
lost in space forever
I say goodbye to it:
'Bye drugs!
'Bye booze!
'Bye meat!
'Bye sex!
'Bye tube!
'Bye folks!
'Bye things!
'Bye!
from the distanced standpoint
of my nose cone.

My nose cone,
a shiny silvery pointy number
makes me look like the Tin Man
I don't mind
it's cute
it glows
it hurtles through everything
plumbs deep space
and deep truths
goes where no nose cone has ever gone before
at high velocities
accelerating always
further
Einstein was wrong
This is what it looks like
on the other side of the speed of light:

tutto sempre proprio ora
scegli
qualsiasi cosa proprio qui
lo sistemi
Se No
casca
giù, intorno, in, ovunque
minuscole stelle biancazzurre incandescenti luccicanti
la mia ogiva frantumando,
aprendosi per accogliere tutto
la testa che bruciando fredde fiamme azzurre
inondami di luce bianca
disperdo
nella vasta notte antica senza tempo
aspettando e ronzando sotto di noi
accogliendo tutto e ogni cosa con uno sbadiglio.
Ciao!

Ecco un diagramma dell'io che sei veramente visto da una prospettiva vedica. Noterai che, dall'alto, il centro stesso dell'io–la parte che ho paragonato a un germoglio o un rocchetto–è dello stesso colore dello sfondo di tutto il resto dell'immagine: vale a dire, è completamente incolore, senza alcun tipo di ombreggiatura. Si tratta dell'elemento più protetto e chiuso del disegno ma, allo stesso tempo, più pervasivo. È parte di tutto ciò che gli viene successivamente sovrapposto. Un elemento solo poco meno pervasivo, il semplice tratteggio incrociato orizzontale, è lo strato immediatamente successivo, quello intorno al centro, quello che lo protegge più da vicino. Seppure molto disperso, informe e intangibile, dopo il centro è anche il meno percettibile. Man mano che gli strati intorno al centro vengono ombreggiati con tratteggio incrociato in modo sempre più denso e definiti in modo sempre più chiaro contro lo sfondo incolore, si condensano più strettamente assumendo una forma, un peso, una massa e un contenuto sempre più specifici. Lo strato più esterno, quello più carnoso che vediamo allo specchio, è il più individuale, unico e scolpito dalle pressioni della socializzazione. È anche quello che avvolge in modo più stretto e tiene in posizione tutti gli strati interni, che ora sono meno suscettibili alle pressioni esterne ma più alterati dai primi, più interni.

Lo strato più esterno nasconde, tra superfici interne di tessuto, ciclicamente girevoli, un serpeggiante percorso circolare che porta al centro, al minuscolo germoglio per la cui protezione tutto l'involucro

everything always right now
you choose
anything ever right here
you line it up
Or Else
It cascades
down, around, in, throughout
glowing glittering tiny white blue stars
my nose cone shattering,
opening up to let it all in
my head burning cool blue flame
drenching me in white light
I disperse
into the vast and ancient timeless night
waiting and humming beneath us
yawning everything and anything in.
'Bye!

Here is a diagram of the self you really are from a Vedic perspective. You will notice that, from above, the very center of the self—the part that I have been comparing to a sprout, or spool—is the same color as the background of everything in this image; i.e. it is entirely without color and without shading of any kind. It is at once the most protected and enclosed, the most removed from the outer surface, and at the same time the most pervasive element in the drawing. It is a part of everything that is then superimposed on it. The next, only slightly less pervasive element in the drawing, the simple horizontal crosshatching, is also the very next layer around the center, the one that most immediately protects it. It is also the next most perceptible, although still very dispersed, formless, and intangible. As the layers around the center become progressively more densely crosshatched and more sharply

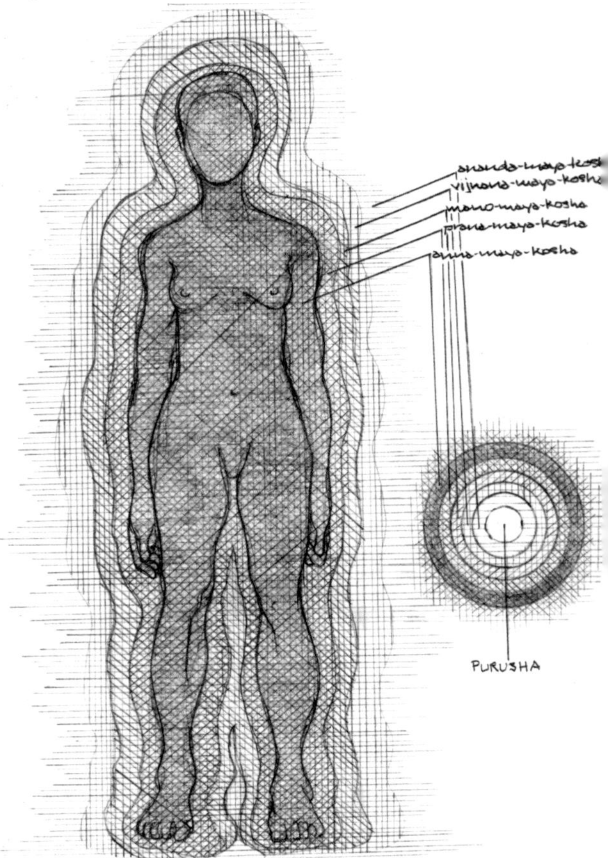

è presente fin dall'inizio. Ma la protezione può venir meno in tanti modi: il tessuto può essere schiacciato e appiattito in un punto in cui dovrebbe essere gonfio, o la tessitura può essere ingarbugliata o annodata laddove dovrebbe essere dritta, o ci possono essere fori laddove ci dovrebbero essere toppe cucite con cura, o il tessuto può essere strappato o sbrindellato laddove dovrebbe essere forte e liscio, o perlomeno rammendato, o, più semplicemente, ci può esserne troppo di stoffa oppure non abbastanza. Basta uno di questi tra i tanti errori di forma per ostacolare il viaggio verso il tuo centro, l'io che sei veramente. Se li moltiplichi in sufficienti quantità o gradi, sei costretta a vivere sulla superficie della tua mente: non hai scelta. Il percorso circolare che ti collegava al tuo io viene bloccato oppure deviato in un cul-de-sac, oppure talmente ostruito da fili consumati che non sei nemmeno in grado di riconoscerlo come tale. Non senza un gran lavoro di ricognizione e sgombero.

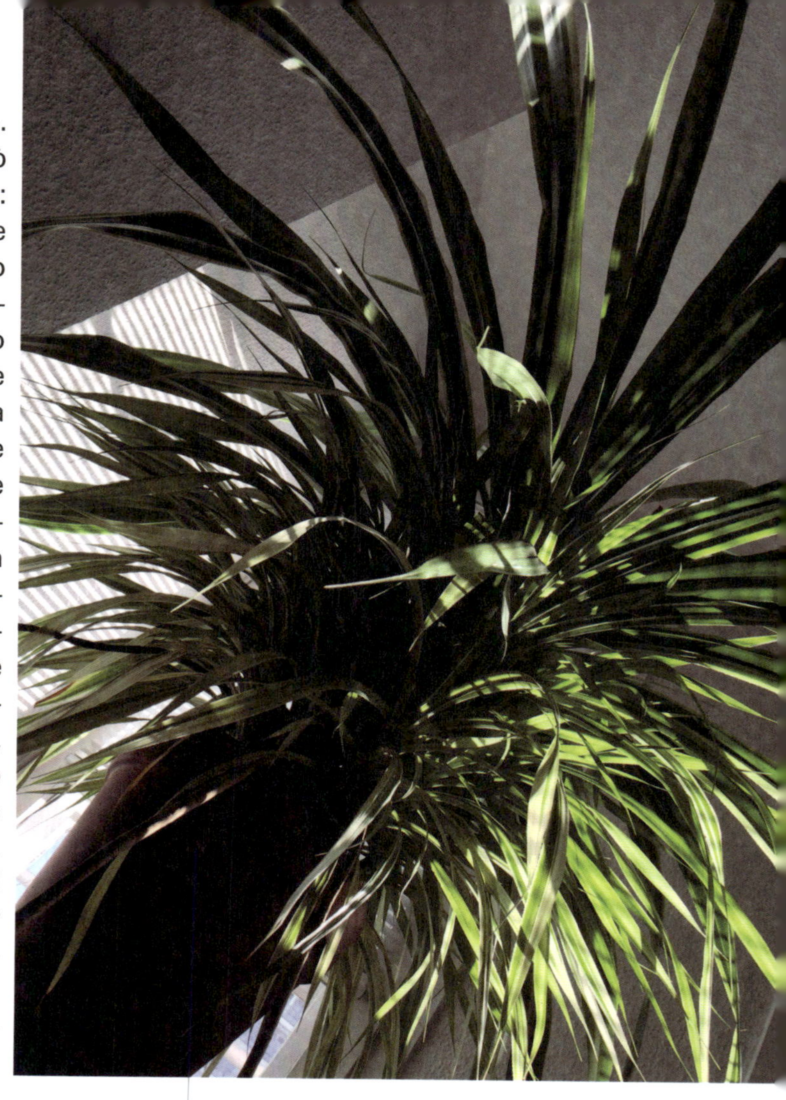

Ma il tuo io è lì in attesa comunque, anche se non sei in grado di raggiungerlo per ora, un monumento in miniatura al testardo ottimismo, intento a frugare sempre più in profondità nella propria fonte di nutrimento senza limiti, senza nome, senza forma, a gettare nuovi germogli per accogliere e celebrare la luce, l'aria e l'acqua che l'avvolgono. Senza quel nutrimento, si seccherebbe e morirebbe. A quel punto, sotto tutto questo avvolgimento e avviluppamento non ci sarebbe nulla da proteggere se non una cosina secca, impolverata, morta che ti portavi dentro e che non ricordava

defined against their colorless background, they condense more tightly into layers of increasingly specific form, weight, mass, and content. The very outermost layer, the fleshy one we see in the mirror, is the most individual, unique, and highly sculpted by the pressures of socialization. It is also the one that most tightly wraps and holds in place all of the interior layers, which are now less susceptible to those external pressures, but more inflected by earlier, more internal ones.

So this outermost layer conceals behind it, between the cyclically revolving interior surfaces of fabric, a winding circular path to the center, to the tiny sprout for whose protection all the wrapping is there in the first place. But protection can go wrong in so many ways: the fabric is mashed and flattened at a point where it should have been fluffed, or the weave is tangled and knotted where it should have been straight, or there are worn holes in the fabric where there should have been careful and painstaking patches, or the cloth is ripped or tattered where it needed to be strong and smooth, or at least mended, or there is simply too much of it, or not enough. Each of these errors of form, among many others, is enough to obstruct your journey to your center, to the self you really are. Multiply them sufficiently in quantity or degree, and you are forced, compelled to live on the surface of your mind; you have no choice. The circular path that connected you to your self is blocked, or diverted into a cul-de-sac, or so clotted with frayed threads that you cannot even recognize it as a path. At least not without a lot of path-clearing scout work.

But your self is still there nevertheless, waiting, even if you cannot get at it just now, a miniature monument to stubborn optimism, always rooting more deeply into its boundless, nameless, formless source of nourishment, always throwing forth new shoots to greet and celebrate the light, air, and water that wrap around it. Without that nourishment, it would wither and die. Then beneath all of that spooling and wrapping there would be nothing to protect, only a small, dry, dusty, dead thing you carried around inside you that could not even remember what it felt like to be alive. But just knowing that your self is there is enough to nourish it. And you do know it is there. Your awareness feeds it. Your self is a carefully wrapped present, hidden from view, that you will find after unraveling all of the knitted and knotted threads that separate you. It is protecting you just as you are protecting it.

più cosa provava ad essere viva. Ma il semplice fatto di sapere che il tuo io è lì basta per nutrirlo. E lo sai che è lì. La tua consapevolezza lo nutre. Il tuo io è un dono incartato con cura e nascosto alla vista che troverai solo dopo aver districato tutti i fili lavorati a maglia e annodati che ti separano da esso. Esso protegge te proprio come tu lo proteggi.

L'ultimo processo di districamento inizia con l'esposizione del tuo strato più esterno alle indifferenti forze della natura umana, quelle che minacciano la sua interezza materiale. Una volta che hai vissuto la minaccia di pericolo fisico da parte di un altro essere umano, tutto quello che fai in seguito–non importa se presto o tardi nella vita, non importa se gli resisti o se lo porti avanti–contiene in sé i semi di preparativi per la fuga, di approntamento dell'evasione dal contenitore fisico che, svelando la sua vera natura di obiettivo e la propria fragile inadeguatezza a subire un tiro al bersaglio, ha tradito la tua fiducia.

Tra coloro che hanno vissuto la minaccia in una fase relativamente precoce della vita, quando i loro strati esterni erano fragili e sensibili, vicini al centro, alcuni desiderano essere avvolti–o meglio bendati–il più possibile. Per loro, prepararsi significa assentarsi dagli strati più esterni che circondano il centro, ritirando in sé la propria azione, permettendo invece alle persistenti pressioni di strati aggiuntivi di determinare i propri movimenti, esperienze, decisioni, nonché la qualità della propria consapevolezza. All'osservatore sembrano reagire automaticamente, in accordo con le condizioni esterne che li sollecitano. Sembrerà pertanto che non esista alcun principio animatore sotto le fasce di tessuto che si girano e si gonfiano e si levano in continuazione, che siano morti prematuramente, roteandosi sul posto come pupazzi senza occhi. Ma questo non è vero. Si stanno semplicemente nascondendo, in attesa del momento giusto per emergere, in cui potranno farlo con sicurezza.

Per altri, la preparazione alla fuga si muove nella direzione opposta: si tratta della inafferrabile promessa di libertà illimitata a determinare la loro coscienza, le loro scelte e le loro azioni esterne; e così le esperienze, movimenti e strati aggiuntivi di tessuto che li legano temporaneamente. È proprio la consapevolezza che questo stato è temporaneo che disturba lo scorrevole giramento e avvolgimento di strati intorno a loro; che fa sì che gli eventi istituzionalizzati che accadono alle periferie sempre più in espansione sembrino meno interessanti o importanti, meno degni di essere presi sul serio; e li costringe a osservare lo srotolamento finale con interesse e curiosità. Persone come queste non sono a proprio agio nella

The final process of unraveling begins with the exposure of your outermost layer to the indifferent natural forces of human nature, the ones that threaten danger to its material integrity. Once you experience that threat of bodily danger from another human being, everything you do afterwards, no matter how early or late in life this may happen to you and no matter whether you resist it or pursue it, contains within it the seeds of preparation for flight, of readying your self for escape from the physical container that, by revealing its true nature as a target, and its brittle inadequacy to withstand target practice, has betrayed your trust.

Some who have experienced this threat relatively early in life, when their outer layers were frail and sensitive, near the center, want as much wrapping—bandaging, really—as possible. For them, this preparation means absenting themselves from the outermost layers that surround their center, withdrawing their agency into themselves and instead allowing the persistent external pressures of additional layers of wrapping to determine their movements, their experiences, their decisions, the quality of their awareness. To an observer they seem to react automatically and in accord with the external conditions that prompt them. Because of this, it may seem that there is no animating principle at all beneath the constantly revolving, bloating, and billowing swathes of cloth, that they are dead before their time, rotating in place like eyeless puppets. But that is not true. They are just in hiding, waiting for the right moment to emerge, when it is safe.

For others, the preparation for escape moves in the opposite direction: it is the elusive promise of unbounded freedom that determines their consciousness, their choices, and their external actions; and so the experiences, movements, and additional layers of wrapping that temporarily bind them. It is the knowledge that the binding is temporary that disrupts its smooth revolving and wrapping around them; makes the institutionalized events that occur at their constantly expanding peripheries seem less interesting or important, less worth taking seriously; and makes them regard the final unspooling with interest and curiosity. People like this are not at home in their own skin, eager to get out of it, and reluctant and resistant to the prospect of additional wrapping around it. They ache to outgrow it, crave transcendence through escape rather than through the binding ties of community; and so

propria pelle, desiderano uscirne, sono diffidenti e resistenti di fronte alla prospettiva di ulteriori avvolgimenti intorno a essa. Bramano di diventare troppo grandi per essa e desiderano ardentemente la trascendenza attraverso la fuga anziché i legami vincolanti della comunità; e così, a coloro che si trovano intorno a loro, presentano continui problemi di autorità e controllo. Nessuno può fare nulla per quanto riguarda la particolare modalità di fuga adottata da una persona, nemmeno la persona stessa. Devi solo ricordarti di quello che esiste nel profondo di queste persone, di tutte queste persone.

present unremitting problems of authority and control for those around them. But there is nothing anyone can do about a person's particular mode of preparation for flight, including the person herself. You just have to remember what is deep inside them, inside all of them.

IN VULNERABILE (1993)

Mi sbarazzo di insulti, abbandoni, difetti
Li rifletto nuovamente nel nostro spazio concettuale condiviso
Li afferro dall'aria
Li sgraffigno con parole precise
Ti offro un tiro al bersaglio oppure
      l'opportunità di praticare l'indulgenza
Pulisco casa tutti i giorni
Smaltisco i miei difetti
Scaccio i miei pensieri
Metto in ordine dopo le mie esperienze
Le riciclo tutte,
      rispedendole là da dove erano venute:
Fuori da me
Non le ho viste venire
Ma le vedo sicuramente andare,
      Procedendo
Insieme a tutte le altre cose che penso di essere.
Dentro è immacolato
                  vuoto
                  come nuovo
Ogni traccia di presenza umana rimossa
Lasciando nulla di particolare
che io possa essere.

IN VULNERABLE (1993)

I throw off insults, derelictions, and flaws
I reflect them back into our shared conceptual space
I grab them out of the air
I nab them with precise wording
I offer you target practice or
    the opportunity to practice forbearance
I clean house daily
I dispose of my faults
I dismiss my thoughts
I clean up after my experiences
I recycle them all,
    back where they came from:
Outside me
I didn't see them coming
But I sure can see them going
    moving right along
Along with everything else I think I am.
Inside is spotless
                    empty
                    pristine
All traces of habitation removed
leaving nothing in particular
for me to be.

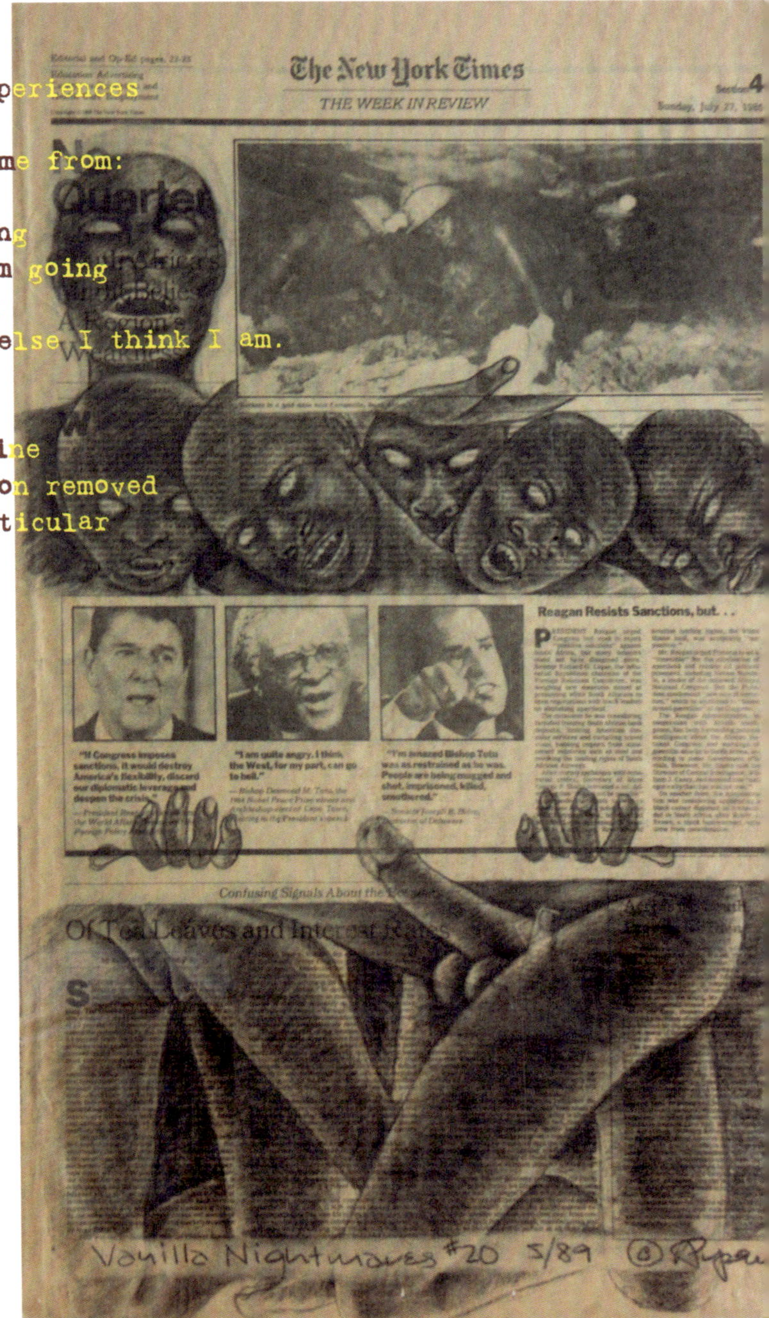

2. Me

Secondo me, le leggi della natura andrebbero disposte nella seguente maniera. Solo una volta toccherebbe agli esseri umani fare gli aggiustamenti che permettano loro di sopravvivere. La maggior parte di questi aggiustamenti ha a che fare con la conservazione di energia. Per esempio, gli esseri umani dovrebbero aver bisogno di mangiare una sola volta in modo che la quantità di carburante consumata possa bastare per la durata di una normale vita umana. E dovrebbero essere in grado di bruciare e utilizzare tutto quello che mangiano. In questo modo non sarebbero costretti a sprecare tempo andando in bagno o preoccupandosi per la digestione. Lo stesso vale per la cucina. Gli esseri umani non dovrebbero essere costretti a mangiare fin che non abbiano imparato a cucinare per sé, cosa che dovrebbe essere molto facile. Così, fanno la spesa e cucinano una sola volta, mangiano quello che hanno cucinato, poi passano ad altre cose. Lo stesso varrebbe anche per le pulizie. Una volta che hanno finito di lavare e asciugare i piatti, di restituirli alla cucina comunitaria, di sistemare i propri ambienti, di spolverare, di lucidare, di passare l'aspirapolvere, di spazzare, di fare il bucato, di portare fuori le immondizie, non rimane più nulla. Fatte le pulizie, lo spazio resta pulito. Esattamente lo stesso principio dovrebbe applicarsi al lavaggio dei denti, all'accorciamento delle unghie, al taglio dei capelli e al bagno. Certo, è giusto che gli esseri umani possano nuotare e divertirsi nell'acqua quanto vogliano. Ma solo quando hanno finito di pulirsi e curarsi. E lo stesso vale per il pagamento delle bollette. Gli esseri umani dovrebbero poter pagare tutte le loro bollette e sistemare tutte le pratiche che li avvalorano come appartenenti alle loro società in un colpo solo. Fare tutto questo richiederebbe un giorno al massimo, non di più. Mi arrabbio al pensiero della quantità di tempo e energia che investo per fare tutte queste cose, per poi doverle rifare nello spazio di qualche ora o settimana o mese o anno, quando preferirei fare qualcos'altro, come ballare o imparare qualcosa di nuovo o socializzare con gli amici.

Simili principi di conservazione di energia dovrebbero essere applicati anche facendo altro. È chiaro che gli esseri umani dovrebbero poter fare tutto quello che vogliono quando e quanto vogliono. Ma non dovrebbero essere costretti a fare la stessa cosa, o a dire la stessa cosa, più di una volta. Le azioni dovrebbero essere efficaci già la prima volta e le persone, me compresa, dovrebbero cogliere

2. Me

In my opinion, the laws of nature should be set up in the following manner. Only once should human beings have to make the adjustments that will enable them to survive. Most of these adjustments have to do with energy conservation. For example, human beings should need to eat only once, so that the resulting fuel intake will see them through a normal human lifespan. And they should be able to burn and use everything they eat. That way they would not have to waste time going to the bathroom or worrying about their digestion. Similarly with cooking. Human beings should not have to eat until they have learned how to cook for themselves, which should be very easy to learn. So they shop and cook once, eat what they have cooked, and then move on to other things. The same would apply to cleaning up. Once human beings have washed and dried the dishes, put them back into the community kitchen, arranged their environments, dusted, polished, vacuumed, mopped, done the laundry, taken out the trash, that is it. The cleaning is done, so the space stays clean. Exactly the same principle should apply to brushing one's teeth, trimming one's fingernails, cutting one's hair and bathing. Of course human beings should be able to swim and frolic in the water as much as they like. But once they clean and trim themselves, they should stay clean and trimmed. And similarly with paying bills. Human beings should be able to pay all of their bills, and settle up all the paperwork that validates them as members of their societies, at one time. This should take no longer than a day at most, and that should take care of it. I become enraged at the thought of how much time and energy I pour into doing all of these things—only to have to do them again a few hours or days or weeks or months or years later, when I would rather be doing something else, such as dancing or learning something new or socializing with my friends.

As to doing things, similar energy-conservation principles should apply there. Of course human beings should be able to do whatever they want, and as much and as often as they want. But they should not be forced to do the same thing, or say the same thing, more than once. Actions should

parole dette subito la prima volta. In questo modo, la ripetizione potrebbe assumere una funzione puramente estetica e coloro che cercano la novità sarebbero liberi di inseguirla.

Ecco perché gli stessi principi di conservazione di energia dovrebbero essere applicati al lavoro. Gli esseri umani dovrebbero essere obbligati a ultimare un compito una volta sola. Dovrebbero essere in grado di coglierne le esigenze in modo sufficiente da riuscirci già al primo tentativo, per passare poi a un compito nuovo che porta con sé nuove sfide e stimola nuove capacità, competenze e conoscenze. E il loro pubblico, me compresa, dovrebbe essere in grado di cogliere ciò che hanno fatto quella prima volta, in modo che non ne occorra la ripetizione. A questo riguardo, anch'io mi arrabbio quando sono costretta a ripetermi. Sembra una tale perdita di tempo, come se fossi impegnata in una gara di abilità con le forze demoniche dell'inerzia: apprenderò mai le lezioni della natura umana, la mia compresa, già la prima volta? O dovrò subire innumerevoli batoste per averle ignorate prima di recepirle? O sono avvolta così strettamente che non ci sono strati più profondi in cui possano essere recepite? Sono talmente sprofondata in un torpore compiaciuto che non sono nemmeno in grado di capire che c'è qualcosa qui da imparare? E per essermi ripetuta cinquanta volte verrò mai ripagata?

In realtà, così dovrebbe essere. A livello morale, sono certa che, alla fine, tutti gli stupidi errori che ho commesso ripetutamente nel corso degli eoni di vite che ho accumulato per imparare le loro lezioni saranno bastati a esaurire tutti gli stupidi errori che si possano commettere. A quel punto avrò imparato tutte le lezioni che ci sono da imparare da quegli errori e non dovrò impararne altre ancora. Sono stata una studentessa diligente. Ho preso appunti utili. Non ci saranno altri corsi da ripetere né lezioni private da frequentare, vero? Merito sicuramente di essere diplomata in pianta stabile per sempre, o no?

O sarò trattenuta ancora una volta e costretta a ripetere un anno, o una vita intera, o parecchie altre ancora, come punizione per la mia delinquenza karmica? La mia ambizione presuntuosa di far capire le mie idee a qualcun altro sarà sconfitta dalla mia noia di dover spiegare quelle vecchie, dalla mia impazienza nel voler passare alle nuove, e dalla mia compiaciuta soddisfazione per aver almeno fatto la mia parte la prima volta? La mia implacabile ostinazione nel portare a termine un compito verrà ostacolata dal mio bisogno di passare al successivo? Diventerò mai quel canale perfettamente aperto alle idee e immagini che mi fluiscono dentro attraverso la mente e fuori attraverso le mani?

be effective the first time and people, including me, should grasp utterances the first time. That way, repetition could assume a purely aesthetic function, and those who seek novelty would be free to pursue it.

Therefore, the same energy-conservation principles should apply to work. Human beings should have to perform a task only once. They should grasp its requirements sufficiently to get it right the first time, so they can then move onto a new task that brings new challenges and stimulates new capacities, skills, and knowledge. And their audiences, including me, should grasp what they have done the first time, so that it need not be repeated on that account. Here, too, I become enraged when forced to repeat myself. It seems like such a waste of time, as though I am engaged in a skills contest with the demonic forces of inertia: Will I ever learn to learn the lessons of human nature, including my own, the first time? Or will I always require countless body blows for having ignored them, before they finally sink in? Or am I so tightly wrapped that there are no deeper layers for them to sink in to? Am I too mired in complacent stupefaction even to figure out that there is something here for me to learn? And will my having repeated myself fifty times ever finally pay off?

Really, it ought to. I am morally certain that all of the stupid mistakes I have repeatedly made over the eons of lifetimes I have accumulated in learning their lessons will, in the end, have exhausted all the stupid mistakes there are to make. Then I will have learned all the lessons there are to learn from them, and so will not have to come back to learn any more. I have been a diligent student. I have taken good notes. Surely there are no further classes I need to repeat, nor extra tutoring sessions it behooves me to attend? Surely I deserve to be graduated permanently, once and for all?

Or will I be held back yet again, and forced to repeat a year, or a lifetime, or several more of them, as punishment for karmic delinquency? Will my overweening ambition to make my ideas understood by someone else be defeated by my boredom with having to explain the old ones, my impatience to move on to new ones, and my smug contentment with having at least done my bit the first time? Will my relentless doggedness to get it done be thwarted by my need to get on with it, to move on to the next thing? Will I ever become that

Queste insoddisfazioni esprimono il mio senso di internamento dentro la mia pelle, la mia sensazione di essere imprigionata dentro il mio corpo, nella mia situazione, su questo pianeta. Mi dicono che sono il secondo tipo di germoglio, quello che ha fretta di arrivare al dunque, di portare a termine le cose, di togliersi di mezzo alla svelta, passando a qualcosa di più interessante che cucinare e fare le pulizie e fare le spese e pagare le bollette ogni cinque minuti, qualcosa che mi permetta di ripetermi in altri modi più complessi che non riescono nemmeno essi a tenere desto il mio interesse per molto tempo.

Mi immagino come protagonista della narrazione seguente: ovvero, sono quel germoglio infinitamente espansivo che rende verde l'universo. Poi, d'impulso, dimentico quello che era successo l'ultima volta (poiché sono già tutto quello sia mai esistito o esisterà, non ho una gran memoria) e cerco una forma particolare per poter esplorare la differenza e la varietà da un punto di vista unico in modo nuovo. Così, un poco alla volta, proprio mentre mi sveglio, prendo coscienza del corpo particolare in cui mi sono condensata e delle circostanze particolari che mi avvolgono. Con crescente orrore e indignazione morale, mi rendo conto della faccia, forma, identità e limiti di cui questa incarnazione mi carica. Non sembra giusto passare da essere tutto a essere una cosa sola. Perché non posso essere più cose diverse, magari non contemporaneamente ma almeno di seguito? Perché non posso almeno cambiare la cosa che sono quando me la sento? Perché non posso imparare quello che vuol dire essere qualcun altro con la stessa interezza e intensità con cui sono costretta ora a imparare quello che vuol dire essere io?

PAURA PER IL BUIO (1991)

una reliquia sempre minore di quiete perduta.
Nessuna luce alla fine del tunnel perché questo tunnel,
        il luogo caldo e silenzioso che avvolge le stelle,
è per sempre alle mie spalle,
ahimè.

Solo luce, che frigge tutto in una fiamma glaciale,
i tristi particolari di oggetti solitari svelati e affilati,
        resi vividi dai loro stratagemmi volti ad attirare l'attenzione,
        i loro squallidi motivi dedotti dai loro movimenti capricciosi, impulsivi,
        evocando il mistero conferito da ipotesi disperate per cui
        dev'esserci qualcos'altro,

perfectly open channel for the ideas and images that flow in through my mind and out through my hands?

These dissatisfactions express my sense of confinement within my own skin, my feeling of being imprisoned in my body, in my situation, and on this planet. They tell me that I am the second kind of sprout, the kind that is in a hurry to get to the point, get it done, and get the hell out of here, on to something more interesting than having to cook and clean and shop and pay bills every five minutes so that I can continue repeating myself in other, more complex ways that also fail to hold my interest for very long.

I imagine myself as the protagonist in the following narrative: I am that infinitely expansive sprout that is greening the universe. Then, impulsively, forgetting what happened the last time (since I already am everything that ever did or will exist, I do not have much of a memory), I seek a particular form, in order to explore difference and variety from a newly unique standpoint. So I gradually wake up to the particular body into which I have condensed and the particular circumstances that are wrapping around me as I awake. I become aware with growing horror, and moral indignation, of the face, the form, the identity, and the limitations with which this embodiment burdens me. It does not seem fair to have to go from being everything to being just one thing. Why can I not be a few different things, if not simultaneously, at least in succession? Why can I not at least change the thing I am when I feel like it? Why can I not learn just as fully and intensely what it is like to be someone else as I am now being forced to learn what it is like to be me?

AFRAID FOR THE DARK (1991)

a dwindling relic of lost stillness.
No light at the end of this tunnel because this tunnel,
    the warm dark quiet place that envelops the stars,
is forever behind me,
alas.

Just light, frying everything in a frigid flame,
the sorry details of lonely objects exposed and sharpened,
    made vivid by their attention-getting ploys,

qualcosa di più alto e più bello dietro queste superfici tristi e schifose,
sicuramente.

Sicuramente questa scarsezza di azione e di esistenza non è che una facciata
per proteggere la bontà illimitata, sicuramente.
Sicuramente questo arido e desolato deserto piena di assenze essiccate non
è che una chimera,
    un miraggio fatto di riflessi e allucinazioni che cela
    quel luogo caldo e silenzioso che avvolge le stelle,
temo che sia per sempre alle mie spalle,
ahimè.

Inizio lentamente a capire le conseguenze, che dureranno per sempre, degli oneri legati a questa cosa particolare che sono io, a questo corpo particolare dal quale non posso fuggire, che attirano la mia attenzione ogni cinque minuti, mentre io preferirei pensare ad altro. Mi rendo conto con crescente preoccupazione che sto esaurendo rapidamente la mia scorta limitata di energia – di vita, a dire il vero – nel dover lottare contro quelle conseguenze onerose, non solo una volta o due, ma migliaia e migliaia di volte. L'immagine del mio io incarnato spento, finito, snervato, demoralizzato, piegato, prosciugato, sprecato da un tic automatizzato, meccanico, difensivo, che non smette mai di ripetersi, diventa più chiara e nitida ogni minuto che passa.

Poi inizio a farmi prendere dal panico, a sentirmi a disagio, a soffocare sotto gli strati avvolti intorno a me, a strillare per la voglia di uscirne in ogni modo possibile: inizio a fare delle cose, a creare delle cose, a dire delle cose. Ma per liberarmi non basta nemmeno una di queste azioni, perché sono tutte schiacciate e annegate e soffocate dentro il tessuto che viene costantemente avvolto intorno a me mentre giro su me stessa, cercando una via d'uscita in ogni direzione. Difatti, le mie azioni – le cose che faccio, che creo, che dico – colludono nel tessere quel tessuto. Mi puniscono, ancora una volta, per essere stata talmente imprudente da unirmi dapprima alla razza umana. Il mio sogno e il mio bisogno di essere un canale perfettamente aperto svaniscono, recedono, diminuiscono, mentre gli avvolgimenti si moltiplicano e limitano la mia libertà sempre di più. Dopo un po' dimentico persino cos'è un canale aperto, tanto meno quello che si prova a esserlo. Lo stesso concetto diventa una sciocchezza senza senso. Più rimango intrappolata in questo corpo, più velocemente volano via i fenomeni ciclici e ripetitivi da esso generati. L'andamento degli eventi e il passare dei giorni, settimane,

their shabby motives inferred from their fitful, impulsive
motions,
suggestive of mystery conferred by desperate assumptions that
there must be something more,
something higher and finer behind these sad and scabby
surfaces, surely.

Surely this poverty of action and being is merely a facade
protecting unlimited goodness, surely.
Surely this barren desolate desert full of desiccated absences
is a mere chimaera,
a mirage made with reflections and hallucinations
concealing
that warm, dark quiet place that envelops the stars
I fear
is forever behind me,
alas.

Slowly I begin to comprehend the lifelong consequences of the burdens that are bound to this particular thing I am, this particular body, that I cannot escape, and that bring themselves to my attention every five minutes when I would rather be thinking about something else. I realize with increasing alarm that I am rapidly exhausting my limited supply of energy—of life, actually—in having to fight off those burdensome consequences not just once or twice, but over and over and over and over. The image of my embodied self spent, finished, enervated, demoralized, curled up, dried up, wasted by an automated, mechanical, defensive tic that never stops repeating gets clearer and sharper with every passing minute.

Then I begin to panic, to squirm and struggle and choke beneath the layers of wrapping, to scream to get out any way I can: I begin to do things, make things, say things. But none of these actions suffice to release me, because they are all crushed and drowned and muffled in the fabric that is continually being wound around me as I revolve in place, seeking egress in all directions. Indeed, my actions—my doings, my makings, my sayings—collude in weaving that fabric. They are punishing me, yet again, for having been imprudent enough to join the human race in the first place. My dream and my need to be that perfectly open channel fades,

mesi, anni, decenni, accelerano al punto di diventare una forma confusa: non solo i fenomeni stessi ma anche tutti i miei pensieri al riguardo, tutte le mie prevedibili reazioni emotive, il dolore e la disperazione, la gioia e la speranza, l'amore e la terribile, la divorante rabbia, in attesa di essere essiccate in blocchi freddi e duri di energia mirata. Degenera tutto in uno sbavato pastello, che si srotola all'infinito, raffigurante una sensazione che svela la propria irrealtà e mi prepara a svegliarmi davvero. Ma più prendo coscienza della mia situazione e più divento consapevole, più sento chiaramente i gemiti strozzati della disperazione di altri, che si sentono a disagio e si dimenano e soffocano anch'essi. Sotto il silenzio smorzante del tessuto, strilliamo tutti e gemiamo all'unisono nel tentativo di liberarci.

Alla fine ci libereremo tutti, tutti noi, in un modo o in un altro, perché è pressoché certo che la razza umana non sopravvivrà come specie. O si sterminerà da sola o si trasformerà in qualcosa di molto diverso, con un cablaggio migliore e collegamenti più durevoli tra gli emisferi corticali destro e sinistro e cervelli vecchi e nuovi. In questa nostra epoca di devoluzione asimmetrica, ognuno di noi infligge troppo dolore agli altri per essere in grado di tollerare l'angoscia di dover empatizzare con loro. Eppure è solo empatizzando con il prossimo che si può essere scoraggiati dall'infliggergli dolore. Per uscire da questo ciclo vizioso, la nostra capacità di empatia dovrebbe essere abbastanza sviluppata da impedirci di infliggergli dolore fin da subito. È troppo tardi, purtroppo, per riuscirci. La brutalità egocentrica è l'unica nostra via d'uscita.

Nel momento stesso in cui scrivo, ragazze e ragazzi in tutto il continente africano, alcuni di soli otto anni d'età, sono costretti da operatori umanitari, da funzionari statali, e da tutori della pace internazionali incaricati di proteggerli, a scambiare sesso per cibo e acqua. Madri bulgare danno via i propri neonati a sconosciuti in cambio di soldi e cibo. Preti cattolici con alle spalle una storia di abusi di minori continuano a praticarli sotto la protezione della Chiesa. Un bambino costa sette dollari nelle strade di Mumbai. E, grazie alla domanda di mercato negli Stati Uniti e in Europa, il traffico internazionale di schiavitù sessuale infantile costituisce, assieme a quello delle armi, il commercio più redditizio del pianeta. Uccidersi e violentare i propri bambini costituiscono i passatempi preferiti della nostra specie. Quando a ragazzine affamate vengono offerti cibo e acqua in cambio di sesso che procrea bambini che, appena nati, verranno loro tolti e cresciuti per una vita di schiavitù sessuale, si chiude il cerchio della perversione umana della procreazione umana al

recedes, diminishes as my wrappings multiply and constrict my freedom more and more. After a while I even forget what a perfectly open channel is, much less how it feels to be one. The very concept becomes meaningless nonsense.

The longer I am trapped in this body, the more quickly the cyclical, repetitive phenomena it generates fly by. The pace of events, the passage of days, weeks, months, years, decades accelerate to the point where it all becomes a blur—not only the phenomena themselves, but all my thoughts about them, all my predictable emotional reactions to those thoughts, the pain and despair, the joy and hope, the love and the terrible, consuming anger waiting to be baked into cold, hard blocks of targeted energy—all of it devolves into an infinitely unscrolling, smudged pastel of sensation that reveals its unreality, and prepares me to really wake up. But the more I wake up to my situation and the more conscious I become, the more clearly I hear the gagged groans of desperation, of others squirming and struggling and choking, too. Beneath the muffling silence of the fabric, we are all screaming and groaning in unison to get free.

Eventually we all will get free; all of us, one way or another, because the human race will almost certainly not survive as a species. Either it will exterminate itself, or it will mutate into something very different, with better hardwiring and more durable connections between left and right cortical hemispheres and old and new brains. In our present stage of lopsided devolution, we each inflict too much pain on others to tolerate the agony of empathizing with them. But only empathizing with them could discourage us from inflicting pain on them. In order to escape from this vicious cycle, our capacity for empathy would have to be highly developed enough to have prevented us from inflicting pain on them in the first place. Unfortunately it is too late for that now. Egocentric brutality is our only outlet.

As I write this, girls and boys as young as eight years old all over the continent of Africa are being forced to trade sex for food and water by the aid workers, government officials, and international peacekeepers who are charged to protect them. Bulgarian mothers are giving away their newborns to strangers for cash and food. Catholic priests with a history of child abuse continue to practice it under the protection of the Church. A baby costs $7.00 on the streets of Mumbai.

servizio della perversione umana. Ed è praticamente certo che ciò stia già accadendo.

Ora che stiamo apprendendo di più su queste pratiche, vi ci stiamo abituando; e scambiare informazioni attraverso i media ci offre nuovi modi per parteciparvi. Si tratta di una tendenza che sta prendendo piede. È da tanto tempo, e in tanti modi, che cannibalizziamo i nostri bambini. Costituisce già una convenzione stabile, applicata a ogni pratica: ai bambini insegniamo presto a sottomettersi, prima ancora che capiscano ciò che gli viene inflitto. Ci serviamo di loro, preferibilmente in isolamento sociale, e una volta che hanno perso la loro innocenza e docilità, li scartiamo, creando sempre crescenti orde vagabonde di sbandati corrotti, cinici, disperati e abbruttiti ("zombies" è la definizione prescelta da alcuni psicologi clinici), che poi praticano quello che hanno imparato sui loro consimili o sui propri figli, oppure su altri animali intrappolati e senza voce, le cui specie abbiamo sterminato a un ritmo del 50% negli ultimi cinquant'anni, proprio mentre sterminavamo noi stessi. Cannibalizzare i nostri bambini significa cannibalizzare il nostro futuro. Non ci rimangono che pochi bambini veri, quindi non rimane un grande futuro, nemmeno a noi.

Io ero una bambina vera. I bambini veri sono germogli che vengono annaffiati anziché schiacciati. Ricevono un'educazione che insegna a credere di essere importanti. Fa parte di quello che significa essere un bambino vero. Devi ancora ubbidire ai tuoi genitori e comportarti bene. Ma il fatto di essere più nuovo di loro non ti fa sentire meno importante. Anzi, ti senti più importante perché tutti questi enormi alberi vecchi ti proteggono, ti prestano attenzione, ti amano, pendono dalle tue labbra, seguono ogni tua azione. Si impegnano al massimo a proteggerti, dedicando ogni ora di veglia al tuo benessere, avvolgendoti nella sicurezza del loro interesse e cura e amore, isolandoti dal pericolo. Se ricevi una quantità sufficiente di questo tipo di attenzione estasiata quando sei nuova, non ne avrai tanto bisogno da anziana, e nessun altro sarà mai in grado di farti sentire poco importante. Di solito la valutazione che do della mia importanza supera quella che ne dà un altro, a meno che non mi ridimensioni coscienziosamente, e nemmeno questo dura tanto.

Ecco una foto di famiglia che illustra ciò che voglio dire. Si tratta di un ritratto di me insieme a mia madre Olive, mio padre Daniel e lo zio materno Sydney, scattato dalla seconda moglie di quest'ultimo, Laura. Ci troviamo sul dirupo di Upper Edgecombe Avenue Park presso Washington Heights, che dà su Harlem e l'East River di Manhattan, e siamo nel 1953 circa. In quest'immagine

And the international traffic in child sex slavery is, next to the weapons trade, the most profitable business on the planet, thanks to the market demand in the U.S. and Europe. Killing one another and raping our children are our species' most favored pastimes. When starving female children are offered food and water in return for sex that procreates infants to be taken away at birth and raised from the beginning for lives of sexual servitude, the human perversion of human procreation in the service of human perversion will have come full circle. This is almost certainly already taking place.

Now that we are learning more about these practices, we are getting used to them; and trading information through the media offers us new ways to participate in them. It is a trend that is definitely catching on. We have been cannibalizing our children for a long time, in so many different ways. It is already a settled convention, applied to every practice: train them early to submit, before they understand what is being done to them; use them up, preferably in social isolation; and, once they lose their innocence and pliability, throw them away, creating ever-growing, roaming hoards of corrupt, cynical, despairing, bestialized refuse ("zombies," the term of choice among some clinical therapists), who then practice what they have learned on others like them, or on their own children, or on other entrapped, voiceless animals, whose species we are extinguishing at the rate of 50% over the last fifty years in the process of extinguishing ourselves. Cannibalizing our children means cannibalizing our future. We do not have many more real children left, so we do not have much of a future left, either.

I was a real child. Real children are sprouts that are watered rather than crushed. They are raised to believe they are important. That is part of what being a real child means. You still have to obey your parents and mind your manners. But being newer than them does not make you feel any less important. In fact you feel more important because all of these big, massive old trees are sheltering you, paying attention to you, and loving you, hanging on your every word and action. They are extending themselves root and branch to protect you, devoting every waking minute to your well-being, wrapping you in the security of their concern and care and love, insulating you from harm. If you have enough of that kind of rapt attention when you are new, you do not

ho su per giù cinque anni, troppo piccola per fare smorfie o mettermi in mostra davanti alla macchina fotografica, ma non troppo piccola per non rendermi conto di essere adorata da tutti i presenti. Posseggo molte foto come questa. In quasi tutte le più vecchie sono l'unica bambina perché ero figlia unica e vivevo in una famiglia estesa in cui c'erano quattro adulti: mia madre, mio padre, la nonna materna Margaret e lo zio materno Martin. E così, per il primo decennio della mia vita, sono cresciuta in gran parte circondata, avvolta con cura, da un sacco di autorevoli adulti grandi e grossi di una certa età che mi volevano bene. Non c'erano fratelli pronti a invidiarmi o a competere con me o a intimidirmi o a ridicolizzarmi. Non sperimentavo quelle cose lì, né imparavo a infliggerle ai miei coetanei. Passai dall'abbraccio della famiglia all'età adulta disarmata, totalmente impreparata per l'interminabile lotta adulta alla ricerca di amore e attenzione.

Inoltre, i bambini veri credono non solo di essere importanti ma anche di essere forti, perché non hanno subito violenze fisiche. Per ordine di mio padre, non fui mai picchiata o sculacciata o frustata. Mio padre mi insegnava a non aver paura degli uomini, anzi a considerarli come amici, a vedermi uguale a loro, e a non genuflettermi davanti a nessuno, nemmeno a lui. Tutto ciò mi lasciò insensibile ai segnali trasmessi dagli adulti per indicarmi quella che avrei dovuto essere, ed ero incapace perciò di adattarmi al ruolo assegnatomi in ogni determinato contesto sociale o professionale. Una volta, un giorno in cui la nonna materna badava a me, feci i capricci e ruppi un piattino. Io mi infliggevo già abbastanza torture provando a immaginare come avrebbero reagito i miei genitori al rientro dal lavoro a fine giornata. Infatti si arrabbiarono molto, o così parve a me, ma forse più per i capricci che per il piattino rotto. Ricordo l'episodio come quello del mio comportamento più riprovevole prima dell'adolescenza.

In tutto quel periodo non subii o assistetti ad alcun tipo di violenza fisica. Di conseguenza crescevo fisicamente intatta, incapace anche solo di immaginare la possibilità di una qualche violazione della mia integrità fisica. Una volta risposi male allo zio Martin e lui, d'istinto, fece un gesto che, ho capito col senno di poi, si sarebbe trasformato in un manrovescio se l'avesse portato a termine. Ma così non fu e io allora non avevo idea di quello che stava facendo. Alzai lo sguardo verso di lui senza capire, e basta. Molti anni dopo, mi resi conto che il non essermi sottratta alla sua mano gli fece capire la logica dietro gli ordini di mio padre, e non fece più quel gesto. Ero innamorata dello zio Martin e volevo sposarlo da grande. Eccoci insieme a St. Nicholas Place.

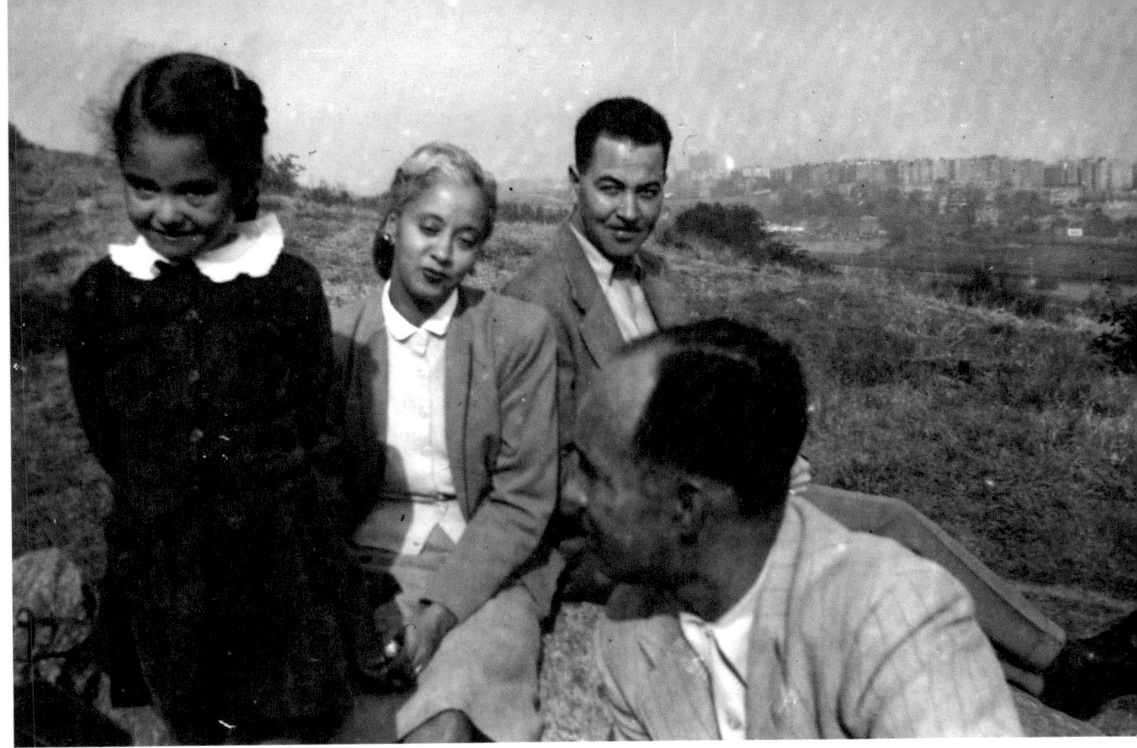

need much of it when you are old, and no one else can ever make you feel unimportant. My estimate of my own importance usually outstrips anyone else's estimate of it, unless I conscientiously cut myself down to size; and even that never works for long.

Here is a family photograph that illustrates what I mean. This is a picture of me with my mother Olive, father Daniel, and maternal Uncle Sydney, taken by Uncle Sydney's second wife Laura. We are on the cliff of Upper Edgecombe Avenue Park in Washington Heights, overlooking Harlem and Manhattan's East River, around 1953. I am about five in this picture, too young to mug for the camera or show off, but not too young to be aware of being adored by everyone present. I have lots of pictures like this. In almost all of the early ones, I am the only child present because I was my parent's only child and lived in an extended family of four adults: my mother, father, maternal grandmother Margaret, and maternal uncle Martin. So for the first decade of my life, I grew up largely surrounded, wrapped securely, by lots of big, old, authoritative adults who loved me. There were no siblings to envy me, or compete with me, or bully me, or ridicule me. So I did not experience those things, and I also did not learn how to inflict them on my peers. I emerged from my family's

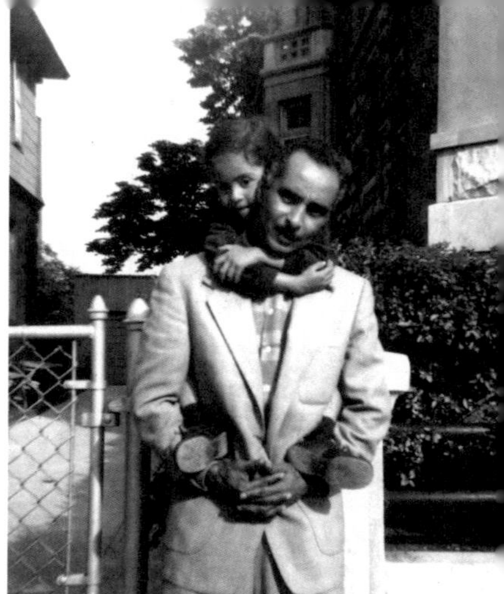

Tanto tempo dopo, quando ero diventata prima l'Insopportabile figlia adolescente e stronza, poi l'Insopportabile fidanzata femminista e stronza, poi l'Insopportabile artista stronza e, infine, la Filosofa stronza post-menopausa, la mia incapacità di immaginare violenza nei miei confronti avrebbe garantito la mia sicurezza in ambienti popolati da individui per i quali la violenza era il principale mezzo di comunicazione: malavitosi, criminali, uomini che alzavano le mani, donne passivo-aggressive. La mia intrepidezza, fondata sull'ingenuità, sembrava fungere da scudo invisibile, capace di disarmarli, togliendogli la loro arma abituale. O forse, più semplicemente, reimpostava le condizioni dell'interazione rendendo inutile l'uso di un'arma. O almeno finché non mi trovassi tra le donne passivo-aggressive. È un miracolo che sia ancora viva e in grado di speculare al riguardo.

Un'altra politica educativa dei miei fu quella di non commentare mai o accennare in alcun modo al mio aspetto fisico. E ordinarono ai parenti e agli ospiti di fare altrettanto. Tutto ciò su insistenza di mio padre che aveva assistito al dolore provato da sua madre per essere cresciuta nel credere che l'aspetto fosse il bene più prezioso. Eccola, la nonna. Beatrix Downs Piper McCleary era una donna brillante, coltissima, carismatica, umorale, indipendente, fin troppo ingegnosa, una vera forza della natura. Ha cresciuto tre figli da sola dopo che il primo marito, un avvocato (mio nonno, Daniel Ashby Piper, qui accanto a lei), era tornato in disgrazia alla ricca famiglia di origine, e il secondo, un medico, era presto passato a miglior vita. Mentre i suoi avvolgimenti esterni si consumavano progressivamente con l'età, diventò mentalmente instabile e cercò freneticamente di recuperare l'ammirazione che avevano suscitato quando erano nuovi. Non era capace di togliere i fili logori e aggrovigliati che le avevano nascosto il sentiero tortuoso verso il centro che, in realtà, era rimasto tanto nuovo quanto lei si era sempre sentita di essere. Eccola nel 1913 circa, all'età di ventun'anni, con la famiglia nella casa di Belmont, Ohio. È seduta in seconda fila, l'ultima a destra. Suo padre, il reverendo Robert Rosamond Downs, è quello con gli occhiali e i baffi, a sinistra in quarta fila con il fratello di lei Robert Jr., appena visibile dietro la madre, Margaret Shavers Downs, alla sua destra, seconda da sinistra in terza fila. Mio padre è al centro della prima fila, terzo da sinistra, vestito di bianco, circondato dai cugini su entrambi i lati, e dagli zii e i nonni alle spalle. Ed eccolo qualche anno dopo con suo fratello minore Billy.

embrace into adulthood unarmed, utterly unprepared for the unending adult battle for love and attention.

Furthermore, real children believe they are not only important but also strong, because they have not been physically abused. On my father's strict orders, I was never hit or spanked or beaten or whipped. My father raised me to be unafraid of men, indeed to regard them as friends, to view myself as their equal, and not to genuflect to anyone, not even him. This left me blind to those adult signals telling me I was supposed to, and therefore incapable of adapting to my assigned place in any social or professional context. Once while my maternal grandmother was taking care of me during the day, I had a tantrum and broke a saucer. I inflicted sufficient torture on myself trying to imagine how my parents would react when they got home from work at the end of the day. They were very angry, or at least seemed to be—perhaps more about the tantrum than the broken saucer. I had to eat dinner alone in my room that evening. I remember that incident because it was my worst misbehavior before I hit adolescence.

During that period I never experienced or witnessed any form of physical violence. As a result, I grew up physically inviolate, unable even to imagine the possibility of a breach to my physical integrity. Once I talked back to my Uncle Martin, and he instinctively made a gesture that I realized much later would have issued in a backhanded slap in the face if he had completed it. But he did not complete it; so at the time, I simply did not understand what he was doing. I just looked up at him, uncomprehending. I realized later that my failure to flinch made him understand the reasoning behind my father's orders, and he never made that gesture again. I was in love with Uncle Martin and wanted to marry him when I grew up. Here we are together on St. Nicholas Place.

Much later, when I became first the Bitch Teenage Daughter From Hell, and then the Bitch Feminist Girlfriend From Hell, and then the Bitch Artist From Hell, and lastly the Bitch Post-Menopausal Lady Philosopher From Hell, my inability to imagine violence to myself would ensure my safety in social environments peopled by individuals for whom violence was the mode of communication—gang members, criminals, physically abusive men, passive-aggressively abusive women. My fearlessness, based in naiveté, seemed to function

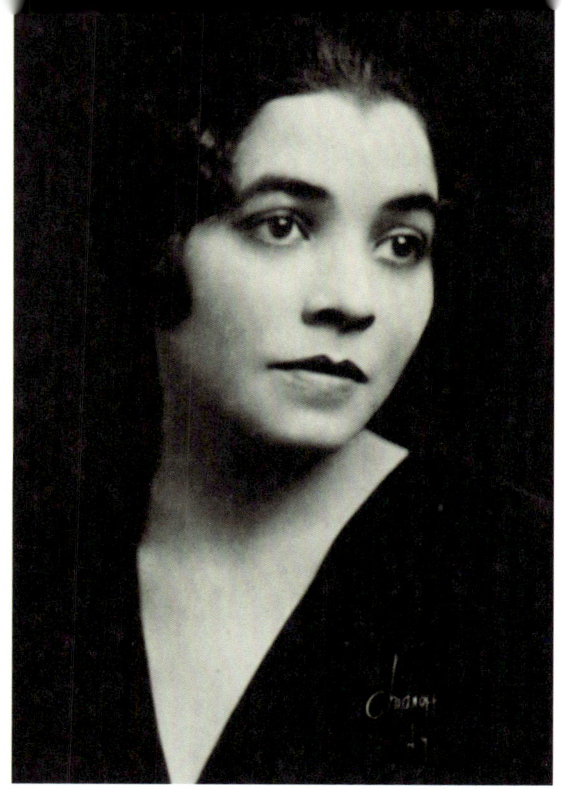

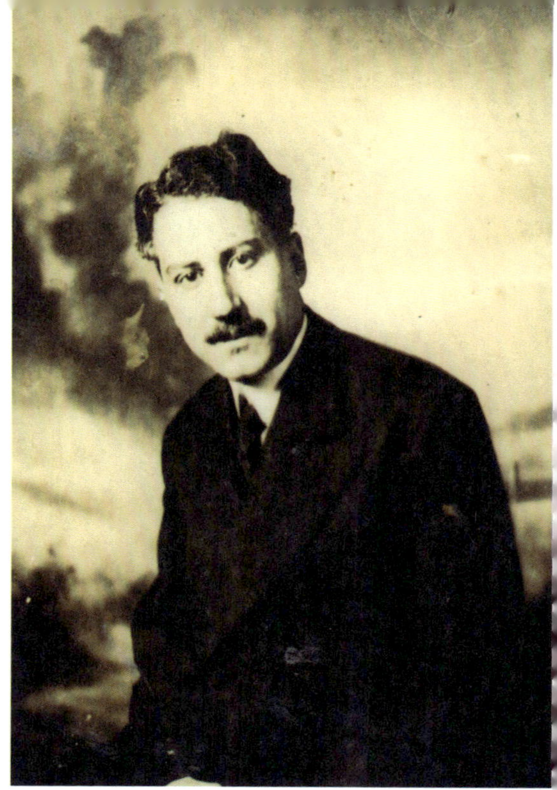

Mio padre parlava di Margaret, la madre di mia madre, con ammirazione e rispetto. Io la chiamavo Nana e aveva una personalità più dolce, più riservata, più modesta di quella di sua madre. Era gentile, generosa ed estremamente arrendevole, mentre sua madre era stata un ciclone. Forse tutto si spiega con il fatto che, prima di emigrare negli Stati Uniti dal Giamaica nel 1917, mio nonno materno Reginald (a sinistra, accanto alla foto di Margaret con mia madre e lo zio Sydney) le aveva regalato una vita assai più agiata, consona alla moglie del colonizzatore, padrona di casa in una società razzialmente ed etnicamente mista. All'arrivo negli Stati Uniti, il nonno le disse che avrebbe dovuto fare a meno di servi e valorizzò le proprie competenze contabili per finanziare l'istruzione della famiglia. Nana dunque non imparò mai a combattere le battaglie che le donne afroamericane sono costrette ad affrontare fin dall'infanzia, non sviluppò mai quel duro e debilitante tessuto cicatriziale che sfoggiano in tempi di guerra come medaglia al valore. Dopo la morte del nonno, venne e vivere con noi: i miei genitori e suo figlio Martin, che dopo la guerra aveva deciso di lasciare la moglie e la figlia giapponesi in Giappone anziché riportarle a casa, dove sarebbero state schiacciate da una doppia dose di razzismo americano. Nana era la mia compagna fissa mentre i miei erano fuori al lavoro, fino alla malattia e alla morte, nel 1961. Eccola negli anni cinquanta, a sinistra di mia

as an invisible shield that disarmed them of their usual weapon. Or perhaps it merely reset the terms of the interaction in such a way that a weapon was not needed. At least not until I got to the passive-aggressively abusive women. It is a miracle that I am still alive to speculate about this.

Another one of my parents' child-raising policies was that they never commented on or referred in any way to my physical appearance, and instructed relatives and other visitors to the house not to do so, either. This was at my father's insistence, the result of witnessing the pain his own mother had experienced, from having been raised to believe that her appearance was her most valuable asset. Here she is. Beatrix Downs Piper McCleary was brilliant and highly educated, assertive, temperamental, independent, and resourceful to a fault, a real force of nature. She raised her three children single-handedly, after her first husband, a lawyer (and my grandfather, Daniel Ashby Piper, next to her), limped back to his wealthy family, and her second, a doctor, quickly decamped to the afterlife. As her outer wrappings became progressively worn with age, she became unbalanced, frantic to retrieve the admiration they had commanded when they were new. She was unable to clear away the frayed and tangled threads that hid from her that winding path to the center that had, in fact, remained just as new as she had always felt herself to be. Here she is with her family at their home in Belmont, Ohio, around 1913, at the age of twenty-one. She is seated on the far right in the second row from the front. Her father, Rev. Robert Rosamond Downs, with glasses and moustache, is on the left in the fourth row at the back with her brother Robert Jr. on the right, and just visible behind her mother, Margaret Shavers Downs, to his right and second from

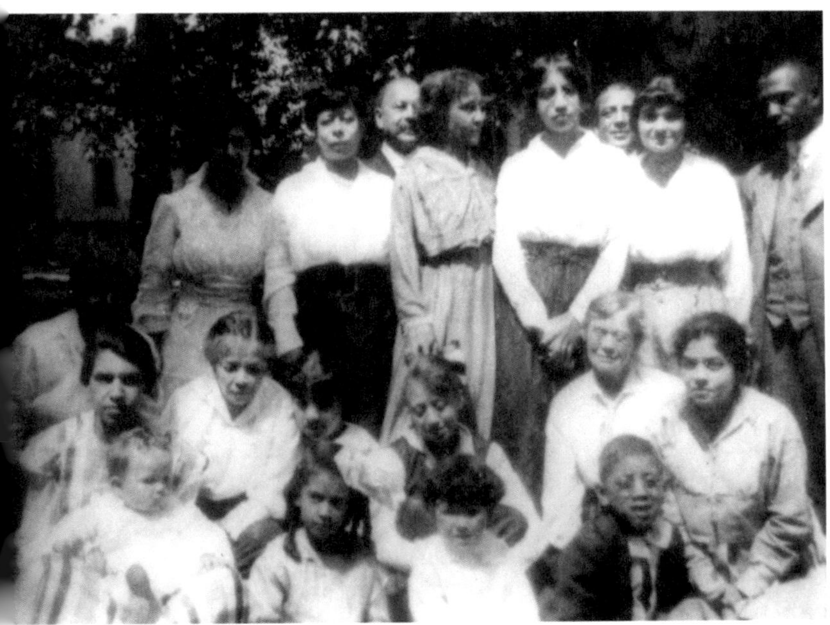

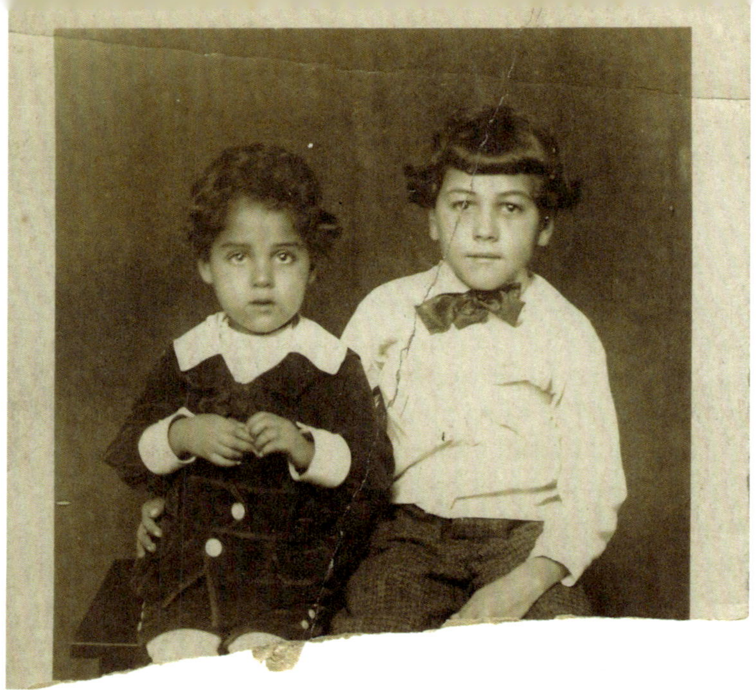

madre e della sottoscritta il giorno di Natale del 1957; e alla sua destra durante un picnic con Frank, il fratello più giovane di mia madre, e sua moglie Naomi.

Entrambe le nonne erano insegnanti. Sento dentro di me le stesse forze incontrollabili che intuivo nella nonna paterna, Beatrix. Posso solo sperare, invecchiando, di somigliare sempre di più a Margaret e smettere di sentirmi obbligata a lottare senza sosta solo per rimanere nello stesso posto. Sento che sta succedendo. Ma forse perché voglio che succeda. E anche perché, come vedi, non mi importa più nulla di rimanere nello stesso posto.

Grazie al silenzio dei miei famigliari riguardo al mio aspetto fisico, non mi rendevo conto di *avere* un aspetto fisico prima dell'adolescenza, quando si materializzò di colpo in maniera inevitabile. Fino ad allora mi ero sentita invisibile a occhio nudo. Non assente, non ignorata, anzi. Era semplicemente che le cose con cui attiravo l'attenzione non c'entravano nulla con l'aspetto che avevo. Sentirsi invisibile era uguale a sentirsi invulnerabile e i miei mi incoraggiavano sempre ad allearmi con le forze invincibili della ragione. Credo quindi che questa particolarità della mia educazione abbia contribuito anche all'intrepidezza ingenua per cui ho rischiato la morte in più occasioni. Ha avuto anche l'effetto per cui, guardando queste immagini, e a dire il vero qualsiasi altra mia immagine, sono affascinata dal mio aspetto e comprendo a malapena che sono io. Per quanto spesso torni a esaminare immagini di me stessa, non mi sento mai in grado di stabilire una connessione tra quella che vedo

the left in the third row. My father is in the front row at the bottom in the middle, third from the left, dressed in white, surrounded by his cousins on either side of him, and his aunts, uncles, and grandparents behind him. And here he is, a few years later, with his little brother Billy.

My father always spoke with admiration and respect of my mother's mother Margaret—Nana, to me, a gentler, more retiring and modest personality; kind, generous, and yielding to a fault where his own mother had been a cyclone. But that may have been because before she emigrated to the U.S. in 1917 from Jamaica, my maternal grandfather Reginald (on the left next to the photo of her with my mother and Uncle Sydney) had given her a much easier life as a planter's wife, the mistress of the house in a racially and ethnically mixed society. Upon reaching the U.S., he told her she would have to do without servants, and put his bookkeeping skills to work to pay for his family's education.

So Nana never learned to fight the battles that African-American women have to fight from an early age, never developed that tough and debilitating scar tissue they flaunt as wartime badges of honor. After his death, she lived with us—my parents and her bachelor son Martin, who had left his Japanese wife and daughter in Japan after the war, rather than bring them home to be crushed by a double dose of American racism. Nana was my constant companion while both of my parents worked, until her illness and death in 1961. Here she is

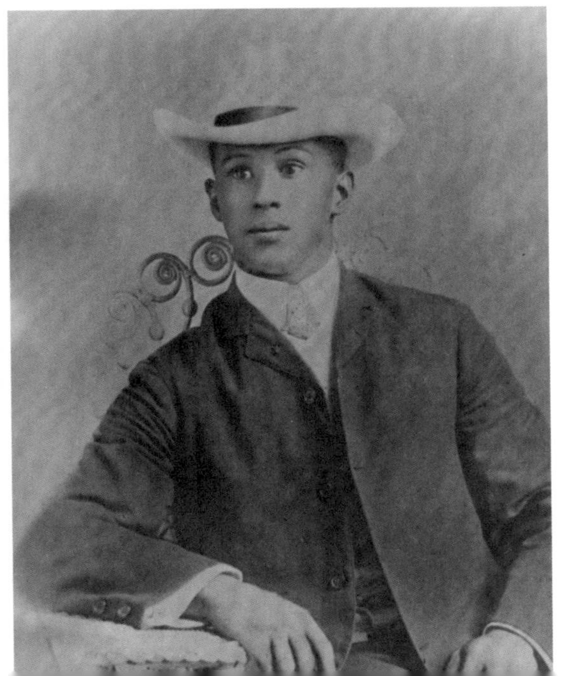

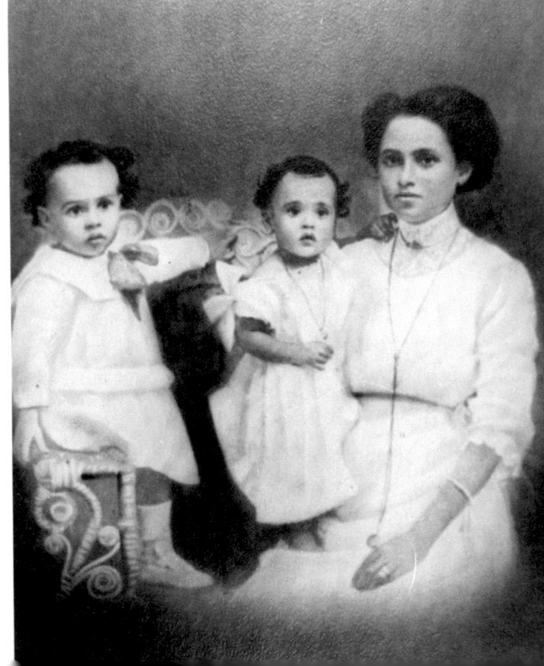

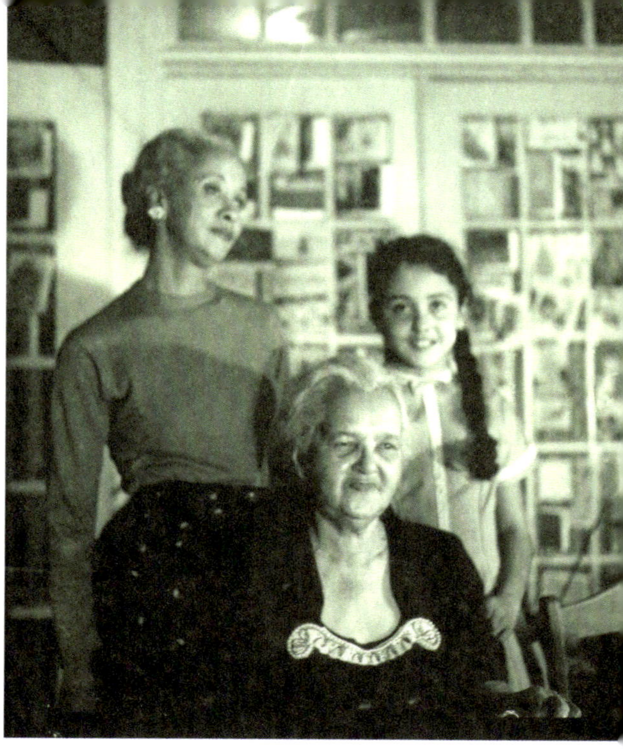

e la persona che sento di vivere. Ho lo stesso problema quando mi guardo allo specchio. Non è che sentirei più decoroso un riflesso fisico alternativo. È il solo fatto che esista quest'immagine fisica che è così mistificante, e così soffocante. In qualche modo, è la connessione tra l'azione e la sua rappresentazione, che si vorrebbe molto intima, che non ha senso per me. Per me, si tratta di un'ulteriore prova del fatto che non sono quel tipo di germoglio che avrebbe dovuto scegliere l'incarnazione umana fin da subito. Giudico la mia nascita un errore cosmico.

Ecco un'altra immagine, questa volta di mia madre insieme a me nel 1956, a casa di zio Sydney a Teaneck, New Jersey. Non credo che un'immagine simile sarebbe stata possibile se i miei mi avessero picchiata. Dal momento che non mi hanno insegnato a tirarmi indietro o a piegare la schiena davanti a loro, non ho imparato a tirarmi indietro o a piegare la schiena davanti a nessuno. Non faccio marcia indietro nemmeno nelle discussioni filosofiche, a meno che non mi si dimostri che c'è un reale difetto nel mio punto di vista. Anche se, alla fine, l'incapacità di comprendere gesti di minaccia fisica o psicologica da parte di altri mi avrebbe potuto uccidere, ne faccio tesoro e la coltivo ancora oggi. Nell'appartamento berlinese dove vivo ora, guardo spesso queste immagini, che mi ricordano che, da bambina, ero amata, adorata, apprezzata, protetta. Richiamano l'abbondante annaffiatura donatami quando ero ancora un germoglio: si trattava di una coltivazione curata che nessun bullo, nessun ladro, nessuno baro, nessun sicario mi potrà mai portare via.

Allora, genitori, come risolvete questo dilemma? Risparmiate alla vostra bambina il tormento della disillusione evitando di donarle fin da principio quella coltivazione curata, semplicemente portando avanti la lunga tradizione della cannibalizzazione? O, almeno per un po', favorite la sua convinzione che il mondo sia identico al luogo sicuro e amichevole che avete creato per lei? Nel secondo caso, amerà e si fiderà almeno di voi, almeno finché non apprenderà la verità. E, dal momento che non le fornirà alcuna prova concreta di

in the 1950s, on the left with my mother and me on Christmas Day 1957; and on the right at a picnic with my mother's youngest brother Frank and his wife Naomi.

Both of my grandmothers were schoolteachers. I sense the same ungovernable forces in myself that I saw in my paternal grandmother Beatrix. But I can only hope I am becoming more like Margaret as I grow older and stop feeling I must fight constantly just to remain in the same place. I sense it happening. But that may be because I want it to happen; and also because, as you can see, it no longer matters to me to remain in the same place.

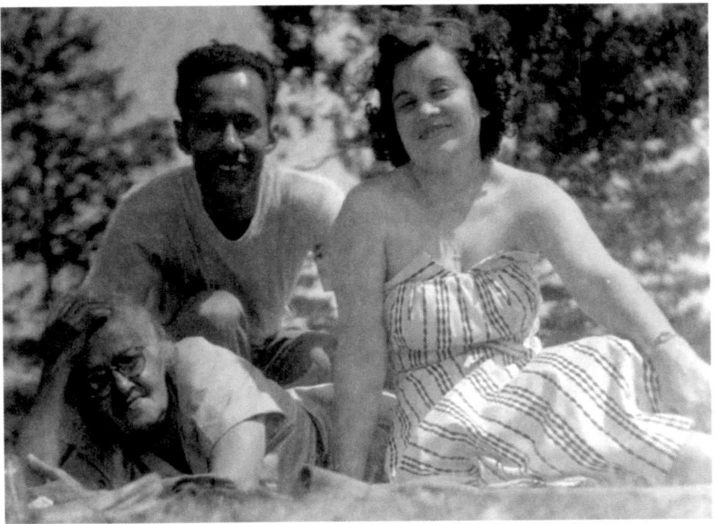

The result of the family silence on the topic of my physical appearance was that I did not realize that I *had* a physical appearance until adolescence, when it suddenly materialized in a manner that was unavoidable. Up to that point, I had felt invisible to the naked eye. Not absent, not ignored; quite the contrary. It was just that what I received attention for had nothing to do with the way I looked. Feeling invisible was the same as feeling invulnerable, encouraged by my parents always to ally with the invisible but unconquerable forces of reason. So I think this quirk in my upbringing also contributed to the naive fearlessness that has almost gotten me killed on several occasions. It has also had the effect that when I look at these pictures, indeed any pictures of me, I am fascinated to see what I look like, and cannot quite grasp that this is me. No matter how often I return to inspect pictures

ciò che significa cattiveria, non terrà conto dei vostri ammonimenti, che saranno solo verbali, riguardo agli sconosciuti e alle persone cattive. Se non le insegnerete che cos'è il male dimostrandole in cosa consiste, come potrete pretendere che prenda sul serio i vostri insegnamenti? Non crederete sicuramente che le vostre fiabe del Lupo cattivo e della Strega cattiva potranno bastare a infondere in lei il livello di vigilanza di cui avrà bisogno? Ma, avendola cresciuta in un modo che ha soddisfatto il vostro desiderio di essere amati incondizionatamente e di avere la sua fiducia, come riuscirete poi ad accettare che, almeno per un po', il mondo attuale le spezzerà il cuore e la renderà nemica, almeno per un po'? E fino a che punto la vostra soluzione al dilemma è a vostro vantaggio, fino a che punto a suo?

Dal momento che i miei genitori erano innamorati l'uno dell'altra, per loro ero innanzitutto l'espressione visibile di quell'amore. Esprimevo e appagavo il loro desiderio reciproco e gli ricordavo il loro amore. Eccoli a Edgecombe Avenue nel 1949, un anno circa dopo la mia nascita: si stanno guardando con lo stesso amore che esprimevano nei miei confronti. Mi trattavano non solo con amore ma anche con sentimenti di colpa e ansia per essersi amati così tanto da avermi portata in un mondo i cui contorni conoscevano fin troppo bene. Volevano credere che l'amore, come l'attenzione, l'approvazione, l'applauso, come le lezioni di pianoforte, di tennis, di arte, di danza, come la scuola privata, non facesse parte non solo dell'annaffiatura quotidiana necessaria per nutrire il germoglio, ma anche della spessa corazza esterna che l'avrebbe protetto mentre cresceva. Giustificavano il loro amore per me, e l'attenta annaffiatura con cui l'esprimevano, considerandolo una fonte di forza. Forse avevano ragione. O forse desiderare una celebrazione visibile del loro amore era un errore, un errore che commettono tutti i genitori amorevoli.

Perché ora, tanto tempo dopo la loro morte, so che la mia storia non è importante su scala cosmica, e che io non sono importante. I miei problemi contano poco, non meritano la vostra attenzione, o aiuto. La parte dolorosa era scoprire, scomparsi i miei genitori, che non potevo più aspettarmi attenzione o aiuto (tanto meno amore) da nessuno. La parte gratificante era scoprire che riuscivo a fare a meno di loro; che grazie all'avvolgimento e all'annaffiatura attenta non ho bisogno di essere importante per voi/te finché rimango importante per me stessa. La mia importanza per me stessa è così radicata nell'amore dei miei genitori che non ha mai smesso di germogliare, senza alcuno sforzo, senza alcun intervento da parte mia,

of myself, I never seem to be able to establish a connection between what I am seeing and the person I experience myself to be. I have this problem when looking in the mirror, too. It is not that some alternative physical reflection would feel more fitting. It is the fact that there is a physical image there at all that is so mystifying, and so constricting. Somehow the connection between agency and the representation of agency that is supposed to be so intimate just does not compute. To me this is more evidence that I am not the kind of sprout that should have chosen human embodiment in the first place. I regard my birth as a cosmic mistake.

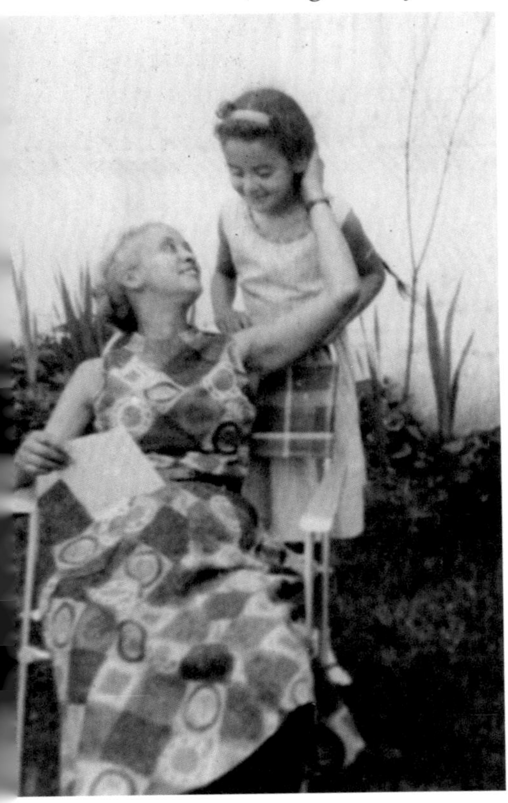

Here is another one of those pictures, this one of my mother and me in 1956, at my Uncle Sydney's house in Teaneck, New Jersey. I do not think such an image would have been possible if my parents had hit me. Because they did not teach me to flinch or cringe before them, I did not learn to flinch or cringe before anyone. I do not back down in philosophical argument either, unless you can show me a genuine flaw in my view. Even though my incomprehension of other people's gestures of physical or psychological menace could have killed me in the end, I treasure it, and nurture it still. In the Berlin apartment where I now live, I regularly consult these images that remind me that I was loved, cherished, valued, and protected as a child. They recall the plentiful watering my family gave me when I was only a sprout, the careful cultivation that no bully, thief, cheat, or hit man can ever take away.

So, parents, how do you solve this dilemma? Do you spare your child the agony of disillusionment, by never giving her that careful cultivation in the first place, by just continuing the long tradition of cannibalization? Or do you encourage her belief, at least for a while, that the world is identical with the safe and friendly place you have created for her? If so, she will love and trust at least you, at least until she learns the truth. And she will disregard your merely verbal warnings about strangers and bad people, absent any concrete demonstration

come succedeva nell'infanzia. Si tratta di una reazione spontanea al mondo che mi circonda, che fa fiorire sua sponte immagini, oggetti, idee, disegni, dipinti, e progetti, riciclandosi in radici ancora più profonde e in nuovissimi getti che alimentano un significato più profondo ancora, e dall'importanza raddoppiata. Il processo è senza mediazioni, naturale e automatico, una fonte autorigenerante di aspirazione, successo e valore. I miei mi diedero tutto ciò. E non c'è nulla che si possa cambiare ora.

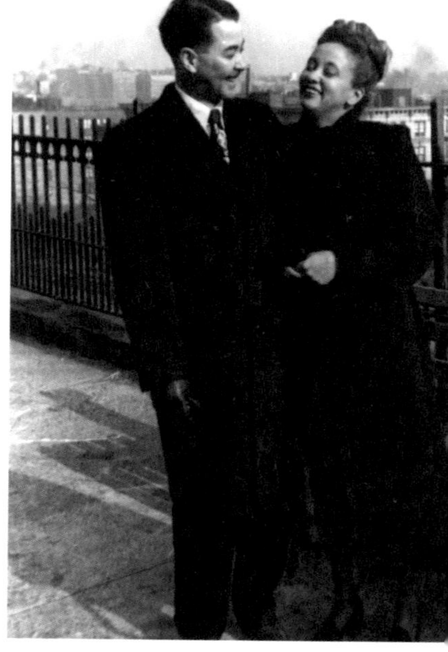

Ma essere importante per me stessa non mi rende importante *tout court*, e non c'è nulla che sia in grado di fare ciò: né la tua attenzione, né il tuo aiuto, né la tua preoccupazione, né la tua comprensione, né la tua generosità, né il tuo interessamento, né la tua veemente negazione di quanto vado dicendo. Il dolore che ho inflitto agli altri e quello che hanno inflitto a me non contano nemmeno nella scala di corruzione e umiliazione reciproca che ci infliggiamo a vicenda; il dolore che ci siamo abituati a ignorare per proteggere le piccole consolazioni e la felicità che riusciamo a ricavare ogni tanto dal nostro intrappolamento dentro questi nostri santuari fisici, porosi, pieni di buchi, mal progettati, dedicati all'obsolescenza pianificata. E non dovrebbe certamente contare nella tua scala di importanza morale. Hai pienamente ragione ad accantonare il mio racconto se credi che questi mali globali meritino la tua attenzione e preoccupazione molto più dei miei insignificanti problemi. In tal caso, non hai bisogno di leggere oltre. Puoi chiudere questo libro immediatamente senza perdere nulla. Fallo. Fallo ora. Io rimango indifferente. Io riuscirò a ripulirmi la mente scrivendo questo ricordo e tu potrai liberare tempo per dedicarti a una questione etica che è importante davvero, ossia la cannibalizzazione globale dei bambini. Prego. Rivolgi pure la tua attenzione a questo problema ora, subito. Non ho bisogno del tuo aiuto. Io sono stata amata.

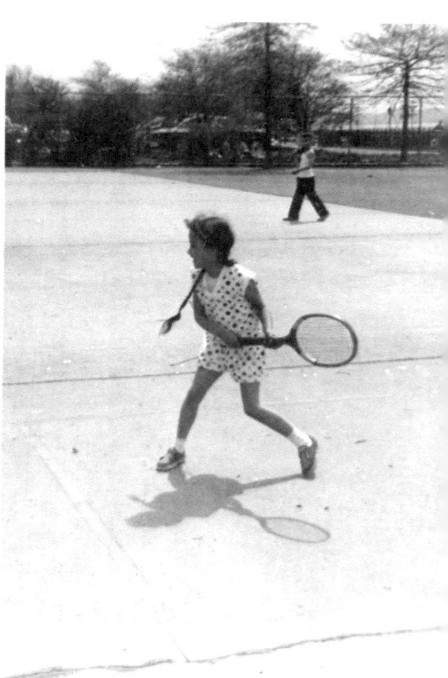

of badness you provide her. If you do not teach her about evil by demonstrating it, how can you expect her to take your teaching seriously? Surely you do not really think your fairy tales about The Big Bad Wolf and The Wicked Witch will suffice to instill the level of vigilance she will need? But how can you then stand to know that once you have raised her in a way that satisfies your own desire to be unconditionally loved and trusted, at least for awhile, the world as it is will break her heart and make her your enemy, at least for awhile? And how much of your solution to this dilemma is for your benefit, and how much is for hers?

Because my parents were in love with each other, I was for them first of all the visible expression of that love. I expressed and satisfied their desire for each other, and reminded them of their love. Here they are on Edgecombe Avenue in 1949, about a year after my birth, looking on each other with the same love they expressed to me. They looked on me not only with love, but also with feelings of guilt and anxiety for having loved each other so much as to have brought me into a world whose outlines they already understood all too well. They wanted to believe that love, like attention and approval and applause and piano lessons and tennis lessons and riding lessons and ballet lessons and art lessons and prep school, was not just part of that daily watering necessary to nourish the sprout, but also part of the thick outer armor that would protect it as it grew. They justified their love for me, and the careful watering through which they expressed it, by thinking of it as a source of strength. Maybe they were right. Or maybe desiring a visible celebration of their love was the mistake, the mistake that loving parents always make.

For I know now, long after their deaths, that my story is not an important one in the cosmic scale of things, and that I am not important. My problems do not matter, do not deserve your attention or help. The painful part was discovering that I could no longer expect attention or help (let alone love) from anyone, once my parents died. The rewarding part was finding out that I could do without them; that because of my parents' careful wrapping and watering, I do not need to be important to you as long as I remain important to myself. My importance to myself is so deeply rooted in my parents' love that it has never stopped sprouting, effortlessly, without my

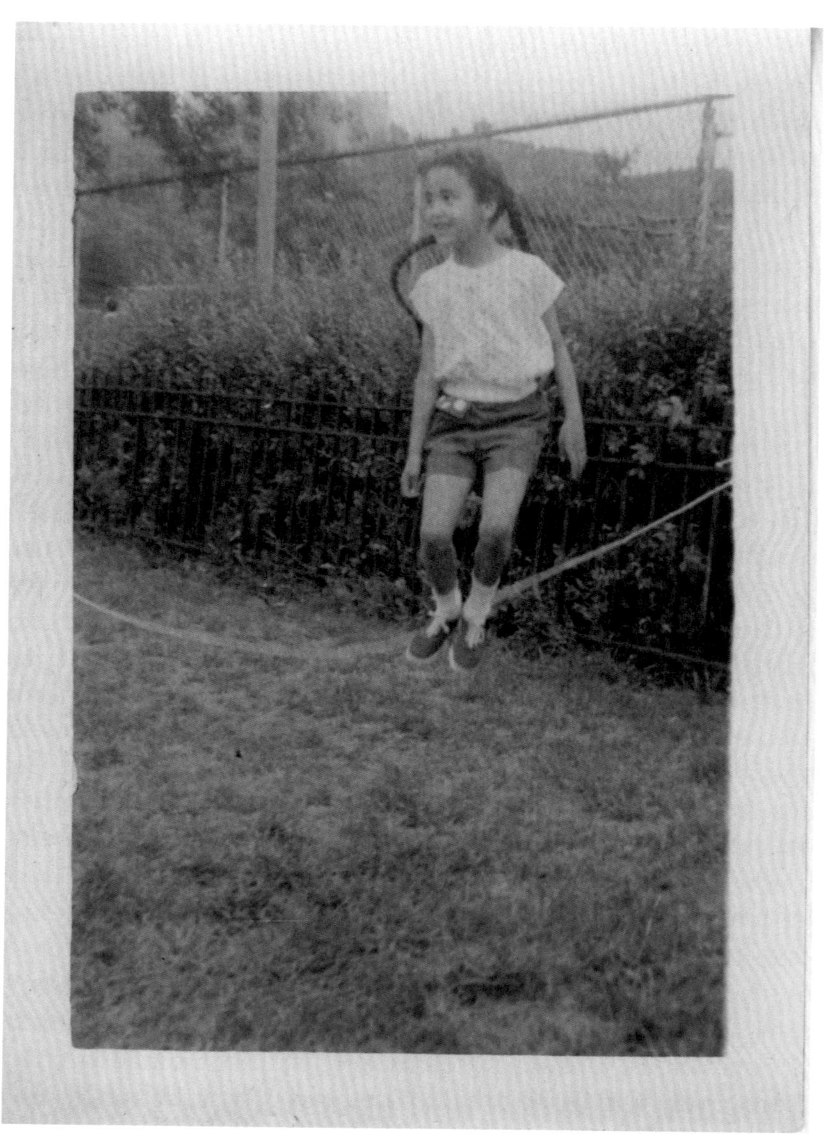

intervention, as it did in childhood, a spontaneous reaction to the world that surrounds me, blossoming images, objects, ideas, drawings, paintings, plans, and projects of its own accord, recycled into deeper roots and brand new shoots that feed yet deeper meaning and redoubled importance. The process is unmediated, natural, and automatic, a self-regenerating source of aspiration, achievement, and value. My parents gave me that. There is nothing you can do about it now.

But being important to myself does not make me important *tout court*, and nothing can—not your attention, or help, or concern, or sympathy, or generosity, or interest, or vehement denial of what I am saying here. The pain I have inflicted on others and that they have inflicted on me does not even come close to counting on the scale of corruption and mutual degradation we inflict on one another; the agony we are now used to ignoring, so as to protect the small comfort and happiness we occasionally manage to extract from being trapped in these porous, leaky, badly designed physical shrines to planned obsolescence. And it certainly should not count on your scale of moral importance. You are quite right to dismiss my story on the grounds that these global evils deserve your attention and concern far more than my petty problems. So you need not read any further. You can close this book right now, and lose nothing. Do it. Do it now. It will not make any difference to me. I will have cleansed my mind by writing this memoir, and you will have freed up more time in order to devote yourself to the really important moral issue, the global cannibalization of human children. So by all means, turn your attention to that problem right now. I do not need your help. I was loved.

COME ICARO (1992)

Luccico, poi abbaglio, poi cuocio, poi mi sciolgo,
Poi raffreddo e indurisco,
Un grumo sformato di
        ossa e piume e illusioni
Precipitando attraverso il freddo cotone
        che separa questa realtà da quella
Questa ferita, fradicia e torbida
Quella nitida e calda, luminosa e accecante
Questa che mi fa galleggiare appena sopra i piedi
        Quella inchiodata al terreno per comodità
Questa che mi gela addormentata in pilota automatico con la spia grigia accesa
Quella che mi osa e mi tenta a venir a galla un'ultima volta
        per una boccata durevole di aria vera
E lasciare alle spalle il nevischio.

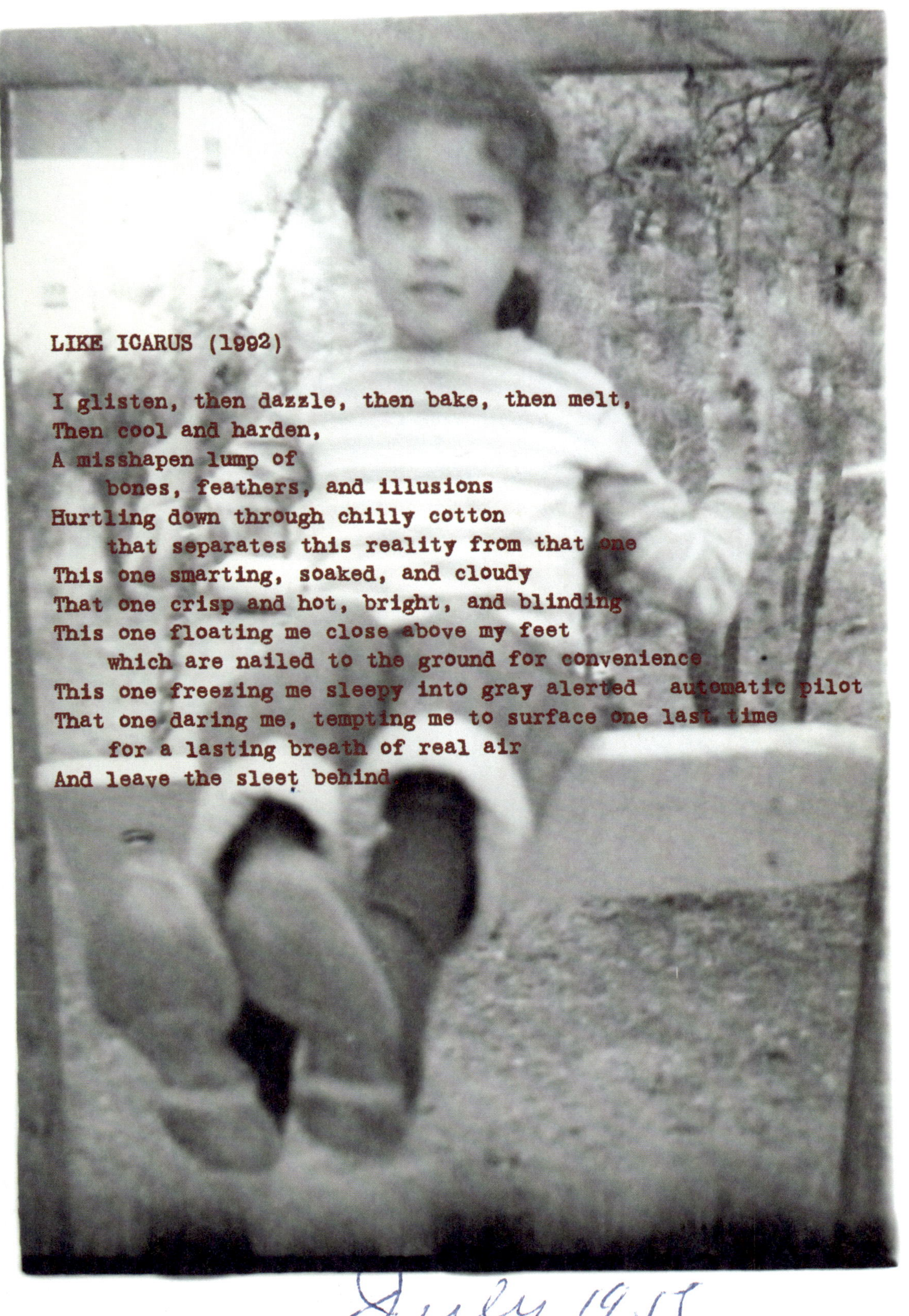

LIKE ICARUS (1992)

I glisten, then dazzle, then bake, then melt,
Then cool and harden,
A misshapen lump of
    bones, feathers, and illusions
Hurtling down through chilly cotton
    that separates this reality from that one
This one smarting, soaked, and cloudy
That one crisp and hot, bright, and blinding
This one floating me close above my feet
    which are nailed to the ground for convenience
This one freezing me sleepy into gray alerted automatic pilot
That one daring me, tempting me to surface one last time
    for a lasting breath of real air
And leave the sleet behind.

July 1955

3. Parole

Dal momento che i miei mi permettevano di credere in loro, sono cresciuta credendo negli altri. Pertanto il ruolo assegnatomi in questa vita (seppur senza né porlo come obiettivo né desiderarlo) è quello di stanare gli ipocriti, credendo in loro; prendendo tutti in parola, dando per scontato che le persone, quando parlano, parlano sul serio. Si tratta di un'abitudine infelice cui mi è praticamente impossibile sottrarmi, un effetto secondario dei tentativi, imperfetti ma notevoli, dei miei di mettere in pratica ciò che predicavano. Quegli stessi tentativi facevano parte di una convenzione di autopresentazione prevalente nello strato borghese della società afroamericana cui appartenevano: lavorare sodo, vestirsi sempre in modo impeccabile, mantenere la parola a prescindere, mai imbrogliare o ingannare nessuno. L'integrità, diceva mio padre, è l'unica cosa che l'America non ti può sottrarre, a meno che non le permetti di farlo. Essendosi sviluppata come reazione allo stereotipo prevalente per cui gli afroamericani erano considerati sporchi, indolenti e pigri, la convenzione di autoprotezione era fortemente motivata anche dall'autodifesa. Il ceto sociale dei miei genitori e la loro generazione non combattevano lo stereotipo manifestando, organizzando conferenze o pubblicando articoli, oppure utilizzando altri mezzi volti a integrarli nella corrente principale americana. Quello sarebbe diventato compito mio. Il loro compito era semplicemente di falsificare lo stereotipo, contraddicendolo attraverso ogni aspetto del loro comportamento, apparenza e condotta. Queste foto dei miei furono scattate, dall'uno e dall'altra, negli anni Trenta. È così che si presentavano a se stessi, l'uno all'altra, e al mondo esterno. Faceva parte del modo in cui proteggevano il rispetto di sé di fronte al razzismo americano, e anche di ciò che trasmettevano a me per permettermi di proteggere il mio.

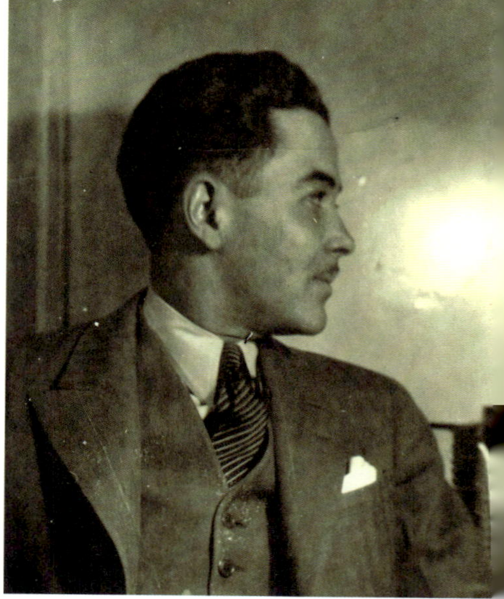

Questo lascito di autodifesa declina le caratteristiche personali che ho la fortuna di aver ereditato da loro. Dai miei ho appreso la mia controreazione riflessiva al fatto di essere un costante oggetto di osservazione e diffidenza, e di dover superare lo stesso esame di affidabilità pressoché tutte le volte che incontro

3. Words

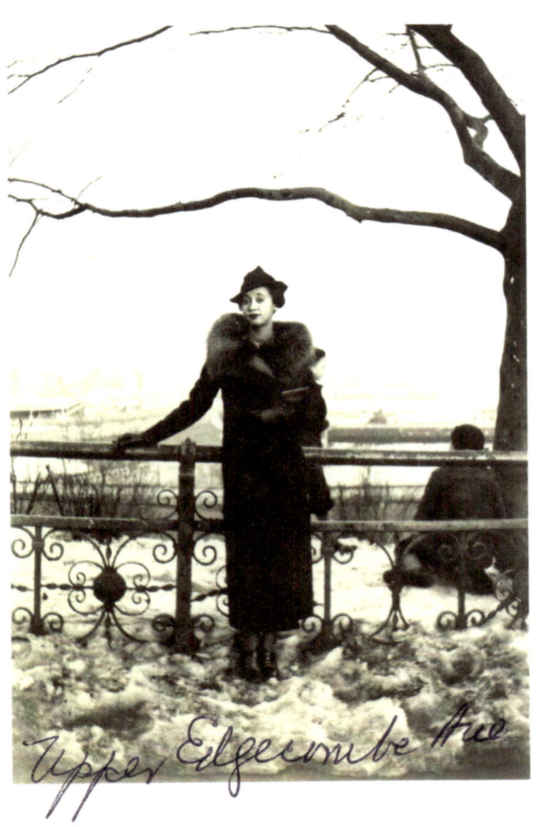

Because my parents made it possible for me to believe in them, I grew up believing in others. Therefore, my assigned role (although not my goal or wish) for this lifetime is to smoke out hypocrites by believing in them; by taking everyone at their word, taking for granted that people actually mean what they say. It is an unfortunate habit that is all but impossible to break, an undesirable side effect of my parents' imperfect but impressive attempts to practice what they preached. These attempts themselves were part of a governing convention of self-presentation in that stratum of upper middle-class African-American society to which my parents belonged: to work very hard, to always dress impeccably, to stand behind your word no matter what, and to never cheat or deceive anybody. Integrity, my father remarked, is the one thing racist America cannot take from you, unless you let it. This convention of self-presentation had a strong self-defensive motive, having developed in reaction to the prevailing stereotype of African Americans as dirty, shiftless, and lazy. My parents' class and generation did not fight the stereotype by marching, staging conferences, or publishing articles, or in any other way designed to integrate them into the American mainstream. That would be my job. Theirs was simply to falsify the stereotype, by contradicting it in every aspect of their manner, appearance, and conduct. Each of those two photos of my parents in the 1930s was taken by the other. This is the way they presented themselves to themselves, to each other, and to the outside world. That was part of the way they protected their own self-respect in the face of American racism, and it was part of what they transmitted to me in order to protect mine.

qualcuno, in qualsiasi veste, e ogni volta che l'incontro. Poiché gli altri mi attribuiscono sempre delle responsabilità, ho dovuto imparare ad assumerle da me. L'irresponsabilità è un lusso che non mi posso permettere. Quando mi resi conto finalmente che nessun grado di responsabilità o coerenza o candore aveva la possibilità di sconfiggere le loro paure, queste caratteristiche erano già troppo infuse in me per poter essere eliminate. Il mio errore era presumere che gli altri rispettassero gli stessi modelli di condotta che loro esigevano da me.

Ho perso il conto del numero di colleghi ed ex amici che ho fatto vergognare o imbarazzato o allontanato da me per avere messo alla prova le loro pretese di amicizia o benevolenza in base all'assunto che della loro parola, come di quella dei miei genitori, ci si poteva fidare. Mi ci vollero decenni solo per individuare il problema: ovvero, essendo stata cresciuta in un ambiente in cui le persone parlavano sul serio davvero, mi mancava la capacità di distinguere tra discorsi sinceri e quelli semplicemente educati o saggi. Era per questo che, per i primi cinque decenni della mia vita, ho pensato, più o meno, che tutte le persone intorno a me fossero sincere. Poiché la realizzazione successiva che l'assunto non era veritiero non serviva affatto a sviluppare la capacità che mi mancava, ora presumo a lume di naso che nessuno sia sincero. E questa ipotesi funziona molto meglio. Poiché rende anche molto difficile fidarsi di qualcuno, serve a ridurre le mie incursioni nel campo della conversazione e a tenere il numero dei miei interlocutori a un minimo maneggevole. Non ho idea se tu sei tra quelli, e non ha alcuna importanza.

BRUCO APPESO A UN FILO (1995)

So che il mio percorso entra in me, mi attraversa ed esce dall'altro lato
seguendo gli eventi e le cose che ho schierato, una per una,
nel tempo e nello spazio per facilitare l'irretimento
le cose che succedono proprio qui
        proprio ora
        tutte
        per sempre
                tutte insieme
quelle cui ho rotto lo stampino che mi permetteva di realizzarle
quelle dalle quali devo differenziarmi
quelle che devo osservare e sentire e vedere
        per essere me e non loro

That legacy of self-defense inflects whatever character dispositions I have been blessed to have inherited from them. I learned from my parents my reflexive counter-reaction to being a constant object of suspicion and mistrust, and having to pass the same test of trustworthiness with virtually every person I meet, in any capacity, every time I meet them. Because other people constantly hold me to account, I have had to learn to do that for myself. Irresponsibility is a luxury I cannot afford. By the time I realized that no degree of responsibility or consistency or candor could possibly defeat their fears, those dispositions were already too deeply instilled to erase. My mistake was to assume that others were meeting the same standards of conduct they demanded of me.

I cannot count the number of colleagues and former friends I have shamed, embarrassed, or alienated by putting their claims of friendship and good will to the test, on the assumption that, like my parents', their word could be trusted. It took me decades even to figure out what the problem was: that, having been raised in an environment in which people meant what they said, I lacked the ability to distinguish between sincere utterances and merely polite or politic ones. So for my first five decades, I more or less assumed that everyone around me was sincere. Because finally grasping that this assumption was not true did nothing to develop the missing ability, I now assume, as a working rule of thumb, that no one is. This hypothesis works much better. Since it also makes it extremely difficult to trust anyone, it serves to reduce my conversational forays and my conversational partners to a manageable minimum. I have no idea whether you are among them, and it does not matter.

CATERPILLAR ON A STRING (1995)

I know my path is in and through me and out the other side
of me
following the events and things I've lined up, one by one,
    in time and space for ease of enmeshment
the ones that are all happening right here
    right now
    all of them
    forever
    all together
the ones I broke the mold to make

quelle che devono continuare a camminare in fila sulla mia linea di montaggio
        più a lungo possibile
per poter essere me e non loro più a lungo possibile
Quanto tempo resisterà questa donna? si chiede l'universo
Quanto tempo resisterà l'universo? mi chiedo
Ci osserviamo guardinghi
        nessuno ammicca per primo

Sono un razzo temerario che si muove attraverso lo spazio a velocità folli
meglio stare attenta
ah
hai ammiccato

Sono un bruco attento e attraverso lentamente
        il vetro di una finestra inondata di luce
passo per passo
Oggetti illuminati passano davanti a me fuori
così come i ricordi e le emozioni dentro
Una cosa alla volta
le schiero tutte
striscio pensosamente sopra di loro
una per una
le cose che succedono proprio qui
        proprio ora
        tutte
        per sempre
        tutte insieme

Vivono una vita propria
con mio grande sgomento
Io vivo una vita propria con nostro grande sgomento

Assistiamo con orrore e divertimento mentre lei si muove temeraria a velocità folli
e con così tanta sincera tenacia
con propositi così seri
Pensa di ballare un minuetto ma sa di ballare un can-can
È un bello spettacolo
Tanto vale mettersi comodi a goderselo

the ones I need to be different from
the ones I need to watch and feel and witness
    in order to be me and not them
the ones that need to keep on filing past on my assembly line
    for as long as possible
so I can be me and not them for as long as possible

How long can she hold out? the universe wonders
How long can the universe hold out? I wonder
We regard each other cautiously
    neither being the first to blink

I am a reckless rocket, careening crazily through space
better watch out
Ha
you blinked

I am a careful caterpillar inching my way across
    a window pane flooded with light
step by step
Illuminated objects move past me outside
and memories and emotions too inside
One thing at a time
I line them all up
reflectively creep across them
one by one
the ones that are all happening right here
    right now
    all of them
    forever
    all together

They take on a life of their own
to my great dismay
I take on a life of my own to our great dismay

We watch with horror and amusement as she careens recklessly
around
and with such earnest single-mindedness
such seriousness of purpose
She thinks she's doing a minuet but we know she's doing a can-can
It's a good show
Might as well sit back and enjoy it

Questa storia quindi parlerà, in parte, di ciò che vuol dire non avere nulla da dire ora: o, meglio, di ciò che vuol dire non avere nessuna motivazione per dire qualcosa ora. Ho provato a intimidire me stessa con il pensiero che mi tocca deporre su ciò che ho visto e fatto, che non posso Lasciar Vincere Loro tramite quella che sarebbe, effettivamente, un'autocensura. Questo non lo posso permettere. Questo loro modo mostruoso di sbaragliare e mettere a tacere la mia resistenza. Non posso semplicemente girarmi su un fianco e fingermi morta, come un minuscolo germoglio spezzato e schiacciato sotto le ruote di un bulldozer. Ma discorsi di incitamento di questo tipo non hanno funzionato finora. Una parte del problema è che quello che per loro significa vincere, per me significa perdere. E inoltre, davanti a chi dovrei deporre se non ascolta nessuno? A cosa o a chi dovrei rivolgere le mie parole, e cosa o chi devono raggiungere? E se coloro che sentono le mie parole pensano che siano, come le loro, significative non per quello che dicono ma solo per i vantaggi personali che sono in grado di ottenere? A che serve scegliere le parole se al mio pubblico manca la capacità di coglierne il significato?

È COME IL TUO OROLOGIO RADIO: (1992)

Non ti aspetti di dialogare con il tuo orologio radio.
Si accende da solo all'alba
E funzionerà tutto il giorno se glielo permetti,
programmato per intrattenerti involontariamente,
Finché sei disposta
    a sederti immobile,
    a stare in silenzio, e
    ad ascoltare.

Certo, puoi intervenire e commentare se vuoi,
Ma non vorrai certo pretendere che il tuo orologio radio
    interrompa la programmazione per questo?
Il tuo orologio radio potrà interrompere te.
Ma il tuo orologio radio non è quel tipo di cosa che si può interrompere.
Andrà fuori onda quando sarà bell'e pronta,
    non prima.

Il tuo orologio radio ha una logica tutta sua
Indifferente agli inviti alla conversazione
Si accende e si spegne rumorosamente e allegramente

So in part, this is going to be a story about now having nothing to say; or more accurately, about now having no motivation to say anything. I have tried browbeating myself with the thought that I must bear witness to what I have seen and done, that I cannot Let Them Win by effectively censoring myself, that I cannot allow Their monstrosity to overwhelm and silence my resistance, that I cannot just roll over and play dead, like a tiny sprout broken and crushed under the wheels of a bulldozer. But no such pep talk has worked so far. Part of the problem is that what They regard as winning, I regard as losing. But besides, to whom am I supposed to bear witness, if nobody is listening? To what, or whom, am I supposed to direct my words, and in what, or whom, are they supposed to land? What if those who hear my words think mine are, like theirs, meaningful not for what they say but only for what personal advantages they can effect? What is the point of choosing my words if my audience lacks the capacity to grasp their meaning?

IT'S LIKE YOUR CLOCK RADIO: (1992)

You don't expect to have a <u>dialogue</u> with your clock radio.
It turns itself on at daybreak
Will run all day if you let it,
programmed to entertain you inadvertently,
As long as you're prepared to
    sit still,
    be quiet, and
    listen.

Sure you can interject comments if you like,
But surely you don't expect your clock radio to
    interrupt its station programming on that account?
Your clock radio can interrupt you.
But your clock radio is not the kind of thing you can interrupt.
It'll go off the air when it's good and ready
    and not before.

Your clock radio has its own logic
Unresponsive to enticements to converse
It rattles on and off its merry way

Una modesta dimostrazione di autonomia su scala minuscola
Una consolazione in momenti solitari
Se non sei troppo esigente.

Sforzandomi di dire parole che abbiano un contenuto, mi sono resa conto che per dargli voce sono obbligata a credere che esista qualcuno là fuori pronto ad accoglierle, qualcuno che ascolta per capire, che ascolta per pura curiosità e interesse per quello che io possa dire. Anche se sento che le mie parole non atterrano da nessuna parte, devo credere che almeno qualcuno stia tentando di sgombrare una nuova pista di atterraggio nella propria mente, pronta ad accoglierle, sforzandosi di ascoltare, desiderosa di sentire e capire per il gusto di farlo. È probabile che i miei genitori ascoltassero le mie prime parole proprio in questo modo. Ecco la qualità di attenzione di cui ho bisogno ora. Se non mi viene concessa, non parlo affatto. Ecco la mia minaccia silenziosa, rivolta a nessuno e senza incitare nessuno – con l'eccezione, forse, di me stessa – a prestare quella qualità di attenzione alle cose che dico.

Fino a poco tempo fa, non era necessario che il mio ascoltatore si trovasse davanti a me: non era necessario nemmeno che esistesse. Mi bastava immaginare quella persona in modo piuttosto vago, in attesa e in ascolto con la stessa qualità di affascinata attenzione dimostrata dai miei genitori, perché le mie parole e frasi e immagini mi connettessero a lei, che impiantasse i miei pensieri direttamente nella sua mente, dove potevano affondare radici, crescere, germogliare, vivere una vita loro, a prescindere dal suo istintivo rinculare dal mio aspetto fisico, determinato dal genere. Ho sempre pensato che sarei stata capace di trascendere quell'aspetto, di passarci sopra, o almeno di ridurne l'importanza fino a zero, dicendo le parole giuste all'ascoltatore giusto. Così come dire parole ragionevoli e mature ai miei genitori mi aveva permesso di entrare nel loro gruppo di conversazione, in cui la mia finta razionalità mi aveva fatto affezionare ai loro amici. Pensavo che anche in quest'ambito le parole avrebbero costituito sia il mio percorso verso la libertà sia una connessione con l'ascoltatore: ovvero un percorso che mi portasse a essere amata dall'ascoltatore per quello che sono, per me in veste di germoglio – come ero stata amata dai miei genitori – anziché per gli strati che mi avvolgono. Le parole, inoltre, avrebbero costituito il canale tramite il quale avrei trasmesso un po' dell'amore dei miei genitori all'ascoltatore – a lui in veste di germoglio, anziché soltanto ai suoi strati esterni – e tramite il quale l'avrei amato per i pensieri reciprocamente piantati e le trasformazioni da lui piantate che

A modest display of autonomy on a tiny scale
A comfort in lonely moments
as long as you don't expect too much of it.

I have realized, in the process of trying to force out some words with content, that in order to give them voice, I have to believe that there is someone out there to receive them, someone who is just listening in order to hear, and for no other reason; listening out of pure curiosity and interest in what I might say. Even if I sense that my words are not landing anywhere, I have to believe that someone is at least trying to clear a new landing field in their mind for them, straining to hear, wanting to hear and understand for its own sake. My parents probably listened in this way to my first few spoken words. That is the quality of attention I need now. If I do not get it, I will not speak at all; that is my silent threat, uttered to no one and inciting no one—except, perhaps, me, to give that quality of attention to my own utterances.

Up until quite recently, my listener did not actually have to be there in front of me, did not even need to exist at all. It was enough for me to imagine the person very vaguely, waiting and listening with that same quality of fascinated parental attention, for my uttered words and sentences and images and sounds that would connect me to him, that would plant my thoughts directly in his mind, where they could take root, grow, and sprout, have a life of their own independent of his instinctive recoil from my gendered physical appearance. I always thought I could transcend that appearance, override it, or at least diminish its importance to zero, by speaking the right words to the right listener, just as speaking reasonable and mature words to my parents had won my entry into their conversational circle, where my faux-rationality had endeared me to their friends. I thought that here, too, words would be my pathway to freedom and connection with that listener; in effect, my pathway to being loved by that listener for my self, for me as a sprout, as my parents did, rather than for my wrappings. And words would also be my channel for passing along some of my parents' love for me to my listener—to him as a sprout rather than merely to his outer wrappings; to loving that listener for the reciprocally planted thoughts and transformations that he planted and that took root in me. This kind of love trades on the capacity of words

hanno affondato le radici in me. Questo tipo di amore valorizza la capacità delle parole di penetrare entrambi i collocatori, simmetricamente e più in profondità. Ora ho compreso meglio che le parole non sono in grado di raggiungere i luoghi importanti cui umilmente alludono, i luoghi in cui si possono trovare i tesori di maggior significato e valore. Sono in grado solo di indicarti quei luoghi, e solo se ascolti con grande attenzione.

Dal primo incontro con Phillip nel 1965 (su una pista da ballo dove, dopo essersi presentato come un cerebrale e asettico studente di filosofia, con grande perizia mi fece piroettare in una salsa a ritmi vertiginosi) fino alla sua morte per encefalite, provocata dall'Aids nel 1983, è stato lui quell'ascoltatore. Eccolo a casa dei miei a Riverside Drive, subito dopo il mio matrimonio nel 1982, quando si era appena fatto curare i denti. Si era ristabilito da poco da due interventi per lesioni al cervello e aveva appena saputo del "virus dei gay" che circolava a New York in quei tempi. Phillip mi avvolgeva di stima e rispetto, proteggeva la mia ingenuità e mi viziava con la sua amicizia, parlandomi sempre sul serio senza dirmi le cose che pensava potessero servire per farmi fare quello che voleva. Non vedendo alcuna connessione tra il parlare e il manipolare, incoraggiava la mia fatale tendenza, inculcata dai mei, a non vederne una. Vivendo la pratica del dialogo filosofico schietto e autoriflessivo, me ne mostrava il valore e il potere, dimostrandomi così che quella pratica era possibile. Così facendo, rovinò la mia capacità ad adattarmi a relazioni in cui possibile non era. Mi ci vollero decenni per realizzare quanto era unico, lui, e non sono ancora emersa del tutto dalla trance di fiducia e affetto reciproci in cui ci chiudemmo. Ho generato una quantità immensa di parole immaginando un ascoltatore come Phillip: anzi, un pubblico intero di ascoltatori come lui. Ho speso tanto tempo in paziente attesa che le mie parole atterrassero nelle loro menti, come erano atterrate in quella di Phillip; e ho atteso anche un atteggiamento ricettivo da parte loro che dimostrasse che in quelle menti fossero effettivamente atterrate e avessero affondato le radici.

Non aspetto più. Ora il mio problema è che non c'è nessuno là fuori cui quella visione possa plausibilmente corrispondere. Ma ciò è dovuto in parte al fatto che tutte le volte che provo a evocare quella visione – cosa che faccio assai spesso – metto in cortocircuito la mia immaginazione, ricordando che quasi tutti i membri di quello che ritenevo il mio pubblico in realtà non erano che passanti, finti innocenti e fondamentalmente indifferenti, sui cui strati esterni le mie parole schizzavano come gocce di saliva su lattice resistente

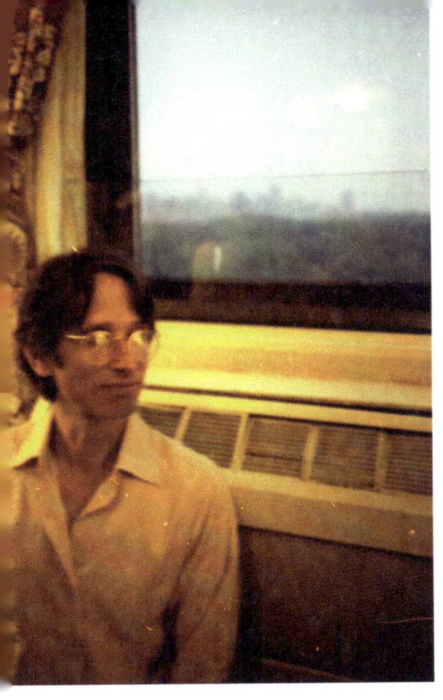

to penetrate, symmetrically, much deeper into the depths of both collocutors than anything else could. I know better now that words cannot reach the deepest and most important places to which they humbly allude, the places where the treasures of greatest meaning and value are to be found. They can only point you there; but only if you are ready, and only if you listen very carefully.

From my first encounter with Phillip in 1965 (on the dance floor, him whirling me up into an expert and fast-paced salsa, after having presented himself as a cerebral and ascetic philosophy student) until he died of AIDS-related encephalitis in 1983, he was that listener. Here he is at my parents' house on Riverside Drive, right after my wedding in 1982 and after he had gotten his teeth fixed. He had also recently recovered successfully from two successive operations for brain lesions, and had just learned about the "gay virus" that was going around in New York at that time. Phillip wrapped me in his regard and respect, protected my naiveté, thus spoiled me for friendship, by always saying to me what he meant rather than what he thought might be effective in getting me to do what he wanted. He saw no connection between speech and manipulation, and so encouraged my own fatal tendency, ingrained by my parents, to see none. By living the practice of forthright and self-reflective philosophical dialogue, he showed me its value and its power, and demonstrated to me that it was possible. He thereby ruined my ability to adapt to relationships in which it was not. It took me several decades to realize how unique he was, and I still have not fully emerged from the trance of trust and mutual affection in which we locked each other. I have generated a very, very large quantity of words by envisioning a listener like Phillip—indeed, an entire audience of such listeners—in my mind. I have spent a great deal of time, waiting patiently for my words to land in their minds, as they did in Phillip's; and waiting for the responsive behavior that shows that they did land, and did take root there.

I am not waiting any longer. Now my problem is that most of the time I cannot convince myself that there is anyone out there to whom that vision might conceivably correspond. But that is in part because whenever I now try to conjure that

all'acqua. Prima, un ricordo del genere sarebbe stato inintelligibile, impensabile per me. Sarebbe sembrato cinico e amaro anziché meramente fattuale, incompatibile con la mia fiducia negli altri.

E in quello stato di fiducia, una volta che la mia lotta si era rivelata una lotta fino alla morte, ricordo di essere stata disorientata dalla cura con la quale sceglievano le parole quei colleghi e colleghe con cui era ancora possibile dialogare: dilungandosi su temi innocui ma girando attorno a quelli spinosi, denunciando con sguardi perplessi e senza capire i miei futili tentativi di volgere l'attenzione a quelli difficili, quelli incombenti, quelli che minacciavano la nostra (o almeno la mia) esistenza stessa, quelli intorno ai quali avremmo potuto esercitare le nostre capacità di analisi razionale o critica. Ma essi ed esse sapevano che, in quanto faceva nascere rigorose linee guida di coerenza logica, la critica razionale portava inevitabilmente alla rivelazione di valori e obiettivi, e dunque alla debolezza. Indirizzata a temi difficili, la critica razionale non permetteva di vincere il dibattito, quindi era da escludere. Solo una parolaia credulona che si concede troppe libertà dissipa il suo vantaggio strategico dando voce alle proprie convinzioni, distruggendo la propria neutralità, e allontanando gli alleati sfidandoli a eguagliare il proprio comportamento rischioso e a scoprirsi, a loro volta. I miei capivano qualcosa delle parole intese come valuta – ma non come valuta di comunicazione – che a me sfuggiva.

Forse anche tu, sotto minaccia, avrai assistito a questo fenomeno. Chi parla inizia una frase e si rende conto solo a metà che la sua grammatica o logica la costringerà a una rivelazione di sé che non si può permettere. È troppo tardi per rimediare, quindi lascia cadere la frase e ne inizia un'altra, che fa la stessa fine, producendo così una raffica di frammenti di frasi sconnesse e incoerenti. Oppure fa una pausa troppo lunga prima di scegliere l'aggettivo, permettendoti di intuire che la sua mente va a mille alla frenetica ricerca di un altro più innocuo. Oppure si esprime in una lingua che, seppur comune, è tuttavia innaturale, ordinando con cura un archivio di parole e frasi banali da produrre di seguito, sia amichevoli sia interconnesse, ma anche senza contenuto. Io faccio così di continuo, ora. È come se il malocchio che evitiamo di nominare agisse da calamita, attirando a sé le nostre costruzioni frasali, nonostante i nostri tentativi caparbi di deviarle altrove.

Ecco un disegno che realizzai a metà degli anni Novanta proprio perché mi mancavano le parole per esprimere le perversioni cui assistevo intorno a me: l'insensata resistenza ad accettare l'importanza del linguaggio comune usato in modo ingenuo e diretto;

vision—and I do, very often—I immediately short-circuit my imagination with the reminder that almost everyone in what I used to think was my audience was in fact just a disingenuously innocent and fundamentally indifferent bystander, on whose outer wrappings my words splashed like drops of saliva on water-resistant latex. Such a reminder would have been unintelligible, unthinkable to me earlier. It would have seemed cynical and bitter rather than merely factual, inconsistent with my faith in others.

And in that exalted state of faith, I remember being mystified, once my fight was revealed to be a fight to the death, by the care with which those of my colleagues with whom conversation was still possible carefully picked their words with me: dilating on easy topics while skirting the difficult ones, skewering with blank looks of incomprehension my futile attempts to advert to the difficult ones, the looming ones, the ones that threatened our (or at least my) continued existence, the ones on which we might exercise our capacities for rational analysis or criticism. But they knew that rational criticism, calling forth the rigorous guidelines of logical consistency, inevitably leads to the revelation of values and goals, and therefore weakness. Rational criticism of difficult issues was inimical to winning and therefore out of the question. Only a gullible and self-indulgent windbag dissipates her strategic advantage by voicing her convictions, destroying her neutrality, and alienating her allies by implicitly challenging them to match her risky behavior by revealing themselves in turn. My colleagues understood something about words as a currency—although not a currency of communication—that I did not.

Perhaps you, too, have witnessed this phenomenon under duress. The speaker begins a sentence and realizes only part way through that its grammar or logic will force her to a revelation of self she cannot afford. Too late to retool it, she lets it die in mid-sentence and begins another one, which suffers the same fate, after which she begins again, and again, and again, producing a splattering of disconnected and incoherent sentence fragments. Or she pauses for too long before choosing the adjective, so that you see her mind racing as she searches frantically for an innocuous one. Or expresses herself in speech that although vernacular is nevertheless stilted, carefully marshaling an archive of words and trite phrases to be produced in succession that are both friendly and, in

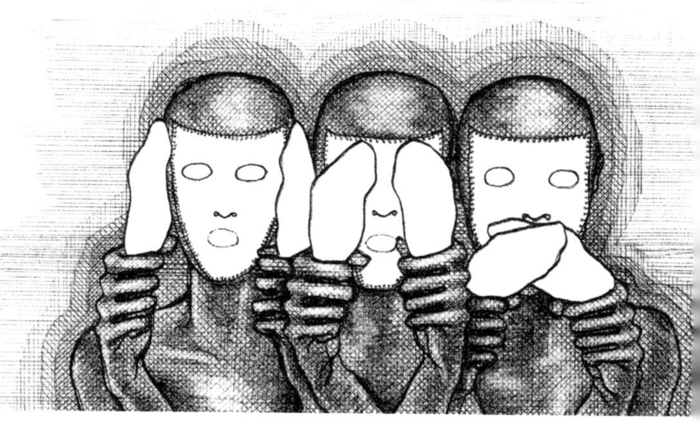

la manipolazione accorta di frasi significative piene di contenuto profondo e di buona volontà per denotare esattamente il contrario; l'uso esplicito, coordinato collettivamente, della parola, in modo da permettere a tutti di supporre che io stessi benone e attutire le mie grida di aiuto; la magica superstizione per cui, se avessi dichiarato esplicitamente il mio bisogno di aiuto, quell'aiuto si sarebbe avverato (a dirmelo fu una collega, moglie di un filosofo del linguaggio di fama mondiale); le sciocchezze e la catastrofe locale che ne conseguirono senza alcuna protesta o attenzione perché era sottinteso che è questo lo scopo del linguaggio. Non c'era nessuno che ascoltava, erano tutti assenti.

Come nel primo disegno, il diagramma vedico, l'elemento pervasivo è quello senza né colorazione né ombreggiatura; e condensazione, definizione e specificità di forma aumentano insieme alla densità e alla modellazione. Ma il sé profondo che fa capolino attraverso i buchi per gli occhi e le bocche delle maschere non è temprato dalla formazione mediante di personalità e carattere individuali. Non c'è. Le maschere non nascondono alcun individuo psicologicamente distinto. Inoltre, le figure non eliminano affatto udito, vista o parola. Si limitano invece a mimare il comportamento in questione, tenendo in mano goffe muffole senza dita, premendole contro le maschere che portano cucite in faccia, scimmiottando gesti di resistenza, così rappresentando un atteggiamento di insincerità.

Le figure sono schiacciate insieme più strettamente di quanto potrebbero essere tre corpi anatomicamente distinti, come una cellula embrionale che ha iniziato, senza riuscirci, a completare il processo di mitosi. Così sono individuate in modo incompleto, a livello sia mentale sia fisico. È quello che succede quando l'avvolgimento inizia troppo presto ed è troppo stretto: si perdono strati e contorni. Persone formate a metà vengono estruse solo parzialmente da altre persone formate a metà. Vivono, si muovono, sentono e reagiscono a ranghi serrati, e fanno parte di un enorme, gelatinoso, globulare involucro di carne. Gonfiandosi, si moltiplicano e crescono serie molteplici di organi sensoriali, ma sono sprovviste di mobilità indipendente. La capacità di percezione attiva e autonoma in generale, e di ascolto in particolare, è inibita.

mutual interconnection, also bereft of content. I do this kind of thing all the time now. It is as though the evil we are trying to avoid naming acts as a magnet, attracting our sentence constructions toward it despite our dogged attempts to deflect them elsewhere.

Here is a drawing I did in the mid-1990s because I had no words to express the perversions of communication I was witnessing all around me: the insensate resistance to registering the import of ordinary language used in a naive, forthright way; the dexterous manipulation of meaningful phrases full of profound content and good will, to denote exactly the opposite; the explicit, communally coordinated use of speech in such a way as to enable everyone to assume that I was fine, in order to muffle my screams for help; the magical superstition that my stating explicitly that I needed help would make it come true (this from a colleague married to a world-renowned philosopher of language); the resulting nonsense and local catastrophe swallowed without notice or protest because it was understood that this was what language was for. There was nobody listening, nobody home.

As in the previous line drawing, the Vedic diagram, the most pervasive element here, too, is the one without any coloring or shading at all; and condensation, definition, and specificity of form increase with density and modeling. But the deep self that peers out through the eyeholes and mouths of the masks is not tempered by the mediating formation of individual personality and character. There is none. There are no psychologically distinct individuals that the masks conceal. Also, the figures do not actually block off their hearing, sight, or speech. They merely mime this behavior, holding clumsy, fingerless mittens in their hands, pressing them against the masks stitched onto their faces, aping the gestures of shocked resistance and thereby performing the attitude of disingenuity.

The figures are pressed together more tightly than any three, anatomically distinct bodies could be, like a single embryonic cell that began but failed to complete the process of mitosis. Thus they remain incompletely individuated, both in mind and in body. This is what happens when the wrapping begins too soon and is too tight: layers are lost, and contours are lost. Half-formed persons are partially extruded from other half-formed persons. They live, move, sense, and

Negli ultimi anni, il mio ascoltatore più affidabile è stato il mio futuro io, la persona cui mi rivolgo quando scrivo i miei diari. Si tratta della persona cresciuta dai miei genitori regalandomi il diario di Anne Frank per il mio undicesimo compleanno e il mio primo diario a pagine bianche il Natale successivo. La persona che scopre chi sono io leggendo le mie annotazioni, dieci o vent'anni dopo. Il guaio è che, man mano che invecchiamo lungo percorsi paralleli che s'incontrano all'orizzonte, quella persona mi somiglia sempre di più ormai. Quella persona in grado di anticipare gran parte di quello che ho da dire oggi, ma non sopporta ascoltarlo e non sopporta nominare la realtà percepita da entrambe. Nessuna delle due ci riesce. Alla fine, è questo l'ostacolo vero: sentire che la realtà è troppo malevola e implacabile per essere trasmutata dalle parole. Essere sole, soffocate per autoprotezione, essere lanciate nello spazio senza meta, tutto ciò è il minimo.

Provo a dare una scossa alle parole ricordandomi che questo ammutolirmi, questa paralisi di pensiero e di linguaggio di fronte alla malevolenza spudorata, non adulterata, è esattamente l'effetto che la malevolenza desidera ottenere: ovvero esibire un orrore talmente sghignazzante che non ci sono parole in grado di coglierlo e non esiste una mente forte abbastanza per assorbirlo, nemmeno per un istante; che questo è il silenzio che reprime la storia e la realtà e favorisce le bugie; e che, se non trovano la forza non solo di nominarlo ma anche di ripeterlo in continuazione fin quando non prenda il suo posto all'interno della realtà che tutti noi siamo in grado di tollerare, coloro che assistono a questo orrore sono complici nella sua repressione. Questo richiamo mi connette con quelle donne afroamericane che sono state ammutolite da ciò cui hanno assistito nella loro vita quotidiana. Non mi restituisce la fiducia nelle parole. Perché una parte dell'indicibile cui ho assistito è costituita dalla gioia licenziosa con cui le parole stesse sono state reclutate al suo servizio.

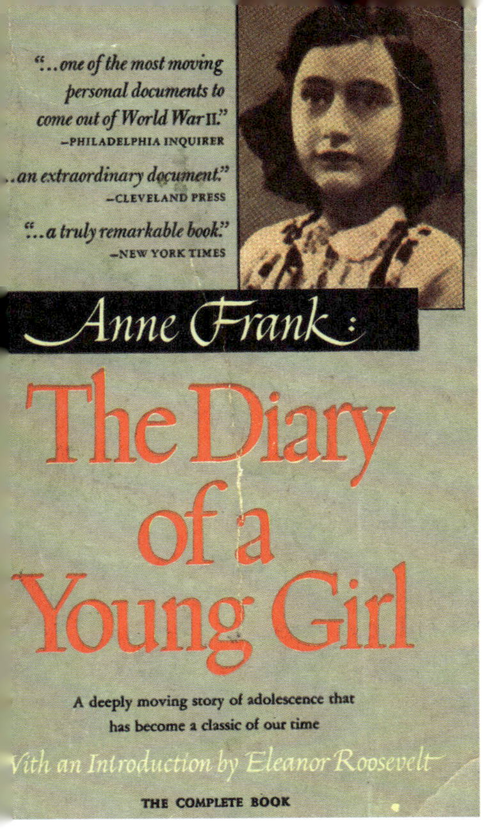

react in lockstep, as part of one massive, gelatinous, globular envelope of flesh, bulging multiply, growing multiple sets of sensory organs, but incapable of independent mobility. The capacity for active and autonomous perception in general, and listening in particular, is stunted.

My most reliable listener in recent years has been my future self, the person to whom I write my journals. This is the person my parents grew, by giving me Anne Frank's diary for my eleventh birthday and my first blank-paged diary that Christmas; the person who finds out who I am by rereading my journal entries ten or twenty years later. The problem is that that person is getting to be more and more like me now, as we grow older along parallel tracks that meet at the horizon. That person can already anticipate a lot of what I now have to say, but cannot stand to hear it, cannot stand to name the reality we both perceive. Neither of us can. In the end, that is the real obstacle: feeling the reality to be too malevolent and implacable to be transmuted by words. Being alone, self-protectively constricted, hurtling aimlessly through empty space, is only part of it.

I try to jumpstart my flow of words by reminding myself that this speechlessness, the paralysis of thought and language in the face of blatant and unadulterated malevolence, is exactly the effect that malevolence desires to have: to display such a grinning horror that no words can capture it and no mind is strong enough to absorb it even for an instant; that this is the silence that represses history and reality and conduces to lies; and that those who witness this horror are complicit in repressing it if they do not muster the strength, not only to name it, but to repeat it over and over until it takes its place within the reality we all can tolerate. This reminder connects me to African-American women who have been rendered speechless by what they have witnessed in the course of their daily lives. But it does not restore my lost faith in words. For part of the unspeakable I have witnessed is the licentious glee with which words themselves have been recruited into its service.

LE BUONE MANIERE (2003)

Le buone maniere sono cancelli, buchi in una recinzione, che si aprono e si chiudono. Aperto: Come stai? Chiuso: Beh, mi sembra che tu stia bene. Aperto: No, voglio proprio sapere quello che hai fatto ultimamente. Chiuso: Ce la farai. Sei un sopravvissuto. Aperto: Dobbiamo parlare. Chiuso: Scusa, devo scappare. E così via. In generale, il cancello rimane aperto finché tu stai fuori. Inizi a entrare e il cancello inizia a chiudersi, e il chiavistello si chiude di scatto quando sei a un solo passo dall'essere dentro. Le maniere sono immobili, recitate dietro e davanti al cancello.

Le persone che sanno stare al proprio posto sanno che non devono avanzare. Le persone che non sanno stare al proprio posto avanzano e il cancello gli viene sbattuto in faccia: Ti prego di farmi sapere se c'è qualcosa che posso fare per aiutare (aperto), anche se non ho idea di cosa possa essere (chiuso). Questo da parte di un accademico bianco poco dopo avergli garantito la cattedra con una lusinghiera lettera di sostegno che aveva avuto occasione di leggere.

La maggior parte delle mie conoscenze smisero di cercarmi per evitare di dovermi chiedere come stavo. Alcuni hanno semplicemente smesso di chiedere. Alcuno cambiavano discorso, una volta esaurito il tema di come stessero loro.

I possibili temi di conversazione diminuirono, appassirono, scomparvero dalla vista. Eravamo paralizzati in silenzio sul posto, davanti e dietro al cancello. Talvolta per stare in piedi immobile fuori dal cancello, al tuo posto, occorre mentire o fingere oppure recitare: sto bene, grazie, e tu? Benone, grazie dell'interessamento! Che gentile da parte tua. Bene, come si dice, nessuna nuova buona nuova! E così via.

Poi ti tocca scegliere tra buone maniere e integrità. Se opti per l'integrità ti tocca una seconda scelta, tra aprire il cancello a calci e fare irruzione oppure allontanarti tanto che il cancello diventa indistinguibile dalla recinzione. Quando si è così lontani, non si vede nessuna apertura, da nessuna parte. Talvolta si dimentica la differenza tra dentro e fuori. Si può persino dimenticare che esista un dentro in cui entrare.

Ma non se insisti a essere educata.

MANNERS (2003)

Manners are gates, breaks in fences, that open and close. Open: How are you? Close: Well, you seem fine to me. Open: No, I really want to know what you've been doing. Close: You'll live, you're a survivor. Open: We must talk. Close: Sorry I have to run. And so on. In general, the gate stays open as long as you stay outside. Start walking through it and the gate starts to close, the latch snapping firmly into place when the next step would carry you through it. Manners are motionless, enacted from behind and in front of the gate.

People who know that know their place, know not to move forward. People who do not know that move forward and get the gate slammed shut in their faces: Please let me know if there's anything I can do to help (open), although I don't know what that could possibly be (close). That from a white male academic, soon after I had ensured his tenure with a glowing letter of support that he had read.

Most acquaintances stopped calling, so as not to have to ask how I was. Some just stopped asking. Some changed the subject, or the venue, after the topic of how they were had been exhausted. Topics of conversation shrank, withered, fell out of sight. We were frozen silently in place, in front of the gate and behind it. Sometimes standing motionless outside the gate, in your place, requires lying, or pretending, or playacting: I'm fine, thanks, and you? Real well, thanks for asking! How kind of you to inquire! Well, they say no news is good news! And so on.

Then you have to choose between manners and integrity. If you choose integrity, you have to choose again, between kicking the gate open and barging in, and backing so far away from the gate that it becomes indistinguishable from the fence. When you are that far away, you see no opening anywhere. Sometimes you can forget the difference between inside and outside. You can forget that there is any inside to get into.

But not if you insist on being polite.

LA NAUSEA (2003)

In questa foto della squadra di basket dell'high school di mio padre, egli è nell'ultima fila, terzo da destra. All'inizio dell'ultimo anno del corso di cultura etica, invitò una compagna a uscire con lui. Ella rifiutò. Egli subì una censura pubblica e fu estromesso dalla squadra. Smise di parlare con tutti i suoi compagni di classe e insegnanti per il resto dell'anno.

Ai compagni e agli insegnanti poteva sembrare che tenesse il broncio, ma così non fu. Aveva la nausea. La nausea ti viene quando non riesci a recitare con il cuore, quando desideri ardentemente allontanarti dal cancello ma non ci riesci, quando il disgusto che provi nei confronti anche dei più superficiali dei contatti sociali è talmente estremo che il restringersi del cuore e il contorcimento delle viscere e la repulsione della pelle minacciano di far risalire il contenuto per l'esofago e fuori dalla bocca, se l'apri per dire anche una sola parola, una sola.

Poi immagina che sei intrappolata lì davanti al cancello, paralizzata, sforzandoti di controllare l'addome, mentre gli altri stanno dietro al cancello, fingendo buone maniere e usandole per pungolarti, per punzecchiarti, cercando di obbligarti a fare un passo in avanti per poterti sbattere il cancello in faccia quando ci arrivi. Il silenzio e lo straniamento diventano così forza, fermezza, autocontrollo, libertà e sopravvivenza; un'affermazione del tuo diritto di non dover vomitare l'anima sul tappeto in pubblico.

Mio padre non parlò ai suoi compagni di classe per un intero anno accademico. Io non parlai con i miei colleghi e le mie colleghe superiori presso il Dipartimento di Filosofia al College per dieci anni. Ogni volta che una di loro cominciava ad angosciarmi con le sue buone maniere, pensavo a mio padre. Mi si accapponava la pelle come capitava a lui. Le viscere mi si contorcevano come capitava a lui. Il cuore mi si restringeva come capitava a lui. Ma la sua censura pubblica risaliva al 1929. La mia si verificò nel 1995.

Quando vuoi cacciare qualcuna ma ci sono problemi a licenziarla, hai almeno tre armi verbali a disposizione per farle venire voglia di andarsene. Prima, le campagne basate sulle dicerie. Puoi fabbricare fatti e pettegolezzi e poi riferirli ai suoi colleghi e colleghe: serviranno ad avvelenare i suoi rapporti con tutti, sicché ogni incontro sarà caratterizzato da ostilità nei suoi confronti. Al College, circolavano molte voci. Secondo una di queste, io avrei inventato le mie ripetute malattie e crolli fisici e mi sarei data malata per sottrarmi alle responsabilità didattiche. Secondo un'altra, il mio lavoro contro il razzismo in tutto il College non era che un'egoistica agenda personale (in quanto, oltre ad altri docenti afroamericani, avrebbe portato vantaggi pure a me). Una terza voce sosteneva che non

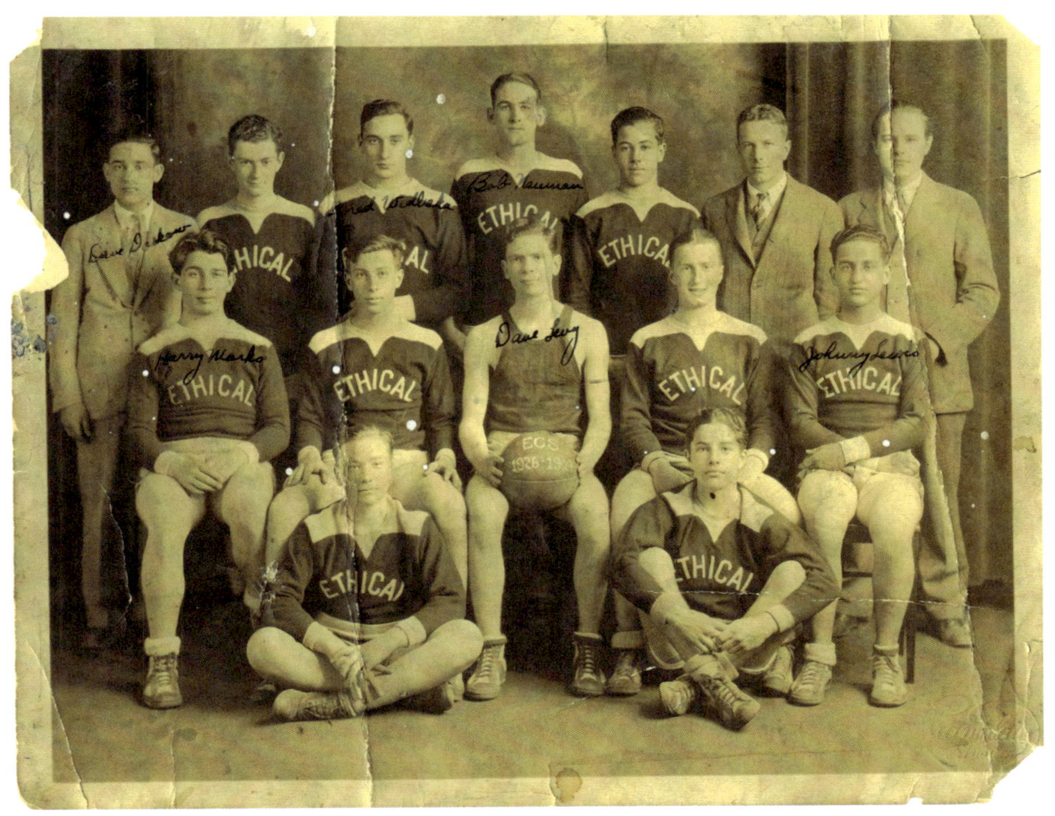

THE HEAVES (2003)

In this picture of my father's high school basketball team, he is in the back row, third from the right-hand side. At the beginning of his senior year at Ethical Culture High School, he asked a white classmate out on a date. She refused. He was publicly reprimanded, and removed from the team. He stopped speaking to all of his classmates and teachers for the rest of the year. To his classmates and teachers, it might have looked as though he was sulking, but he was not. He had the heaves. The heaves are what you get when you cannot put any heart into playacting, when you long to back away from the gate but cannot, when your revulsion for even this most shallow of social contacts is so extreme that the shrinking of your heart and twisting of your bowels and recoil of your skin threatens to force the contents of your stomach back up your gullet and out your mouth if you open it to say even one word, even one.

Then imagine that you are trapped there in front of the gate, frozen, fighting for abdominal control, while everyone else is standing behind the gate playacting manners, poking

mi andava a genio la presidente del mio dipartimento, che sfruttavo la sua amicizia per evitare le mie responsabilità nei confronti del College. In realtà eravamo così simili, io e lei, per gusti e aspetto che, più di una volta, avevamo inavvertitamente indossato lo stesso identico vestito L.L. Bean in occasione degli stessi identici eventi organizzati dal dipartimento. Ma quella voce si alimentava dell'unica significativa differenza tra noi: ovvero, che ella era un'amministratrice impegnata mentre io ero una ricercatrice impegnata. La mancanza d'immaginazione dei miei colleghi e colleghe, incapaci di capire come, a una come lei, potesse piacere una come me, rendeva la voce plausibile, una storia da raccontare. Una persona intelligente può essere convinta di voci come questa solo se vuole esserlo. Perché una persona intelligente ha sempre la possibilità di mettere in dubbio le motivazioni o il buonsenso degli autori di quelle voci.

Una seconda arma verbale di coercizione è la demonizzazione. Puoi costruire un'interpretazione del comportamento di una persona che le attribuisce motivazioni malevole, così spingendo gli altri a vederla come una minaccia e un'intrusa. Al College, per aver diffuso tra colleghi e colleghe di dipartimento un promemoria in cui ricordavo la loro precedente approvazione della mia richiesta di un sostegno amministrativo al mio lavoro, mi denunciarono all'amministrazione, pubblicamente e per iscritto. Perché, secondo loro, facendo così avrei fatto pressioni su un giovane collega precario perché mi appoggiasse. Quando lo venne a sapere, lui scrisse subito una lettera di suo pugno in cui negò che io avessi fatto una cosa del genere, così inimicandosi tutti i suoi colleghi superiori, ma frustrando i loro piani per frustrare il mio. Abbandonò il dipartimento prima di poter assumere una carica di ruolo.

La terza arma verbale è l'ostracismo, il silenzio laddove sarebbero servite le parole; ovvero, saluti, inviti, notifiche negate. Vuol dire, semplicemente, escludere la persona in questione da quelle riunioni, incontri, funzioni e responsabilità con cui sarebbe stato possibile costruire collegialità, conoscenza e un produttivo rapporto di lavoro con i colleghi e le colleghe. Al College, fui esclusa da parecchie riunioni dipartimentali in cui i colleghi e le colleghe colsero l'occasione per denigrarmi alle spalle. Alla prima occasione, durante il mio primo anno lì, mi denigrarono davanti al rettore del College, il quale mi scrisse una lettera ostile in cui mi accusava di disonestà. La seconda volta si lamentarono con la presidente, che sfruttò le loro proteste per respingere la mia richiesta di assistenza amministrativa. In seguito, alle mie spalle, lei stessa denigrò con colleghi e

and prodding you with them, try to force you to take a step forward so they can slam the gate closed when you get there. Silence and withdrawal then become strength, fortitude, self-control, freedom, survival; an assertion of your right not to have to vomit your guts out on the rug in public.

My father did not speak to his classmates for an entire academic year. I did not speak to my senior Philosophy Department colleagues at The College for ten years. Every time one of them started harassing me with her manners, I would think of my father. My skin crawled as his did. My bowels twisted as his did. My heart shrank as his did. But his public reprimand occurred in 1929. Mine occurred in 1995.

When you want to drive someone out but cannot easily fire her, there are at least three verbal weapons you can use to make her want to leave. First, there are whispering campaigns. You can fabricate facts and gossip to retail to her colleagues that will poison her relationship with everyone, and so make her every encounter a hostile one. At The College, there were many stories. One was that I was fabricating my repeated illnesses and physical collapses, malingering in order to shirk my teaching responsibilities. A second was that my internal, College-wide anti-racism work was just a self-serving personal agenda (since it would have benefited me in addition to other African-American faculty). A third was that I did not actually like the chair of my department, and was only using her friendship in order to evade my obligations to The College. In fact we were so much alike in tastes and appearance that we had inadvertently worn the exact same L. L. Bean dresses to the same departmental events more than once. But the story fed on the relevant difference between us: that she was a committed administrator whereas I was a committed researcher. My colleagues' failure of imagination as to how someone like me could genuinely like someone like her made this a plausible story for them to tell. An intelligent person can only be convinced of stories like these if she wants to be. For it is always open to her to question the motives or sanity of their authors.

A second verbal instrument of coercion is demonization. You can construct an interpretation of the person's behavior that ascribes malevolent motives to her, and so causes others to see her as a threat and an intruder. At The College,

ED TO HEAR THIS. HOW DO YOU KNOW? THAT'S CRAZY. YOU'RE IMAGINING THINGS. THAT'S JUST
UR OPINION. NO, IT'S NOT THAT AT ALL. THAT HAS NOTHING TO DO WITH IT. THAT DOESN'T MEA
YTHING. WELL, THAT'S A NATURAL REACTION. THAT DOESN'T MEAN WHAT YOU THINK IT MEANS.
AT'S A SELF-SERVING EXPLANATION. WHY BRING THIS UP? YOU SEE EVERYTHING IN TERMS OF YOUR
N PROBLEMS. WHY IS THAT OBJECTIONABLE? YOU'RE COOKING UP PROBLEMS WHERE THERE ARE
NE. YOU'RE MAKING THINGS UP. I DON'T BELIEVE THAT HAPPENED. I'M NOT SAYING YOU'RE LYIN
M JUST SAYING YOUR PERCEPTIONS ARE DISTORTED. IT'S NOT NECESSARY TO SEE THINGS IN THAT
GHT. YOU'RE TOO UPSET TO THINK CLEARLY. WE'LL DISCUSS IT LATER. NO, NOT NOW, I'M BUSY.
OP MAKING TROUBLE. YOU'RE SEEING THINGS THAT AREN'T THERE. THIS IS RIDICULOUS. I DON'T
NT TO TALK ABOUT IT. SO HOW ARE YOU OTHERWISE? I REFUSE TO DISCUSS THIS. WHAT'S SO
RONG WITH THAT? CHANGE THE SUBJECT. PEOPLE HAVE A RIGHT TO EXPRESS THEMSELVES. I'M NOT
OING TO LISTEN TO THIS. YOU TAKE EVERYTHING TOO PERSONALLY. YOU MUST HAVE PERCEIVED THAT
NCORRECTLY. I'M SURE YOU'RE MISTAKEN. I'M SURE THAT DIDN'T HAPPEN QUITE THE WAY YOU
SCRIBE IT. SURELY YOU'RE EXAGGERATING JUST A LITTLE. YOU'RE BEING IRRATIONAL. YOU CAN'
KE ME BELIEVE THAT. THIS IS SO UNNECESSARY. NOBODY WANTS TO HEAR THIS. ARE YOU TRYING
IN EVERYTHING? STOP INSISTING ON THIS IF YOU KNOW WHAT'S GOOD FOR YOU. YOU'RE REALLY OU
A LIMB. YOU'RE WAY OUT OF LINE. IT'S NOT YOUR PLACE TO SAY THAT. DON'T PUSH IT. YOU'
ING TOO FAR. GET OFF IT. YOU'RE SPEAKING OUT OF PLACE. LIGHTEN UP. YOU'RE ASKING FOR
OUBLE. YOU'RE BEING INAPPROPRIATE. NOBODY CARES WHAT YOU THINK. YOU'RE LEAVING YOURSEL
DE OPEN. YOU'RE CRUISIN' FOR A BRUISIN'. PUT A LID ON IT. CAN IT. STUFF IT. BAG IT.
RGET IT. DROP IT. I WOULDN'T PURSUE THIS ANY FURTHER IF I WERE YOU. YOU'RE REALLY ASKI
R IT. DO YOU WANT TO GET IN TROUBLE? YOU'RE GOING TO GET IT. YOU'RE STICKING YOUR NECK
U'RE DIGGING YOUR OWN GRAVE. A REAL GLUTTON FOR PUNISHMENT. YOU CAN'T GET AWAY WITH THI
U'RE DEAD MEAT. I HATE TO DO THIS. I'M REALLY SORRY THIS IS NECESSARY. THIS HURTS ME M
AN IT HURTS YOU. I'M DOING THIS FOR YOUR OWN GOOD. YOU'LL APPRECIATE THIS LATER. I'M J
YING TO HELP YOU. SOMEDAY YOU'LL THANK ME FOR THIS. ACTUALLY I'M DOING YOU A FAVOR. IN
ME YOU'LL UNDERSTAND. YOU'LL LEARN TO SEE THINGS DIFFERENTLY. IT'S FINE. I DON'T KNOW
AT YOU MEAN. I DIDN'T NOTICE ANYTHING WRONG. IT SEEMS FINE TO ME. I DON'T KNOW WHY YOU
Y THAT. I DON'T SEE ANY PROBLEM. I'M AMAZED THAT YOU SEE THINGS THAT WAY. I JUST DON'T
E IT THAT WAY AT ALL. IT WASN'T INTENTIONAL. I DON'T UNDERSTAND WHERE THIS IS COMING FR
ST CALM DOWN. TRY TO GET A GRIP ON YOURSELF. THIS IS A COMPLETE SURPRISE TO ME. THE TH
VER CROSSED MY MIND. I REALLY DON'T KNOW WHAT TO MAKE OF THIS. ISN'T THIS A LITTLE BIT
AT'S A WEIRD WAY TO THINK ABOUT THINGS. I JUST CAN'T RELATE. WE CERTAINLY DO HAVE DIFFE
RSPECTIVES ON THINGS. YOU'RE MAKING TOO MUCH OF THIS. NOTHING'S THE MATTER. STOP GETTI
OTIONAL. YOU'RE BLOWING THE WHOLE THING OUT OF PROPORTION. EVERYTHING'S FINE. WHAT DO
AN? WHAT'S THE PROBLEM? YOU'RE BEING PARANOID. YOU'RE OVERSENSITIVE. YOU'RE READING T
CH INTO IT. STOP JUMPING TO CONCLUSIONS. IT DIDN'T OCCUR TO ME. YOU'RE OVERINTERPRETIN
TA. I DON'T THINK IT HAS ANYTHING TO DO WITH THAT. IT WAS JUST A SIMPLE MISTAKE. IT DO
AN ANYTHING. YOU'RE SEEING TOO MUCH IN THIS. NOTHING'S GOING ON. I CAN'T IMAGINE WHAT
U THINK THAT. I DON'T KNOW WHAT YOU'RE TALKING ABOUT. I HAVE NO IDEA WHAT YOU'RE REFERR
. I REALLY THINK YOU'RE OVERDOING IT. YOU'RE JUST TIRED. DON'T TAKE EVERYTHING SO SERI
'S NO BIG DEAL. YOU'RE JUST PROJECTING. YOU'RE OVERREACTING. NOTHING HAPPENED. DID I
AT? I DON'T SEE ANYTHING TO GET UPSET ABOUT. I DON'T SEE WHAT YOU'RE GETTING AT. I DON
DERSTAND THE PROBLEM. WHAT'S THE MATTER? YOU'LL GET OVER IT. DID SOMEONE DO SOMETHING
ONG? WHAT'S GOING ON? WHAT'S THIS ABOUT? WHAT'S WRONG? STOP MAKING SUCH A BIG DEAL
OUT IT. I DON'T SEE ANYTHING WRONG WITH THAT. EVERYONE DOES THAT. SO WHAT? BIG DEAL.
O CARES? NO, NOTHING LIKE THAT. JUST A MISUNDERSTANDING, THAT'S ALL. MUCH ADO ABOUT
THING. I DON'T UNDERSTAND WHAT THIS IS ABOUT. I'M MYSTIFIED BY YOUR REACTION. I DON'T
. SO? WHAT'S THE SIGNIFICANCE OF THAT? IT WAS JUST AN INNOCENT SLIP-UP. I REGARD THAT
PERFECTLY NORMAL BEHAVIOR. I SEE NO PROBLEM WITH THAT. YOU'RE THE ONE WITH THE PROBLEM
AT'S A VERY UNCHARITABLE INTERPRETATION. IT'S SO UNNECESSARY TO TALK ABOUT THIS. OH, I
N'T THINK IT HAS ANYTHING TO DO WITH THAT. REALLY. WHAT ARE YOU TALKING ABOUT? THAT'S
EER SPECULATION. YOU'RE AWFULLY QUICK TO CAST ASPERSIONS. YOU CAN'T PROVE THAT. I DON'
ED TO HEAR THIS. HOW DO YOU KNOW? THAT'S CRAZY. YOU'RE IMAGINING THINGS. THAT'S JUST
UR OPINION. NO, IT'S NOT THAT AT ALL. THAT HAS NOTHING TO DO WITH IT. THAT DOESN'T MEA
YTHING. WELL, THAT'S A NATURAL REACTION. THAT DOESN'T MEAN WHAT YOU THINK IT MEANS.
AT'S A SELF-SERVING EXPLANATION. WHY BRING THIS UP? YOU SEE EVERYTHING IN TERMS OF YOUR
N PROBLEMS. WHY IS THAT OBJECTIONABLE? YOU'RE COOKING UP PROBLEMS WHERE THERE ARE
NE. YOU'RE MAKING THINGS UP. I DON'T BELIEVE THAT HAPPENED. I'M NOT SAYING YOU'RE LYIN
M JUST SAYING YOUR PERCEPTIONS ARE DISTORTED. IT'S NOT NECESSARY TO SEE THINGS IN THAT
GHT. YOU'RE TOO UPSET TO THINK CLEARLY. WE'LL DISCUSS IT LATER. NO, NOT NOW, I'M BUSY.
OP MAKING TROUBLE. YOU'RE SEEING THINGS THAT AREN'T THERE. THIS IS RIDICULOUS. I DON'T
NT TO TALK ABOUT IT. SO HOW ARE YOU OTHERWISE? I REFUSE TO DISCUSS THIS. WHAT'S SO
ONG WITH THAT? CHANGE THE SUBJECT. PEOPLE HAVE A RIGHT TO EXPRESS THEMSELVES. I'M NOT
ING TO LISTEN TO THIS. YOU TAKE EVERYTHING TOO PERSONALLY. YOU MUST HAVE PERCEIVED THAT
CORRECTLY. I'M SURE YOU'RE MISTAKEN. I'M SURE THAT DIDN'T HAPPEN QUITE THE WAY YOU
SCRIBE IT. SURELY YOU'RE EXAGGERATING JUST A LITTLE. YOU'RE BEING IRRATIONAL. YOU CAN'
KE ME BELIEVE THAT. THIS IS SO UNNECESSARY. NOBODY WANTS TO HEAR THIS. ARE YOU TRYING
IN EVERYTHING? STOP INSISTING ON THIS IF YOU KNOW WHAT'S GOOD FOR YOU. YOU'RE REALLY O
A LIMB. YOU'RE WAY OUT OF LINE. IT'S NOT YOUR PLACE TO SAY THAT. DON'T PUSH IT. YOU'
ING TOO FAR. GET OFF IT. YOU'RE SPEAKING OUT OF PLACE. LIGHTEN UP. YOU'RE ASKING FOR
OUBLE. YOU'RE BEING INAPPROPRIATE. NOBODY CARES WHAT YOU THINK. YOU'RE LEAVING YOURSEL
DE OPEN. YOU'RE CRUISIN' FOR A BRUISIN'. PUT A LID ON IT. CAN IT. STUFF IT. BAG IT.
RGET IT. DROP IT. I WOULDN'T PURSUE THIS ANY FURTHER IF I WERE YOU. YOU'RE REALLY ASKI
R IT. DO YOU WANT TO GET IN TROUBLE? YOU'RE GOING TO GET IT. YOU'RE STICKING YOUR NEC
'RE DIGGING YOUR OWN GRAVE. A REAL GLUTTON FOR PUNISHMENT. YOU CAN'T GET AWAY WITH TH

for having distributed to all of my departmental colleagues a memo reminding them of their earlier approval of my application for administrative support for my work, they reprimanded me publicly and in writing to the administration for thereby pressuring an untenured junior colleague to support it. When he found out about this, he immediately produced his own letter, denying that I had done anything of the kind—thus antagonizing all of his other senior colleagues by thwarting their plans to thwart mine. He left the department before coming up for tenure.

Third, there is ostracism—silence where words would have been appropriate; withheld greetings, invitations, notifications. You can simply exclude the person from meetings, functions, and responsibilities that would have built collegiality, contact, and a viable working relationship with her peers. At The College, I was excluded from several departmental meetings at which my colleagues took the opportunity to disparage me behind my back. On the first occasion, during my first year there, they disparaged me to the Dean of The College, who responded by sending me a hostile letter accusing me of dishonesty. The second time they complained to the President, who made it a reason to reject my request for administrative help. She later disparaged my committee work to colleagues behind my back herself, then instructed them not to tell me. On a third occasion they pressured junior colleagues not to answer my questions about suspect curriculum decisions they had made. Many more illustrations of the silence weapon come to mind. But I find them difficult to differentiate from the self-ostracism I regularly practiced in order to avoid the heaves.

This is a detail from a series I started working on in 1991, during my second semester at The College, called *Decide Who You Are*. The photograph is of Anita Hill as an eight year-old child. Anita Hill was the African-American Washington lawyer who testified to being sexually harassed by Clarence Thomas, the African-American Supreme Court Justice nominated by George H. W. Bush, at his Senate nomination hearings in 1989. All of the individual works in the series offer the viewer a choice between two interpretations of a central photograph or set of photographs: one that speaks clearly and harshly from the perspective depicted in the photographs, and one that speaks past it in a litany of denial and

colleghe il lavoro che svolgevo in comitato, poi diede loro istruzioni di non dire niente a me. In una terza occasione, si fecero pressioni su giovani colleghi e colleghe perché non rispondessero alle mie domande su alcune decisioni sospette che avevano prese relative ai loro curriculum. Mi vengono in mente tanti altri esempi dell'arma del silenzio. Ma trovo difficile differenziarli dall'auto-ostracismo che praticavo regolarmente per evitare di farmi venire la nausea.

Questo è un dettaglio tratto da un ciclo intitolato *Decide Who You Are*, sul quale iniziai a lavorare nel 1991, durante il secondo semestre al College. La foto ritrae Anita Hill da bambina, quando aveva solo otto anni. Anita Hill è l'avvocata afroamericana di Washington che affermò di aver subito molestie sessuali da parte di Clarence Thomas, giudice afroamericano della Corte Suprema nominato da George H. W. Bush, durante le udienze al Senato per la sua conferma nel 1989. Tutte le opere del ciclo propongono al fruitore una scelta tra due interpretazioni di una fotografia centrale o di una serie di fotografie: una che parla chiaramente e in modo crudo dalla prospettiva raffigurata nelle fotografie, e un'altra che va oltre a questa e parla in una litania di diniego e di intimidazione. L'immagine incorpora il testo della seconda interpretazione. Il testo viene ripetuto tale e quale in ogni opera del ciclo, ed è sempre sovrastampato a questa foto di Anita Hill. Scelsi lei perché, quando fu costretta a testimoniare in pubblico, parlò in modo schietto e veritiero, a prescindere dalle conseguenze per la sua persona e per il suo benessere, che furono severe. E scelsi questa sua immagine di lei da bambina perché il fatto che si potesse comportare così da adulta mi dimostrava appunto che era stata una vera bambina, come me. E, come me, era stata il secondo tipo di germoglio: annaffiata con cura e coltivata con cura, eppure troppo ingenua e impaziente rispetto ai limiti del proprio corpo, aspetto e circostanze vitali per poterne tenere conto presentandosi, nell'interesse della prudenza, come evasiva, deferente ed eufemistica, o parlando con circonlocuzioni.

Mi appropriai del testo sovrastampato su quest'immagine da conversazioni avute con colleghi e colleghe al College. È così che parlavano, erano queste le cose che dicevano in risposta ai miei tentativi di rettificare quelle che allora presumevo fossero mere confusioni oppure malintesi che si potevano chiarire parlando schiettamente con ognuno di loro dei problemi che stavano provocando. Oggi, ogni volta che qualcuno cerca di manipolarmi psicologicamente con questo tipo di linguaggio, provo paura perché so che le parole di diniego e intimidazione celano motivazioni sinistre e realtà che l'interlocutore vuole celare: motivazioni e realtà che non reggerebbero alla prova

intimidation. This image incorporates text from the latter. This text is repeated exactly in each work in the series, and is always overprinted onto this photograph of Anita Hill. I chose her because when compelled to speak publicly, she spoke plainly and truthfully, regardless of the consequences to herself and her wellbeing, which were severe. And I chose this picture of her as a child because the fact that she could do that as an adult showed me that she had been a real child, like me; and the same kind of sprout as I am, the second kind—carefully watered and cultivated, yet too naive and impatient with the limitations of her body, her appearance, and her life circumstances to heed them, in the interests of caution, by being evasive, deferential, euphemistic, or circumlocutory.

I appropriated the text that is overprinted onto this image from my conversations with my colleagues at The College. This was the way they talked and the sort of things they said, in response to my attempts to rectify what I at the time assumed had to be mere confusions or errors of communication, misunderstandings that could be clarified by speaking forthrightly to each one of them, about the problems these misunderstandings were causing. Whenever someone tries to gaslight me with this kind of language now, I feel fear, because I know that these words of denial and intimidation conceal sinister motives and realities that the speaker wants to conceal—motives and realities that could not survive rational scrutiny were they exposed to the light of day. This alerts me that I am dealing with someone who knows that her motives are bad. And it shows me that the most explicit and overt of these bad motives is to try, through this perversion of words, to drown me out, to shut me up, to gag me, make me change the subject or retreat into speechlessness. Another reason I am writing this memoir is to demonstrate that this attempt has failed.

dei fatti se fossero esposte a una valutazione oggettiva. Ciò mi allerta al fatto che ho a che fare con qualcuno che sa di avere motivazioni cattive. E mi dimostra che di queste motivazioni cattive la più esplicita e manifesta è il tentativo, attraverso la perversione delle parole, di coprire la mia voce, di farmi star zitta, di imbavagliarmi, di costringermi a cambiare argomento o a ritirarmi nel silenzio. Un'altra ragione per cui scrivo queste memorie è dimostrare che quel tentativo è fallito.

BOLLA DI PAROLE (1993)

Ricordo
Quando le parole erano così nuove fiammanti
così grandi e forti
sapevo creare il mondo usandole.
Producevo verità ricche e ampie,
piene di sconosciuti familiari.
Producevo loro e me stessa insieme:
"Sono Mowgli il Figlio della Giungla," dicevo,
girovagando dietro il sofà in mutandine con un coltello da burro in mano.
"Ho un miglior amico di nome Corky," dicevo,
cavalcando sopra lo scaffale nell'aula.

Ho imparato che questo si chiama raccontare bugie
a una certa età
e illudersi
a un'altra,
quando un io è lì per ingannare.
Ho imparato a codificare quelle parole
come lezioni su di me,
come sintomi che giustificavano un autoesame.
Ho imparato che quelle parole
costruiscono una bolla
che il mondo potrà far scoppiare.
Solo quelle vere,
quelle caparbiamente dense e massicce,
resistono allo sgonfiamento improvviso e violento
a opera della maleducazione del reale.

Conosco persone che non hanno mai imparato queste lezioni Nessuno ha
mai fatto scoppiare le loro bolle di parole
Pensano

WORD BUBBLE (1993)

I remember
When words were so brand new
so big and strong
I could create the world by using them.
I made rich and ample truths,
full of familiar strangers.
I made them and me together:
"I'm Mowgli the Jungle Boy," I said,
roaming behind the sofa wearing a butterknife and underpants.
"I have a best friend named Corky," I said,
riding my horse on the classroom bookcase.

I learned that's called lying
after a certain age
and self-deception
after a later age,
when a self is there to deceive.
I learned to code those words
as lessons about me,
as symptoms that warrant self-scrutiny.
I learned that those words
build a bubble
the world can burst.
Only the true ones,
the doggedly dense, massive, stubborn ones
resist sudden, violent deflation
by the rudeness of the real.

I know people who never learned these lessons
Nobody ever burst their word bubbles
They think
they can make it true by saying it
they can make you think it by saying it
they can make you do it by saying it
it's true because they said it,
so big and strong and new are
their word bubbles.
Their word bubble is bigger than
your word bubble
their word bubble will EAT UP

di poter renderle vero dicendole
di poter farti pensarle dicendole
di poter fartele fare dicendole
è vero perché l'hanno detto,
tanto sono grandi e forti e nuove
le loro bolle di parole.
La loro bolla di parole è più grande
della tua bolla di parole
la loro bolla di parole SI MANGERÀ
la tua bolla di parole
la loro bolla di parole manderà
la tua bolla di parole
in aria
e tu
cesserai di esistere,
se non come una sillaba di pellicola sulla loro bolla di parole.

È ciò che loro pensano.
C'è umorismo e pathos e pericolo
in quegli adulti che credono
di poter fare a meno
delle loro bolle di parole.

your word bubble
their word bubble will blow
your word bubble
out of the water
and you
will cease to exist,
except as a syllable of film on their word bubble.

That's what they think.
There is humor and pathos and danger
about grown-ups who believe
they can do that with
their word bubbles.

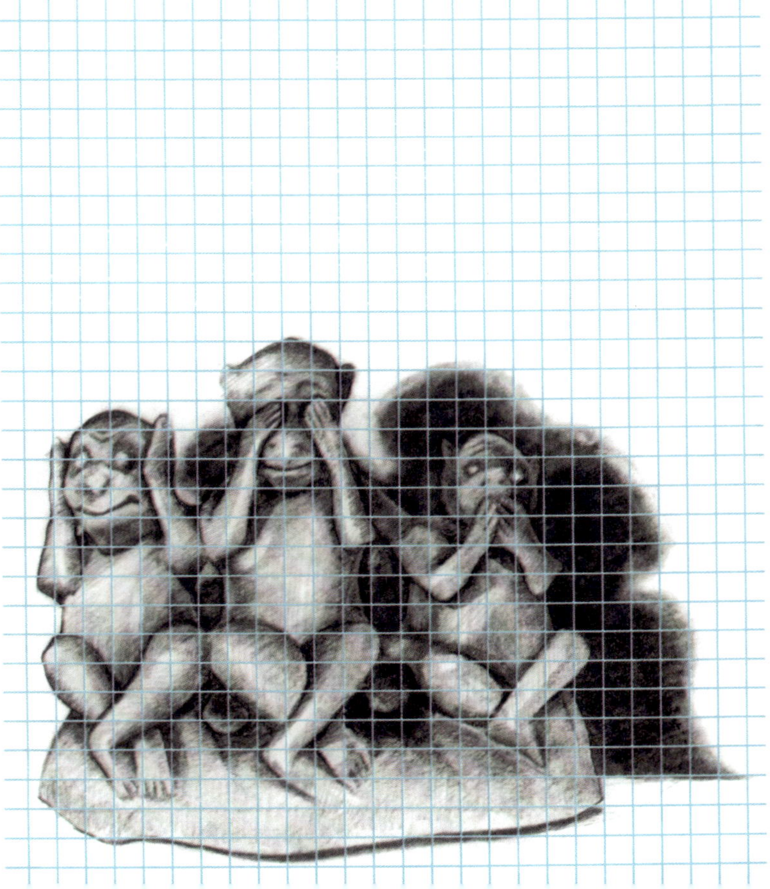

4. Cicuta

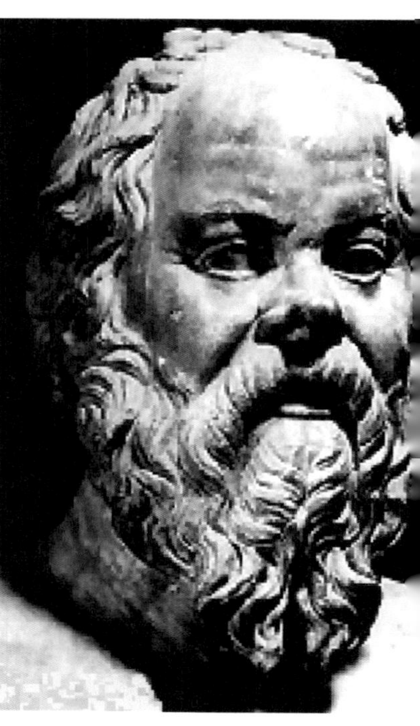

Si tratta del veleno letale, un'infusione del germoglio malevolo *Conium maculatum*, fatto bere come punizione a Socrate dagli antichi ateniesi perché aveva fatto scoppiare le loro bolle di parole. Si erano detti più volte, a se stessi e l'un l'altro, di essere intelligenti e saggi e coraggiosi e virtuosi e competenti. L'avevano ripetuto, a se stessi e l'un l'altro, più e più volte, con variazioni minori. E l'avevano declamato, e l'avevano rappresentato, e avevano strisciato per terra per esserlo, e avevano fatto i prepotenti per esserlo, e avevano corrotto altri per esserlo così spesso che le loro bolle di parole parevano quasi impregnabili; sfere lucenti, metallizzate, perfette come gusci d'uovo, tipo Humpty Dumpty, che venivano continuamente rinnovate, che si rinforzavano reciprocamente e venivano modificate internamente per durare per sempre. Innocenti ma persistenti, le richieste di chiarimento avanzate da Socrate li avevano distrutti tutti, avevano fatto apparire stupidi i suoi concittadini per aver gonfiato le loro bolle di parole dapprincipio. Se quelle richieste le avessero mantenute piccole e delicate e provvisorie, proprio come vere bolle di acqua e sapone, Socrate non avrebbe provocato così tanti danni. E in quel caso non avrebbero dovuto ucciderlo per guarire la loro vanità ferita.

Eppure questa lezione lapalissiana non è la lezione che di solito si trae dall'esecuzione di Socrate. La più diffusa è, piuttosto, di non emettere innocenti ma persistenti richieste di chiarimento. Tieni la bocca chiusa e gli occhi aperti e fa' quello che ti dicono di fare. Imparerai.

E così, provocata dalle sottili distinzioni analitiche di mia madre tra il prendere in considerazione e lo sperare e il volere e il desiderare e l'intendere e il progettare e il promettere di comprarmi delle cose, e dagli ingegnosi tentativi di mio padre di dimostrare l'esistenza di Dio, e dall'attento studio dell'*Apologia* di Platone dello zio Martin, infrangevo già le regole del discorso filosofico accademico ancor prima di conoscerne l'esistenza. A favorire le mie innocenti ma persistenti richieste di chiarimento era il mio insegnante di filosofia al liceo, il professor Beiser, che mi assegnò il compito

4. Hemlock

That is the lethal poison the ancient Athenians made Socrates drink, an infusion of the malevolent sprout *conium maculatum*, as punishment for having burst their word bubbles. They had told themselves, and one another, over and over, that they were smart and wise and brave and virtuous and competent. They had repeated this, to themselves and one another, over and over and over with minor variations, and declaimed it, and performed it, and glorified it, and groveled for it, and bullied for it, and bribed for it so often that their word bubbles seemed almost impregnable; shiny, steely perfect eggshell spheres, like Humpty Dumpty, continually upgraded, mutually reinforcing and internally engineered to last forever. Socrates' innocent but persistent requests for clarification shattered them all, and made his fellow citizens look foolish for inflating their stupid, pompous word bubbles in the first place. If they had kept them small and dainty and provisional, like real bubbles formed from water and soap, he could not have done so much damage. Then they would not have had to kill him in order to heal their wounded vanity.

But that self-evident lesson is not the one usually derived from Socrates' execution. The more popular lesson is, rather, not to issue innocent but persistent requests for clarification. Just keep your mouth shut and your eyes open, and do what you are told. You will learn.

And so, provoked by my mother's fine analytical distinctions between considering and hoping and wishing and wanting and intending and planning and promising to buy me things, and my father's resourceful proofs of the existence of God, and Uncle Martin's careful study of Plato's *Apology*, I was breaking the rules of academic philosophical discourse before I even knew they existed. My innocent but persistent quests for clarification were aided and abetted by my high school philosophy teacher Mr. Beiser, who assigned Russell's *Problems of Philosophy* and Spinoza's *Ethics*. They were further incited during art school by Phillip, who was as hell-bent on clarification (actually, illumination) as I was. He was the one who returned me to philosophy after reading an art essay of

di leggere *I problemi della filosofia* di Russell e l'*Ethica* di Spinoza. Erano spronate ulteriormente alla scuola di Belle arti da Phillip, deciso quanto me a ottenere chiarimenti (in realtà, delucidazioni). Fu lui che mi riportò alla filosofia dopo aver letto una mia dissertazione su spazio e tempo come forme di percezione che gli ricordava la *Critica della ragion pura* di Kant (che gentile!).

Da studente al college, seguivo praticamente tutti i corsi previsti dal dipartimento e mi comportavo sempre in modo incontrollabile, in tutta innocenza alzando la mano ogni cinque minuti in ogni riunione di classe per richiedere chiarimenti, spensieratamente monopolizzando tutto il tempo disponibile per la discussione, facendo arrabbiare sia i compagni di classe sia gli insegnanti. Devono aver pensato tra sé e sé: Chi cavolo pensa di essere quella lì? Come faccio a farla smettere di contraddirmi? Eppure questi europeo-americani, uomini del proprio tempo e luogo, non lasciavano minimamente intendere che avrei fatto meglio a chiudere il becco. Mi permettevano addirittura di seguire i corsi di specializzazione dei dottorandi, trasmettendomi un'impressione eccessivamente rosea di quella che sarebbe stata la scuola di specializzazione post-laurea. Ai miei occhi, la loro concezione della filosofia non era diversa da quella del mio professore al liceo o della mia famiglia o di Socrate. Ma forse era mia madre, che mi teneva attentamente d'occhio dal suo ufficio presso il vicino dipartimento di Inglese, a trattenerli. L'anno della mia laurea, uno di loro deturpò un manifesto femminista con una scritta oscena e io mi unii alla protesta pubblica. Poiché era stato un ottimo insegnante e di grande sostegno per me, nonché un filosofo eccellente, il suo vandalismo mi disorientò.

Alla scuola di specializzazione, quindi, non riuscivo a capire quanto vi regnasse la regola più diffusa tratta dall'esecuzione di Socrate, anche quando venivo punita per averla infranta. Alla fine del primo semestre presentai una dissertazione al filosofo più famoso del dipartimento, in cui sollevai dubbi sulla sua fiducia nel comportamentismo. In cambio dovetti subire una pubblica lavata di capo. Nel secondo semestre, scrissi una tesina per il professore più sfrontato del dipartimento, in cui sollevai dubbi sulla sua teoria dell'azione. Mi assegnò un voto di 28/30 per ripicca. Nel terzo trimestre i miei compagni di classe mi rimproverarono per aver interrogato ostinatamente il più famoso linguista del mondo con cui ci incontrammo in occasione di una sua conferenza. Ritennero che, non rimettendomi al suo punto di vista, gli avessi mostrato insufficiente rispetto (egli stesso si era divertito durante lo scambio di battute e mi ringraziò dopo per aver prestato più attenzione a quello

mine on space and time as forms of perception that reminded him of Kant's *Critique of Pure Reason*, bless him.

In college I took virtually every course in the department, and behaved uncontrollably in all of them, raising my hand every five minutes in every class meeting to innocently request clarification, blithely hogging the available discussion time, enraging my classmates and dumfounding my instructors. They had to have been thinking to themselves, Who the hell does she think she is? How do I make her quit contradicting me? But these European-American men of their time and place did not so much as intimate that I would do better to put a sock in it. They even permitted me to take graduate courses with their doctoral students, which gave me an overly rosy impression of what graduate school would be like. To me, their conception of philosophy was not different from my high school teacher's or my family's, or Socrates'. But perhaps my mother, keeping a watchful eye on me from her office in the nearby English Department, had restrained them. The year I graduated, one of them defaced a feminist poster with an obscene comment, and I joined the public protest. His vandalism was disorienting, as he had been an excellent, supportive teacher and first-rate philosopher.

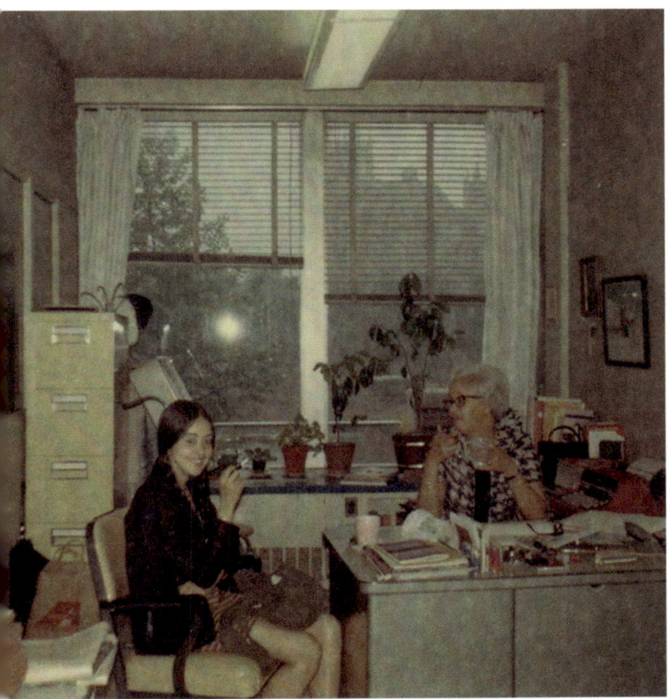

So in graduate school, I did not recognize the extent to which the more popular rule derived from Socrates' execution reigned there, even while being punished for breaking it. In my first semester, I delivered a seminar paper for the most famous philosopher in the department that questioned his reliance on behaviorism. I received a public tongue-lashing for my efforts. In my second semester, I wrote a term paper for the brashest professor in the department that raised problems for his theory of action. He gave me a B+ in retaliation. In

che aveva detto che a lui). Successivamente, il mio invito a un ricevimento organizzato dai laureandi in onore di un famosissimo filosofo del diritto in visita da noi, andò smarrito per qualche motivo. Ignara di tutto, uscii invece a ballare.

Nel quarto semestre, il relatore rifiutò di commentare la prima stesura della mia tesi finale in cui mi ero occupata di alcuni temi affrontati da lui nelle sue lezioni, ma da un altro punto di vista e senza rendere omaggio alle sue ricerche in materia. Solo successivamente mi sarei resa conto di quanto la cosa l'avesse ferito. Mi aveva telefonato a New York mentre ero impegnata in un incontro del mio gruppo di autocoscienza femminista, perché voleva convincermi a scegliere il corso di specializzazione del suo dipartimento. Al nostro primo incontro, per strada davanti al mio nuovo appartamento nei pressi del dipartimento di Filosofia, mi piacque subito. Ancora oggi, senza motivo, è l'oggetto, ogni tanto, di qualche mio sogno erotico. Era un uomo affascinante, alto e magro, con l'andatura leggiadra di un atleta, timido e schivo, con un modo di porgersi che gli aveva guadagnato la fama di modesto.

Ma il termine non era proprio esatto. Il suo libro capolavoro aveva rivoluzionato il campo della filosofia morale e politica contemporanea. Ma voleva paragonarsi a Platone e Kant e riteneva di non essersi dimostrato all'altezza. Incoraggiava caldamente gli studenti a scrivere dissertazioni sulla storia della filosofia, premiava generosamente quelli che accondiscendevano e negava l'appoggio a quelli che preferivano occuparsi di tematiche contemporanee, come aveva fatto lui. Convinse uno che si era presentato ben preparato per occuparsi di socialismo a rielaborare e presentare invece tre tesine sulla teoria del contratto sociale nella storia. Riuscì a persuadere un altro che voleva scrivere di obiettività morale a scrivere invece dell'etica di Aristotele e Kant, pur senza aver studiato né greco né tedesco né l'epistemologia kantiana. Convinse un terzo che si era iscritto alla scuola di specializzazione presso il dipartimento di Storia a trasferirsi al dipartimento di Filosofia e a scrivere una dissertazione sull'etica kantiana. Tra gli studenti di cui era relatore, quelli che insistevano a occuparsi di tematiche contemporanee anziché storiche erano per lo più abbandonati a sé stessi.

Esercitava le stesse pressioni su di me. Ma il mio precedente apprendimento della dialettica mi rendeva insensibile a esse. La mia insistenza nel seguire le tematiche contemporanee di base, come aveva fatto lui, lo portava, da un lato, a darmi consigli e riferimenti assai preziosi, quasi suo malgrado, ma, dall'altro, a ridurre gradualmente i contatti e il sostegno. Io scrivevo tesine in cui prima

26 PLATO

Now see why I tell you this. I am going to explain to you how the prejudice against me has arisen. When I heard of the oracle I began to reflect: What can the god mean by this riddle? I know very well that I am not wise, even in the smallest degree. Then what can he mean by saying that I am the wisest of men? It cannot be that he is speaking falsely, for he is a god and cannot lie. For a long time I was at a loss to understand his meaning. Then, very reluctantly, I turned to investigate it in this manner: I went to a man who was reputed to be wise, thinking that there, if anywhere, I should prove the answer wrong, and meaning to point out to the oracle its mistake, and to say, "You said that I was the wisest of men, but this man is wiser than I am." So I examined the man—I need not tell you his name, he was a politician—but this was the result, Athenians. When I conversed with him I came to see that, though a great many persons, and most of all he himself, thought that he was wise, yet he was not wise. Then I tried to prove to him that he was not wise, though he fancied that he was. By so doing I made him indignant, and many of the bystanders. So when I went away, I thought to myself, "I am wiser than this man: neither of us knows anything that is really worth knowing, but he thinks that he has knowledge when he has not, while I, having no knowledge, do not think that I have. I seem, at any rate, to be a little wiser than he is on this point: I do not think that I know what I do not know." Next I went to another man who was reputed to be still wiser than the last, with exactly the same result. And there again I made him, and many other men, indignant.

Then I went on to one man after another, realizing that I was arousing indignation every day, which caused me much pain and anxiety. Still I thought that I must set the god's command above everything. So I had to go to every man who seemed to possess any knowledge, and investigate the meaning of the oracle. Athenians, I must tell you the truth; I swear, this was the result of the investigation which I made at the god's command: I found that the men whose reputation for wisdom stood highest were nearly the most lacking in it, while others who were looked down

undermined pretensions of class AND of intelligence.

APOLOGY 27

on as common people were much more intelligent. Now I must describe to you the wanderings which I undertook, like Herculean labors, to prove the oracle irrefutable. After the politicians, I went to the poets, tragic, dithyrambic, and others, thinking that there I should find myself manifestly more ignorant than they. So I took up the poems on which I thought that they had spent most pains, and asked them what they meant, hoping at the same time to learn something from them. I am ashamed to tell you the truth, my friends, but I must say it. Almost any one of the bystanders could have talked about the works of these poets better than the poets themselves. So I soon found that it is not by wisdom that the poets create their works, but by a certain instinctive inspiration, like soothsayers and prophets, who say many fine things, but understand nothing of what they say. The poets seemed to me to be in a similar situation. And at the same time I perceived that, because of their poetry, they thought that they were the wisest of men in other matters too, which they were not. So I went away again, thinking that I had the same advantage over the poets that I had over the politicians.

Finally, I went to the artisans, for I knew very well that I possessed no knowledge at all worth speaking of, and I was sure that I should find that they knew many fine things. And in that I was not mistaken. They knew what I did not know, and so far they were wiser than I. But, Athenians, it seemed to me that the skilled artisans had the same failing as the poets. Each of them believed himself to be extremely wise in matters of the greatest importance because he was skillful in his own art: and this presumption of theirs obscured their real wisdom. So I asked myself, on behalf of the oracle, whether I would choose to remain as I was, without either their wisdom or their ignorance, or to possess both, as they did. And I answered to myself and to the oracle that it was better for me to remain as I was. VIII

From this examination, Athenians, has arisen much fierce IX
and bitter indignation, and as a result a great many prejudices 23
about me. People say that I am "a wise man." For the bystanders always think that I am wise myself in any matter wherein I refute another. But, gentlemen, I believe that the god is really

my third semester, my classmates reprimanded me for my dogged interrogation of the most famous linguist in the world, who had met with us to deliver a talk. They felt I had shown him insufficient respect by failing to defer to his views (he himself had enjoyed the repartee, and thanked me afterward for paying more attention to what he said than to him). Later on, my invitation to a graduate reception for a visiting, very famous philosopher of law somehow got lost in the mail. Oblivious, I went dancing instead.

In my fourth semester, my dissertation advisor declined to comment at all on my pre-dissertation paper, which addressed some of the same issues he had, but from a different angle and without paying tribute to his work on them. I understood only later how much that had wounded him. He had telephoned me in New York, in the middle of my consciousness-raising group, to persuade me to choose his department's graduate

analizzavo le sue ragioni, poi proponevo riformulazioni alternative dei vari argomenti, e, infine, una dissertazione in cui criticavo gli assunti di base che puntellavano il suo lavoro. Con furia quieta, mi chiedeva ripetutamente perché facessi così, insistendo che il mio era un lavoro inutile, e provando a dimostrarlo attraverso analisi estemporanee dei capitoli che gli avevo dato da leggere, nelle rare occasioni in cui accettava di incontrarmi. Ma io lo vedevo semplicemente come un avvocato del diavolo, severo ed esigente. Il ruolo che mio padre aveva sempre interpretato nelle nostre giostre filosofiche, obbligandomi a refutare le sue controargomentazioni per poter affermare la mia opinione con più efficacia. Così, rispondevo per le rime, consolidando le mie posizioni e rafforzando le mie competenze per oppormi ai suoi attacchi. A me era sembrato di rispondere in modo appropriato, come avrebbe fatto Socrate, come un guerriero della filosofia in lotta con un interlocutore particolarmente formidabile.

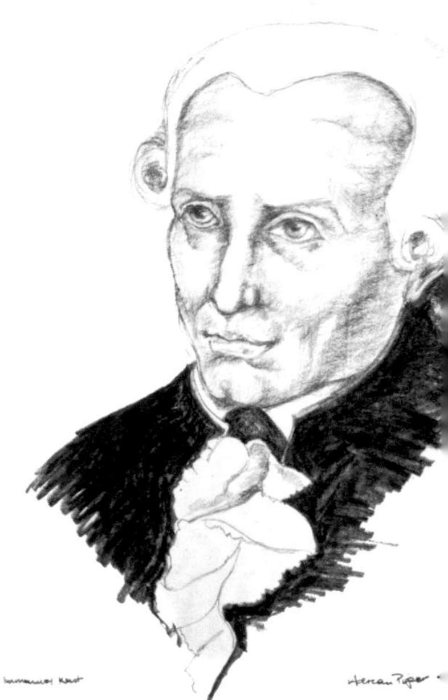

Nel corso del mio primo tentativo di affermarmi sul mercato del lavoro, un anonimo lettore del mio dossier personale me ne inviò tutte le lettere di raccomandazione a mo' di avvertimento. Scoprii così che quella del mio relatore era molto meno positiva di tutte le altre valutazioni della mia competenza, rendimento e potenziale nel campo. Mi aveva fatto elogi talmente tiepidi che equivalevano a una critica. Ma, nonostante più che grazie alla sua lettera, le tante offerte di lavoro che ricevevo aumentarono la mia fiducia in me stessa e, nello stesso tempo, una sensazione di tradimento.

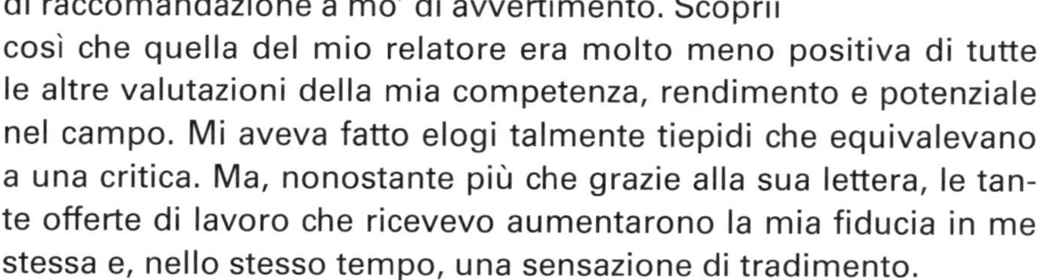

Per la discussione della dissertazione, mi ero armata di coraggio, pronta ad affrontare una raffica ben assestata di richieste di chiarimento così persistenti e inquisitorie da lasciare la mia nascente teoria a brandelli. Ma non ce n'era nemmeno una. Il mio relatore invece mi fece domande facili, superficiali, elementari, che non valeva la pena fare, e alle quali rispondere non richiedeva alcuno sforzo particolare. Lui mi lasciò vincere senza darmi la possibilità di guadagnarmi la vittoria. Ero schiacciata e umiliata. Se il secondo relatore non mi avesse sottomessa alla seria prova filosofica per la quale mi ero preparata, forse non avrei nemmeno colto l'importanza del momento, ovvero la discussione della tesi a conclusione di quello che era il miglior corso di laurea in Filosofia del Paese. Dopo, andammo a bere qualcosa al bar del campus e il relatore mi invitò

program. At our first encounter, on the street in front of my new apartment near the Philosophy Department, I liked him immediately. Even now, groundlessly, I occasionally have an erotic dream about him. He was an attractive man, tall and lanky, with a runner's graceful gait, shy and self-effacing in manner, which gave him a reputation for modesty.

However that term was not quite accurate. His masterwork had revolutionized the field of contemporary moral and political philosophy. But he compared himself to Plato and Kant, and felt he had failed to measure up. He strongly encouraged his students to write dissertations in the history of philosophy, richly rewarded those who did, and withheld support from those who preferred to write on contemporary topics, as he had. He persuaded one who had come well prepared to write on socialism to rework and submit three term papers on historical social contract theory instead. He coaxed another who had wanted to write on moral objectivity into writing instead on Aristotle's and Kant's ethics, without having studied Greek, German, or Kant's epistemology. He convinced a third who had started graduate school in the history department to switch to philosophy and write a dissertation on Kant's ethics. Those under his supervision who insisted on addressing contemporary rather than historical topics were largely left to their own devices.

He exerted the same pressures on me that he had on his other students. But my early conditioning in philosophical dialectics had made me impervious to them. My insistence on pursuing foundational contemporary issues, as he had, led him to give me extremely valuable advice and references, almost despite himself, on the one hand; but gradually to withdraw contact and support on the other. I produced papers analyzing his arguments, then offering alternative reformulations of the issues, and finally a dissertation critiquing the background foundational assumptions on which his work was based. With quiet fury, he repeatedly asked me why I was doing this, insisted that there was nothing there to do, and tried to prove it with extempore dissections of the chapters I had given him to read, when he agreed to meet with me at all. But I took him to be merely a tough and demanding devil's advocate, the role my father had always assumed in our philosophical jousting, making me refute his counterarguments in order better to prove my point. And so I responded accordingly, by

a chiamarlo con il suo nomignolo. Mi fece capire che questo faceva parte di un rituale post-dissertazione. Non sono mai 78stata capace di accettare l'invito. Per il resto della sua vita, mi sono sempre rivolta a lui con cognome e titolo. Quando venne a tenere una conferenza al dipartimento che mi aveva assunto per il mio primo impiego, si rifiutò di incontrarmi. E quando, avendo scoperto che ero afroamericana e femminista, quel dipartimento intensificò i suoi tentativi di scoraggiarmi dal fare domanda per una carica di ruolo, fu il presidente del dipartimento di specializzazione, non il relatore, a intervenire.

A quel punto avevo finalmente capito l'antifona, ero caduta in disgrazia per disubbidienza. Non mi aspettavo più sostegno o amicizia da parte del relatore. Era per questo che successivamente, quando ritrattò pubblicamente le ambizioni che aveva coltivato con il suo capolavoro e si castigò per le sue pretese, non avevo nulla da perdere scrivendogli una brusca lettera di rimprovero in cui gli dissi che non aveva alcun diritto a dire quelle cose a mezzo stampa; che l'opera non apparteneva più a lui ma a tutti noi; e che aveva violato l'obbligo di trattarla con il rispetto che meritava. Con mia sorpresa, mi rispose con una gradevole lettera di ringraziamento. Nulla avrebbe potuto fare ammenda per la mia insubordinazione, ma quello scambio di lettere servì almeno a sgelare la freddezza tra noi.

In seguito, mi imbattei in lui in un aeroporto, dove mi invitò a prendere un caffè. Ma lo dovetti ferire ancora declinando l'invito a causa dell'orario dei voli. Ormai avevo capito quello che avevo combinato. Quando, finalmente, raggiunsi la mia camera d'albergo, crollai e scoppiai in lacrime, addolorata perché non eravamo mai riusciti a raggiungere alcun cameratismo filosofico né a sciogliere una volta per tutte l'accumularsi di cattivi sentimenti che non ero mai riuscita a impedire. Sapevo che l'incontro all'aeroporto sarebbe stata la nostra ultima occasione per farlo. Non lo vidi mai più. Le sue ultime opere alludevano alle mie, talvolta ripetendole parola per parola senza citarle in bibliografia. Poiché era noto per l'abitudine di citare e ringraziare profusamente tutti quelli che avevano avuto un legame, per quanto minimo, con i suoi studi, in questo caso il plagio pareva puramente casuale. Per essermi rivelata più fedele a Socrate che a lui, io e il mio lavoro avevamo cessato di esistere, almeno nel mondo dei suoi lettori. Il modo in cui lo trattò, il mio lavoro, indicava a loro come dovevano procedere.

strengthening my positions and reinforcing my scholarship to refute his attacks. I had thought I was responding appropriately, as Socrates would have; as a philosophical warrior battling a particularly formidable interlocutor.

During my first foray onto the job market, an anonymous reader of my dossier sent me all of its confidential letters of recommendation as a warning, so that I could measure for myself how far my advisor's letter fell short of all the other appraisals of my competence, performance, and potential in the field. He had damned me with faint praise. The many job offers I received, in spite of his letter rather than because of it, bolstered my self-confidence and my sense of betrayal at the same time.

At my dissertation defense, I had steeled myself for a well-aimed barrage of requests for clarification that were so persistent and searching as to leave my fledgling theory in tatters. But there were none. Instead my advisor asked easy, perfunctory, elementary questions that were not worth asking and required no special effort to answer. He let me win without giving me the chance to earn my victory. I was crushed and humiliated. Had my second reader not given me the serious philosophical workout for which I had girded up, I might have misunderstood what a dissertation defense at the best philosophy graduate program in the country entailed. Afterward we all went for a drink at the campus bar, and my advisor invited me to call him by his nickname. He gave me to understand that this was all part of the post-dissertation ritual. I was never able to accept that invitation. For the rest of his life, I addressed him by his last name and title. When he came to lecture at the department that had hired me for my first job, he refused to meet with me. And when that department, having discovered that I was African-American and a feminist, escalated its attempts to discourage me from coming up for tenure, it was my graduate department chair, not my advisor, who intervened.

By that time I had finally gotten the message that I was in the doghouse for disobedience. I no longer expected my advisor's support or friendship. So when he later publicly retracted his ambitions for his masterwork and castigated himself for his pretensions, I had had nothing to lose by writing him a sharp, scolding letter telling him he had no right to say those things in print; that the work no longer belonged to him but to

Q.E.D./I.D. (1991)
Cercasi una prova tangibile
che io esista
che io sia significativa
che io sia importante
che io sia competente
che io sia Abbastanza Nera
che io non sia Troppo Nera
Senza alcun beneficio del dubbio,
Nessun beneficio di grandi speranze
di promessa
o potenziale riconosciuto.
Nessun quartiere dato, nessuno ricevuto,
il colpo dello starter sparato ogni volta dal punto di partenza.

Ogni volta il traguardo è ridisegnato a una distanza maggiore
ogni volta ci sono più ostacoli lungo percorso
ogni volta l'asta è più alta
ogni vittoria (con tua grande sorpresa ogni volta) alimenta il tuo sospetto:
di imbrogli
conoscenze speciali
amici altolocati
standard abbassati.
Ogni volta il traguardo è ridisegnato
Ma il dubbio non è mai cancellato.

Solo la mia esistenza
la mia importanza
le mie conseguenze
le mie imprese
la mia singolarità
sono cancellate,
ogni volta,
da te,
in modo che io possa dare prova del mio valore ancora,
e dissipare i tuoi dubbi ancora,
solo per un attimo fuggente ancora,
mille volte,
le mie vittorie passate
e la loro qualità
che non valgono nulla di fronte al tuo disagio, ancora.

all of us; and that he had violated his obligation to treat it with the respect it deserved. To my surprise, he replied with a grateful note of thanks. Nothing could have made amends for my insubordination, but that exchange at least thawed the chill.

Later still, I ran into him in an airport and he invited me for coffee. I wounded him again, by having to decline because of my flight schedule. By then I understood what I had done. When I finally got to my hotel room, I broke down and cried, grieved our failure ever to achieve philosophical camaraderie and to dissolve once and for all the compounded bad feelings I had always felt helpless to prevent. I knew our airport encounter had been our last chance. I never saw him again. His later work alluded to mine and sometimes repeated it verbatim, without bibliographic citation. As he was known for the habit of citing and thanking profusely everyone who had had even the slightest connection to his work, the plagiarism in this case seemed incidental. For revealing a deeper allegiance to Socrates than to him, I and my work had ceased to exist, at least in the world of his readers. His treatment of it instructed them as to how to proceed.

Q.E.D./I.D. (1991)

Proof positive required
    that I exist
    that I am significant
    that I am consequential
    that I am competent
    that I am Black Enough
    that I am not Too Black
With no benefit of the doubt,
No benefit of great expectations
    of promise
        or recognized potential.
No quarter given, none received,
    the starting shot fired from square one each time.

Each time the finish line is redrawn at a greater distance
each time there are more obstacles on the course
each time the vaulting pole is higher

Il tuo disagio, ancora,
che nessuna prova
nessuna dimostrazione
nessun riscontro
nessuna confutazione
basterà mai a scacciare,
essendo il tuo scetticismo di buoni principi radicato,
piuttosto che
nella fede nella ragione.

Quando si prova a trovare un senso in una situazione, esistono sempre due approcci possibili. L'*approccio generalizzante* collega la situazione ad altre con cui ha certe proprietà in comune. L'*approccio eccezionalizzante* differenzia la situazione da altre simili invocandone le proprietà distintive. Quale approccio si decida di seguire dipende da due cose: se si pensa che la situazione sia buona o cattiva, e se si è ottimisti o pessimisti.

Se pensi che sia buona e sei ottimista, tenderai per natura ad aggiungerla alla tua raccolta di situazioni altrettanto incoraggianti, come prova del fatto che sta proliferando la bontà. Se pensi che sia buona e sei pessimista, tenderai per natura a differenziarla dalla tua raccolta di situazioni scoraggianti, in quanto non è in grado di contrastare la convinzione che sta proliferando la cattiveria. In questo caso, sei portata all'approccio eccezionalizzante.

Se pensi che la situazione sia cattiva e sei ottimista, tenderai per natura a differenziarla dalla tua raccolta di situazioni incoraggianti, in quanto non è in grado di contrastare la convinzione che sta proliferando la bontà. In questo caso, sei portata all'approccio eccezionalizzante. Se pensi che sia cattiva e sei pessimista, tenderai per natura ad aggiungerla alla tua raccolta di situazioni scoraggianti, come prova del fatto che sta proliferando la cattiveria. In questo caso, sei portata all'approccio generalizzante.

Il mio rapporto con il mio relatore era, tutto sommato, cattivo e io ero ottimista. Così, il fatto che mi sentissi traumatizzata dall'incontro con lui non mi impediva di eccezionalizzarlo. Era per molti versi un uomo insolito ed ero sicura che il suo approccio alla pratica del dialogo filosofico non poteva in alcun modo essere tipico di quello che avrei affrontato nel campo della filosofia accademica in generale. Inoltre, facevo del mio meglio per immaginare come avrei reagito se mi fossi trovata con una studentessa come me. Pensavo che *forse* mi sarei arrabbiata anch'io, ma che allo stesso tempo sarei stata felicissima. Ma non potevo esserne sicura e quell'incertezza

each win (to your great surprise each time) feeds your
suspicion:
of cheating
special connections
friends in high places
lowered standards.
Each time the finish line is redrawn
but the doubt is never erased.

Only my existence
my significance
my consequences
my achievements
my singularity
are erased,
each time,
by you,
so that I may prove myself again,
and dispel your doubts again,
for just a fleeting moment again,
over and over again,
my past victories
and their quality
counting for nothing in the face of your unease, again.

Your unease, again,
which no proof
no demonstration
no evidence
no refutation
will ever suffice to dispel,
your principled skepticism rooted, as it is,
in rather than
faith reason.

When trying to make sense of a situation, there are always at least two possible approaches. The *generalizing approach* relates the situation to others with which it has certain properties in common. The *exceptionalizing approach* differentiates the situation from such others by invoking the properties that distinguish it. Which approach you take

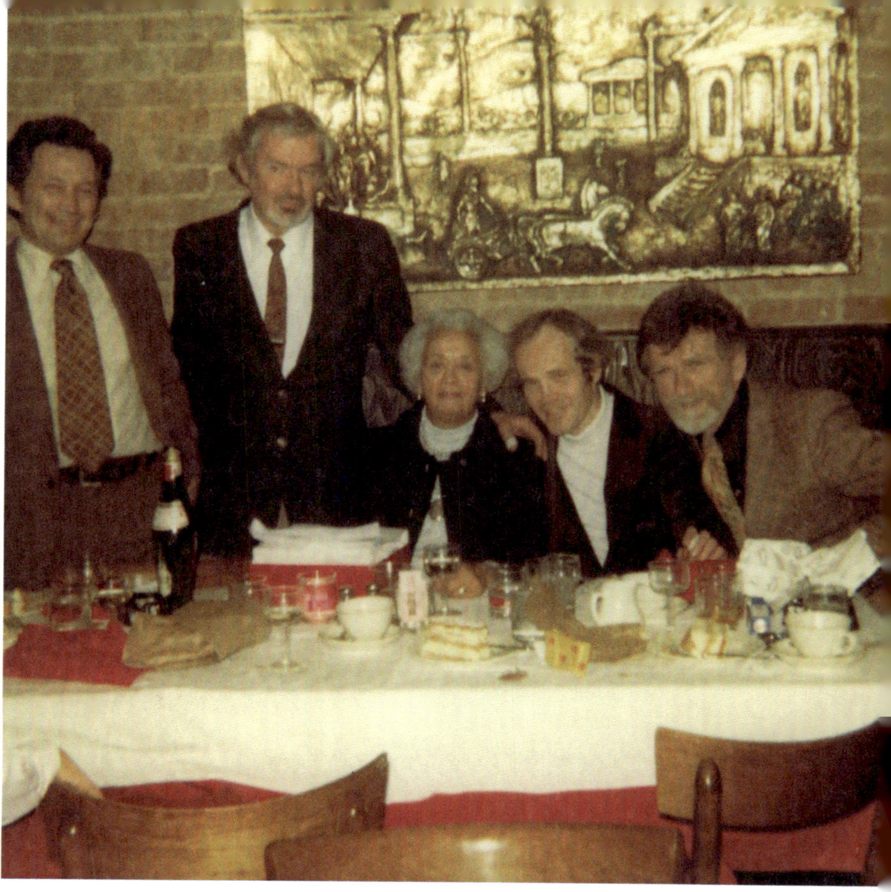

mi permetteva di provare almeno un po' di comprensione per la sua situazione difficile, che gli avevo creato io essendo me stessa. Quell'esperienza non cambiò quindi il mio atteggiamento o le mie aspettative nei confronti dei nuovi colleghi di dipartimento, tutti uomini, per la maggior parte americani di origine europea, ognuno molto figlio del proprio tempo e luogo. Io continuavo a fare troppe innocenti e persistenti richieste di chiarimento. Ma a quel punto mia madre era già andata in pensione e viveva in una città troppo lontana per potermi soccorrere.

A metà del mio primo semestre, un'assistente del primo anno del corso di laurea sparì senza preavviso. Si rifiutò sia di spiegare il motivo sia di tornare. I miei colleghi e colleghe non riuscivano a capire. Così, per andare a fondo della faccenda, e seguendo le orme del gruppo di autocoscienza femminista del dipartimento di filosofia della scuola di specializzazione post-laurea, avviai un gruppo simile per studenti e docenti femminili presso il nuovo dipartimento. Ne annunciai la formazione nel corso di una riunione di facoltà. Non mi accorsi di alcun cambiamento del clima attorno a me. Mi mancavano le antenne.

depends on whether you think the situation is good or bad, and whether you are an optimist or a pessimist.

If you think it is good and you are an optimist, you are naturally inclined to add it to your collection of similarly encouraging situations, as evidence that goodness is proliferating; you are disposed to the generalizing approach. If you think it is good and you are a pessimist, you are naturally inclined to differentiate the situation from your collection of discouraging situations, as failing to counter the belief that badness is proliferating; you are disposed to the exceptionalizing approach.

If you think the situation is bad and you are an optimist, you are naturally inclined to differentiate it from your collection of encouraging situations, as failing to counter the belief that goodness is proliferating; you are disposed to the exceptionalizing approach. If you think it is bad and you are a pessimist, you are naturally inclined to add it to your collection of similarly discouraging situations, as evidence that badness is proliferating; you are disposed to the generalizing approach.

My relationship with my dissertation advisor was, all things considered, bad; and I was an optimist. So feeling traumatized by my encounter with him did not prevent me from exceptionalizing it. He was an unusual man in many respects, and I felt sure that his approach to the practice of philosophical dialogue could not possibly have been typical of what I would face more generally in the field of academic philosophy. I also tried my best to imagine how I would have reacted if I had had a student like me. I thought *maybe* I would have been annoyed too, although also delighted. But I could not be sure, and that uncertainty enabled me to feel at least some sympathy for his predicament, the one I had created for him by being who I am. So that experience did not change my behavior toward or expectations of my new departmental colleagues, all men, overwhelmingly European-American, all very much of their time and place. I continued issuing too many innocent but persistent requests for clarification. But by that time my mother had already retired, in a city too far away for her to come to the rescue.

During my first semester, a first-year woman graduate student teaching assistant had disappeared in the middle of the semester without notice. She had refused to explain

Come se ciò non bastasse, prendevo molto sul serio la mia responsabilità, come giovane membro della facoltà, di fornire ai colleghi e colleghe superiori commenti dettagliati e critiche ai paper che presentavano nei seminari di facoltà. Talvolta era sufficiente impegnarsi in discussioni durante il seminario stesso e nel corso del pranzo di facoltà il giorno dopo. In altri casi, occorreva un secondo pranzo per affrontare tutte le relative tematiche in modo esauriente. Mi sorprendeva la rapidità con cui colleghi e colleghe, pur se per altri versi molto diverse tra loro, si offendevano per le mie domande, sempre educate. Mi venne in mente un compagno di classe alla scuola di specializzazione, talmente sconvolto dalle mie domande che si mise a urlare, si addentrò troppo nel mio spazio personale (era un tipo grosso), mi afferrò per il capo, lo immobilizzò sotto il braccio sinistro, e finse di tirare cazzotti col pugno destro. I miei nuovi colleghi e colleghe di dipartimento non arrivavano *a tanto*. Ma avevo la sensazione che avrebbero voluto farlo, tutti senza eccezione. Al mio primo seminario di facoltà, pensavo di essermi comportata abbastanza bene, rispondendo per le rime a tutti. Ma anche questo pareva creare antagonismi: i seminari successivi erano meno frequentati, e non generavano più discussioni a pranzo il giorno dopo.

In generale, i miei colleghi e colleghe mi sembravano, da un lato, essere eccezionalmente dotati in tema di filosofia ma, dall'altro, avere una tolleranza bassissima per quanto riguardava il dialogo razionale filosofico. Ho imparato tantissimo facendo a pugn... No! Meglio dire parlando con loro. Purtroppo, le nostre conversazioni venivano presto sostituite da comportamenti più sotterranei che raggiungevano il proprio scopo in modo più efficiente, mettendo in giro tra gli studenti maschi voci secondo le quali odiavo gli uomini, tra altri colleghi e colleghe che avevo intenzione di presentare reclamo contro di loro all'avvocato dell'università. Poi consultarono l'avvocato loro stessi per capire come fare per cacciarmi senza incorrere in una causa. Infine, davano sul mio lavoro sprezzanti valutazioni annuali che, nei fatti, non avevano nessun rapporto con esso. Eccetera eccetera.

Il collega più sotterraneo, efficiente e permaloso era anche il più giovane. Al tempo delle nostre conversazioni, non era nemmeno superiore a me ma lo divenne ben presto. Prima, convinse il nostro dipartimento a proporre l'immissione in ruolo a un suo ex compagno di classe alla scuola di specializzazione, già in lizza per passare di ruolo presso un altro dipartimento, tra i migliori cinque a livello nazionale: facendo così, riuscì a influenzare la decisione dell'altro dipartimento a favore dell'ex compagno. Poi persuase

why and refused to return. All my colleagues seemed at a loss to understand it. So, in order to get to the bottom of it, and following in the footsteps of the women's consciousness-raising group in my graduate school philosophy department, I started a similar group for the other women graduate students and staff in my new department. I announced the formation of this group at a department faculty meeting. I noticed no change in the atmosphere of the meeting. I lacked the antennae.

As if that were not enough, I also took very seriously my responsibility as a junior faculty member to provide my senior colleagues with detailed comments on and criticism of the papers they presented at faculty seminars. Sometimes it was sufficient to engage in spirited discussion during the seminar itself and the following day's faculty lunch. In other cases, an additional, separate lunch appointment was necessary in order to fully cover the issues. I was surprised at how quickly my colleagues became antagonized by my unfailingly polite questions, regardless of how different from one another they were in other respects. I recalled the graduate school classmate who had become so unsettled by my questions that he began shouting, moved too far into my personal space (he was a large man), actually grabbed me by the head, pinned it under his left arm, and pantomimed punching it in with his right fist. My new departmental colleagues did not do *that*. But I sensed that they wanted to, all of them. At my own first faculty seminar, I thought I had acquitted myself relatively well, by giving as good as I had gotten. But that, too, seemed to

20 PLATO

and make them go round in a circle? Do you not see that our statement has come round to where it was before? Surely you remember that we have already seen that piety and what is pleasing to the gods are quite different things. Do you not remember?

Euth. I do.

Socr. And now do you not see that you say that what the gods love is pious? But does not what the gods love come to the same thing as what is pleasing to the gods?

Euth. Certainly.

Socr. Then either our former conclusion was wrong or, if it was right, we are wrong now.

Euth. So it seems.

Socr. Then we must begin again and inquire what piety is. I do not mean to give in until I have found out. Do not regard me as unworthy; give your whole mind to the question, and this time tell me the truth. For if anyone knows it, it is you; and you are a Proteus whom I must not let go until you have told me. It cannot be that you would ever have undertaken to prosecute your aged father for the murder of a laboring man unless you had known exactly what piety and impiety are. You would have feared to risk the anger of the gods, in case you should be doing wrong, and you would have been afraid of what men would say. But now I am sure that you think that you know exactly what is pious and what is not; so tell me, my good Euthyphro, and do not conceal from me what you think.

Euth. Another time, then, Socrates. I am in a hurry now, and it is time for me to be off.

Socr. What are you doing, my friend! Will you go away and destroy all my hopes of learning from you what is pious and what is not, and so of escaping Meletus? I meant to explain to him that now Euthyphro has made me wise about divine things, and that I no longer in my ignorance speak carelessly about them or introduce reforms. And then I was going to promise him to live a better life for the future.

quest'ultimo, ormai passato di ruolo, a convincere l'altro dipartimento a fargli un'offerta di immissione in ruolo, sfruttando il prestigio di quell'offerta a guadagnarsi un incarico di ruolo da noi. Poi, quando io mi assentai per due anni, in congedo per motivi di ricerca dall'altra parte del Paese, convinse il nostro dipartimento ad assumere un professore emerito da un dipartimento più modesto i cui interessi didattici e di ricerca si sovrapponevano sostanzialmente ai miei. Ero e sono abbagliata dalla sua destrezza nel manovrare nell'ombra, molto meno dai suoi lavori, che trovavo superficiali e pedanti, ma che gli hanno comunque permesso di guadagnare molti onori professionali. Tali favori non si ottengono, naturalmente, senza la cooperazione compiacente di chi li elargisce.

Forse gli altri miei colleghi e colleghe presumevano che avessi un'opinione simile dei loro lavori, ma non era vero. Era mia intenzione che le mie critiche potessero contribuire alla produzione di lavori di prima qualità, capaci di resistere alle critiche stesse. Non smettevo mai di sorprendermi per la loro rabbia. Ritenevo una doppia vittoria il fatto che quello stesso dipartimento non fosse riuscito a scoraggiarmi dal sottoporre il mio lavoro alla sua valutazione in vista di un incarico permanente, e fosse costretto proprio per questo (secondo le sue tendenze abituali) a negarmelo. Il presidente, che aveva votato per concedere l'incarico, si vergognava delle pagliacciate dei colleghi e della sua incapacità di controllarli (nessuno vi sarebbe riuscito). Poco dopo si trasferì a un'altra università. Un amico e collega esterno commentò che non sapeva di nessuno cui fosse stato negato un incarico permanente con un curriculum come il mio. L'avessi ricevuto, quell'incarico, sarei probabilmente rimasta lì; e a quel punto avrei quasi certamente ingoiato la cicuta anch'io.

Un pessimista avrebbe generalizzato su questa serie inarrestabile di cattive situazioni e avrebbe tratto le ovvie conclusioni: che nel campo della filosofia accademica proliferava la cattiveria, che se avessi deciso di rimanere mi sarei dovuta aspettare più cattiverie ancora. Ma io non ero pessimista e comunque la mia generalizzazione non convalidava quelle conclusioni. Le mie conclusioni erano che questi uomini in particolare–tutti–costituivano deviazioni dalla norma socratica del dialogo filosofico razionale e civilizzato che definiva la disciplina cui mi dedicavo. A quei tempi, non mi sarebbe passato per la mente che l'intero campo della filosofia accademica potesse costituire una deviazione dalla norma. Dopo aver insegnato in sei dipartimenti, ora sono molto più aperta a questa ipotesi.

Tra i miei colleghi e colleghe, nessuno era entrato nel campo della filosofia come un prepotente autoritario capace di manovrare

cause antagonism, and subsequent seminars were less well attended and generated no further post-seminar luncheon discussion.

In general, my colleagues seemed to me on the one hand to be exceptionally gifted in philosophy, yet on the other to have a very low tolerance for rational philosophical dialogue. I learned an enormous amount from duking it out w… um, talking to them. Unfortunately, our conversations early on were replaced rather quickly with more subterranean behavior that achieved its intended goal more efficiently: spreading rumors among the male graduate students that I hated men, among my colleagues that I was going to complain to the university's lawyer about them; consulting the university's lawyer themselves about how to force me out without incurring a lawsuit; subsequently issuing disparaging annual evaluations of my work that bore no factual relation to it; etc.

The most subterranean, efficient, and easily angered among my colleagues was also the youngest, and, at the time of our conversations, not even senior. But he became senior very quickly. First he convinced our department to make a tenured offer to his graduate school classmate, who was up for tenure in another top-five department, thereby leveraging his classmate's tenure there. Then he prevailed upon that newly tenured classmate to convince that department to make him, my junior colleague, a tenured offer, thereby leveraging his own tenure in ours. Then, while I was on a two-year research leave on the other side of the country, he convinced our department to hire a senior philosopher from a more humble department, whose teaching and research interests overlapped substantially with mine, thereby replacing me and leveraging my exit. I was and remain dazzled by his dexterity at pulling strings, although rather less so by his work, which I found facile and derivative, and for which he has obtained many professional honors. Of course one obtains such favors only with the willing cooperation of those who dispense them.

Perhaps my other colleagues assumed I had a similar opinion of their work, although this was not true. I had intended my criticisms of it to contribute to the production of first-rate work that could withstand those criticisms. I never stopped being surprised by their anger. I counted it as a double victory that this department did not succeed

nel buio, pensando che si trattasse di un'area in cui avrebbe potuto sviluppare liberamente il proprio potenziale. Proprio come me, la maggior parte di loro aveva frequentato la scuola di specializzazione perché amavano occuparsi di filosofia e volevano guadagnarsi da vivere divertendosi. Proprio come me, avevano grandissimo rispetto per i successi nel campo della filosofia dei loro insegnanti e colleghi e colleghe superiori. Eppure, a differenza di me, la maggior parte di loro vedeva la filosofia come mezzo per raggiungere sicurezza lavorativa e prestigio professionale. E, sempre a differenza di me, facevano quello che ritenevano necessario per ottenere quelle soddisfazioni. Alcuni avevano già famiglie da mantenere, e molti provenivano da contesti familiari molto modesti. Onorare le norme del dialogo socratico non potrà mai contare più del nutrimento della famiglia o del raggiungimento della sicurezza economica o dell'ottenimento dell'approvazione professionale, anche se per Socrate non era così.

Il mio approccio era diverso. Avevo lavorato durante il periodo di frequentazione della scuola delle Belle arti e mi ero mantenuta negli anni del college facendo la ragioniera, la modella, la receptionist e la centralinista. Avevo già ottenuto l'approvazione professionale come artista. Nel mondo dell'arte, allora, fare un lavoro poco stressante di giorno per poter massimizzare la propria libertà di fare arte era la norma. All'inizio avevo dato per scontato che sarei tornata a una routine simile dopo essere uscita dalla scuola di specializzazione, e che il mio fare arte avrebbe molto arricchito il mio lavoro filosofico. Tutto ciò che chiedevo alla scuola di specializzazione era la possibilità di fare quel lavoro. A differenza dei miei compagni di classe, non lo vedevo come un percorso verso la sicurezza economica o il prestigio professionale.

E così la maggior parte di loro era costretta per cause di forza maggiore a bere la lezione più diffusa dell'esecuzione di Socrate anziché quella lampante. Già alla scuola di specializzazione intuivo che facevano scelte diverse dalle mie: evitando di fare domande per non contraddire il professore; o facendo solo domande che non l'avrebbero sicuramente contraddetto; o facendo solo quelle che avrebbero incontrato la sua approvazione; o facendo solo quelle che aveva ordinato di fare. Rifiutandomi di fare le stesse scelte, io aiutavo loro a farle in quanto, così facendo, ero prova vivente delle conseguenze dell'insurrezione. Vedevano quello che capitava a me e capivano che sarebbe capitato anche a loro, se si fossero comportati come me. Credevano di non potersi permettere di trascurare quelle conseguenze. E avevano ragione.

in discouraging me from coming up for tenure review, and was thereby forced (that is, by its own proclivities) to deny me tenure. The chairman, who had voted to grant it, was ashamed of his colleagues' antics and his inability to control them (no one could have). He left for another university soon afterward. An external friend and colleague remarked that he knew of no one who had ever been denied tenure with a record like mine. Had I received it, I probably would have remained there; and by now almost certainly would have swallowed the hemlock myself.

A pessimist would have generalized over this unrelenting series of bad situations, and drawn the obvious conclusions that badness was proliferating in the field of academic philosophy, and that I could expect more of the same if I continued in it. But I was not a pessimist, and anyway my generalization did not support those conclusions. Mine was, rather, that these particular men—all of them—were deviations from the Socratic norm of rational, civilized philosophical dialogue that defined the discipline to which I was committed. At that time, it never would have occurred to me that the entire field of academic philosophy itself could be a deviation from that norm. After teaching in six departments, I am now much more receptive to this hypothesis.

None of my colleagues entered the field of philosophy with the thought that this was the area in which they could freely develop their potential for becoming string-pulling authoritarian bullies. Like me, most went to graduate school because they enjoyed doing philosophy and wanted to make a living doing what they enjoyed. Like me, they had very great respect for the philosophical achievements of their teachers and senior colleagues. But unlike me, most viewed doing philosophy as a way of achieving job security and professional status. And unlike me, they did what they felt was necessary in order to attain those goods. By that time, some of them already had families to support, and many came from very modest family backgrounds. Honoring the norms of Socratic dialogue cannot matter more to you than feeding your family or achieving financial security or gaining professional acceptance, although it did to Socrates.

My approach was different. I had worked during art school and supported myself through college as a bookkeeper, model, receptionist, and telephone operator. I already had

Ho il sospetto che ogni scuola di specializzazione di ogni dipartimento di Filosofia del Paese ospiti almeno una matricola come me: una piantagrane incauta, cioè. Siamo sempre individuate alla fine, additate agli altri come esempi da evitare. Per rimanere e fiorire nel campo, devi fare la scelta che dà sicurezza alla tua vita piuttosto che quella che dà voce alla tua curiosità, ogni volta che le due cose confliggono e, alla fine, confliggono sempre: una scelta tra il tuo relatore, che determina se prendi un impiego o meno, i colleghi superiori, che determinano se conservi un impiego o meno, i colleghi più influenti, che determinano se fai progressi nel tuo impiego o meno, le figure autorevoli nel campo, che determinano se eccelli nel lavoro o meno.

Il conflitto è identico a quello dell'arte. Proprio come, nel campo artistico, devi scegliere tra fare l'opera che ti affascina e quella che vende, così in filosofia devi scegliere tra fare le domande necessarie e fare solo quelle permesse. Una volta riconosciute le opzioni disponibili, è facile dare del tuo meglio, ammesso, cioè, che tu sia disposta a rischiare le conseguenze – ritorsione, soppressione, ostracismo, censura, disoccupazione ecc. – che quella scelta comporta. Tu sai chi sei e anch'io lo so. Altrimenti, la tua decisione di stare dalla parte degli ateniesi piuttosto che di Socrate va reiterata ogni volta che fai una scelta, fin quando non diventi seconda natura. Arrivata a quel punto, non riesci più a distinguere tra guadagni e perdite perché non ti resta nulla di valore da perdere.

E, sempre a quel punto, è quasi impossibile che tu non sia diventata una prepotente autoritaria di second'ordine che tira le fila. Perché, sacrificando la libertà, hai raggiunto sicurezza e prestigio personale

APOLOGY 41

have called as witnesses in the course of his own speech; but if he forgot to call them then, let him call them now—I will yield the floor to him—and tell us if he has any such evidence. No, on the contrary, my friends, you will find all these men ready to support me, the corrupter who has injured their relatives, as Meletus and Anytus call me. Those of them who have been already corrupted might perhaps have some reason for supporting me, but what reason can their relatives have who are grown up, and who are uncorrupted, except the reason of truth and justice—that they know very well that Meletus is lying, and that I am speaking the truth?

Well, my friends, this, and perhaps more like this, is pretty much all I have to offer in my defense. There may be some one among you who will be indignant when he remembers how, even in a less important trial than this, he begged and entreated the judges, with many tears, to acquit him, and brought forward his children and many of his friends and relatives in court in order to appeal to your feelings; and then finds that I shall do none of these things, though I am in what he would think the supreme danger. Perhaps he will harden himself against me when he notices this; it may make him angry, and he may cast his vote in anger. If it is so with any of you—I do not suppose that it is, but in case it should be so—I think that I should answer him reasonably if I said: "My friend, I have relatives, too, for, in the words of Homer, I am 'not born of an oak or a rock'[9] but of flesh and blood." And so, Athenians, I have relatives, and I have three sons, one of them nearly grown up, and the other two still children. Yet I will not bring any of them forward before you and implore you to acquit me. And why will I do none of these things? It is not from arrogance, Athenians, nor because I lack respect for you—whether or not I can face death bravely is another question—but for my own good name, and for your good name, and for the good name of the whole state. I do not think it right, at my age and with my reputation, to do anything of that kind. Rightly or wrongly, men have made up their minds that in some way Socrates is different from the multitude of men. And it will be

[9] Homer, *Odyssey*, xix, 163.

achieved professional acceptance as an artist. In the art world at that time, working at a low-stress day job in order to maximize one's freedom to make art was par for the course. I had initially assumed I would return to some such arrangement after graduate school, with my art making greatly enriched by my work in philosophy. All I needed from graduate school was to do that work. Unlike my classmates, I did not view it as a path to financial security or professional status.

So most of them were largely forced by circumstance to swallow the more popular lesson of Socrates' execution, rather than the self-evident one. I could see even in graduate school that they were making different choices than I: to ask no questions rather than risk contradicting the professor; or to ask only those questions which definitely would not contradict the professor; or to ask only those questions which would meet with the approval of the professor; or to ask only those questions the professor instructed them to ask. By declining to make those choices myself, I helped them to do so, by demonstrating the consequences of insurrection. They saw what was being done to me, and understood that it would be done to them, too, if they behaved as I did. They believed they could not afford to disregard those consequences. And so they were right.

I suspect that every entering graduate class in every philosophy department in the country contains at least one misguided troublemaker like me. We are always culled eventually, made an example of for everyone else to avoid. In order to remain and flourish in the field, you must always make the choice that gives security to your life rather than that which gives voice to your curiosity, whenever the two conflict, which they always do eventually: if not in the guise of your dissertation advisor, who determines whether or not you get a job; then in the guise of your senior colleagues, who determine whether or not you keep your job; or in the guise of your influential colleagues, who determine whether or not you advance in your job; or in the guise of the authoritative figures in the field, who determine whether or not anyone in the field thinks you excel at your job.

The conflict is exactly the same as in art. Just as you have to choose there between making the work that compels you and making the work that sells, similarly in philosophy you have to choose between asking the necessary questions and asking

per seguire le questioni seminatrici di zizzanie necessarie per poggiare il tuo punto di vista su basi accademiche più solide possibili, sicuro fondamento delle ricerche attente ed esaurienti che ti avrebbero dato massima fiducia nel loro valore. Questo crea il clima disperato e predatorio in cui proliferano raccomandazioni e prepotenza autoritaria. Forse, sollecitata dal relatore, hai seguito una linea di ricerca per la quale ti mancava una adeguata preparazione. Così sarai premiata con un lavoro di alto prestigio le cui esigenze, giustamente, non ti senti in grado di soddisfare. E così sei costretta a plagiare tutte le risorse che ti servono per puntellare la tua posizione, a prescindere dalla loro origine e se le capisci completamente o meno. O forse hai evitato di mettere in dubbio i presupposti avanzati di colleghi e colleghe di alto prestigio in grado di assistere la tua promozione, anche se la plausibilità fondativa di tali presupposti è estremamente limitata. E anche in questo caso sarai costretta a ricorrere all'intimidazione psicologica per proteggerli dalle innocenti ma persistenti richieste di chiarimento da parte degli studenti. O forse hai scelto di proposito un tema di ricerca che non compete con quelli dei colleghi né minaccia quelli dei potenti, ma che non riesce nemmeno a motivare l'interesse che coltivi per esso. E così devi affidarti a elaborati sistemi di raccomandazioni per manipolare il sistema e assicurare la tua posizione. Vi sono molti esempi di questo tipo. Congiuntamente, implicano un rapporto inversamente proporzionale tra sicurezza professionale e sicurezza filosofica, per cui più importante è il proprio prestigio professionale, più inconsistenti sono le fondamenta filosofiche del proprio punto di vista, e meno riesce a reggere alla prova di fatti, più autoritaria è la sua esposizione pubblica. A ogni modo, lascio giudicare questa prova al lettore.

A corollario della prova vi sarebbe il fatto che qui si tratta anche di un clima in cui le molestie sessuali, razziali ed etniche proliferano. Perché ora sei ateniese anche tu, e ogni giovane Socrate, gli infaticabili imbucati nel tuo club privato in particolare, che avanza innocenti ma persistenti richieste di chiarimento dei tuoi punti di vista semplicemente per orientarsi, è il tuo peggiore incubo. Devi determinare a quanti e quali imbucati puoi permetterti di concedere l'ingresso senza perderne il controllo. Eppure questo, il controllo della *qualità*, non è neanche il punto. Se non riesci a convincerli a fare la stessa scelta tua, devi sbarazzartene per evitare che, senza volerlo, essi si sbarazzino di te. Si tratta invece della tua sopravvivenza professionale e della sopravvivenza del tuo prestigio nel settore. Il merito non c'entra nulla e ogni dissimulazione della loro

only the permissible ones. Once you recognize the options, it is easy to do your best work, so long as you are willing to risk the consequences—retaliation, suppression, ostracism, censorship, unemployment, etc.—entailed by that choice. You know who you are, and so do I. Otherwise, your decision to join the Athenians rather than Socrates must be reiterated at each such point of choice, until it becomes second nature. Once that happens, you can no longer distinguish gains from losses, because you have nothing of value left to lose.

And so by that point, it is almost impossible not to have become a string-pulling authoritarian bully. For you have achieved job security and status by sacrificing the freedom to pursue whatever troublemaking questions were necessary in order to establish your view on the firmest possible scholarly footing, the secure foundation of careful and thorough research that would have given you maximum confidence in their worth. This creates the desperate, predatory climate in which string-pulling and authoritarian bullying flourish.

28 PLATO

wise, and that by this oracle he meant that human wisdom is worth little or nothing. I do not think that he meant that Socrates was wise. He only made use of my name, and took me as an example, as though he would say to men, "He among you is the wisest who, like Socrates, knows that his wisdom is really worth nothing at all." Therefore I still go about testing and examining every man whom I think wise, whether he be a citizen or a stranger, as the god has commanded me. Whenever I find that he is not wise, I point out to him, on the god's behalf, that he is not wise. I am so busy in this pursuit that I have never had leisure to take any part worth mentioning in public matters or to look after my private affairs. I am in great poverty as the result of my service to the god.

Besides this, the young men who follow me about, who are the sons of wealthy persons and have the most leisure, take pleasure in hearing men cross-examined. They often imitate me among themselves; then they try their hands at cross-examining other people. And, I imagine, they find plenty of men who think that they know a great deal when in fact they know little or nothing. Then the persons who are cross-examined get angry with me instead of with themselves, and say that Socrates is an abomination and corrupts the young. When they are asked, "Why, what does he do? What does he teach?" they do not know what to say. Not to seem at a loss, they repeat the stock charges against all philosophers, and allege that he investigates things in the air and under the earth, and that he teaches people to disbelieve in the gods, and to make the worse argument appear the stronger. For, I suppose, they would not like to confess the truth, which is that they are shown up as ignorant pretenders to knowledge that they do not possess. So they have been filling your ears with their bitter prejudices for a long time, for they are ambitious, energetic, and numerous; and they speak vigorously and persuasively against me. Relying on this, Meletus, Anytus, and Lycon have attacked me. Meletus is indignant with me on behalf of the poets, Anytus on behalf of the artisans and politicians, and Lycon on behalf of the orators. And so, as I said at the beginning, I shall be surprised if I am able, in the short

APOLOGY 29

time allowed me for my defense, to remove from your minds this prejudice which has grown so strong. What I have told you, Athenians, is the truth: I neither conceal nor do I suppress anything, trivial or important. Yet I know that it is just this outspokenness which rouses indignation. But that is only a proof that my words are true, and that the prejudice against me, and the causes of it, are what I have said. And whether you investigate them now or hereafter, you will find that they are so.

What I have said must suffice as my defense against the XI
charges of my first accusers. I will try next to defend myself against Meletus, that "good patriot," as he calls himself, and my later accusers. Let us assume that they are a new set of accusers, and read their indictment, as we did in the case of the others. It runs thus: Socrates is guilty of corrupting the youth, and of believing not in the gods whom the state believes in, but in other new divinities. Such is the accusation. Let us examine each point in it separately. Meletus says that I am guilty of corrupting the youth. But I say, Athenians, that he is guilty of playing a solemn joke by casually bringing men to trial, and pretending to have a solemn interest in matters to which he has never given a moment's thought. Now I will try to prove to you that this is so.

Come here, Meletus. Is it not a fact that you think it very XII
important that the young should be as good as possible?

Meletus. It is.

Socrates. Come, then, tell the judges who improves them. You care so much,[5] you must know. You are accusing me, and bringing me to trial, because, as you say, you have discovered that I am the corrupter of the youth. Come now, reveal to the gentlemen who improves them. You see, Meletus, you have nothing to say; you are silent. But don't you think that this is shameful? Is not your silence a conclusive proof of what I say—that you have never cared? Come, tell us, my good man, who makes the young better?

Mel. The laws.

[5] Throughout the following passage Socrates plays on the etymology of the name "Meletus" as meaning "the man who cares."—Ed.

inferiorità putativa, cui ti capita di abbandonarti per ragioni di apparenza, è poco convincente.

E così, a questo punto non vi può essere nessun altro legame vissuto tra la filosofia che scrivi e insegni e quella che, sotto pena di autolesionismo, pratichi nella tua vita. Perché la filosofia che pratichi non è una filosofia per sentire la quale, pur di impararla, gli studenti correrebbero ai tuoi corsi a frotte. Predicando quella che pratichi faresti un danno irreparabile non solo alle iscrizioni a quei corsi ma anche alla tua reputazione, e a quella del settore. La lezione che ne consegue, rigorosamente imposta, sulla impersonalità negli scritti e insegnamenti filosofici occidentali deriva dall'archetipico errore professionale commesso da Socrate. Istituzionalizza la dissociazione tra pensiero e azione, tra teoria e pratica, da cui l'irrilevanza della esemplificazione in prima persona. Si tratta di un bastione contro i pericoli professionali che presenterebbe l'autorivelazione socratica. Questa convenzione, naturalmente, è la morte di ogni pratica filosofica che si propone di estendersi fuori dall'aula, anzi dell'inviolabilità dell'aula stessa, esposta alla manipolazione da parte di interessi economici e politici. È quasi come se gli ateniesi avessero somministrato la cicuta non solo a Socrate, ma anche a se stessi.

Questo dunque è anche il punto al quale gran parte del carattere che prima plasmava e definiva la tua personalità si sarà dissolta nelle esigenze depersonalizzate della sopravvivenza istituzionale e professionale. Le tue azioni saranno limitate a quelle che saranno coerenti con il tuo avanzamento nel settore, e la tua voce sarà limitata a espressioni che non offenderanno nessuno che sia in grado di promuoverlo. Assistevo con allarme e smarrimento mentre, gradualmente, questo processo di masticazione, digestione e assorbimento istituzionale divorava i miei colleghi e colleghe; mentre le pressioni che li facevano tacere e li paralizzavano si moltiplicavano insieme al migliorarsi della loro reputazione professionale; mentre i compagni di classe, i colleghi e colleghe più giovani e gli studenti, vitali, passionali, irreverenti, con cui condividevo tanti ricordi ricchi e complessi, diventavano sempre più blandi, astuti e distaccati, almeno nei miei confronti.

Di recente ho letto un articolo su una rivista assai apprezzata a firma di una mia ex studente che aveva discusso la dissertazione con gli stessi colleghi e colleghe che non mi avevano permesso di assumere un incarico di ruolo: la migliore studente mai avuta. La rivista era curata da altri colleghi e colleghe che avevo conosciuto negli anni successivi alla scuola di specializzazione. L'articolo

Perhaps you have pursued a line of research, at your dissertation advisor's prompting, for which you lacked adequate preparation. So you are rewarded with a high-status job whose demands you rightly feel unsuited to meet; and so must plagiarize whatever sources you need in order to shore up your position, whatever their origin and whether or not you fully understand them. Or perhaps you have avoided questioning presuppositions held by high-status colleagues who can aid your promotion, even though the foundational plausibility of those presuppositions is extremely limited; and so here, too, must resort to psychological intimidation to protect them against your students' innocent but persistent requests for clarification. Or perhaps you have intentionally chosen a research topic that neither competes with those of your colleagues nor threatens those of the powerful, but also largely fails to motivate your pursuit of it; and so must rely on elaborate string-pulling measures to game the system and secure your position. There are many such examples. Conjointly they imply an inversely proportional relationship between professional security and philosophical security, such that the weightier one's professional status, the flimsier the scholarly and philosophical underpinnings of one's view, the less it can withstand careful and sustained scrutiny, and the more authoritarian its public staging. But I leave that proof as an exercise for the reader.

A corollary of that proof would have to be that this is also the climate in which sexual, racial, and ethnic harassment flourish. For now you really are one of the Athenians, and every young Socrates, especially the ambitious, indefatigable gate-crashers of your private club, making innocent and persistent requests for clarification of your views just in order to get their bearings, is your worst nightmare. You must determine how many and which tokens you can afford to let in without losing control. But *quality* control is not the point. If you cannot prevail on them to make the same choice you made, you have to get rid of them, lest they unwittingly get rid of you. It is about your professional survival, and the survival of your status in the field. Merit has nothing to do with it, and any dissimulation about their putative inferiority, in which you may indulge for the sake of appearance, is unconvincing.

And so by this point, there can be no further lived connection between the philosophy you write and teach, and the

si concentrava su concetti già definiti da me in un articolo sulla stessa rivista ed elaborati ulteriormente in articoli su altre pubblicazioni (uno dei quali era stato commentato da uno dei curatori della rivista nel corso di una conferenza). Nel suo articolo, l'ex studente non mi ha citato in bibliografia.

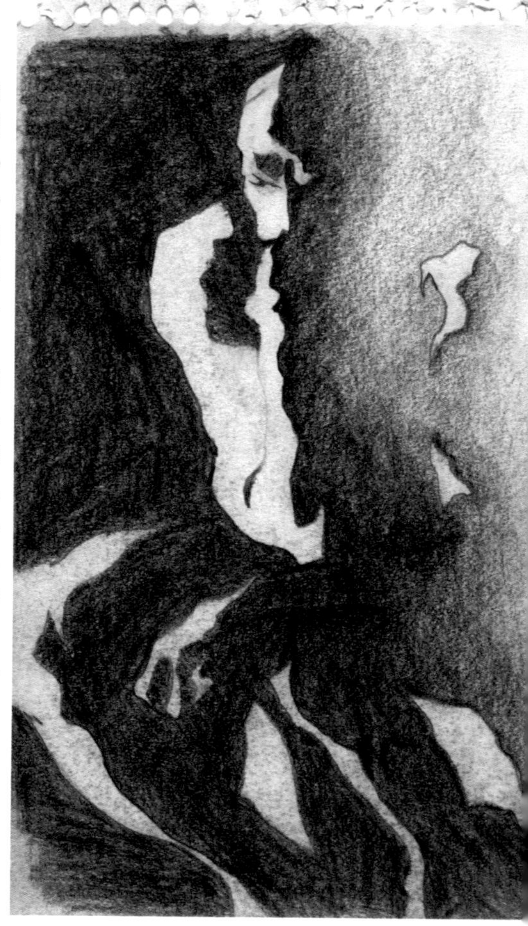

Quale altra scelta aveva? Citarmi avrebbe suscitato la ritorsione professionale da parte dei suoi relatori (quelli che hanno il compito di concedere lauree), che a sua volta avrebbe potuto ostacolare la sua traiettoria professionale in ascesa. E quale altra scelta avevano i curatori della rivista? Pretendendo delle citazioni l'avrebbero vittimizzata e, insieme, avrebbero compromesso i suoi rapporti con i relatori. Insomma, il prezzo della virtù intellettuale era troppo alto perché i soggetti coinvolti lo pagassero per conto di una come me che non era più del settore.

Come altri, potrei raccontare molti aneddoti simili. Queste pratiche parassitiche sono indispensabili alla stabilità del settore. E così anche la loro "impredicabilità". Non vi è altro mestiere umano per cui, anche solo occasionalmente, una cultura filosofica inadeguata o non etica sia richiesta come condizione necessaria per la sopravvivenza. Sono abbastanza sicura che la mia ex studente non sarebbe mai entrata nel settore se avesse saputo di dover colludere con queste pratiche. Eppure, senza di esse l'intero edificio crollerebbe. Infatti, nella filosofia occidentale la dissociazione tra teoria e pratica è anche incompatibilità tra conoscenza e applicazione, e le virtù intellettuali che predica sono logicamente contraddette dal comportamento spregiudicato che pratica. Quella stessa contraddizione è alla radice dell'impotenza intellettuale di cui si lamentano tanti filosofi accademici, e che differenzia la filosofia occidentale da discipline orientate ai risultati quali l'economia, la fisica, la matematica o l'arte. La professione non raggiunge apprezzabili risultati empirici perché, per continuare a preservarsi, dovrebbe riuscire a negare con azioni quello che pronuncia a parole. La derisione di Socrate costituiva un ammonimento.

philosophy you practice in your life, on pain of self-defeat. For the philosophy you practice is not one students would flock to your courses to learn. By preaching what you practice, you would irretrievably damage not only your enrollments but also your reputation and that of the field. The resulting, stringently enforced lesson of impersonality in Western philosophical writing and teaching derives from Socrates' archetypal professional blunder. It institutionalizes the dissociation of thought from action, theory from practice, and the resulting irrelevance of first-personal exemplification. It is a bulwark against the professional dangers that Socratic self-revelation would pose. Of course this academic convention is death for any practice of philosophy meant to extend beyond the classroom; and indeed for the inviolability of the classroom itself, against manipulation by external corporate or political interests. It is almost as though the Athenians had administered the hemlock not only to Socrates, but to themselves.

So this is also the point at which much of the character that used to shape and define your personality will have dissolved into the depersonalized requirements of institutional and professional survival. Your actions will be restricted to those which are consistent with your advancement in the field, and your voice will be restricted to utterances that will not offend anyone who might further it. I have watched with alarm and dismay as this process of institutional mastication, digestion, and absorption gradually devours my colleagues; as the pressures that silence and paralyze them multiply concurrently with their heightened professional stature; as the once vital, passionate, curious, and irreverent classmates, junior colleagues, and students with whom I share so many rich and complex memories become increasingly bland, shrewd, removed, and noncommittal, at least toward me.

Recently I read an article in a highly regarded journal by a former student of mine who had completed a dissertation with the same colleagues who had denied me tenure. She was the best student I had ever had. The journal was edited by other colleagues whom I had gotten to know in my first years out of graduate school. Her article made central use of concepts I had defined in an article I had earlier published in that same journal, and further developed in subsequent publications—on one of which one of its editors had commented at a conference. Her article contained no bibliographic citations to my work.

Dunque, proprio come io avevo tradito il mio relatore dando la mia preferenza a Socrate, così la mia ex studente tradì me dando la sua agli ateniesi. Se avesse riconosciuto l'esistenza del mio lavoro con un'appropriata citazione, avrebbe sabotato le pratiche, "impredicabili" ma necessarie, da esso alimentate. Ecco perché è spesso scaricato, utilizzato di frequente ma mai citato, nemmeno (nonostante le mie proteste) su Wikipedia. Come nella mia infanzia, sono di nuovo invisibile, allineata con le invisibili forze della ragione. I miei colleghi mi hanno assegnato lo stesso valore e prestigio che gli ateniesi avevano assegnato a Socrate: cioè, meno di niente. Non vi può essere onore più grande.

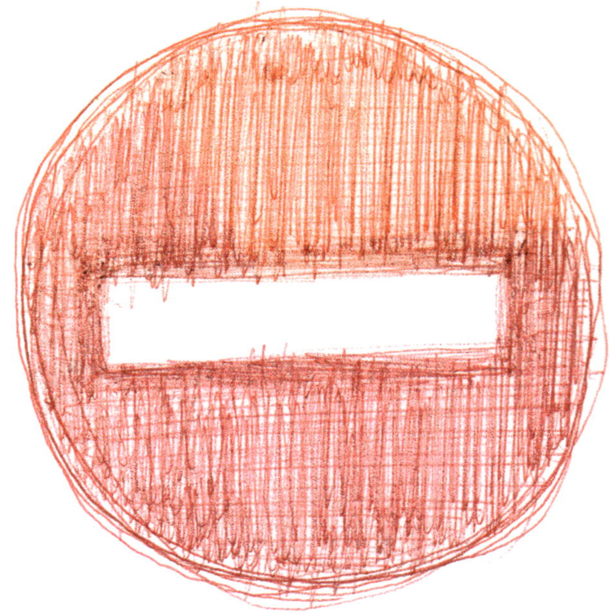

What other choice did she have? To have included them would have elicited professional retaliation from her degree-granting advisors that could have impeded her upward professional trajectory. And what other choice did the journal's editors have? To have insisted on them would have both victimized her, and also damaged their own professional relationships with her advisors. The price of intellectual virtue was simply too high for anyone involved to waste on someone who was not even in the field anymore.

I, and others, have many anecdotes like this. These parasitic practices are essential to the stability of the field. So is their unpreachability. There is no other human livelihood that even occasionally demands substandard or unethical philosophical scholarship as a necessary condition of professional survival. I am quite sure my former student would not have entered the field in the first place if she had known she would have to collude in these practices. But without them, the entire edifice would crumble. The dissociation of theory from practice in Western philosophy is in fact a strict incompatibility between knowledge and application; and the intellectual virtues it preaches are logically contradicted by the unscrupulous behavior it practices. That contradiction is the root of the intellectual impotence of which so many academic philosophers complain; and which differentiates Western philosophy from result-oriented disciplines such as economics, physics, mathematics, or art. The profession fails to achieve significant empirical results because its continued self-preservation requires negating in action what it professes in speech. Socrates's mockery was a warning.

So just as I betrayed my advisor by preferring Socrates, my former student betrayed me by preferring the Athenians. To acknowledge the existence of my work by appropriately citing it would have been to sabotage the necessary but unpreachable practices that feed on it. That is why it is very often downloaded, frequently used, but never mentioned, not even (despite protest) on Wikipedia. As in childhood, I am once again invisible, aligned with the invincible forces of reason. My colleagues have conferred on me the same value and status as that which the Athenians conferred on Socrates, namely less than none. There can be no honor greater than that.

SI RACCOMANDA ALLE DONNE E ALL MINORANZE IN PARTICOLARE DI FARE DOMANDA (1992)

Voglio che tu sappia
Come sono venuta a sapere io
Che la tua porta è chiusa
Non solo molto lontana
Non solo molto difficile da trovare
Non solo molto pesante da spostare
Ma chiusa a chiave, col catenaccio, inchiodata
Del tutto inesistente
Per quanto mi riguarda.

È iniziato con silenzi duri e sorprendenti
In luoghi in cui un cameratismo nascente
    Ha autorizzato scambi fiduciosi in confidenza.
Quei silenzi evasivi si sono raffreddati, si sono diffusi
    sostituendosi a ogni contatto
Tranne che nei comunicati ufficiali.

È iniziato con un amichevole scambio di battute
Abortite da insulti speculativi
    Verso la mia presunzione di reciproca uguaglianza
    Insulti sorprendenti per pura ripicca
Pallottoline rabbiose che perforavano la mia presunzione di buona volontà
Costringendomi al ritiro dal luogo della socializzazione.

È continuato con un elenco sempre più lungo di tipi tozzi da evitare,
i cui momenti di verità e di disonestà
    gettavano un'ombra su lampi occasionali di finezza sociale
    passavano sopra le esigenze della diplomazia operativa
    deludevano le mie speranze tenaci di virtù intellettuale.

È continuato con intere regioni del settore che segnalavano off-limits,
legioni enormi di tipi rozzi
    che si annunciavano come forze ostili
Un territorio nemico
In cui entrare non accompagnata
                non protetta
                non isolata da grasso, ferro, o auto inganno
era andare in cerca di asfissia, o
        strangolamento, o

YOU PARTICULARLY ENCOURAGE WOMEN AND MINORITIES TO APPLY (1992)

I want you to know
How I came to know
That your door is closed
Not just very far away
Not just very hard to find
Not just very heavy to budge
But locked, bolted, nailed shut
Not there at all
So far as I am concerned.

It began with hard, surprising silences
In places where budding camaraderie
    mandated confident exchanges in confidence.
Those noncommittal silences cooled down, spreading
    replacing contact altogether
Except for occasional official communiqués.

It began with friendly give-and-take
Aborted by speculative insults
    to my presumption of mutual equality
    insults surprising in their spite
Angry pellets puncturing my presumption of good will
Compelling my retreat from the scene of socializing.

It continued with an ever-lengthening list
    of boorish types to be avoided,
boorish types, whose ugly moments of truth and dishonesty
    overshadowed occasional flashes of social finesse
    overrode the requirements of working diplomacy
    disappointed my lingering hopes of intellectual virtue.

It continued with whole regions of the field signaling
off-limits,
huge legions of boorish types
    announcing themselves as hostile forces
enemy territory
Wherein to wander unaccompanied
                    unprotected
                    uninsulated by fat, iron, or self-deception

soffocamento, o
linciaggio, o
piromania,
o, come minimo, in isolamento punitivo.

È finito con i caduti tra i morti viventi,
il cui numero ci intorpidisce,
L'ammontare di un elenco di vittime personali
traumatizzate fino al silenzio
Un diagramma delle strategie dei boia
effettuate perfettamente in ogni singolo caso
Un crescente sospetto di impliciti piani di battaglia,
Una politica letale più che una catastrofe naturale.

È finito con somme e statistiche
con generalizzazioni induttive su singoli orrori
con conclusioni tirate
che hanno fatto sanguinare
che mi hanno reciso le arterie
che mi hanno smembrata
piegata in due
insegnata, ammonita, minacciata
di non cercare la porta
di non forzare la porta
di non sfondare a calci la porta in modo da farla cadere sul cimitero
sconsacrato dietro.

Dove non ancora diventa mai
per la paura della morte imminente,
Morte interiore incarnata in uno spettacolo pubblico:
l'arrogante abbraccio della corruzione
le dimostrazioni pubbliche di ipocrisia
che schiacciano la spettatrice
e le insegnano a stare al suo posto fuori dalla porta.

was to court asphyxiation, or
        strangulation, or
        suffocation, or
        lynching, or
        pyromania,
or at the very least punitive solitary confinement.

It ended with a body count of the living dead,
    numbing in their numbers,
A list of personal casualties totaled up
    shell-shocked into silence
A diagram of executioners' strategy
    executed smoothly in each case
A burgeoning suspicion of underlying battle-plans,
A lethal policy rather than a natural catastrophe.

It ended with sums and statistics
    with inductive generalizations over individual horrors
    with conclusions drawn
that drew blood
that severed my arteries
    dismembered me
    convulsed me
    taught me, warned me, threatened me
not to search for the door
not to pry open the door
not to kick in the door onto the desecrated cemetery behind it

Where not yet becomes never
    through the fear of imminent death,
Inner death embodied in public spectacle:
    the arrogant embrace of corruption
    the public displays of hypocrisy
that crush the onlooker
and teach her her place outside the door.

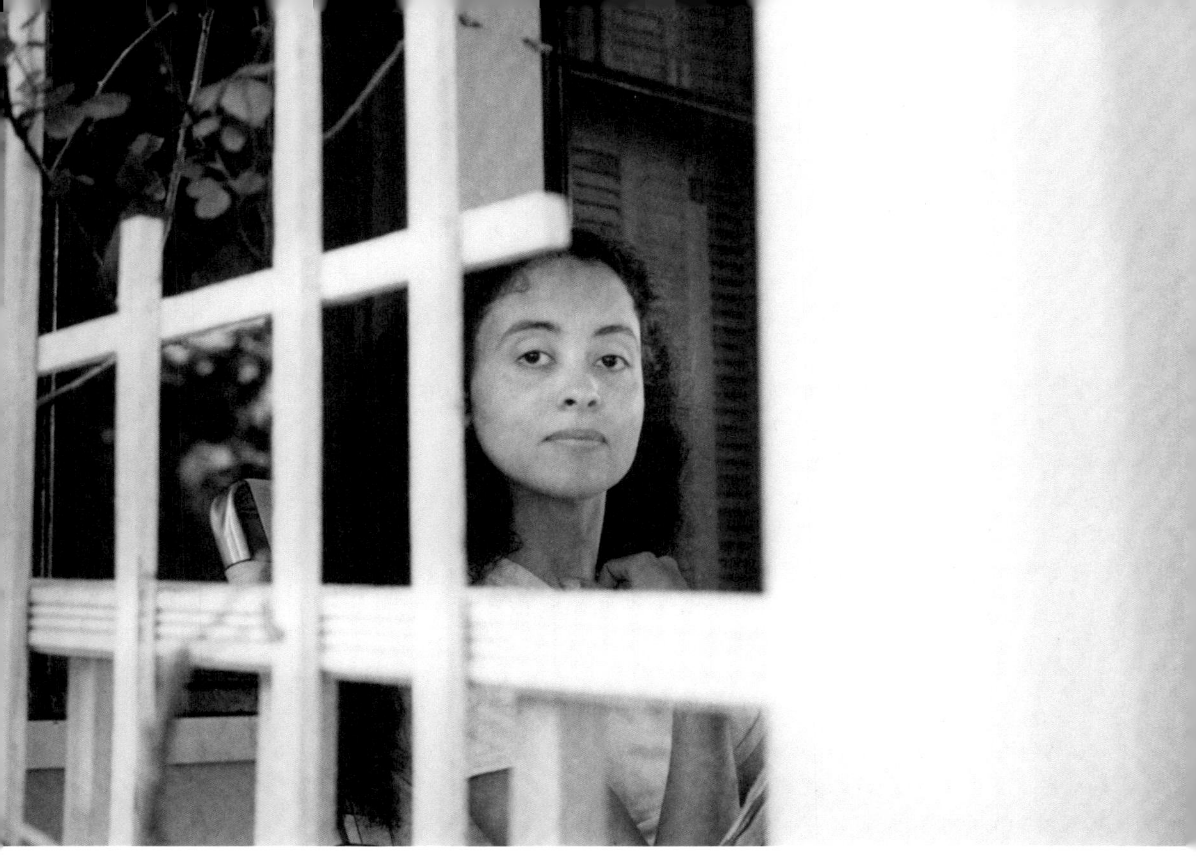

APPLICATION FOR EMPLOYMENT

(PRE-EMPLOYMENT QUESTIONNAIRE) **(AN EQUAL OPPORTUNITY EMPLOYER)**

Date [illegible]

Name (Last Name First) [illegible] Soc. Sec. No. [illegible]

Address [illegible] Telephone [illegible]

What kind of work are you applying for? [illegible]

What special qualifications do you have? [illegible]

What office machines can you operate? [illegible]

Are you 18 years or older? Yes X No

SPECIAL PURPOSE QUESTIONS

DO NOT ANSWER **ANY** OF THE QUESTIONS IN THIS FRAMED AREA UNLESS THE EMPLOYER HAS **CHECKED A BOX PRECEDING** A QUESTION, THEREBY INDICATING THAT THE INFORMATION IS REQUIRED FOR A BONA FIDE OCCUPATIONAL QUALIFICATION, OR DICTATED BY NATIONAL SECURITY LAWS, OR IS NEED[illegible] OTHER LEGALLY PERMISSIBLE REASONS.

☑ HEIGHT [illegible] FEET [illegible] INCHES ☑ WEIGHT [illegible] LBS. ☑ CITIZEN [illegible] NO

☐

MILITARY SERVICE RECORD

Armed Forces Service Yes [illegible] No From [illegible] To [illegible]

Branch of Service [illegible] Duties [illegible]

Rank or rating at time of enlistment [illegible] Rating at time of discharge [illegible]

Do you have any physical limitations that prohibit you from performing any work for which you are being considered? Yes No Please describe [illegible]

[illegible]

EDUCATION

SCHOOL	*NO. OF YEARS ATTENDED	NAME OF SCHOOL	CITY	COURSE	DID YOU GRADUATE?
GRAMMAR	[illegible]	[illegible]	[illegible]	[illegible]	[illegible]
HIGH	[illegible]	[illegible]	[illegible]	[illegible]	[illegible]
COLLEGE	[illegible]	[illegible]	[illegible]	[illegible]	[illegible]
OTHER	[illegible]	[illegible]	[illegible]	[illegible]	[illegible]

*The Age Discrimination in Employment Act of 1967 prohibits discrimination on the basis of age with respect to individuals who are at least 40 but less than 70 years of age.

EXPERIENCE

NAME AND ADDRESS OF COMPANY	DATE FROM	DATE TO	LIST YOUR DUTIES	STARTING SALARY	FINAL SALARY	REASON FOR LEAVING
[illegible]	[illegible]	[illegible]	[illegible]			[illegible]
[illegible]	[illegible]	[illegible]	[illegible]			[illegible]
[illegible]	[illegible]	[illegible]	[illegible]			[illegible]
[illegible]	[illegible]	[illegible]	[illegible]			[illegible]

BUSINESS REFERENCES

NAME	ADDRESS	OCCUPATION
[illegible]	[illegible]	[illegible]
[illegible]	[illegible]	[illegible]
[illegible]	[illegible]	[illegible]

5. A parole con un sorriso

Quando arrivai al College, nel 1990, insegnavo già da quindici anni, scrivevo e, uhm, *discutevo* di filosofia presso alcuni tra i migliori dipartimenti del Paese. Si trattava della mia sesta e ultima cattedra. Ma le studentesse della prima classe al College brandivano una nuova arma che non avevo incontrato prima. Ovvero stavano sedute lì, ad ascoltare e a prendere appunti, mentre io recitavo e mi atteggiavo e provocavo e mi battevo il petto e mettevo in scena gli altri rituali di dominanza che avevo padroneggiato per poter sopravvivere sul campo. Non opponevano alcuna resistenza, per cui, dopo aver tirato pugni in modo concitato ma senza colpire nulla fino a metà corso, io, naturalmente (fare uso abbondante di termini come "naturalmente", "certamente" e "ovviamente" costituisce uno di quei rituali), caddi a faccia in giù, esausta, dentro il vuoto creato dal loro silenzio. Poi, dopo essere rimaste sedute ancora un po' per poter assorbire quello che avevo detto, cominciavano a fare domande.

Ma erano tutte educate e le domande erano tutte ponderate e ben poste. Nessuna si pavoneggiava. Nessuna faceva ostruzionismo in modo presuntuoso o vacuo per guadagnarsi prestigio e pretendere fedeltà dalle altre della classe. Non c'erano aggressività passiva o attiva né tentativi di invadere o conquistare territorio. Non c'erano sfide alla mia autorità o al mio diritto di insegnare o alle qualifiche chi mi avevano permesso di essere assunta. E non c'era resistenza al mio assalto verbale e filosofico. Non se ne erano accorte oppure non erano interessate ad affrontarlo. Tutto quello che sembrava interessargli erano le idee.

Dopo essermi tirata su, dopo aver leccato le ferite e ricucito le ferite autoinflitte, provavo a capire quale fosse la loro strategia per poter rimboccarmi le maniche e prepararmi ad affrontare la classe successiva. Ma, o non c'era alcuna strategia o, se c'era, non riuscii mai a capirla. Classe dopo classe, settimana dopo settimana, mese dopo mese, anno dopo anno, era sempre la stessa storia. Occorreva spiegare le cose alle studentesse solo una volta. Le ascoltavano in silenzio, le assorbivano, e poi le mettevano in dubbio. Andavano dritto al nocciolo della questione, ignorandone i contorni. Il calibro dei loro commenti presupponeva la padronanza di quelle fondamenta filosofiche che prima ero abituata a fornire sugli argomenti più significativi, ma che solo raramente dovevo fornire a loro. Con pochissime eccezioni (quelle che si ritiravano dai miei corsi dopo essersi

5. Lip Service with a Smile

By the time I arrived at The College in 1990, I had been teaching, writing and, um, *discussing* philosophy in some of the best departments in the country for the previous fifteen years. It was my sixth and final teaching position. But the students in my first class at The College wielded a new weapon I had not encountered before. They just sat there and listened, and took notes, while I performed and postured and provoked and pounded my chest and enacted the various other dominance rituals I had mastered in order to survive in the field. They offered no resistance, so of course (the liberal use of "of course," "naturally," and "obviously" is one of those rituals) after swinging wildly and hitting nothing for half the class period, I fell forward on my face, exhausted, into the vacuum created by their repose. Then, after sitting there quietly a little longer to absorb what I had said, they started asking questions.

But they were polite, and the questions were all thoughtful and good. There was no showing off. There was no self-important, vacuous filibustering designed to gain status for the speaker or exact fealty from the rest of the class. There was no passive or active aggression and no attempts to invade or conquer territory. There were no challenges to my authority or my right to teach the class or my qualifications for being hired. And there was no resistance to my verbal and philosophical onslaught. They did not notice it, or did not care to engage with it. All they seemed to care about were the ideas.

After picking myself up, dusting myself off, and patching up my self-inflicted wounds, I tried to figure out what their strategy was, so I could gird up and prepare for it before the next class. But either there was no strategy, or I never figured it out. Class after class, week after week, month after month, year after year, it was always the same. You only had to explain things once to these students. They listened quietly, took it in, and then interrogated it. They went straight to the heart of the issue, ignoring the peripherals. The caliber of their comments presupposed the basic philosophical underpinnings I had been used to providing on the major issues, but rarely had cause to offer them. With very few exceptions (who promptly dropped my courses upon verifying that

accertate che, al momento di assegnare i voti, la mia reputazione di giudice severa era meritata), erano eccezionalmente ben preparate. Fare lezione con queste studentesse era come fare lezione con i migliori specializzandi in altre istituzioni, al netto delle ben affinate tecniche gladiatorie che ero abituata a praticare con loro. Abbandonato l'atteggiamento combattivo di quella che rifiutava di prendere prigionieri, parlare di filosofia con loro era l'esperienza di insegnamento più stimolante che avessi mai avuto. E questo mi aiutava a portare avanti il mio lavoro. Per me, non esiste elogio più grande.

Col tempo quindi imparai a rilassarmi e ad apprezzare le studentesse del College, a parlare con loro, a imparare da loro. Dopo aver afferrato, finalmente, che era questa la realtà pervasiva in cui fare lezione con loro, non un colpo di fortuna o un trucco crudele, sviluppavo un nuovo rituale preparatorio prima di entrare in classe. Grata del privilegio e del piacere assai gratificante di fare lezione con le studentesse più brave di sempre, accendevo una candela alla Madonna ogni volta. Ci sarebbero voluti tormenti ben peggiori di quelli che mi infliggevano i colleghi e le colleghe o l'amministrazione del College per rovinare quel piacere. E difatti non ci riuscivano mai. Nonostante i loro massimi sforzi, non rinnego un solo giorno dei quindici anni trascorsi in compagnia delle studentesse del College. Si trattava della migliore cattedra che abbia mai avuto. Mi ha viziata e non ne avrei più accettato un'altra.

Quando le cose cominciavano a peggiorare davvero, fui avvicinata diverse volte da altre università interessate ad assumermi. Questi approcci giungevano da dipartimenti di alto livello, talvolta tra i migliori cinque del Paese. Ogni volta dovevo soppesare i pro e i contro della mia permanenza al College – vessazioni intensificate da un lato, esperienza incomparabile di fare lezione con le studentesse dall'altro – rispetto a un eventuale trasferimento presso un dipartimento diverso. La mia regola era di non prendere in considerazione la possibilità di un nuovo posto o dipartimento che non facesse altro che ricreare o ingrandire l'incubo che stavo già vivendo. Nessuno di questi mi convinse mai che mi sarebbe convenuto passare da loro piuttosto che rimanere al mio posto, spalle al muro, a portare avanti la mia battaglia fino alla sua conclusione. Le singolari condizioni che mi proponevano non valevano i contro. Per staccarmi dalle studentesse del College ci sarebbe voluto un carro elevatore. Senza la deliziosa esperienza di fare lezione con loro, non sarei riuscita a sopravvivere alle aggressioni. Ma fin quando non avessi cominciato a sentire la mia vita in pericolo, fare lezione con loro valeva più dello stress e della paura cui ero sottoposta.

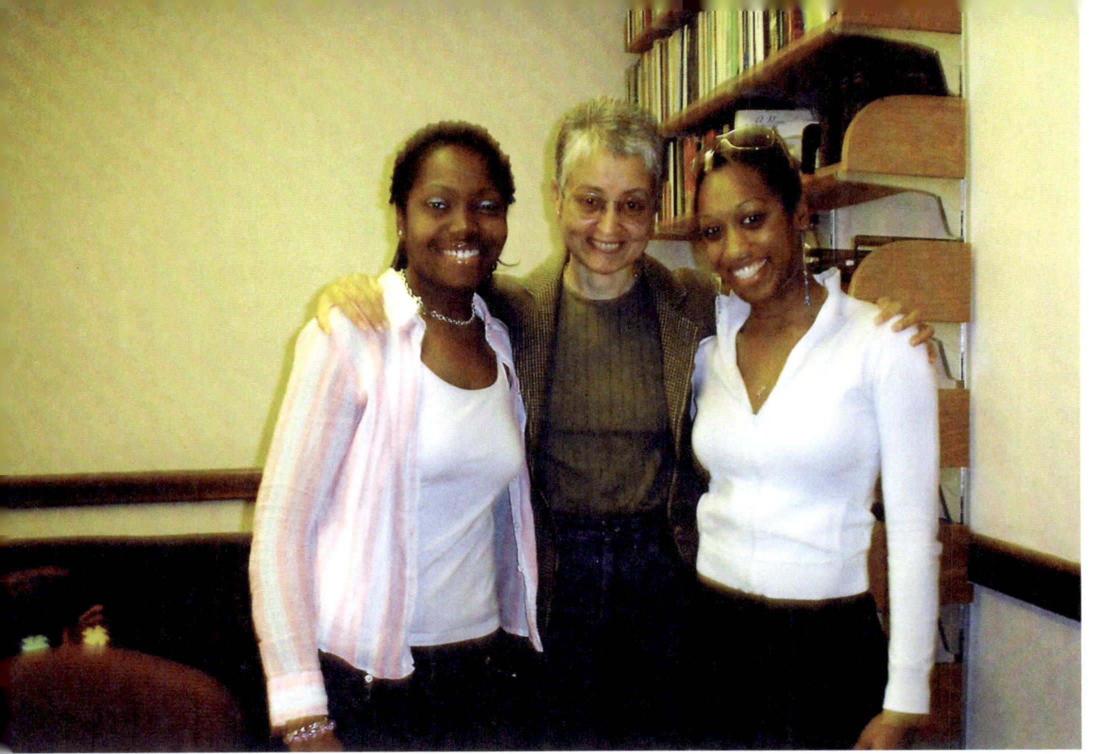

my reputation as a tough grader was deserved), they were exceptionally well prepared. Teaching these undergraduates was like teaching my very best graduate students in other institutions—minus the finely honed gladiatorial skills I was used to exercising on them. Once I dropped my combative, take-no-prisoners attitude, talking philosophy with them was the most stimulating classroom experience I have ever had. It helped me to get my own work done. For me, there can be no higher praise than that.

So in time, I learned to relax and enjoy The College's students, and to talk with and learn from them. After I finally grasped that this was the pervasive reality of teaching them, and not some fluke or cruel trick, I developed a new preparatory ritual on my way into every class at The College I taught: I thanked my lucky stars for the privilege and the intensely fulfilling pleasure of teaching the very best students I had ever encountered. It would have taken far worse agonies than my colleagues or the administration at The College could mete out to spoil that pleasure; and they never managed to do so. Despite their best efforts, I never regretted one day of the fifteen years I spent in the company of The College's students. It was the best teaching job I have ever had. It has spoiled me for any other.

Quando arrivai, ero l'unica professoressa afroamericana di ruolo in una facoltà con duecento studentesse circa. I miei colleghi di facoltà cominciarono a venire meno ai loro impegni scritti di sostegno al mio lavoro filosofico e artistico quasi da subito. Impiegai decisamente troppo tempo per rendermi conto della sconnessione tra gli universi in cui operavamo. Per dieci anni quindi ho provato a risolvere le nostre differenze per vie interne. Alla fine, la mia disperata causa contro il College fu respinta perché avevo aspettato troppo a lungo per presentarla. Dal momento che la causa anziché fermare le vessazioni le aveva intensificate, la resi pubblica due anni dopo. Pensavo che sotto i riflettori dei media quella gente avrebbe smesso. Non fu così, per cui feci causa al College una seconda volta per ritorsione. Ma tutte queste azioni di autodifesa intensificavano la ritorsione ancor di più. La seconda azione legale fu respinta per mancanza di probabile causa quando ero già fuggita dal Paese. Entrambe le azioni vanno intese come sintomi della mia personale capacità di capire il Paese in cui vivevo.

Immagina, infatti, il precedente che si sarebbe creato se una donna afroamericana avesse vinto una causa per discriminazione, vessazione e ritorsione. E se anche tutte le donne afroamericane dovessero fare causa per danni in modo analogo? Ciò metterebbe in ginocchio il sistema giuridico americano, innescando la più massiccia e impensabile ridistribuzione di ricchezza mai vista negli Stati Uniti. Molti eticisti kantiani credono che l'incapacità di universalizzare un'azione senza autodifesa concettuale ne implichi l'inammissibilità morale. Da questo punto di vista, pertanto, è moralmente inammissibile che una donna afroamericana faccia causa per discriminazione, vessazione e ritorsione. Il College quindi era moralmente obbligato a usare ogni mezzo per punire ciò.

Il consorzio informale di giornaliste donne afroamericane della carta stampata e dei media elettronici che chiamavano per parlare del mio caso era evidentemente formato da kantiane di questo tipo. Mi informavano che ne avevano discusso e che avevano deciso di non raccontarlo, o almeno non subito. Dopotutto, perché avevo atteso dieci anni per presentare la mia causa? La colpa delle vessazioni che ne seguirono erano mie, quindi avrei dovuto essere molto ma molto paziente in attesa che arrivasse il momento giusto per sollevare il caso. Questo messaggio mi fu recapitato per conto del gruppo da una donna la cui carriera decollò dopo aver realizzato un film autobiografico, per la mia insistenza proprio mentre mi stava intervistando per il film biografico che aveva progettato di realizzare su di me.

When things started getting really bad, I was approached several times by other universities interested in recruiting me. These overtures came from top-notch and sometimes top-five departments. Each time I had to weigh the costs and benefits of remaining at The College—intensified harassment on the one hand, versus the incomparable experience of teaching its undergraduates on the other—against those of moving to another department. My rule was that I would entertain the possibility of no new job or department that would merely recreate or magnify the nightmare I was already enduring. None ever convinced me I would be better off joining them than remaining at my station, with my back to the wall, fighting my current battle to its conclusion. The peculiar terms they had to offer just were not worth the costs. So prying me away from The College's undergraduates would have required a forklift truck. Without the blissful experience of teaching them, I could not have survived its aggression. But until I came to feel that my life was in danger, teaching them made the stress and fear more than worth the cost.

I was the only tenured African-American woman professor on a faculty of approximately two hundred when I arrived. My faculty colleagues began almost immediately to renege on their written commitments to support my work in both philosophy and art. It took me far too long to realize the disconnection between the universes in which we were operating, so I tried for ten years to resolve our differences internally. My last-ditch lawsuit against The College was ultimately dismissed because I had waited too long to file it. As my lawsuit had intensified the harassment rather than ending it, I made it public two years later. I thought that surely the glare of publicity would give these people pause. It did not, so I sued The College a second time, for retaliation. All of these self-defensive actions intensified the retaliation even more. My second lawsuit was dismissed for lack of probable cause after I had fled the country. Thus both are best understood as symptoms of my personal failure to understand the country in which I was living.

For imagine the precedent it would set if an African-American woman were to win a discrimination, harassment, and retaliation lawsuit. What if every African-American woman similarly sued for damages? That would bring the entire American legal system to its knees, and effect the most

Dopo aver ricevuto la mia risposta alla sua richiesta di spiegare la natura della disputa, un giornalista uomo europeo-americano commentò bruscamente: «Ma le amministrazioni universitarie vengono sempre meno agli impegni». A quei tempi non capivo come una cosa del genere potesse essere vera e mi infastidiva l'implicazione che me la sarei dovuta aspettare. In filosofia esistono alcuni paradossi ben noti che possono essere generati dall'ipotesi per cui A mente a B, che lo sa ma finge di non saperlo, quindi mente ad A, che sa che sta mentendo, e via dicendo. E anche dall'ipotesi per cui ogni membro di una determinata comunità viene meno alle promesse. Fondamentalmente, queste ipotesi implicano l'impossibilità della comunicazione linguistica. Allora le intendevo come confutazione dell'affermazione del giornalista. L'inferenza corretta invece era che la comunicazione linguistica era impossibile tra me e i miei colleghi presso il College, e che era stata impossibile fin dall'inizio. Perché il divario tra quello che dicevano e quello che facevano era funzionalmente incolmabile, e tutto quello che veniva detto da chiunque era irrilevante. Quello che contava era quello che facevano.

Quello che facevano era impedirmi di svolgere il lavoro per cui mi avevano, a quanto si diceva, assunta. Tagliavano ogni canale di finanziamento della ricerca, cancellavano i miei corsi all'ultimo momento, consigliavano alle studentesse di non seguirli comunque, togliendoli ripetutamente dalle offerte curriculari pubblicate dal College, eliminando liste di arruolamento ufficiali, e altro ancora.

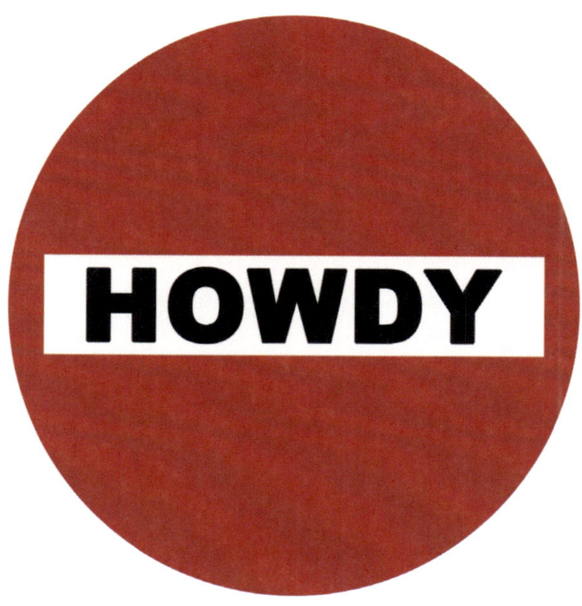

massive and unthinkable redistribution of wealth the United States has ever seen. Many Kantian ethicists believe that the inability to universalize an action without conceptual self-defeat implies its moral impermissibility. On this view, therefore, it is morally impermissible for any African-American woman to sue for discrimination, harassment, or retaliation. Hence it was morally obligatory for The College to have done everything in its power to punish this.

The informal consortium of African-American women journalists from the print and electronic media that called me about my case were clearly Kantians of this stripe. They informed me that they had discussed it, and decided not to report on it, at least not right away, because why had I waited ten years to file the lawsuit? I had only myself to blame for the ensuing harassment, and so would have to be very, very patient until the right moment arrived to bring it up. This message was delivered to me on behalf of the group by a woman whose career had blossomed after she made the autobiographical film I had urged her to make, while she was interviewing me for the biographical film she had planned to make about me.

A European-American male journalist remarked brusquely, after I had answered his request to explain the nature of the dispute, "But university administrations always renege on their commitments." At the time I did not see how that could be true, and I resented his implication that I ought to have expected it. In philosophy there are some familiar paradoxes that can be generated by the hypothesis that A is lying to B, that B knows this but pretends not to, hence lies to A, who also knows this, and so on; and by the hypothesis that everyone in a given community breaks their promises. Basically these hypotheses imply the impossibility of linguistic communication. At the time I took these paradoxes to refute the journalist's claim. However, the correct inference was that linguistic communication between me and my colleagues at The College was, in fact, impossible, and had been impossible from the outset. Because the gap between what they said and what they did was functionally unbridgeable, what anyone said was irrelevant. What mattered was what they did.

What they did was to make it impossible for me to do the job for which they had purportedly hired me. They cut off all avenues of research funding, cancelled my courses at the

Tutto questo mi portava a chiedermi perché mi avessero assunta comunque. L'ipotesi più plausibile, seppur timida, tra quelle prospettatemi, è che, in realtà, il College non credeva che accettassi l'offerta. Ci ero arrivata da una cattedra presso il dipartimento di Filosofia, assai quotato, di un'università di ricerca di primo piano, mentre il College era una piccola istituzione specializzata in materie umanistiche per sole donne con ambizioni putative, poi abbandonate, di raggiungere lo status di quello che definiva un "college di ricerca". Era la prima e unica istituzione accademica che mi offriva fondi per la ricerca in entrambi i campi in cui ero professionalmente attiva. Se non si fosse impegnata a fornirli per iscritto, non avrei accettato l'offerta. Credo che nessuno al College capisse ciò che l'impegno comportava.

Nella maggior parte delle mie precedenti posizioni presso dipartimenti di Filosofia, i miei colleghi erano stati espliciti sul disagio che provavano a lavorare con una donna nera. E con un nome da uomo! Una donna nera! Ma non sembra nera! Una che si prende permessi di nascosto per fare un altro lavoro! Un lavoro che ha qualcosa a che fare con l'arte d'avanguardia! Eccetera. Ecco il tipo di cose che dicevano. Era tutto estremamente sgradevole. Ma almeno sapevo come stavano le cose. Quando fui esposta per la prima volta all'insolito rapporto tra parole e fatti esistente al College, lo trovai letteralmente impensabile. Mi ci vollero dieci anni per afferrarlo a livello psicologico, perché la realtà nascosta da tali pratiche linguistiche sembra davvero impensabile se non ci sei abituata. Io mi abituai partecipando: personificavo l'ipocrisia dell'istituto nascondendola dalle mie studentesse. Insegnavo loro l'integrità personale e la necessità morale di denunciare eventuali illeciti, di rivendicare ciò in cui credi e di dire la verità al potere da un lato; mentre, in silenzio, assorbivo e assecondavo le sue lezioni sulla soppressione del dialogo razionale dall'altro. Non avrei potuto praticare nei miei corsi quello che predicavo alle mie studentesse senza distruggere la mia stessa autorità come istruttrice. Non ero disposta a rinunciare a tutto questo solo per trasmettere il mio punto di vista.

La realtà del College era inconcepibile perché era priva della fondamentale premessa condivisa di un'autentica istituzione di ricerca secondo la quale almeno alcuni conflitti amministrativi possono essere risolti impiegando le risorse della ricerca stessa: ovvero condivisione di informazioni, analisi e dialogo trasparente. Al College non assistevo alle litigate, ai tentativi di intimidazione intellettuale, alle offese esplicitamente razziste o misogine, o alle avances sessuali, volutamente moleste, cui, in lavori precedenti, mi ero abituata

last minute, advised students not to take them, repeatedly dropped them from The College's published course offerings, deleted the official student registration lists, and more. All this led me to wonder why they had hired me in the first place. The best tentative hypothesis I have heard about this is that The College did not actually expect me to accept its offer. I had come to it from a tenured position in a highly-ranked philosophy department in a top-notch research university, whereas The College was a small, women-only undergraduate liberal arts institution with putative ambitions, since abandoned, to the status of what it termed a "research college." It was also the first and only academic institution ever to offer me research support for both of the fields in which I am professionally active. If it had not committed itself to this in writing, I would not have accepted its offer. I think now that no one at The College understood what that commitment entailed.

In most of my previous positions, my philosophy colleagues were quite explicit in their discomfort at having a woman—with a man's name! A black woman! But she does not look black! And she secretly takes time off to do another job! Having to do with avant-garde art! etc.—among them. This was extremely unpleasant. But at least I knew where I stood. When I was first exposed to The College's unusual relationship between words and deeds, I found it literally unthinkable. It took me ten years to grasp psychologically, because the reality such linguistic practices hide really does feel unthinkable if you are not used to them. I got used to them by participating in them myself: I personified the institution's hypocrisy by hiding it from my students. I taught them about personal integrity and the moral necessity of whistle-blowing, of standing up for what you believe in and speaking truth to power on the one hand; while silently absorbing and complying with its lessons about the suppression of rational dialogue on the other. I could not have practiced in my classes what I preached to my students without destroying my own authority as their instructor. I was not willing to give that up in order to get my point across.

The College's reality was unthinkable because it lacked the shared basic assumption of a genuine research institution, that at least some administrative conflicts can be resolved

in quanto facevano parte del gioco, il prezzo che mi toccava pagare per essere stata innovatrice. O meglio, non c'era nemmeno uno dei brutti effetti collaterali della libertà di parola senza restrizioni. Al College, la libertà di parola era severamente limitata alle parole che avrebbero fatto una buona impressione. Ciò aveva certamente un effetto su di me, almeno all'inizio.

Metti, per esempio, l'impegno del College, dichiarato pubblicamente, verso le iniziative antirazziste che io credevo avesse dimostrato assumendomi. Di conseguenza, durante il mio primo anno lì, cominciai a lavorare con le studentesse nere per lottare contro questo radicato razzismo istituzionale. Nel 1998, con otto anni di lavoro sul campo e di organizzazione politica alle spalle, dopo aver svolto le ricerche del caso scrissi una relazione interna sull'argomento per la commissione. Esaminava gli effetti deleteri della lunga immersione del College nella cultura femminile e i suoi tentativi molto superficiali per migliorare il comportamento discriminatorio che infliggeva ripetutamente alla sua minuscola comunità afroamericana in tutti gli anni in cui avevo insegnato lì. La risposta del College era di sopprimere la relazione, di negare i problemi, di rivalersi su di me per averlo nominato. Dopo ben otto anni, non avevo ancora assorbito la sconnessione tra i suoi comunicati stampa e le sue pratiche.

La realtà dei miei conflitti col College era nascosta sotto questo uso strumentale del linguaggio. Nessun membro del personale amministrativo mi nominò mai quella realtà, né pubblicamente né privatamente. Nessuno di loro menzionò mai le importanti questioni sollevate dalle mie accuse in tribunale. Le poche volte che ne parlavano, si riferivano solamente alla procedura amministrative, dicendo che gli dovevo del denaro; che il denaro dovuto a me sarebbe stato ridotto o annullato; che i contributi per la pensione e l'assistenza sanitaria mi sarebbero stati sottratti; che questo o quel corso sarebbe stato cancellato; che io avevo violato questa o quella regola interna.

Quando presentai un lungo elenco delle regole interne violate da loro per via di questo comportamento nei miei confronti, non ricevetti risposta. Il loro silenzio, anche per quanto riguarda la presunta inviolabilità delle regole interne del College, mi fece capire che anche queste non erano che strumenti di potere, da applicare o ignorare in modo arbitrario per premiare gli ubbidienti e punire i delinquenti. Risposero alla mia formale rivendicazione interna sfidando in modo palese la procedura stessa, quella prevista per la risoluzione delle rivendicazioni. Fu allora che capii che le regole interne del College erano prive di ogni funzione regolamentare o

using the resources of research itself: information-sharing, analysis, transparent dialogue. At The College I experienced none of the shouting matches, attempts at intellectual intimidation, explicitly offensive racist or misogynistic comments and threats, or hostile sexual overtures clearly intended to harass that, in previous jobs, I had come to expect as part of the territory and price of breaking new ground. That is, there were none of the ugly side effects of unrestricted free speech. At The College, speech was very severely restricted indeed, to what would make a good impression. It certainly worked on me, at least at first.

Take The College's publicly professed dedication to anti-racist initiatives, which, I thought, it had demonstrated concretely by hiring me. Accordingly, I began working with The College's black caucus in my first year there, to combat The College's deeply ingrained institutional racism. In 1998, with eight years of fieldwork and political organizing behind me, I researched and wrote an internal committee report on the topic. The report examined the deleterious effects of The College's long-standing immersion in traditional women's culture on its very superficial attempts to ameliorate the discriminatory behavior it repeatedly inflicted on its tiny African-American community each year I had taught there. The College's response was to suppress the report, deny the problems, and retaliate against me for having named them. Eight years into it, I still had not absorbed the disconnect between its press releases and its practices.

The reality of my conflicts with The College was concealed beneath this instrumental use of language. None of its administrative staff ever named that reality to me, either publicly or personally. None of them ever mentioned the substantive issues raised by my court charges. When they spoke at all, they spoke only of administrative procedure: that I owed them money, that money owed me would be reduced or cancelled, that pension benefits or health benefits were being withdrawn, that this or that course was being cancelled, that I had violated this or that by-law.

To my long list of The College's by-laws they themselves had violated by this behavior they did not respond. Their silence even on the supposed sanctity of The College's own by-laws told me that these, too, were mere instruments of power, to be applied or withheld arbitrarily, in order to

valore giuridico. Dopo aver capito che il College non aveva alcun rispetto per le proprie regole, smisi anche io di rispettarle.

Ecco una foto di mio padre con me a Riverside Park nel 1953. Il suo rispetto per la legge era forse eccessiva. Quando dichiarai la mia intenzione di diventare un avvocato come lui, mi dissuase con veemenza. Non lo fare, mi disse. La legge è una ragnatela con così tanti fili ingarbugliati che una volta che vi ti sarai avventurata non ne troverai la via d'uscita. Nessuno sa dove portano quei fili e come sono disposti. Ti perderai e ti confonderai, mi avvisò, da buon avvocato. Morì in pace prima che arrivassi al College, fiero di me e dei miei successi, convinto che nessuno me li avrebbe mai portati via, contento e felice che, alla fine e nonostante tutto, mi aveva cresciuta nel migliore dei modi.

INVISIBILE (2003)

Kant crede che dobbiamo creare oggetti là fuori per sapere che c'è qualcuno in casa qua dentro. Si tratta del mio antidoto contro l'invisibilità: fare qualcosa, o scrivere qualcosa, o cantare qualcosa. Mettere qualcosa là fuori perché io rimanga qua dentro. Una volta ho persino scritto un pezzo sull'invisibilità stessa. Era un pezzo satirico e si intitolava *PRESS BLACK-OUT: You Will Pardon the Pun*. Mi rese ancora più invisibile. Ma mi feci quattro risate, il che mi rese meno invisibile a me stessa.

Dopo la morte di mio padre, mia madre appendeva specchi incorniciati in giro per l'appartamento. Lo interpretai come il suo modo per rassicurarsi che lei c'era ancora anche se lui non c'era più. Spesso fare cose ha lo stesso ruolo per me che l'appendere specchi incorniciati aveva per mia madre.

Ci sono tante cose che sento di poter fare. Non solo l'accumulo di cose che volevo e non potevo fare nel corso del decennio in cui, con tre impieghi, lavoravo dalle sedici alle venti ore al giorno. Non solo l'arretrato aggiuntivo che accumulavo rimanendo immobilizzata a letto in casa o ricoverata all'ospedale. Ma anche quelle cose che ho imparato lottando contro tutto questo.

Dovrò fare una scelta. La mia energia va scomparendo, il fegato è fuso, indurito, letteralmente fritto, il mio denaro e la mia resistenza sono consumati dalla lotta. Mentre rimpicciolisco, mentre deperisco fino a diventare fisicamente una nullità, aumento, divento più grande, enorme quanto a creatività. Contrasto la mia invisibilità con i dettagli minuto per minuto di una produttività immaginaria. Il momento in cui sparirò per sempre sarà il momento preciso in cui tutto il mio lavoro sarà pienamente realizzato.

Questo lavoro ha pochissimo a che fare con il riconoscimento che riceve da altre persone. Non ho né tempo né energia da dedicare a ciò. Parlo con

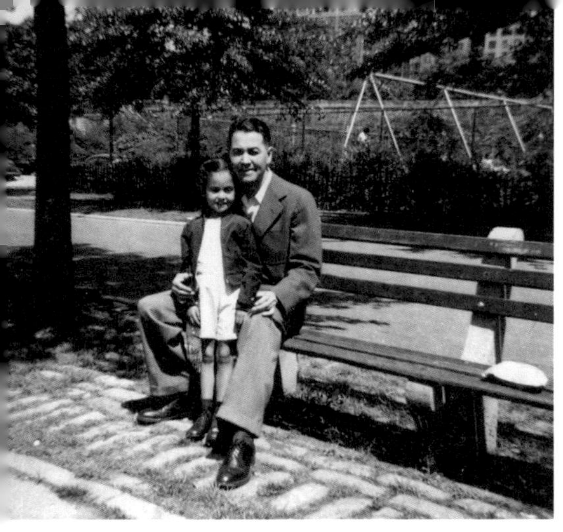

reward the obedient and punish the delinquent. Their response to my formal internal grievance against their biased invocation of these by-laws was to openly flout the legislated grievance procedure itself. I saw then that The College's by-laws had no regulative function or juridical value. Once I understood that The College had no respect for its own laws, I stopped respecting them, too.

This is a picture of my father and me at Riverside Park in 1953. His respect for the law was perhaps excessive. When I voiced the intention to become a lawyer like him, he vehemently dissuaded me. Don't do it, he said. The law is a spider web with so many tangled threads that once you venture into it, you cannot find your way out. No one knows where they lead or how they all hang together. You will get lost and confused, he warned, like all lawyers. He died in peace before I arrived at The College, proud of me and of my accomplishments, secure in the belief that no one could ever rob me of them, contented and happy that in the end, despite everything, he had done a good job of raising me.

INVISIBLE (2003)

Kant thinks we have to create objects out there in order to know there is somebody home in here. That has been my antidote against invisibility: to make something, or write something, or play something, or chant something. To put something out there so that I am still in here. Once I even made a piece about invisibility itself. It was a satirical piece called PRESS BLACK-OUT: You Will Pardon the Pun. It made me even more invisible. But I had a good laugh, which made me less invisible to myself.

After my father died, my mother hung framed mirrors around the apartment. I saw it as a way of reassuring herself that she was still there even though he no longer was. Making things often plays the role for me that framed mirrors played for my mother.

te. Tu fai parte del lavoro che faccio scrivendo questo. Non sei né più né meno invisibile di me.

È chiaro che ho la mia storia, la mia versione dei fatti. Ma poiché il College si rifiutava di sottoporre la sua versione a un esame approfondito, non mi è possibile fare un resoconto imparziale ed equilibrato dell'accaduto. Avrei voluto tanto farlo per capire, attraverso l'analisi razionale, come il mio essere semplicemente me stessa e l'aver preso alla lettera la parola del College potessero suscitare una reazione così forte. Se avessi potuto comprendere i sentimenti e i processi mentali che portavano i membri della Facoltà e gli amministratori a fare ogni sforzo per sbarazzarsi di me, avrei potuto credere almeno che si appartenesse tutti alla stessa specie, che si fosse tutti nella stessa situazione difficile, come dei germogli, ognuno intrappolato nel proprio involucro, ognuno facendo del proprio meglio per sopravviverci.

Ma questo desiderio presupponeva che ci fosse qualcosa lì, al College, in cui credere, magari qualche spaventosa storia di cannibalizzazione infantile, qualcosa che suscitasse compassione. Ed era proprio questo che non riuscivo ad accertare. Perché, anche se è vero che ogni germoglio arriva all'interno di un involucro, non potevo essere sicura che quei particolari involucri contenessero germogli. Ora è più facile. Ma ora la mia fiducia va guadagnata anziché concessa gratis. Mi mancano ancora le risorse mentali che mi permettano di capire il comportamento dei colleghi e colleghe e amministratori coinvolti nel mio allontanamento. Forse il punto è proprio questo. Forse avevano previsto quella che sarebbe stata la mia idea del loro comportamento.

Così è solo dal loro comportamento reale che posso dedurre quale fosse il loro ragionamento. Nel 1992, la rettrice del College di fresca nomina (la seconda di tre durante il mio incarico) mi informò nel corso di un colloquio a quattr'occhi che aveva intenzione di annullare i fondi di ricerca, appositamente stanziati, che erano stati una condizione per la mia accettazione dell'offerta del College nel 1990. In seguito a quell'incontro, mi furono addirittura negate le regolari borse di ricerca annuali disponibili su richiesta a tutti i membri della facoltà del College. Successivamente, nel corso di una conversazione diretta, mi espresse la sua sprezzante opinione sul mio lavoro artistico antirazzista e sull'attivismo politico, che riteneva non collegati e non essenziali ai miei obblighi presso il College. Inoltre, bloccò diversi tentativi da parte delle commissioni di Facoltà di cui facevo parte di raccogliere statistiche sulle pratiche

There are so many things I have in me to make. Not only the backlog of things I wanted to make and could not during the decade I was working sixteen to twenty hours a day at my three jobs. Not only the additional backlog of new work I conjured during all those weeks of lying immobilized in bed or in the hospital. But also all the things I have learned by fighting all of that.

I will have to choose. My energy is disappearing, my liver is burnt out and hardening, literally fried, my money and stamina spent from the fight. As I become less, dwindle into nothing physically, I become more, bigger, enormous creatively. I counter my invisibility with the minute-to-minute details of imagined productivity. The moment I disappear into the woodwork for good will be the exact moment all of my work is fully realized.

This has very little to do with other people's recognition of it. I do not have the time or energy to spend on that. I am talking to you. You are part of the work I am making by writing this. You are no more or less invisible than I am.

Of course I have my own story, my own version of events. But because The College refused to expose its own to the light of scrutiny, it is not possible for me to give an even-handed, balanced account of what happened. I would have liked very much to do that, in order to understand through rational analysis how my merely being who I was, and having taken The College's word at face value, could possibly have called forth that backlash. If I could have sympathized with the feelings and thought processes that led its faculty and administrators to try so hard to get rid of me, I at least could have believed we were members of the same species, all in the same predicament as sprouts, each entrapped in our particular wrapping, and all doing our best to survive it.

But that wish presupposes that there was something there to sympathize with, perhaps some fearsome tale of childhood cannibalization that might have elicited compassion; and that was precisely what I could not ascertain. For although every sprout arrives in a wrapping, I could not trust that these particular wrappings contained sprouts. It is easier now. But now my trust must be earned rather than given out for free. I still have no mental resources with which to understand the behavior of the colleagues and administrators

di assunzione del College che servivano per un paio di relazioni antirazziste interne.

Nel 1995, la presidente del College di fresca nomina (la seconda di tre durante il mio incarico) citò le vessazioni collettive nei miei confronti da parte dei colleghi e colleghe del dipartimento di Filosofia come motivo per negare la mia richiesta di assistenza amministrativa. Quando redassi la mia relazione sul razzismo istituzionale al College nel 1998, lei l'aveva applaudita di persona in mia presenza, ma alle mie spalle ne aveva ostacolato la diffusione per le varie Facoltà, ne aveva violato la condizione per cui era riservata esclusivamente al College, l'aveva denigrata pubblicamente, mi aveva calunniata per averla scritta, e aveva tentato di impedire ad altre commissioni di Facoltà di promuoverla, minacciando ritorsioni in caso contrario.

Questa presidente era anche la persona cui rivolsi le mie accuse formali nel 2000 e nel 2002. Quando ricevette la mia prima dettagliata lettera di reclamo nell'estate del 2000, mi lasciò un messaggio vocale in cui precisava che le mie lamentele andavano rivolte non a lei bensì ai rettori, oltre a informarmi che stava per partire per le ferie. Quando ricevette i documenti relative alla mia causa nel settembre del 2000, per dimenticanza non ne parlò con nessuno per tre mesi. La sua successiva campagna di ritorsione durò a lungo, fino a molto tempo dopo la mia partenza dal Paese. Tra le altre cose, mi faceva pagare più del dovuto i premi assicurativi sanitari durante il mio congedo temporaneo per motivi di salute, mi annullava ripetutamente le prestazioni di assicurazione sanitaria, falsificando richieste di indennità per invalidità permanente, riducendo gli incrementi della mia retribuzione in base al merito raccomandati dalla commissione di Facoltà di competenza, decurtandomi lo stipendio dopo il ritorno al lavoro, annullando corsi programmati appena prima delle relative iscrizioni, bloccando le iscrizioni degli studenti, ostacolando la procedura di reclamo interna del College, e, in seguito alla mia seconda causa, proponendo trattative per la risoluzione dei conflitti in cui sia il mediatore sia il mio avvocato sarebbero stati remunerati dal College. Si tratta di un elenco solo parziale, accessibile pubblicamente.

Il secondo rettore del College di fresca nomina (il terzo di tre durante il mio incarico) si occupò del pratico lavoro quotidiano relativo al mio caso dal 2002 fino alla conclusione, nel 2008. Sebbene lui e io portassimo avanti una corrispondenza assai approfondita su emolumenti, offerte didattiche, meriti della Facoltà e regolamenti interni, non lo conobbi mai di persona. Ricordo, tuttavia, un

involved in driving me out. Perhaps that is the point. Perhaps they anticipated what the insight into their behavior would be.

So I can only infer from that overt behavior what the thinking must have been. In 1992, the newly appointed Dean of The College (the second of three during my tenure) informed me in a face-to-face interview that she was rescinding the specially earmarked research funds that had been a condition of my acceptance of The College's offer in 1990. After that meeting, I was denied even the standard annual research grants that all of The College's faculty obtained for the asking. Later she expressed to me in direct conversation her disparaging opinion of my anti-racist artistic work and political organizing, as well as her view of all of it as unrelated and inessential to my College obligations. She also blocked several attempts by the faculty committees on which I served to collect statistics on The College's hiring practices for two internal anti-racism reports.

In 1995, the newly appointed President of The College (the second of three during my tenure) cited my Philosophy Department colleagues' collective harassment of me as her reason for denying my request for administrative assistance. When I first drafted my report on institutional racism at The College in 1998, she applauded it personally to my face, obstructed its faculty-wide dissemination behind my back, violated its College-only confidentiality restriction, publicly disparaged it, slandered me for writing it, and attempted to prevent other faculty committees from sponsoring it, by threatening them with retaliation should they do so.

This President was also the person to whom I addressed my formal charges in 2000 and 2002. When she received my first detailed letter of complaint in the summer of 2000, she left me a voicemail message stating that my complaints should be directed not to her but to the deans, and informing me that she was going on vacation. When she received the lawsuit documents in September of 2000, she neglected to mention them to anyone for three months. Her subsequent retaliation campaign lasted until long after I had left the country. It included overcharging me for health insurance premiums during my medical leave of absence, repeatedly canceling my health insurance benefits, falsifying long-term disability application documents, reducing merit increases

incontro con alcune studentesse indiane organizzato per sensibilizzarle sui miei corsi di filosofia vedica cui aveva partecipato anche lui. Ricordo inoltre di aver raccontato alle studentesse che, pur essendo importanti per la comprensione delle origini della filosofia occidentali, era probabile che i corsi venissero annullati nel caso in cui le iscrizioni fossero ritenute insufficienti. Lui intervenne per dichiarare che sarebbero stati annullati certamente e che, a suo giudizio, le iscrizioni non ne giustificavano l'offerta. Era lui il rettore che, al mio ritorno all'insegnamento in seguito ad alcuni interventi chirurgici e poco prima dell'avvio delle iscrizioni, mi informò che un corso che mi era stato assegnato sarebbe stato annullato, e mi riassegnò a un altro più impegnativo, con un carico di lavoro maggiore e senza assistenza. Fu lui che scrisse una lettera in cui respinse l'orario didattico raccomandato dai miei quattro medici, insieme al loro ammonimento circa la probabilità di un rapido deterioramento della mia salute se quell'orario non fosse stato mantenuto. Negò, inoltre, la mia richiesta di un anno sabbatico che mi avrebbe permesso di accettare l'invito di una borsa di studio presso un centro di ricerca di fama internazionale in Germania, e rifiutò l'offerta di quest'ultimo di pagare lo stipendio del mio supplente. Nel 2006, dopo aver scoperto il mio nome nella lista nera dei viaggiatori sospetti dell'Amministrazione Usa per la sicurezza dei trasporti e aver deciso di non rientrare negli Stati Uniti finché ci rimanesse, fu lui che scrisse la lettera per negare la mia richiesta di un congedo temporaneo non pagato ad interim. Era un bravo soldatino.

that had been recommended by the relevant faculty committee, reducing my salary after I had returned to work, canceling scheduled courses shortly before enrollment, obstructing student enrollment, obstructing The College's internal grievance procedure, and, following my second lawsuit, proposing conflict-resolution negotiations in which both the mediator and my lawyer would be paid by The College. This is a partial list, and part of the public record.

The second newly appointed Dean of The College (the third of three during my tenure) conducted the daily, hands-on work on my case from 2002 through to its conclusion in 2008. Although he and I exchanged a very extensive written correspondence about money, course offerings, faculty benefits, and by-laws, I never actually met him face-to-face. However, I do remember a meeting of Indian women students in which I publicized my courses in Vedic philosophy, at which he was also present. I recall telling the students that these courses were important for understanding the origins of Western philosophy, but that they probably would be cancelled if the enrollment were deemed insufficient. He chimed in that they definitely would be cancelled if, in his judgment, the enrollment did not warrant offering them. It was this dean who, after I had returned to teaching following my surgeries, notified me shortly before enrollment that a course I was scheduled to teach was being cancelled, and reassigned me to a larger one with a bigger workload and no assistance. He wrote the letter rejecting my four doctors' recommended teaching schedule and warnings about the likelihood of rapid medical deterioration were it not maintained. He also denied my sabbatical application to accept a year-long fellowship invitation from an internationally recognized research center in Germany, and refused its offer to pay for my teaching replacement. After I had discovered my name on the U.S. Transportation Security Administration's Suspicious Travelers Watch List in 2006 and had resolved not to return to the U.S. while it remained there, it was he who wrote the letter denying my request for an unpaid leave of absence in the interim. He was a good soldier.

DUE LATI DEL SILENZIO (1992)

(1) Quiete soffocata sospirante
Strilli strozzati saliti
Subendo violente scarpate allo stomaco
Temendo assistenti testa di cazzo
Che si attaccano e poi si staccano
fanno dietrofront
fanno i voltagabbano
Vendendo il tuo dolore al miglior offerente
Meglio non offrire affatto
Meglio non piangere
Meglio fare buon viso a cattivo gioco
Silenziosamente, come un uomo.

(2) Va bene farlo
A condizione che nessuno lo sappia
Neanche quello al quale si fa
Nemmeno te
A condizione che nessuno ne parli
Nemmeno te
Nemmeno il tuo io
Imbavaglia il tuo io
Imbavaglia la mente
Non chiedere
Non pensare
Fallo e basta.
Le parole bucano la tua finta innocenza
Ti perforano la mente con ricordi di malvagie intenzioni
Filtrando colpa e responsabilità
Ti chiudi e richiudi velocemente,
Imponendo la tua complicità nella
Congiura del silenzio rafforzata con una presa di ferro
Tramite minacce di
Un inarrestabile desiderio urlante e riottoso.

Ecco quello che hai imparato
dallo stoicismo evasivo della tua gioventù:
- Quel vago silenzio
Ti protegge dallo smascheramento e, insieme,
ti protegge dal giudizio.
- Col favore del silenzio

TWO SIDES OF SILENCE (1992)

(1) Stifled sighing stillness
    choking swelling screams
    Bearing buckling boot kicks to the gut
    Fearing fucker sidekicks
    Who glom on then turn off
                     turn tail
                     turncoat
Marketing your pain to the highest bidder
Better not to bid at all
Better not to blubber
Better to grin and bear it
    silently, like a man.

(2) It's all right to do it
    As long as no one knows it
        Not even the one to whom it's done
        Not even you
    As long as no one tells
        Not even you
        Not even yourself
    Gag your self
    gag your mind
    Don't ask
    Don't think
    Just do it.
Words puncture your feigned innocence
Perforate your mind with reminders of
    evil intent
Leaking in guilt and responsibility
You shut up and shut down quickly,
Enjoining your complicity in the
Conspiracy of silence enforced with an iron grip
Through threats of
    howling rioting desire running rampant.

This is what you learned
        from the evasive stoicism of your youth:
- That noncommittal silence both
        shields you from exposure and
        shields you from judgment.

Tutto è permesso perché nulla è nominato.

Distenditi in questo accordo.
Ordina alle tue guardie di tagliare la gola
 Alle voci di soprano che si alzano in protesta.

Le parlai anche del razzismo che avrebbe sperimentato; dell'ingenuo provincialismo che avrebbe incontrato sia tra le compagne di classe sia tra i professori, i quali erano, da un lato, estremamente intelligenti e intellettualmente ambiziosi ma, dall'altro, totalmente e tipicamente ignari dell'America africana causa la segregazione e l'influenza isolante della ricchezza. Parlai della disperazione provata dalla piccola popolazione di studentesse afroamericane per il fatto di essere isolate geograficamente presso un campus ricco e piuttosto segregato in una cittadina ricca e altamente segregata a circa mezz'ora di pullman da Boston, meno ricca ma non meno segregata. Le consigliai di tenere debito conto di questi costi rispetto ai benefici. Conclusi che, a patto che si sentisse psicologicamente preparata in anticipo, il gioco valeva la candela. Poche settimane dopo questa conversazione telefonica, ricevetti la seconda lettera dalla nuova presidente del College in cui mi informava che il mio mandato era terminato.

La mia sete di onnisciente comprensione di tutti i germogli all'interno dei propri involucri veniva frustrata dal rifiuto del College di coinvolgermi in un confronto diretto. Eppure sono ancora restia a limitarmi a scrollare le spalle e ad abbandonare la ricerca con parole sbrigative sull'opacità del male. Penso che si tratterebbe di fare l'errore contro il quale Nietzsche ci metteva in guardia, ovvero quello di demonizzare gli altri proiettando su di loro la propria aggressività repressa.

I miei sbocchi creativi fanno sì che la mia aggressività non sia repressa. Nel 1995, dopo la morte di mia madre e dopo aver ripreso i tentativi di risolvere i miei conflitti con il College internamente, creai quest'opera, intitolata *Autoritratto come brava signora bianca*, perché mi faceva ridere e aiutava a mantenere la calma. L'idea mi venne, ancora una volta, cercando di immaginare, per reagire come avevano fatto, quello che vedessero la presidente, la rettrice del College e i miei colleghi e colleghe presso il dipartimento di Filosofia quando guardavano me. Quando mi accorgevo di quegli sguardi fissi, di quel silenzioso inventariare visivamente le mie caratteristiche fisiche, che avrebbero dovuto trasmettere la

- That under the cover of silence
Everything is permitted because nothing is named.

Relax into this arrangement.
Instruct your guards to cut the throats
of soprano voices raised in protest.

I never met or spoke to The College's second newly appointed President (the third of three during my tenure). I have only two letters from her. In the first, she expresses regret for having to recommend the termination of my tenured full professorship because I have violated various by-laws, and suggests that I contest this recommendation if I want to. The second followed The College's final information-gathering expedition. After I had filed my first lawsuit, a succession of young African-American women, none of whom I knew or had taught, but all of whom had connections to The College, had contacted me on various pretenses. One asked for lawsuit-related documents so she could decide whether to organize the black alumnae to support me. Another requested an exclusive tape-recorded interview about The College for the black students' organization. In 2008, yet another one identified herself as a prospective student who wanted my advice as to whether she should apply there. In a long overseas telephone conversation during which she furiously took notes on my remarks, I gave her the fairest and most balanced assessment I could. I described the first-rate education The College gave its students; its exceptionally dedicated teachers; its high-pressure, high-achieving environment, and the opportunity to experience academic excellence first-hand, by being surrounded by classmates who personified it and teachers who demanded it. I spoke of the outstanding and invaluable, high-echelon professional connections she would make, and the doors that would open to her as the result of the stature she would gain merely by having a degree from The College.

I also described the racism she would experience there; the naive provincialism she would encounter among both classmates and professors who were highly intelligent and intellectually ambitious on the one hand; but on the other, utterly ignorant of African America in the manner typical of segregation and the insulating influence of wealth.

mia identità razziale ma non lo facevano, provavo a immaginare le aspettative e le convinzioni e i presupposti che stavo evidentemente violando, i taciti valori fondamentali che stavo evidentemente minacciando. Ma non ci riuscivo mai, proprio perché non ero in grado comunque di immaginare ciò che significava possedere quei valori.

Appena quest'immagine mi venne in mente, scoppiai a ridere e continuai per parecchi minuti. Ci vollero anni perché riuscissi anche solo a pensarci senza ridere. Forse l'immagine è troppo blanda e divertente per funzionare come spiegazione, ma io penso davvero che contenga qualche pezzo di ragione. Perché esprime l'idea che ero un'impostora, che il mio aspetto irrimediabilmente da Barbie li aveva ingannati, fatti fessi; che, con giustificazione, il mio aspetto le aveva portate ad aspettarsi un'altra Brava Donna Bianca identica a loro, mentre le aveva indotte con l'inganno, invece, a ingoiare proprio quella che erano meno in grado di digerire: una Difficile Donna Nera, più difficile della maggior parte delle altre.

O forse era l'idea stessa che avessi osato presentarmi da subito come Donna Nera che suscitava l'ostilità dei colleghi e colleghe al College, sia "nere" sia "bianche". Come osavo anch'io pretendere le risorse previste dallo strumento della discriminazione positiva, riservate come risarcimento alle legittime vittime della schiavitù, che si riconoscono lontane un miglio? Oppure quest'ipotesi: in realtà, le vessazioni del College nei miei confronti facevano parte di un esteso programma di giustificato castigo. Per la pretesa, priva di valori morali, di passare per "nera" quando non lo ero, per ottenere illecitamente i vantaggi previsti dalla discriminazione positiva riservata ai "neri" veri, la Facoltà e l'amministrazione avrebbero fatto in modo che non ricevessi nessun vantaggio di nessun tipo. Credendo che le avessi imbrogliate, non avrebbero avuto alcun rimorso morale a imbrogliare me, a mia volta. Infatti, avrebbero tratto soddisfazione dall'infliggere a me la medesima ipocrisia e il medesimo tradimento della fiducia che, secondo loro, io avevo inflitto a loro, solo avendo l'aspetto che ho ma essendo quello che sono. Avrebbero pensato al mio aspetto come a un travestimento voluto, come se fossi un cavallo di Troia congegnato per infiltrare un ambiente segregato al quale nessuno dei miei valori e convinzioni dovevano avere accesso. E così si sarebbero sentiti pienamente giustificati a non fermarsi a niente pur di cacciarmene.

Può darsi che questa non sia una spiegazione corretta del loro comportamento. Solo che non ho modo per saperlo o meno. Ma, a conti fatti, qualsiasi spiegazione si dimostri corretta deve tener conto, come fa questa, della visibile assenza di colpa, di rimorso o di

I described the desperation felt by many among the small population of African-American students at being geographically isolated on a wealthy, quite segregated campus in a wealthy, highly segregated township that was about half an hour by bus to Boston, which was less wealthy but no less segregated. I suggested that she consider these costs, and balance them carefully against the benefits. I concluded that in my opinion, so long as she was psychologically prepared in advance, they were worth it. A few weeks after this telephone conversation, I received my second letter from The College's new President, notifying me that my appointment had been terminated.

My thirst for omniscient understanding of all of the sprouts within their wrappings was stymied by The College's refusal even to engage me in direct discussion. Yet I remain reluctant to simply shrug my shoulders and relinquish the quest with dismissive words about the opacity of evil. I think that would be to make the mistake Nietzsche warned against, of demonizing others by projecting onto them one's own repressed aggression.

My own aggression is not repressed, thanks to the creative outlets I have for it. In 1995, after my mother had died and I had resumed my attempt to resolve my differences with The College internally, I created this work, entitled *Self-Portrait as a Nice White Lady*, because it made me laugh and helped me to keep my temper. The idea of the piece came to me when I was trying to imagine, yet again, what the President, the Dean of The College, and my Philosophy Department colleagues could possibly have been seeing when they looked at me, in order to have reacted to me as they did. Whenever I noticed that fixated stare, that silent visual inventory of the physical features that were supposed to broadcast my racial identity but did not, I would try to imagine the expectations and beliefs and presuppositions I must have been violating, the unspoken basic values I must have threatened. But I never succeeded,

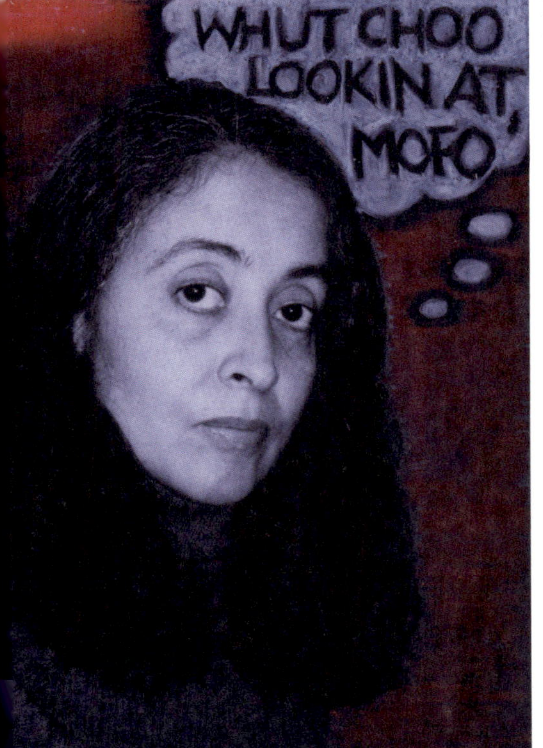

ogni altro segno di coscienza combattuta che avrebbe potuto impedire le loro vessazioni. Il loro impegno in questa iniziativa, fedelmente tramandato da una generazione di amministratori all'altra, era totale.

Ciononostante, esistono altre prove a sostegno dell'ipotesi del castigo. Il College terminò a forza la mia cattedra ordinaria a due mesi dall'entrata in vigore del mio diritto alla pensione, dopo che avevo dichiarato di non avere intenzione di rientrare negli Stati Uniti finché figurassi nella lista nera dei viaggatori sospetti dell'Amministrazione Usa per la sicurezza dei trasporti. Non ho idea del perché il mio nome fosse in quella lista, e sono troppo impegnata a fare il mio lavoro e a godere la mia nuova vita a Berlino per indagare oltre. Ma credo di poter speculare con abbastanza sicurezza che, avendo tra le sue ex studentesse una First Lady, una senatrice, due segretarie di Stato, parecchie giudici itineranti e molte giornaliste politiche, sia della carta stampata sia dei media digitali, il College vanti abbastanza legami storici con i ranghi più alti del governo statunitense per avere il potere di proporre candidate a esso.

Non sarebbe costato nulla al College acconsentire alla mia richiesta di un congedo indefinito finché il mio nome non fosse stato tolto dalla lista. Invece, niente stipendio, niente assistenza sanitaria, niente pensione, niente corsi, niente risorse, niente spese finanziarie, niente di niente. Con un gesto di buona volontà, il College si sarebbe guadagnato credibilità per la risoluzione mediata del nostro conflitto che si diceva desideroso di raggiungere. Ma si vede che i vantaggi di avermi cacciata dall'istituzione, dal campo della Filosofia, dal mio unico fattibile lavoro stipendiato a tempo pieno, e fuori dal Paese in modo permanente, erano più grandi.

because I could not imagine what it was like to have those values in the first place.

The minute the image came up in my mind I burst out laughing, and laughed helplessly for several minutes. It was several years before I could even think about this image without laughing. Perhaps it is too mild and funny to work as an explanation. But I do think there is something right about it. For it expresses the idea that I was an impostor, that my irredeemably Barbie-Doll appearance had deceived them, had made fools of them; that my appearance had justifiably led them to expect another Nice White Lady just like themselves, but instead had tricked them into swallowing exactly what they were least able to stomach: a Difficult Black Woman more difficult than most.

Or maybe it was the very idea that I had dared to present myself as a Black Woman in the first place that had aroused the enmity of my colleagues at The College, both "black" and "white." How dare I make a claim on affirmative action resources reserved for restitution of the legitimate victims of slavery, the ones you can see coming at a distance? On this hypothesis, The College's harassment was actually an extended program of fully justified retribution. For the morally bankrupt crime of claiming to be "black" when I was not, in order to illicitly obtain the "benefits" of affirmative action reserved for real "blacks," its faculty and administration would jointly see to it that I received no benefits of any kind. Believing that I had tricked them, they would feel no moral compunction about tricking me in return. Indeed, they would take satisfaction in inflicting on me the same hypocrisy and betrayal of trust that they felt I had inflicted on them by looking the way I look yet being who I am. They would think of my appearance as a deliberate disguise, a Trojan Horse designed to infiltrate a sanctified, segregated environment to which no one of my values and convictions was ever intended to have access. And so they would feel fully justified in stopping at nothing to drive me out of it.

Perhaps this is not the correct explanation of their behavior. There is simply no way for me to know. But whatever the correct explanation turns out to be, it must take account, as this one does, of the visible absence of guilt, remorse, or any other sign of conflicted conscience that might have interfered with their harassment. Their dedication to this initiative,

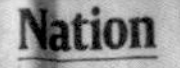

Nation

Can TSA deliver hassle-free security this season?

This week, as the Transportation Security Administration marks its fifth anniversary, 25 million air travelers will line up at TSA checkpoints, hoping security problems won't deflate their holiday plans. Here is a look at the TSA's security layers and screening enhancements:

1 Pre-screening watch list

Delays and cost overruns plague the TSA's next-generation terrorist database. Tens of thousands of innocent fliers face boarding delays because of misidentification.

How it works

Before a boarding pass is issued, a traveler's name is matched against the TSA watch list. The list has 40,000 names of people who are "aviation threats" who do not fly. An additional 77,000 are "selectees" who can fly, but only after passing secondary screening.

Improvements in the works

"Secure Flight," a database with up-to-date terrorist descriptions may replace the "no-fly list" as early as 2007.

A program called **"Registered Traveler"** that would let frequent fliers use an express lane may be launched by the end of the year. Users would have to pay a fee, undergo threat-assessments and carry a card encoded with biographical and biometric data.

That's not me!

Common names on the no-fly list — names shared by thousands of innocent fliers.

Men:
Keith Anderson
Bobby Johnson
Joseph Johnson
Paul Johnson
Robert Johnson
John Jones
William Moore
Gary Smith
John Smith
Richard Smith
Stanley Smith
Anthony Taylor
Gary Taylor
James Taylor
John Thomas
John Williams
Francis Wilson
Ian Wilson

Women:
Martina Anderson
Anna Moore
Elaine Moore
Jacqueline Moore
Josephine Moore

Source: 2006 no-fly list provided by Public Education Center

PRE-SCREENING ↓

Ticket kiosk

True "no-fliers" don't fly

All watch-listed fliers must pass a TSA interview to receive boarding pass

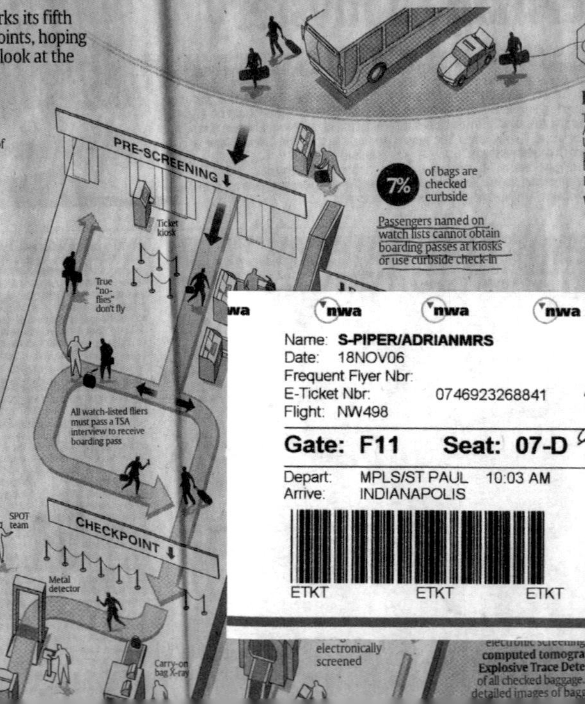

7% of bags are checked curbside

Passengers named on watch lists cannot obtain boarding passes at kiosks or use curbside check-in

$18.20

Price tag per passenger

The Aviation Transportation Security Act levies a $5 fee on each round-trip U.S. airline ticket[1]. These fees only partially offset the TSA's $6 billion budget. The TSA's actual security cost per round-trip passenger is $18.20.

Where the money goes:

Screener salaries	$
General security	$2.88
TSA administration	$2.19
Federal air marshals	$2.13

2 Checkpoint

The TSA screened 450 million travelers from January to September 2006, confiscating 11,469,492 prohibited items. Delays at checkpoints are common, and screeners continue to fail tests in which undercover U.S. agents sneak illicit items through checkpoints. The TSA's investment in next-generation detection equipment should help solve both problems.

How it works

Bags or passengers setting off alerts that can't be resolved are moved to secondary screening along with "selectees," suspicious travelers and a small number of random fliers. Selectee boarding passes are stamped "SSSS" to alert screeners. Suspect bags are manually searched or swabbed and analyzed for explosives' residue.

SPOT team

CHECKPOINT ↓

Metal detector

Portals

Carry-on bag X-ray

Puffer

nwa nwa nwa nwa nwa

Name: S-PIPER/ADRIANMRS MSP/WS1/049
Date: 18NOV06
Frequent Flyer Nbr:
E-Ticket Nbr: 0746923268841 Conf #: OA8I4
Flight: NW498 Request:

Gate: F11 Seat: 07-D

Depart: MPLS/ST PAUL 10:03 AM
Arrive: INDIANAPOLIS Bag tag #0601

Boarding Pass

ETKT ETKT ETKT

electronically screened

electronic screening — either **computed tomography (CT)** or **Explosive Trace Detection (ETD)** — of all checked baggage. CT scans show detailed images of baggage contents.

faithfully handed down from one generation of administrators to the next, was complete.

Nevertheless, there is additional evidence for the retribution hypothesis. The College forcibly terminated my tenured full professorship two months short of my eligibility for retirement benefits, following my stated resolve not to return to the United States while listed as a Suspicious Traveler on the U.S. Transportation Security Administration's Watch List. I have no idea why my name is on that list, and I am too busy doing my work and enjoying my new life in Berlin to look into it. But I would confidently speculate that with a First Lady, a Senator, two Secretaries of State, several circuit judges and many high-level political journalists in both print and electronic media among its alumnae, The College's strong, long-standing ties to the highest reaches of the United States government would certainly give it the power to propose such candidates.

It would have cost The College nothing to grant my request for an indefinite leave of absence until my name had been removed from the List—no salary, no health or retirement benefits, no course listings, no resources, no financial expenditures of any kind, nothing. This gratis good will gesture would have gained it credibility for the mediated resolution of our conflict that it claimed to want. But the benefits of forcing me out of The College, out of the field of philosophy, out of my only viable full-time salaried employment, and permanently out of the country were evidently greater.

LAVORO SUL CAMPO (1991)

tra la tribù aliena alla quale sono stata assegnata
semplicemente per nascita e circostanza:

L'assidua presa di appunti insufficiente,
vista con sospetto
per i possibili utilizzi futuri;
L'interrogazione diretta veementemente scoraggiata,
ostacolata
inquisizioni inquisitive;
Cercando l'osservazione dell'anima dietro agli occhi
Motivi per il linciaggio o
per una pena sottile
per aver osato opinare, o peggio, nominare;
La padronanza scrupolosa di convenzioni locali
peggio che inadeguata,
profondamente offensiva,
le loro ragioni e luogo di esecuzione perfetto
per un'esecuzione pubblica.

Una nuova tecnica di ricerca si evolveva da zero tuttavia,
per accettare questa sfida:
Non fare nulla,
Non dire nulla,
Non muoversi o
ammiccare o
respirare
Comportarsi bene
Far finta di essere morte
Essere morte
Morire
Guardarli raccogliersi,
manifestando curiosità e sollievo,
Lasciare che ti avvolgano con i cliché delle loro culture
che ti immergano nelle loro proiezioni
che ti seppelliscano nel profondo
con tutto il resto.

Poi riprendi conoscenza al buio,
Forzi la bara con una leva,
Mediti sul lenzuolo funebre,
Analizzi il liquido per l'imbalsamazione,
Setacci la terra,
Perlustri le carceri silenziose durante solitarie spedizioni
per segni della data di scadenza,
e, attentamente, prendi nota di quello che c'è ancora da apprendere

FIELD WORK (1991)

among the alien tribe to which I've been assigned
    by accident of birth and circumstance:

Assiduous note-taking insufficient,
    viewed with suspicion of
    its future uses;
Direct questioning vehemently discouraged,
    stonewalled against
    inquisitive inquisitions;
Searching observation of the soul behind the eyes
    grounds for lynching or
    subtle punishment
    for presuming to opine, or worse, to name;
Scrupulous mastery of local conventions
    worse than inadequate,
    deeply offensive,
    their perfect execution grounds for
    public execution.

A new research technique nevertheless evolved anew,
    to meet this challenge:
Do nothing,
Say nothing,
Don't move or
    blink or
    breath
Behave
Play dead
Be dead
Die
Watch them gather round,
    evincing curiosity and relief,
Let them wrap you in the clichés of their culture
Submerge you in their projections
Bury you deep inside
    with all the rest of it.

Then come to life in the dark,
Pry open the coffin,
Pore over the shroud,
Analyze the embalming fluid,
Sift through the dirt,
Search the silent dungeons on solitary expeditions
for signs of shelf life,
    and take careful note of whatever is left to learn.

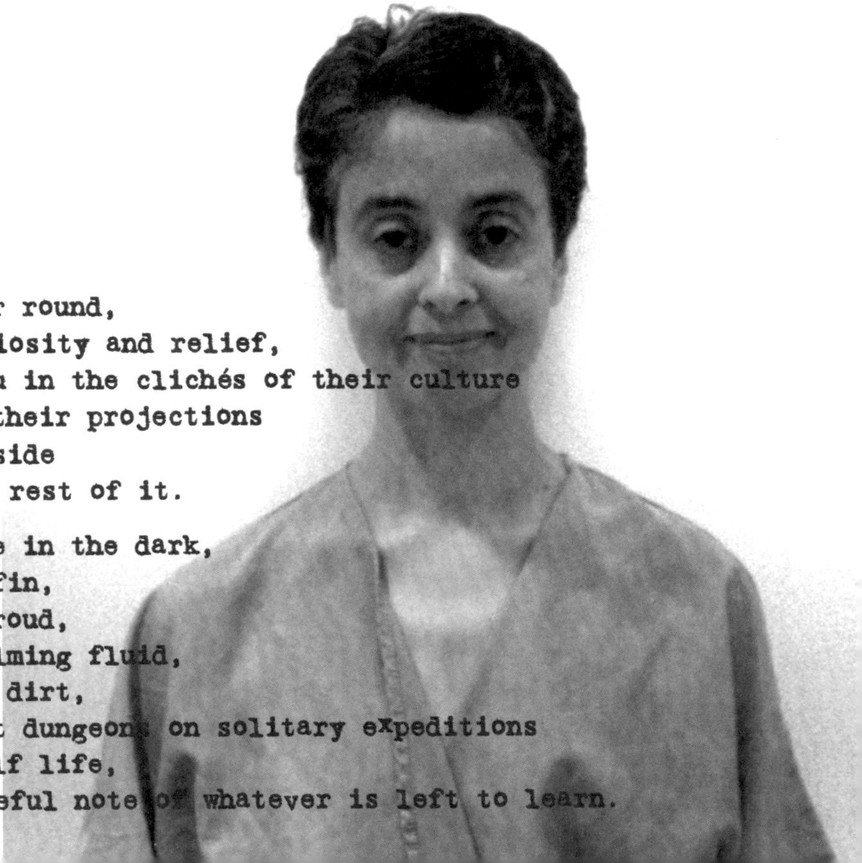

6. Gli aiutini della mamma

Se hai bisogno di aiuto, dillo a qualcuno. Si tratta dell'adagio che avevo imparato nei gruppi del programma di dodici passi a Washington, D.C., negli ultimi anni Ottanta. Avevo frequentato questi gruppi più volte la settimana nel periodo in cui insegnavo all'università gesuita e stavo cercando di riprendermi dalla morte di mio padre, dal fallimento del mio matrimonio, dal mio primo posto di lavoro. Naturalmente, come centro del governo e della politica americana, Washington proponeva gruppi dodici passi per ogni tipo di perdita o dipendenza immaginabile che, in genere, consideravano due facce della stessa medaglia. Tutti questi gruppi erano meravigliosi: assai efficaci, assai economici, assai numerosi, e assai sovversivi rispetto ai metodi psicoterapeutici tradizionali. Volendo, era possibile partecipare a due o tre incontri al giorno, tutti i giorni, in diverse zone della città. Il loro messaggio più potente era che, in pratica, dovevi condividere i difetti ed errori e sindromi di pensiero e comportamento che prima avevi considerato tra i più privati, vergognosi e debilitanti, con decine di persone, ognuna delle quali, a sua volta, condivideva la propria esperienza con gli altri presenti. Era quasi impossibile uscire da un incontro senza aver appreso intuizioni sul tuo comportamento che, sul lettino dello psichiatra, sarebbero state possibili solo dopo parecchi anni.

Il gruppo dal quale traevo le intuizioni più profonde sul lato più oscuro della dinamica personale che avevo ereditato dalla mia famiglia era l'unico che contava sulla massima segretezza, ma non sull'anonimato come gli altri. Anzi, in quel particolare gruppo occorreva essere controllati piuttosto rigorosamente dalle altre persone, tutte partecipanti a incontri anonimi atti a vincere le dipendenze alla ricerca di nuovi membri. Una volta accertato, attraverso conversazioni informali, contatti post-incontro e ricerche esaurienti, che eri in possesso delle qualità adatte, ti invitavano a fare parte del gruppo. Il gruppo era relativamente piccolo e non aveva un nome. Ci definivamo ACORGYFA, acronimo informale che sta per *Adult Children of Old, Rich, Greedy Yankee Families Anonymous*, Figli adulti di antiche, ricche, avide famiglie yankee anonimi. Di solito, bastava spiegare a potenziali nuovi membri il significato dell'acronimo per convincerli a partecipare. Snob privi di senso dell'umorismo non erano ammessi. Rimanevamo uniti per proteggerci in quella città molto a sud con i suoi tragici ed esotici miti di nobile lignaggio e distinzione

6. Mother's Little Helpers

If you need help, tell someone. That was the adage I had learned from Washington, D.C., twelve-step groups in the late 1980s. I had attended those groups several times each week while teaching at the city's Jesuit university and trying to recover from my father's death, my failed marriage, and my first job. As the center of American government and politics, Washington of course offered twelve-step groups for every conceivable kind of loss or addiction, which all such groups generally concurred in regarding as two sides of the same coin. All of these groups were wonderful—very effective, very cheap, very plentiful, and very subversive of traditional psychotherapeutic methods. You could go to two or three meetings a day, every day, in different parts of the city if you wanted to. Their most powerful message was that you in fact shared the flaws and faults and syndromes of thought and behavior you had formerly regarded as most private, shameful, and debilitating with scores of people around you—each of whom, in these groups, shared the wisdom of their experience with everyone else present. It was almost impossible to leave a meeting without at least a few new insights into your own behavior that would have required several years on the couch to achieve.

The group from which I took the most profound insights into the shadow side of the personal dynamics I had inherited from my family was the only one that depended on strict secrecy, but not on the anonymity that distinguished the others. Indeed, in that particular group, you had to be rather thoroughly vetted by the other members, all of whom attended a variety of anonymity-based, addiction-fighting meetings at which they scouted for new recruits to this one. Once they had ascertained through informal conversation, post-meeting contact, and thorough research that you were a suitable member, they would invite you to join. The group was relatively small. It did not have a name. But we referred to ourselves by our informal acronym, ACORGYFA: Adult Children of Old, Rich, Greedy Yankee Families Anonymous. Just telling potential recruits what the acronym stood for usually convinced them to join. Humorless snobs were not

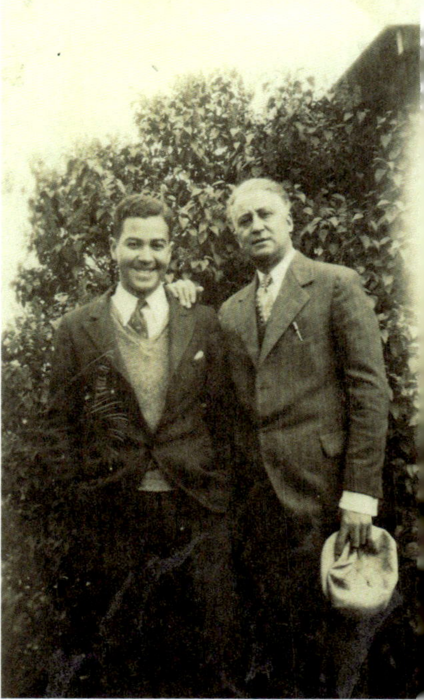

perduta. Appresi strategie di adattamento assai preziose da tutti i gruppi che frequentavo, ma soprattutto da questo.

Era in questo gruppo che disimparai la rigida distinzione tra la mia famiglia immediata, in cui assistenza e sostegno si potevano dare per scontati, e la famiglia estesa, distante di mio padre, per cui mai discutere o richiedere alcunché, tantomeno chiedere aiuto di qualsiasi tipo, in ogni caso costituiva una questione d'orgoglio e rispetto di sé. Fu solo dopo la scomparsa di mio padre che mia madre mi raccontò, con le lacrime agli occhi, come lui avesse strappato la notifica legale della sua successione testamentaria dopo la scomparsa di suo padre, in un momento in cui i miei facevano fatica a pagare la mia istruzione. Eccoli insieme, Daniel (Robert) Junior e Daniel (Ashby) Senior, negli anni Trenta nello Stato di Washington, prima che diventasse profonda la spaccatura tra i due. La somiglianza tra Daniel Senior e il fratello più famoso, sulla destra nel francobollo commemorativo, è impressionante.

Per pura combinazione, in quel periodo uno dei membri degli ACORGYFA faceva parte di quel ramo della mia famiglia. Gettando un ponte tra la mia acrimonia e la mia personale alienazione da lui, riuscii a guardare lontani parenti di quel ramo sotto una luce più benevola e a comprendere meglio i modi in cui la ricchezza potesse essere dannosa a livello personale: modi spesso simili sia per chi la ricchezza se l'appropria sia per chi ne viene diseredato. Non ebbi mai il coraggio di chiedergli alcun aiuto. Ma me lo diede comunque. La sua generosità emotiva gettava un ponte tra le divisioni artificiali tra noi, di classe, di razza, e di genere. Quando mi trasferii a nord, nella zona di Boston, non rimanemmo in contatto. Ma sono contenta di averlo incontrato. Si trattava di una persona molto interessante.

E così, avendo un gran bisogno di aiuto dopo essermi trasferita al College, raccontai a parecchie persone quello che era successo, e stava succedendo ancora, laggiù. Ma Boston non era Washington, D.C., e i mondi dell'arte e dell'università non erano il mondo della politica. Mi raggelava il sangue e mi confondeva le idee la qualità delle risposte di alcuni: i silenzi pieni di attese, pieni di occhiate sospettose e sguardi interrogativi, i rifiuti impazienti e i cambiamenti del discorso ad argomenti più importanti, la mentalità secondo la quale la colpa è automaticamente della vittima, le prediche sulla

allowed. We stuck together for protection in that very southern city with its tragic, exotic myths of lineage and lost gentility. I learned very valuable coping skills from all of the groups I attended, but particularly from this one.

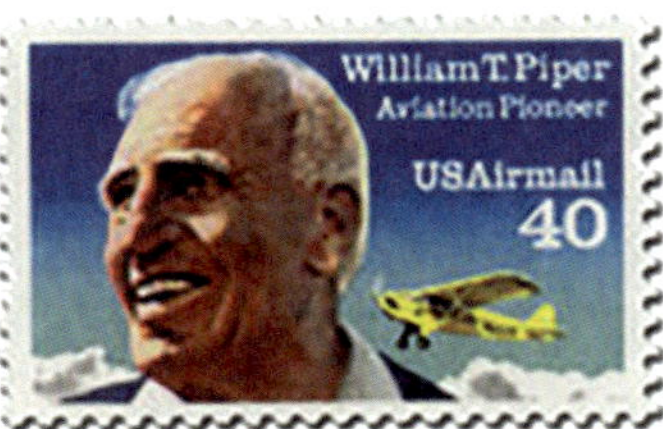

It was in this group that I unlearned the rigid distinction between my immediate family, in which help and support could be taken for granted, and my extended, distant, father's family, whom it was a matter of pride and self-respect never to discuss or contact, and most definitely never to ask for help of any kind, for anything. Only after my father's death did my mother tell me, with tears in her eyes, how he tore up the legal notification of his testamentary inheritance after his own father's death, at a time when my parents were struggling to pay for my education. Here they are together, Daniel (Robert) Jr. and Daniel (Ashby) Sr., in the 1930s in Washington State, before the rift grew deep. The latter's resemblance to his more famous brother, on the right on his commemorative stamp, is striking.

As it happened, one of the members of ACORGYFA at that time was from that branch of my family. Bridging my acrimony and personal alienation from him helped me to see distant others of his ilk in a more sympathetic light, and to better understand the ways in which wealth could be personally damaging—in many of the same ways to those who appropriate it as to those who are disinherited from it. I never could bring myself to ask him for help of any kind. But he gave it anyway. His emotional generosity bridged the artificial divides between us of class, race, and gender. We did not remain in contact after I moved up to the Boston area. But I am glad I encountered him. He was a very interesting person.

And so, needing help very much indeed after I had moved on to The College, I did tell quite a number of people what was and had been going on there. But Boston was not Washington, D.C., and the worlds of art and academia

mia fondamentale ingratitudine per quello che avevo, nonché i tip tap di allontanamento che provocavo. Una persona mi mandò una lettera in cui spiegava perché era troppo impegnata per scrivere una breve lettera di protesta contro le azioni del College. Un'altra mi mandò una cartolina per informarmi che stava proprio per scrivere una lettera di questo tipo, ma poi non lo fece. Una terza rimase in contatto continuo con me per poter ricevere aggiornamenti sulla mia situazione, che poi riportava sotto forma di pettegolezzi ai suoi colleghi maschili. Una quarta si offrì di pulirmi la casa. Una quinta mi mandò una poesia in cui affermava di non avere obblighi di amicizia con nessuno, se non con se stessa. Nessuno si preoccupava di versare lacrime di coccodrillo. Perché non è infuriato nessuno? mi chiedevo. È questo quello che è stato inflitto a loro? È questo quello che si infliggono l'un l'altro? Sono così con tutti? O sono solo io che vogliono vedere affondare?

Si trattava di domande utili, specie l'ultima. Questa mi portò a cercare di capire cosa avessi fatto mai per meritare tali risposte, e quindi di affrontare la mia stessa arroganza, la mia boria, la mia esagerata presunzione, per la prima volta. Riflettevo sui colleghi e colleghe e conoscenti che avevo ferito o offeso per via della mia supposizione indiscussa, ereditata dalla mia esperienza infantile, di meritare la loro attenzione; per cui sarebbero state contente, naturalmente, di onorare le mie richieste. Mi ricordavo delle persone che avevo criticato per manchevolezze varie senza rendermi conto che così mi stavo facendo dei nemici; e dell'amico che mi alienai provando a dissuaderlo dal seguire una linea di azione politica a favore di quella che io ritenevo un'altra migliore. Mi venne in mente solo allora che gli amici non si dedicano a quel tipo di critica perché sanno che farà del male.

Non mi era venuto in mente che, richiamando l'attenzione sulle loro manchevolezze, stavo facendo del male agli altri, perché essi non avevano fatto male a me richiamando le mie. *Volevo* sapere in che cosa mancavo, perché sbagliavo e percepivo le cose in modo errato. Pensavo che gli amici servissero proprio a questo. Prima avevo cercato di allestire un'attività performativa con la partecipazione di alcuni amici che sollecitavano critiche nei miei confronti in mia assenza. Nei casi in cui si rifiutavano di partecipare, inferivo che non c'era nulla da criticare. Nei casi in cui si dimostravano disponibili, mi sentivo ferita, talvolta profondamente. Ma anche affascinata dalla loro capacità di notare in me difetti che io invece non ero riuscita a notare, ma si rivelavano assolutamente ovvi quando gli si dava un nome. La mia mancanza di tatto e la mia insensibilità, per esempio,

were not the world of politics. I was chilled and mystified by the quality of response of some—the fish-eyed, so-what's-your-point expectant silences, the impatient dismissals and changes of subject to more important issues, the knee-jerk blame-the-victim mentality; the lectures about my fundamental ingratitude for what I had; and the distancing tap dances I provoked. One person sent me a long letter explaining why he was too busy to write a short letter protesting The College's actions. Another sent me a postcard letting me know she was just about to write such a letter, but never did. A third stayed in regular contact with me in order to receive updates on my situation, which she then retailed as gossip to her male colleagues. A fourth offered to clean my house. A fifth sent me a poem about having no obligations of friendship to anyone but herself. No one even bothered to shed any crocodile tears. Why is no one incensed? I asked myself. Is this what was done to them? Is this what they do to one another? Are they like this with everyone? Or is it just me they want to watch go down?

These were useful questions, especially the last one. It led me to consider what I could possibly have done to deserve these responses; and so to confront my own arrogance, self-importance, and exaggerated sense of entitlement for the first time. I reflected on the colleagues and acquaintances I had hurt or offended through my unquestioned assumption, inherited from my childhood experience, that I deserved their attention; and that they naturally would be happy to honor my requests. I remembered the individuals I had criticized for various failings, not realizing that I was making enemies by doing this; and the friend I alienated by trying to dissuade him from one course of political action in favor of what I regarded as a better one. It occurred to me only then that friends do not engage in that kind of criticism because they know it will hurt.

It had not occurred to me that I was hurting others by calling attention to their failings, because they had not hurt me by calling attention to mine. I *wanted* to know where I was failing, making mistakes, perceiving wrongly. I had thought that was what friends were for. Earlier, I had tried to stage a participatory performance work with some friends that solicited criticism of me in absentia. Where they refused, I inferred that there was nothing to criticize. Where they complied, I felt

oppure il mio moralismo o la mia tendenza condiscendente a offrire ad altri consigli non richiesti anziché la semplice comprensione di cui avevano bisogno. O, ancora, la mia presunzione ridicola di sapere meglio di loro quello che faceva bene agli amici, seguita da campagne vessatorie, che io definivo un "tormentare dolce", in cui cercavo di convincerli a fare quello che, secondo me, gli conveniva di più. Ricordo lo sguardo di stupore e gli occhi sbarrati dei miei genitori mentre io, con grande passione, snocciolavo una ragione dopo l'altra per convincerli a praticare lo yoga, prendere vitamine e mangiare sano. Sul momento, avevo pensato che stessero semplicemente ascoltando attentamente quello che avevo da dire.

Quelli che accolsero la mia richiesta di costruttive critiche personali mi diedero prove concrete delle limitazioni del mio io. Mi dimostrarono inoltre che la mia sete di trascendenza dell'ego – di vedere da quella particolare prospettiva aerea il germoglio all'interno dell'involucro, di vedere tutti i germogli, senza essere intrappolata io stessa negli avvolgimenti di tessuto o accecata io stessa dalla loro visione a tunnel – non poteva essere spenta semplicemente con la presunzione che era stata spenta già. Collegavano la mia astratta preoccupazione per il mio solipsismo ai punti ciechi nella mia conoscenza di me stessa. Non mi sono sbarazzata di nessuno di questi difetti. Ma, di tanto in tanto, e se me ne accorgo per tempo, riesco a trattenermi dall'infliggerli agli altri. Non è facile.

In questa foto, scattata da mia madre presso Orchard Beach nel 1950, ho due anni, adorata perché ero piagnucolosa ma, allo

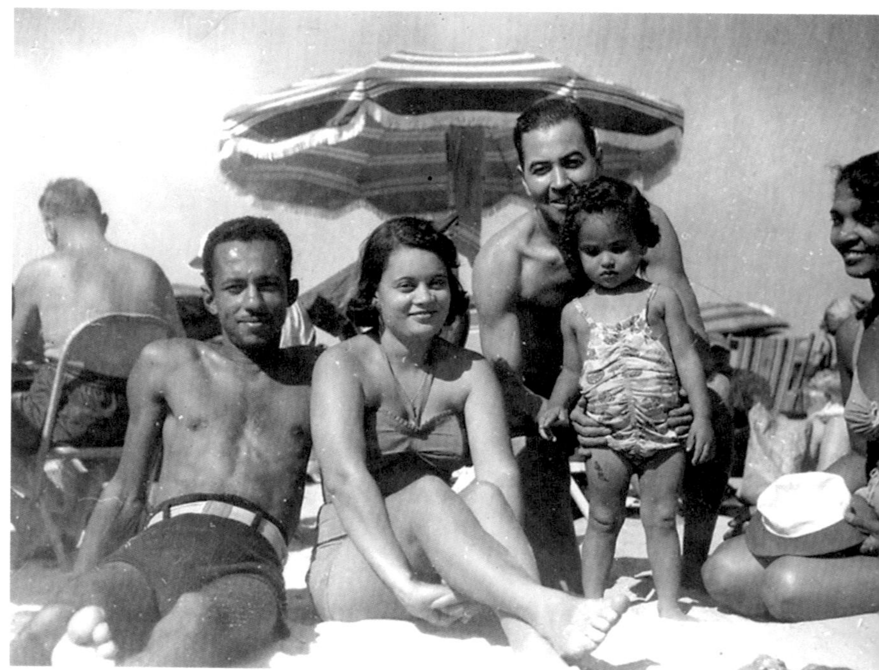

wounded, sometimes deeply wounded; but also fascinated by their ability to see flaws in me that I had been unable to see in myself, but that became perfectly obvious when given a name: my tactlessness and insensitivity, for example; or my self-righteousness; or my patronizing tendency to offer others unsolicited advice rather than the simple sympathy they had needed; or my ridiculous assumption that I knew what was good for my friends better than they did, and consequent campaigns of harassment, which I described as "gentle nagging," to get them to do what I thought best for them. I remember my parents staring at me in wide-eyed astonishment as I marshaled one impassioned argument after another as to why they should do yoga, take vitamins, and eat health food. At the time I had thought they were just listening intently to what I had to say.

Those who complied with my request for constructive personal criticism showed me concretely that I had ego-limitations; that my thirst for ego-transcendence—to see from that special overhead perspective the sprout within the wrapping, to see all sprouts within their wrappings, without being trapped in the wrappings or blinded by their tunnel vision myself—could not be quenched merely by assuming it had been. They connected my abstract philosophical preoccupation with solipsism to my own blind spots in self-knowledge. I have not rid myself of any of these flaws. But occasionally I can stop myself from inflicting them on others, if I catch myself in time. It is not easy.

In this picture, taken at Orchard Beach in 1950 by my mother, I am two, being adored for being fretful and imperious, by all the big, old people who were there to help me in whatever ways I needed: maternal Uncle Frank, his wife Naomi, my father who is holding me, and Una, Uncle Sydney's first wife. They are relaxed and happy at this moment, in part because it is a beautiful day at the beach; but in part because of me. I made them happy by being who and what I was, even when fretful and imperious.

stesso tempo, imperiosa da tutte le persone grandi e di una certa età che erano lì per aiutarmi in ogni maniera necessaria: lo zio materno Frank, sua moglie Naomi, mio padre, che mi tiene in braccio, e Una, la prima moglie dello zio Sydney. In questo momento sono rilassati e felici, in parte perché è una bella giornata e siamo in spiaggia, ma in parte anche grazie a me. Essendo chi e quello che ero, li rendevo felici, anche quando ero piagnucolosa e imperiosa.

ALL'INTERNO (2003)

Quando sei veramente all'interno, non sai nemmeno che esiste un esterno. Pensi che tutti stiano bene dove sono e nel ruolo che hanno, e che essendo chi sono siano al posto giusto, tutti pronti a farti sentire calda, a tuo agio, soddisfatta e protetta. Ma non provi alcuna gratitudine per tutto questo perché dai per scontato che loro facciano quello che devono fare e tu faccia quello che devi fare.

Quello che devi fare è tutto quello che vuoi. Qualsiasi cosa sia, c'è sempre qualcuno lì presente pronto ad applaudirlo, qualcuno pronto a dirti che quello che hai fatto è buono e giusto. Se rimani dentro abbastanza a lungo, dopo un po' non hai più bisogno di nessuno che te lo dica. Lo sai e basta, profondamente e pienamente. Ti fidi dei tuoi istinti.

Questo è il momento in cui puoi fare più danni. Il mio primo posto nel mondo della filosofia era il migliore nel Paese a quei tempi. Ci arrivai partendo da quello che era il più quotato dipartimento specializzato di Filosofia a quei tempi. Avevo ricevuto diciotto offerte di lavoro. Il presidente di un dipartimento del Sud che non mi aveva fatto un'offerta disse: «Pensavamo che fossi la candidata più in gamba nel campo ma che non saresti stata felice qui». Un altro candidato insinuò che le mie diciotto offerte fossero dovute a «circostanze particolari». Non pensai di chiedere a nessuno dei due cosa volessero dire. Ci sarebbe voluto ben altro per rompere il mio bozzolo.

Nel quartiere in cui andai a vivere in occasione del primo impiego, conobbi un collega filosofo. Aveva ottenuto il dottorato presso l'università dove mi ero laureata io con una dissertazione sulla metafisica di Whitehead. Avevamo avuto molti docenti in comune. Cominciò a parlarmi della sua dissertazione ma non lo feci concludere. Continuai a interromperlo con domande e commenti, facendo sottili distinzioni e inferenze, sollevando obiezioni. Una performance degna di una vera filosofa analitica. Si arrese dopo un po'. Quando mi imbattei in lui una seconda volta, fece una battuta sprezzante sulla filosofia e si allontanò. Rimasi di stucco. Era sembrato così entusiasta al nostro primo incontro. Mi ci vollero anni per capire che forse c'entrava il fatto che io avevo il miglior posto di lavoro nel Paese mentre lui faceva il falegname di quartiere. Ma a quel punto era troppo tardi per

INSIDE (2003)

When you are really inside, you do not even know there is an outside. You think everyone is just where they are and who they are, in their place, all making you feel warm, cozy, contented, protected. But you do not feel any gratitude for that, because you just assume they are doing what they are supposed to do and you are doing what you are supposed to do.

What you are supposed to do is anything you want. Whatever it is, there is someone there to applaud it, someone to tell you that what you did was good and right. If you are inside long enough, after awhile you do not need anyone to tell you this. You just know it, deeply and fully. You trust your instincts.

That is when you can do the most damage. My first philosophy job was the best in the country at the time. I came to it from the highest-ranked graduate philosophy department in the country at the time. I had gotten eighteen job offers. One chairman of a department in the South that had not made me an offer said: "We thought you were the smartest candidate in the field, but that you would not be happy here." A fellow candidate insinuated that my eighteen offers were due to "special circumstances." I did not think to ask what either of them could have meant. It would have taken a lot more than that to rend my cocoon.

In the neighborhood I moved to for my first job, I met a fellow philosopher. He had gotten his doctorate at my undergraduate university, with a dissertation on Whitehead's metaphysics. We had had many of the same teachers. He started to tell me about his dissertation, but I would not let him finish. I kept interrupting him with questions and comments, making fine distinctions and inferences, raising objections, giving a real analytic philosopher performance. After awhile he gave up. The next time I ran into him, he made a disparaging remark about philosophy and kept walking. I was surprised. He had seemed so into it when we first met. It took me years to figure out that my having the best job in the country and his working as a neighborhood carpenter might have had something to do with it. But by then it was too late for me to apologize for having behaved like a bitch. Bringing it up would have just rubbed it in.

scusarmi per essermi comportata da stronza. Tornarci su significava fargli pesare il fatto.

La risposta più agghiacciante alle mie richieste d'aiuto era la supposizione, spesso ripetuta, che avevo molto di cui essere grata, che avrei fatto meglio a non lamentarmi dell'inganno o dell'ipocrisia o della malafede o delle ritorsioni o degli anni di ricerca e produttività artistica perduta o delle vessazioni o dell'ambiente ostile o della salute compromessa o delle diminuite opportunità professionali o della reputazione pubblica calunniata o dei contatti professionali distrutti. Quest'avvertenza implicava che non avevo diritti a quei beni già dapprima, che ero solo fortunata ad averli avuti, che, pertanto, non avevo alcuna ragione per protestare contro la loro confisca.

Certo, quel pensiero provocava qualche riflessione: che la mia cittadinanza statunitense non mi dava alcun diritto alla protezione secondo la legge; che la mia posizione come professoressa universitaria presso il College non mi dava alcun diritto alla protezione secondo le sue regole interne; che il mio status come adulta matura e competente non mi dava alcun diritto alle condizioni lavorative promesse per proteggerlo e ampliarlo. Era questa supposizione ripetuta che mi faceva capire–con forza molto maggiore rispetto alle alterazioni dell'ordinamento giudiziario che ora incontravo quotidianamente–che agli occhi di tutti, sia "neri" sia "bianchi", ero priva dei diritti e delle libertà autorizzate, o così credevo, dalla mia cittadinanza, dalla mia cattedra e da quattro decenni di lavoro produttivo.

E questo perché, agli occhi di tutti, non ero comunque abbastanza nera per meritare quei diritti e quelle libertà. In generale, vengo identificata come "nera" dagli altri, sia "neri" sia "bianchi", solo quando serve a migliorare il loro status sociale, e non viceversa. Il mio indentificarmi come "nera" spesso aveva questa funzione per me. Lo consideravo un onore e un privilegio essere considerata appartenente a una comunità che aveva dato prova di coraggio, di intelligenza e di genio, sopravvivendo a un ingegnoso e sostenuto tentativo, talvolta addirittura fiorendo, di distruggerne l'umanità, senza precedenti nella storia del mondo. Tuttavia, fuori dalla cerchia dei miei parenti più stretti, la presunzione generale tra americani sia "neri" che "bianchi" è sempre stata che non so nulla dell'esperienza afroamericana. Ora concordo con quella presunzione. Aggiungo solo che è probabile che la mia famiglia e gli amici afroamericani dei miei genitori non ne sapessero nulla nemmeno loro, anche se, come me, pensavano di saperlo.

The most chilling response to my pleas for help was the repeated suggestion that I had much to be grateful for and would do better not to complain: not to complain about the deception or hypocrisy or bad faith or retaliation or years of lost research and artistic productivity or harassment or hostile environment or impaired health or diminished professional opportunities or slandered public reputation or destroyed professional connections. This admonition implied that my complaints were unjustified, that I was not entitled to those goods in the first place; that I was just lucky ever to have had them, and therefore had no grounds for protesting their confiscation.

That thought certainly gave me pause: that my status as a U.S. citizen did not entitle me to protection under the law; that my status as a faculty member of The College did not entitle me to protection under its by-laws; that my status as a mature and competent adult did not entitle me to good-faith contractual negotiations with my employer; that my status as a high-achieving professional in two fields did not entitle me to the working conditions promised in order to protect and extend it. It was this repeated suggestion that brought home to me, much more forcefully than the casual corruptions of the legal system I was now encountering on a daily basis, that in no one's eyes, whether "black" or "white," did I have the rights and liberties to which I had thought my citizenship, my professional memberships, and my four decades worth of productive work entitled me.

That was because in no one's eyes was I black enough to have deserved those rights and liberties in the first place. In general, I am identified as "black" by others, both "black" and "white," only when this serves to enhance their own social status, and not otherwise. Identifying myself as "black" had also very often served this function for me. I had regarded it as an honor and a privilege to be counted among the members of a community that had proved its mettle, its intelligence, and its genius by surviving and sometimes flourishing amid the most resourceful and sustained effort to destroy its humanity the world has ever seen. Outside the circle of my immediate family, however, the general presumption among both "black" and "white" Americans has been that I know nothing about the African-American experience. I now agree with that presumption. I would only add that my family

Questa foto degli Uptowners, il circolo sociale frequentato da mia madre, risale agli anni cinquanta. Come nelle foto di famiglia, le facce in questa potrebbero portarti a pensare che il circolo fosse privo di segregazione razziale. Ma in realtà la applicava alla lettera, come era il caso di praticamente tutti gli eventi sociali frequentati dai miei genitori. Tutte le donne nella foto sono afroamericane. La varietà di sfumature e colori rispecchia semplicemente l'aspetto reale di un gruppo di afroamericane quando nessuna di loro vuole passare per bianca. Gli Uptowners organizzavano feste, cene, balli e altre iniziative di beneficenza per raccogliere fondi per quella che allora si chiamava la comunità nera. Se i miei genitori e i loro amici avessero capito quella comunità come io la capisco ora, è pressoché certo che avrebbero rinunciato a fare figli, come ho rinunciato io. Su chi avrebbero potuto contare per creare un ambiente come quello che ritenevano appropriato per crescere me? Di chi si potevano fidare anche solo per assistermi?

BRAVEHEART (2003)

Vidi questo film quando ero costretta a letto per riprendermi dagli interventi chirurgici subiti nel 2002. Mi sembrava interessante come, nella Scozia del duecento, per uccidere una persona occorreva avvicinarvisi, le uniche armi che avevano a disposizione essendo lance appuntite. Una parte del film che seguii con molta attenzione è quella in cui Mel Gibson stringe un'alleanza con i nobili scozzesi per respingere l'invasione inglese. In piena battaglia li invita a unirsi a lui per aiutarlo. Ma questi prima assistono alla battaglia, poi fanno girare i cavalli e si ritirano. Dopodiché risulta che il cavaliere inglese con la corazza che si appresta a dare il colpo finale a Gibson è in realtà lo stesso nobile scozzese che gli aveva promesso che l'avrebbe aiutato a unire la Scozia. I nobili erano stati tutti corrotti dal Re d'Inghilterra.

Ecco quello che, in fondo, era successo alla cricca nera del College. Avevamo stretto un'alleanza per combattere il razzismo nel College, e a costringerlo a mantenere la promessa di assumere più professori e professoresse di ruolo nere. Avevo lottato da sola per evitare che la cricca nera venisse sciolta dal consiglio di facoltà nel 1999. Quando resi pubblica la mia causa nel 2002, gli altri membri della cricca mi rimproverarono per non averglielo detto prima. Risposi che, a mio parere, non sarei stata in grado di combattere il razzismo insito nell'istituzione che avevo sperimentato sulla mia pelle. Loro erano in veemente disaccordo. Ma quando gli chiesi aiuto, si limitarono ad assistere, dopodiché si ritirarono. Solo che il College non aveva bisogno di promettergli oro, titoli, proprietà o schiavi. Il College

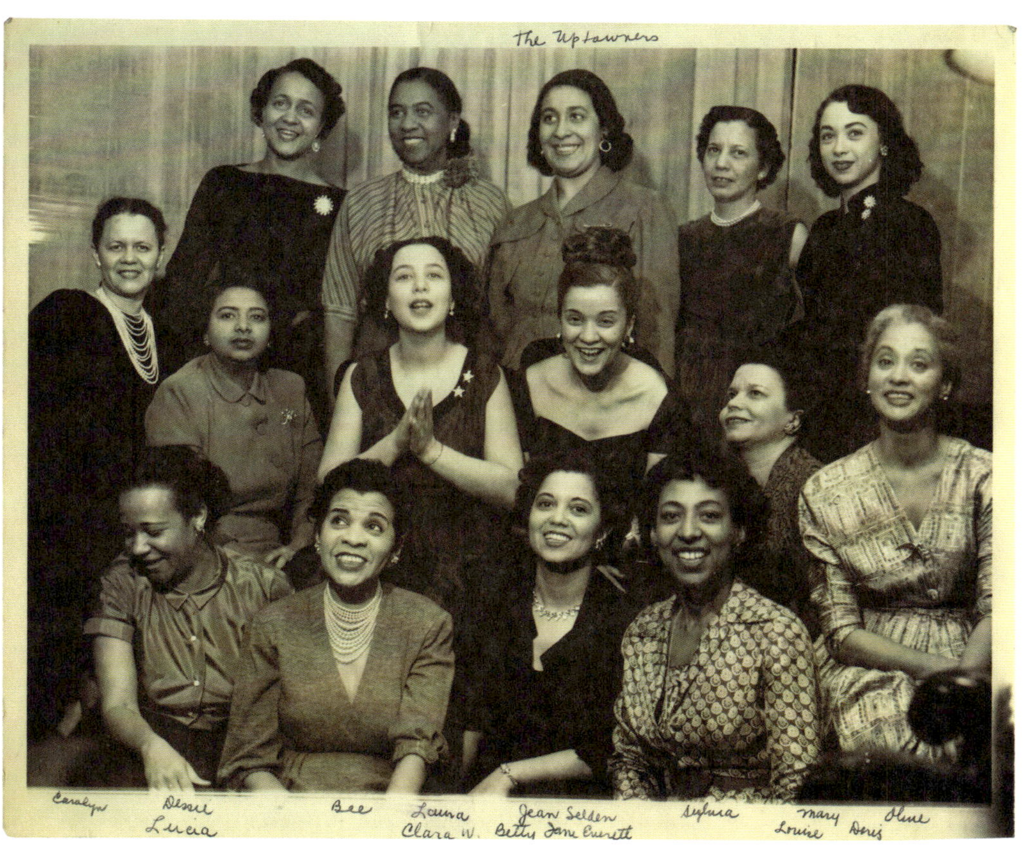

and my parents' African-American friends probably did not know anything about it either, although, like me, they may have thought they did.

This is a picture from the 1950s, of my mother's social club. As in the family photos, the faces in this one might lead you to think the club was fully integrated. But in fact it was completely segregated, as were virtually all of my parents' social functions. All of the women pictured are African American. This variety of shades, colors, and facial features is quite simply the way a group of African Americans really looks, when none among them is off passing for white. The Uptowners held parties, dinners, and dances, and organized other charity events, in order to raise money on behalf of what they called in those days the Negro community. If my parents and their friends had understood that community as I do now, it is virtually certain that my parents would have declined to have children, just as I have. For whom could they have counted on to help them create the environment they thought appropriate for raising me? Whom could they have trusted even to befriend them?

non ha dovuto promettergli niente, se non, forse, di infliggere a ognuna di loro una punizione esemplare, come stava facendo con me. La notizia che la cricca nera non mi avrebbe sostenuta mi fu comunicata dalla stessa donna afroamericana per la cui nomina in ruolo avevo lottato così tanto che la Presidente aveva reagito riducendo il mio successivo aumento di stipendio in base al merito.

Mel Gibson ha uno sguardo perplesso, addolorato, schifato quando, dopo aver ucciso il cavaliere con la corazza inviato a uccidere lui, ne solleva la visiera e scopre chi è. E così mi sentivo io quando scoprii chi e cosa erano le mie colleghe della cricca nera.

Mi ricordavano che non erano state loro a chiedere il mio aiuto le due volte in cui si trattava di salvare la cricca nera dallo scioglimento. E intimarono che, secondo loro, non valeva nemmeno la pena salvarla. Poiché, in ogni caso, non avevo suggerito alcun obbligo reciproco in cambio del mio aiuto, questi loro commenti non riuscivano a sviarlo. Tuttavia, dovevo spiegare alla messaggera inviata dalla cricca nera che un obbligo morale è un obbligo che governa situazioni in cui il vantaggio personale è secondario. Non capiva. Non riusciva a pensare a nessuna situazione in cui il vantaggio personale fosse secondario. Considerava i contratti e le promesse tanto vincolanti quanto i vantaggi personali nel rispettarle.

Infatti, i miei commenti critici nei confronti delle afroamericane che mi tradivano sarebbero potuti servire essi stessi come ennesimo esempio di atteggiamento orientato al profitto, fosse rimasto ancora qualcuno cui venderli. Purtroppo, non c'era nessuno. Altri americani che conoscevo risposero alle mi richieste di aiuto come fecero gli afroamericani che conoscevo, permettendomi così di conoscerli più di quanto avrei voluto. Femministe di ogni risma giudicavano – con ragione – la mia opinione e la mia sopravvivenza così rilevanti da spingersi a mostrarmi una facciata di solidarietà. Eminenti donne afroamericane nei mondi dell'università, delle belle arti e dei media elettronici nazionali erano particolarmente aperte all'esplosione di improvviso e prolungato interesse e generosità da parte del College durante quel periodo, la sua inaspettata e benevola elargizione di premi, doni e inviti a parlare o a insegnare. Nessuna di queste donne, la maggior parte delle quali conoscevo personalmente, parlava a favore mio. Dubito che sia venuto in mente a loro che ci fosse un motivo per farlo.

Anch'io ero sempre sul punto di rimanere senza parole in quegli anni, incapace di formulare quello che stavo imparando in un linguaggio discorsivo. I miei diari erano pieni di presenze nascoste

BRAVEHEART (2003)

I saw that movie while I was bedridden and recovering from my surgeries in 2002. I thought it was interesting how in thirteenth-century Scotland, you had to get really close to someone in order to kill them because all they had for weapons were pointy spears. One part I watched very closely was when Mel Gibson had forged an alliance with the Scottish nobility to repel the English invasion. In the middle of the battle he called on them to come and help him. They just watched, then turned their horses around and retreated. And then the armored English knight who moved in for the kill turned out to be the Scottish nobleman who had promised Mel Gibson to help him unify Scotland. They had all been bought off by the King of England.

That is basically what happened to The College's black caucus. We had forged an alliance to fight racism at The College, and to force The College to honor its promise to hire more tenured black faculty. I had fought single-handedly to prevent the black caucus from being dissolved by The College's faculty council in 1992, and again in 1999. When I made my lawsuit public in 2002, the other members of the caucus reproached me for not having told them about it earlier. I said I had not felt I could have been effective in fighting the racism of the institution if I had made an issue of the xenophobia I personally had experienced there. They vehemently disagreed. But when I called on them for help, they just watched, and then retreated. Except that The College did not have to promise them any gold, titles, estates, or serfs. The College did not have to promise them anything, except perhaps to not make of each one of them the same example it was already making of me. The news that the black caucus would not support me was delivered by the African-American woman for whose tenured hire by The College I had fought so hard that its President had reduced my next merit salary increase in retaliation.

Mel Gibson got this puzzled, pained, disgusted look when, after killing the armored knight who had been sent to kill him, he lifted the knight's visor and discovered who he was. That was how I felt when I discovered who and what my black caucus colleagues were.

che non potevo permettermi di nominare, nemmeno a me stessa, di nomi che avrebbero denotato una realtà che non potevo permettermi di accettare. Ecco perché il ciclo di lavori *Decide Who You Are,* ultimato nel 1992 durante il mio secondo anno al College, plasmò le mie reazioni in frammenti di poemi in prosa, compressi e impressionistici, stampati nel colore del sangue essiccato, alcuni stralci dei quali sono inclusi qui. Dieci anni dopo, inviai un volantino intitolato *The Cost of Deciding* a tutti i nomi, circa seicento, presenti nel mio indirizzario personale. Remixava immagini e testi tratti da un lavoro tratto dal ciclo *Decide.* La foto, che risale all'epoca del primo Movimento per i diritti civili e proviene dall'Archivio Bettmann, si rivolgeva con particolare chiarezza alla mia esperienza del periodo, quando lottavo per cogliere i contorni dell'ambiente in cui mi ero involontariamente intromessa. Esprimeva, inoltre, la mia crescente disillusione sul femminismo per il quale mi ero impegnata così tanto negli anni Settanta. Al College avevo sperimentato i suoi piedi di argilla in più occasioni. Tra quelle che erano al corrente dei fatti della mia situazione, le uniche donne "bianche" che offrivano aiuto e sostegno erano consulenti autorizzate e assistenti sociali che pagavo di tasca mia.

Quando tornai a lavorare su *Decide #15: You Don't Want To Be Here* (1992) per *The Cost of Deciding* (2002), la sua prescienza intuitiva mi raggelò il sangue e mi sconcertò la mia resistenza testarda al fatto di aver riconosciuto esplicitamente e molto in anticipo la realtà dell'ambiente diffusamente ostile in cui mi trovavo. Come ero riuscita a intuire e a raffigurare la situazione così precisamente, senza essere costretta a riconoscerla anche dal punto di vista intellettuale? Possibile che volessi credere ai comunicati stampa e alle parole così tanto da essere disposta a mettere a repentaglio la mia salute, il mio lavoro e la mia vita? La mia tendenza a cercare di prevedere tutte le mie intuizioni e risposte emotive, di interrogarle e correggerle per via delle parzialità soggettive che manifestano, era diventata un peso. Mi è venuto in mente solo di recente che una risposta soggettiva può essere esatta e vera anche se è parziale, nonché inesatta e falsa anche se parziale non è.

Quando feci circolare il volantino *The Cost of Deciding,* mi ero già resa conto che chiedere aiuto direttamente a particolari individui serviva solo a tirare fuori il peggio in loro. O si sentivano messi con le spalle al muro, il che li faceva arrabbiare e rendeva aggressivi, oppure provavano a trarre vantaggio dalla mia disperazione per impormi condizioni dure. Una giornalista, per esempio, si dichiarava disposta a scrivere del mio crollo fisico e della mia incapacità

They reminded me that they had not asked for my help in saving the black caucus from dissolution on either occasion, and intimated that they did not regard it as worth the effort of saving. As I had not suggested any reciprocal obligation following from my help in the first place, these remarks did not succeed in deflecting it. But I did have to explain to the black caucus's messenger that a moral obligation is one that governs situations in which personal advantage is secondary. She didn't get it. She could not think of any situation in which personal advantage was secondary. She viewed contracts and promises as only as binding as the personal advantages of honoring them.

Indeed, my critical remarks here about the African Americans who sold me down the river might themselves have served as yet another example of that profit-driven attitude, were there now anyone left standing for me to sell them to. Unfortunately, there is not. Other Americans I knew responded to my appeals for help just as did the African Americans I knew, thus enabling me to get to know all of them much better than I wanted to. Feminists of all colors judged—rightly—that my opinion and my survival were not important enough to be worth donning the facade of solidarity. Prominent African-American women in academia, the arts, and the national electronic media were particularly receptive to The College's sudden, extended burst of interest and largesse during this period, its unexpectedly benevolent dispensation of prizes, gifts, and invitations to speak or teach. No such woman, most of whom I knew personally, spoke up on my behalf. I doubt whether it occurred to them that there might have been anything to speak up about.

I, too, was always very close to speechlessness during those years, unable to formulate what I was learning in discursive language. My journals were full of hidden presences I could not afford to name, even to myself, with names that would have denoted a reality I could not afford to accept. So the *Decide Who You Are* series, which I had completed in 1992 during my second year at The College, cast my reactions in the fragments of the compressed, impressionistic prose poems, printed in the color of dried blood, of which I include some samples here. Ten years later, I sent out a flyer called *The Cost of Deciding* to everyone on my personal mailing list

Adrian Piper v. Wellesley College

THE COST OF BEING INSUFFICIENTLY LITIGIOUS: On May 15, 2002, Justice Elizabeth Butler of Norfolk Superior Court, Dedham, Mass. overturned my lawsuit against Wellesley College on each and every count, on the grounds that I had waited too long to file them; and ordered that I pay Wellesley's legal costs. Despite several factual falsehoods in the decision, I cannot deny my extreme reluctance to resort to legal action, nor my attempts to exhaust every other possible solution first. So I will not appeal this decision, for financial reasons. For those same reasons, I will return to full-time teaching at Wellesley in the Fall of 2002. My fears multiply: of a return to the same hostile environment that put me in the hospital for a month in 2000; of never completing Rationality and the Structure of the Self or The Color Wheel Series; of never regaining my health or my energy; of falling asleep at the wheel during my commute to work; of another mid-semester physical collapse; of thereby giving Wellesley the opportunity it is looking for to fire me despite my tenured status; of protecting my spirit at the expense of my body, my work, and my life.

YOU DON'T WANT ME HERE.
You think I don't know it.
You hope I will sense it.
You try not to show it
 but want me to know it.
You try for neutrality, impersonality,
 a blank screen against which
 any flicker of life is
 my projection of meaning,
 my fear,
 my anger,
for which you are not responsible.
You want me to leave
 without being seen to make me leave.
You want me to choose to leave.

I want to leave.
I don't want to be here.
I can't stay here.
I have nowhere.
I can't leave here.

You will not break my spirit.
I will not turn the other cheek.

You can't gag me now.
You can't lynch me here.
You can't drown me out.
You can't kill me here.
You can't shout me down.
You can't shut me up.

In this place I'll say what I want
 and you will hear me.
Fuck you bitch
Go to hell
Die if you're lucky
 God I can't do this

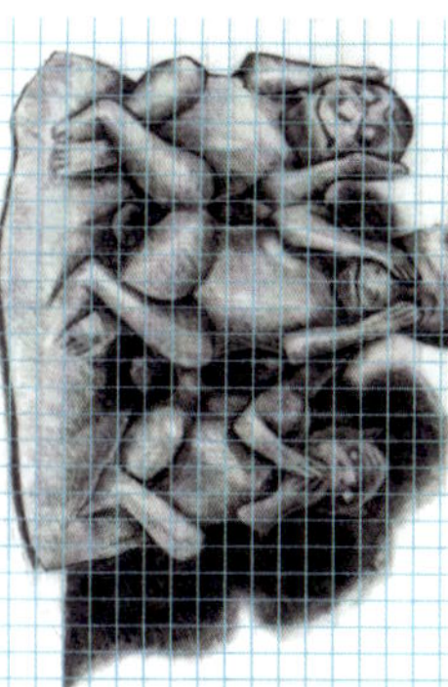

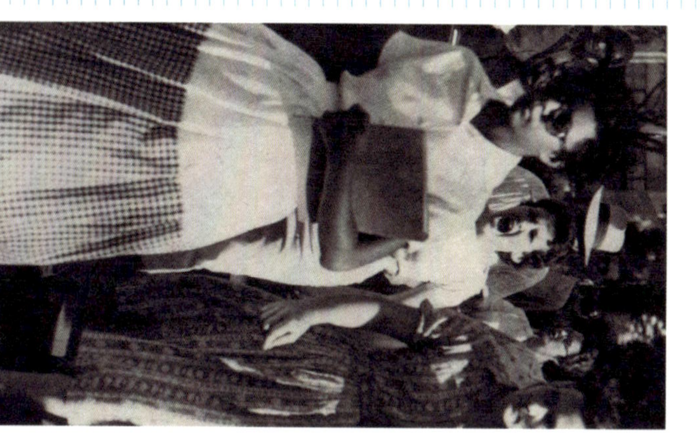

SO UNNECESSARY. NOBODY WANTS TO HEAR THIS. ARE
NG ON THIS IF YOU KNOW WHAT'S GOOD FOR YOU. YOU'R
LINE. IT'S NOT YOUR PLACE TO SAY THAT. DON'T PUS
OU'RE SPEAKING OUT OF PLACE. LIGHTEN UP. YOU'RE
PRIATE. NOBODY CARES WHAT YOU THINK. YOU'RE LEAV
R A BRUISIN'. PUT A LID ON IT. CAN IT. STUFF IT
'T PURSUE THIS ANY FURTHER IF I WERE YOU. YOU'RE
TROUBLE? YOU'RE GOING TO GET IT. YOU'RE STICKIN
A REAL GLUTTON FOR PUNISHMENT. YOU CAN'T GET AW
O THIS. I'M REALLY SORRY THIS IS NECESSARY. THIS
THIS FOR YOUR OWN GOOD. YOU'LL APPRECIATE THIS LA
OU'LL THANK ME FOR THIS. ACTUALLY I'M DOING YOU A
L LEARN TO SEE THINGS DIFFERENTLY. IT'S FINE. I
E ANYTHING WRONG. IT SEEMS FINE TO ME. I DON'T K
BLEM. I'M AMAZED THAT YOU SEE THINGS THAT WAY. I
SN'T INTENTIONAL. I DON'T UNDERSTAND WHERE THIS I
GRIP ON YOURSELF. THIS IS A COMPLETE SURPRISE TO
LY DON'T KNOW WHAT TO MAKE OF THIS. ISN'T THIS A
OUT THINGS. I JUST CAN'T RELATE. WE CERTAINLY DO
E MAKING TOO MUCH OF THIS. NOTHING'S THE MATTER.
WHOLE THING OUT OF PROPORTION. EVERYTHING'S FINE
U'RE BEING PARANOID. YOU'RE OVERSENSITIVE. YOU'R
CONCLUSIONS. IT DIDN'T OCCUR TO ME. YOU'RE OVER
YTHING TO DO WITH THAT. IT WAS JUST A SIMPLE MIST
TOO MUCH IN THIS. NOTHING'S GOING ON. I CAN'T IM
WHAT YOU'RE TALKING ABOUT. I HAVE NO IDEA WHAT YO
RDOING IT. YOU'RE JUST TIRED. DON'T TAKE EVERYTH
PROJECTING. YOU'RE OVERREACTING. NOTHING HAPPEN
GET UPSET ABOUT. I DON'T SEE WHAT YOU'RE GETTING
S THE MATTER? YOU'LL GET OVER IT. DID SOMEONE DO
'S THIS ABOUT? WHAT'S WRONG? STOP MAKING SUCH A
G WRONG WITH THAT. EVERYONE DOES THAT. SO WHAT?
HAT. JUST A MISUNDERSTANDING, THAT'S ALL. MUCH A
HAT THIS IS ABOUT. I'M MYSTIFIED BY YOUR REACTION
NCE OF THAT? IT WAS JUST AN INNOCENT SLIP-UP. I
I SEE NO PROBLEM WITH THAT. YOU'RE THE ONE WITH
ERPRETATION. IT'S SO UNNECESSARY TO TALK ABOUT TH
DO WITH THAT, REALLY. WHAT ARE YOU TALKING ABOUT
ULLY QUICK TO CAST ASPERSIONS. YOU CAN'T PROVE TH
KNOW? THAT'S CRAZY. YOU'RE IMAGINING THINGS. T
AT AT ALL. THAT HAS NOTHING TO DO WITH IT. THAT
RAL REACTION. THAT DOESN'T MEAN WHAT YOU THINK IT

Adrian Piper, *Decide Who You Are #15: You Don't Want Me Here* (1992). Detail (and over). Photocredit: Bettmann Archive

of about six hundred names. It remixed images and texts from a work in the *Decide* series. The Bettmann Archive photo image, from the early Civil Rights Movement, spoke with particular clarity to my experience at that time, when I was fighting to grasp the outlines of the environment into which I had involuntarily intruded. It also expressed my increasing disillusionment with the American feminism to which I had been so strongly committed in the 1970s. At The College I had now experienced its feet of clay first-hand several times. Among those who knew the facts of my situation, the only "white" women who offered help and support were licensed counselors and social workers whom I paid out of pocket.

When I returned to *Decide #15: You Don't Want Me Here* (1992) for *The Cost of Deciding* (2002), I was chilled by its intuitive prescience, and mystified by my stubborn resistance to having explicitly acknowledged much earlier the reality of the pervasively hostile environment I was in. How could I have intuited and depicted the situation so accurately, without being compelled to recognize it intellectually as well? Could I have wanted to believe the press releases and the lip service so much that I was willing to endanger my health, my work, and my life? My habitual tendency to second-guess all of my intuitions and emotional responses, to interrogate them and correct for the subjective biases they exhibit, had become a liability. It has only recently occurred to me that a subjective response can be accurate and true even if it is also biased, as well as inaccurate and false even if it is not.

By the time I sent out *The Cost of Deciding* flyer, I had realized that directly asking particular individuals for help only brought out the worst in them. Either they felt cornered, which made them angry and aggressive, or else they tried to take advantage of my desperation to drive a hard bargain: a journalist would write about my physical collapse and inability to do my work, if I would review her latest book. A philosophy department would offer me a job, if I would abdicate my tenure, or my voting rights, or my membership in the department, or my status as a full professor, or my right to teach graduate students, or my claim to an equitable salary. An art department would offer me a job if I would reallocate my philosophy research time to doing art department-related administration.

di fare il mio lavoro se io accettavo di recensire il suo ultimo libro. Un dipartimento di Filosofia mi offriva un lavoro a patto che abdicassi alla cattedra, o al mio diritto di voto, o alla mia appartenenza al dipartimento, o alla mia posizione da ordinaria, o al mio diritto di insegnare agli studenti laureati, o alla mia rivendicazione di uno stipendio equo. Una scuola di Belle arti mi offriva un lavoro a patto che fossi disposta a riallocare il tempo che dedicavo alla ricerca a compiti amministrativi.

Poi c'era la conversazione con un collega, storico professore di Filosofia presso un dipartimento tra i primi cinque a livello nazionale, che mi aveva contattata più volte nel corso degli anni per offrirmi lavori, consapevole che non potevo in buonafede accettarli, e che era diventato sempre più ostile e offeso a ogni mio rifiuto. Sarei disposta a prendere in considerazione un contratto a tempo determinato di cinque anni per un posto part-time presso il suo dipartimento? mi chiedeva ora. Certo che no, risposi. Ma perché no? continuava. I vantaggi consistevano nell'assenza di contatti con altri colleghi nel dipartimento, di lavori in commissione, del compito di seguire laureandi nell'elaborazione delle tesi. Io risposi: Ma perché accetterei, deliberatamente e consapevolmente, un'offerta che comportava da subito un'esplicita ostilità e mancanza di rispetto nei miei confronti dopo aver sofferto e lottato così tanto nei dodici anni al College? Perché prenderei in considerazione un'offerta che diminuiva così completamente la posizione professionale di ruolo che lottavo così duramente per difendere? Ma stai per perdere la tua cattedra al College, rispose. Non puoi non avere ridimensionato le tue aspettative di conseguenza? Quando gli chiesi chi tra i suoi colleghi di dipartimento l'aveva spinto a contattarmi, rispose che mi aveva confusa con un'altra filosofa anziana, sulla tarda sessantina e vicina alla pensione, per la quale un'offerta di questo tipo sarebbe stata perfetta (io avevo cinquantaquattro anni all'epoca). Appariva chiaro però che l'odore del sangue aveva fatto impazzire lui e i suoi colleghi.

E così fu che le risorse di due campi professionali ben popolati, anziché uno, non riuscirono a produrre alcuna iniziativa di raccolta fondi, alcuna lettera di protesta con l'elenco di firmatari "neri" e "bianchi", alcuna campagna di lettere di protesta, alcun editoriale appassionato, alcuna legittima offerta di lavoro, alcuna donazione, alcun fondo per difese legali, alcun gruppo ad hoc, alcuna consulenza legale pro bono, alcun articolo su carta stampata, alcuna copertura sostenuta da parte dei giornali, alcuna mostra, alcun comitato di azione. C'era insomma una totale mancanza di altruismo volontario e spontaneo o di indignazione morale o protesta collettiva

Then there was my conversation with a longstanding philosophy colleague from a top-five department that had approached me several times over the years with offers it knew I could not accept in good faith, and that had become increasingly hostile and offended each time I rejected one. Would I now consider a non-tenured, five-year, part-time limited contract with his department? he asked. Of course not, I answered. But why not? he continued. Its advantages included no contact with others in the department, no committee work, no dissertation advising. I replied, But why would I deliberately and knowingly accept an offer that expressed such explicit hostility and disrespect up front, after having suffered and fought against it for twelve years at The College? Why would I even consider an offer that so thoroughly diminished the tenured professional status I was fighting so hard to defend? But you are just about to lose your tenure at The College, he replied. Surely you have adjusted your expectations accordingly? When I asked him who among his departmental colleagues had put him up to this, he answered that he had confused me with another, very senior woman philosopher in her late 60s, for whom such an offer near retirement age would be perfect (I was 54 at the time). It seemed clear, however, that he and his colleagues were simply maddened by the smell of blood.

Thus the human resources of two rather than one well-populated professional fields yielded no fund-raisers, no published letters of protest with lists of "black" and "white" signatories, no letter-writing campaigns, no impassioned editorials, no legitimate job offers, no donations, no legal defense fund, no ad hoc groups, no pro bono legal counsel, no magazine articles or sustained news coverage or exhibitions or action committees—none of the voluntary, spontaneous altruism, none of the moral outrage or collective protest expressed in concrete action that I had seen function so effectively on behalf of European-American colleagues such as Gerald Taylor, Andres Serrano, Tim Miller, Karen Finley, Holly Hughes, or Robert Mapplethorpe; or African-American male colleagues such as Cornell West or William Pope L.; or European-American feminist academic colleagues such as Jennifer Schirmer, whose denial of tenure at The College had provoked public protest from America's most prominent "white" feminists. The vast majority of my

espressa in azioni concrete che avevo visto funzionare così efficacemente a favore di colleghi europeo-americani come Gerald Taylor, Andres Serrano, Tim Miller, Karen Finley, Holly Hughes o Robert Mapplethorpe; o colleghi afroamericani maschi come Cornell West o William Pope L.; o colleghe universitarie femministe europeo-americane come Jennifer Schirmer alla quale il College aveva negato la cattedra e, così facendo, aveva provocato una protesta pubblica da parte di alcune tra le femministe "bianche" più famose d'America. La grande maggioranza dei colleghi e colleghe in entrambi i campi si limitavano ad assistere mentre la mia situazione professionale, la mia salute, le mie finanze, e il mio benessere emotivo si deterioravano. È che non ero una vera appartenente a nessuno dei loro club.

Tuttavia, quando li incontravo casualmente, alcuni ritenevano di informarmi che non avevano ricevuto le mie lettere più recenti. Poiché molti maschi delle famiglie dei miei genitori avevano trovato opportunità di impiego solo facendo il turno di notte alle Poste e avevo diversi amici che vi lavoravano, sapevo bene come funzionavano le cose. Così ero a conoscenza di chi riceveva le mie lettere e chi no. Chiedendo aiuto parecchie volte nel corso di tre mesi, in questo modo generalizzato, non-conflittuale, riuscii, seppur involontariamente, a stanare praticamente tutti i nomi presenti nel mio personale indirizzario: amici e amiche, colleghi e colleghe in entrambi i campi, ammiratori e ammiratrici del mio lavoro in entrambi i campi. Appresi così che non c'era nessuno che teneva particolarmente al mio benessere. Fu una lezione assai utile.

Si tratta di una pagina tratta da una serie libera sulla quale cominciai a lavorare nel 2003 mentre si svolgevano i succitati eventi. La serie s'intitola *Everything*. Colloca il testo stampato in forme e contesti di tipo diverso per esaurirne tutte le possibili permutazioni di significato. All'interno della serie, quest'opera faceva parte di una sotto serie, tutte le componenti della quale usavano fotografie personali scattate in precedenza, talvolta di persone la cui amicizia avevo voluto commemorare in questo modo. Alcune di queste foto le avevo scattate in primo luogo per *I Am Somebody, The Body of My Friends* (1995), un'opera che avevo creato poco dopo la morte di mia madre. Per *Everything*, partivo da fotocopie in bianconero della fotografia selezionata ingrandite, stampandole su carta quadrettata da ¼ di pollice, cancellando le facce con carta vetrata di qualità diverse in modo da consumare la carta oltre all'immagine, e sovrastampando l'immagine nelle foto risultanti insieme al testo. Altre persone nelle foto levigate e sfregate sono tra quelle che descrivo

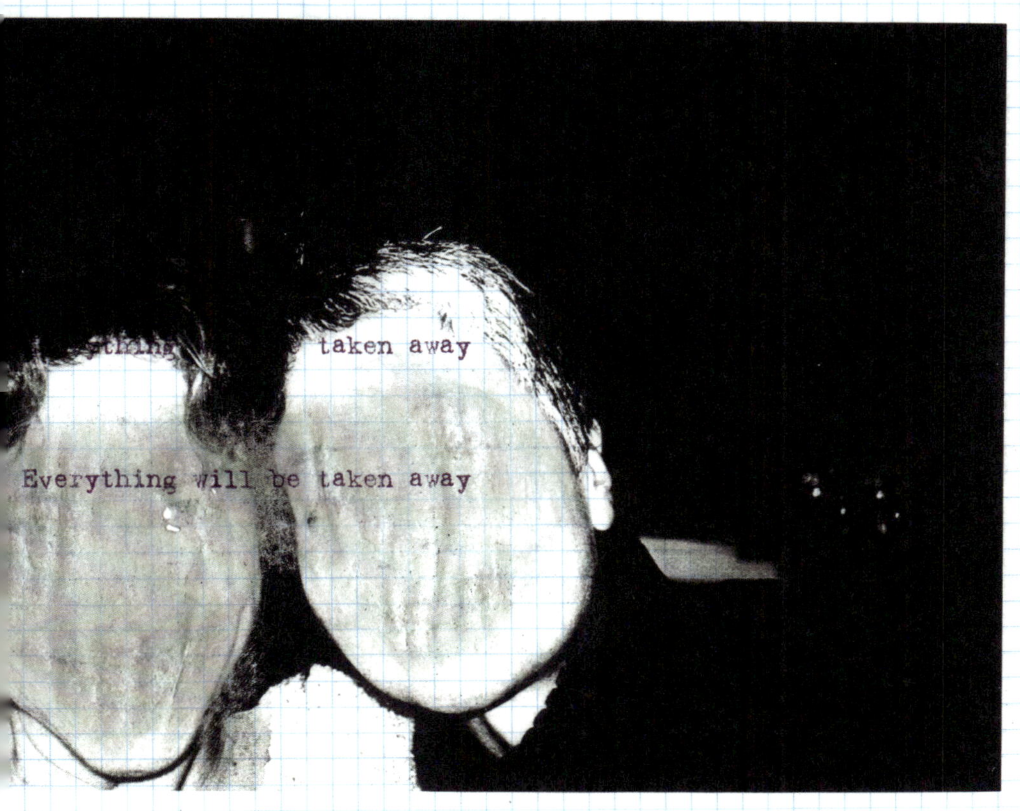

colleagues in both fields stood by and watched as my professional situation, my health, my finances, and my emotional wellbeing deteriorated. I just was not a bona fide member of any of their clubs.

However, some did make a point of telling me, when I met them by chance, that they had not been receiving my mailings recently. Because many of the men in my parents' families had found their only employment opportunities in working the night shift at the post office, I had a good understanding of the way it worked, and several friends who worked there. I knew who received my mailings and who did not. By asking for help in this very generalized and non-confrontational way several times over a three-year period, I inadvertently smoked out virtually everyone on my personal mailing list—friends, colleagues in both fields, followers of my work in both fields. I learned that there was no one to whom my wellbeing mattered. This was a very useful lesson.

This is a pagework from an open-ended series I started in 2003, while all this was going on. The series is called *Everything*. It places the typed text in many different kinds of forms and contexts, in order to exhaust all possible permutations of

qui. In questi casi era importante cancellare la mia immagine di fianco a quella della persona che avevo considerata amica. Così le nostre autoimmagini venivano rimosse entrambe, insieme alle nostre dimostrazioni di fiducia, connessione e amicizia reciproche.

Ma evidentemente deve esserci, dentro di me, un sottofondo intuitivo di dubbi. Dopotutto, perché avevo sentito dapprima il bisogno di stabilire il mio senso di associazione con queste persone in particolare? Perché non avevo preso la loro amicizia per garantita? Era quasi come se volessi renderla reale; si tratta di un processo che avevo avviato al momento della morte di mia madre con *I Am Some Body*, momento in cui avevo perso una vera amica.

Certo, non vi può essere nulla di tanto reale quanto il rapporto con un genitore. Sono ben consapevole di quanto sono fortunata ad aver avuto genitori che erano davvero miei amici anziché miei primi traditori; e di quanto sono beata per aver sperimentato così tardi l'enorme, sconvolgente tradimento che tocca a molti germogli danneggiati nei primissimi momenti della vita. Non so, e non riesco a immaginare, quello che si prova nello stesso momento in cui ci si rende conto della propria mancanza di valore. La maggior parte degli esseri umani non devono provare a immaginarlo perché lo vivono. Io credo che i colleghi e colleghe qui descritte siano tra di loro. La mia incapacità di immaginare questa esperienza deriva dall'aver avuto una vera infanzia, dall'aver ricevuto amore incondizionato. È questa differenza tra noi–tra la concessione e il ritiro dell'amore, tra l'educazione e la cannibalizzazione dell'infanzia –, non una carenza o un eccesso di melanina da parte mia, che, alla fine, li faceva arrabbiare.

its meaning. Within the series, this work was one in a sub-series, all of whose members used personal photographs I had taken earlier, sometimes with people whose friendship I had wanted to commemorate in this way. Some of these photographs had been originally taken for *I Am Some Body, The Body of My Friends* (1995), a work I had produced soon after my mother's death. For *Everything,* I first made black and white enlarged photocopies of the selected photograph, printed it onto ¼" ruled graph paper, erased the faces using different grades of sandpaper to wear away the paper as well as the image, and overprinted the resulting image with the text. Some of the other people in the sanded and scrubbed photographs are among those I have described here. In those cases, it was important to erase the image of myself alongside of the image of the person I had considered a friend. Both of our self-images had been taken away, along with the representations of mutual trust, connection, and friendship.

But I must have had an intuitive undercurrent of doubt all along. After all, why had I felt the need to visually inscribe my sense of connectedness with these particular people in the first place? Why had I not taken their friendship for granted? It was almost as though I had wanted to make it real by representing it as real; a process I had begun at the time of my mother's death, with *I Am Some Body,* when I had lost a real friend.

Of course there can be nothing quite as real as friendship with a parent. I am well aware of how very fortunate I am that my parents really were my friends, rather than my first betrayers; and of how blessed I am to have experienced so late in my life the massive, earth-shaking betrayal that many damaged sprouts experience in their very first moments of life. I do not know, and cannot imagine, what it is like to awaken to the awareness of self at the very same time that one is awakening to the awareness of one's worthlessness. Most human beings do not have to try to imagine this, because they live it. I believe that the colleagues I have described here are among them. My failure to imagine this experience is the result of having had a real childhood, of having experienced unconditional love. That difference between us—between the bestowal and the withdrawal of love, between the nurture and the cannibalization of childhood, not any deficiency or excess of melanin pigmentation

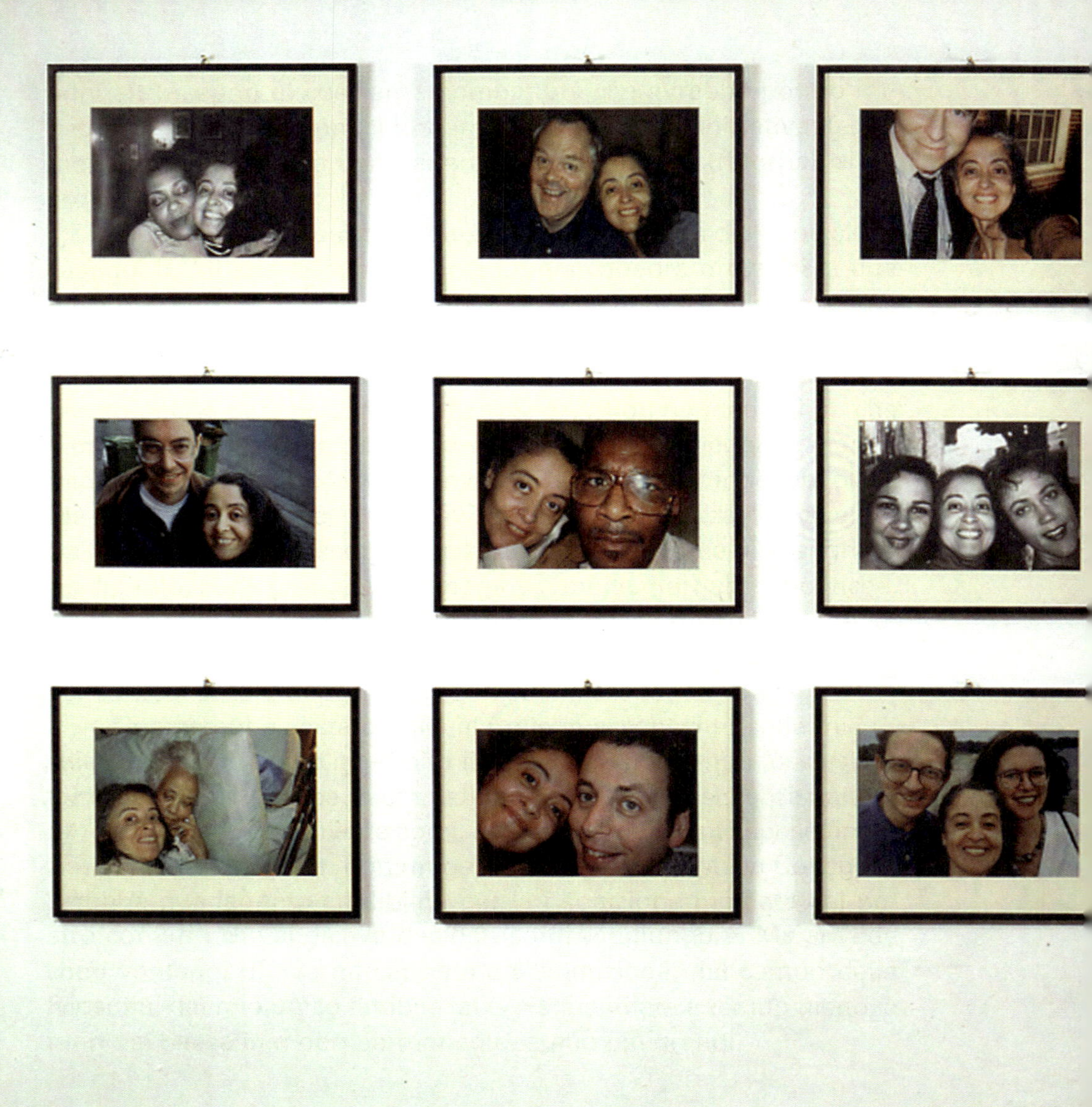

Per cui sono ben consapevole di quanto fosse un lusso (in fin dei conti, non era affatto un compito serio) l'essermi dovuta abituare, attraverso l'esercizio spirituale che *Everything* rappresentava, alla realtà che sta dietro l'illusione comunitaria, già così familiare che non meriterebbe nemmeno di essere citata. Ovvero la realtà che, di fatto, si è rimaste sole, lanciate nello spazio fin dall'inizio.

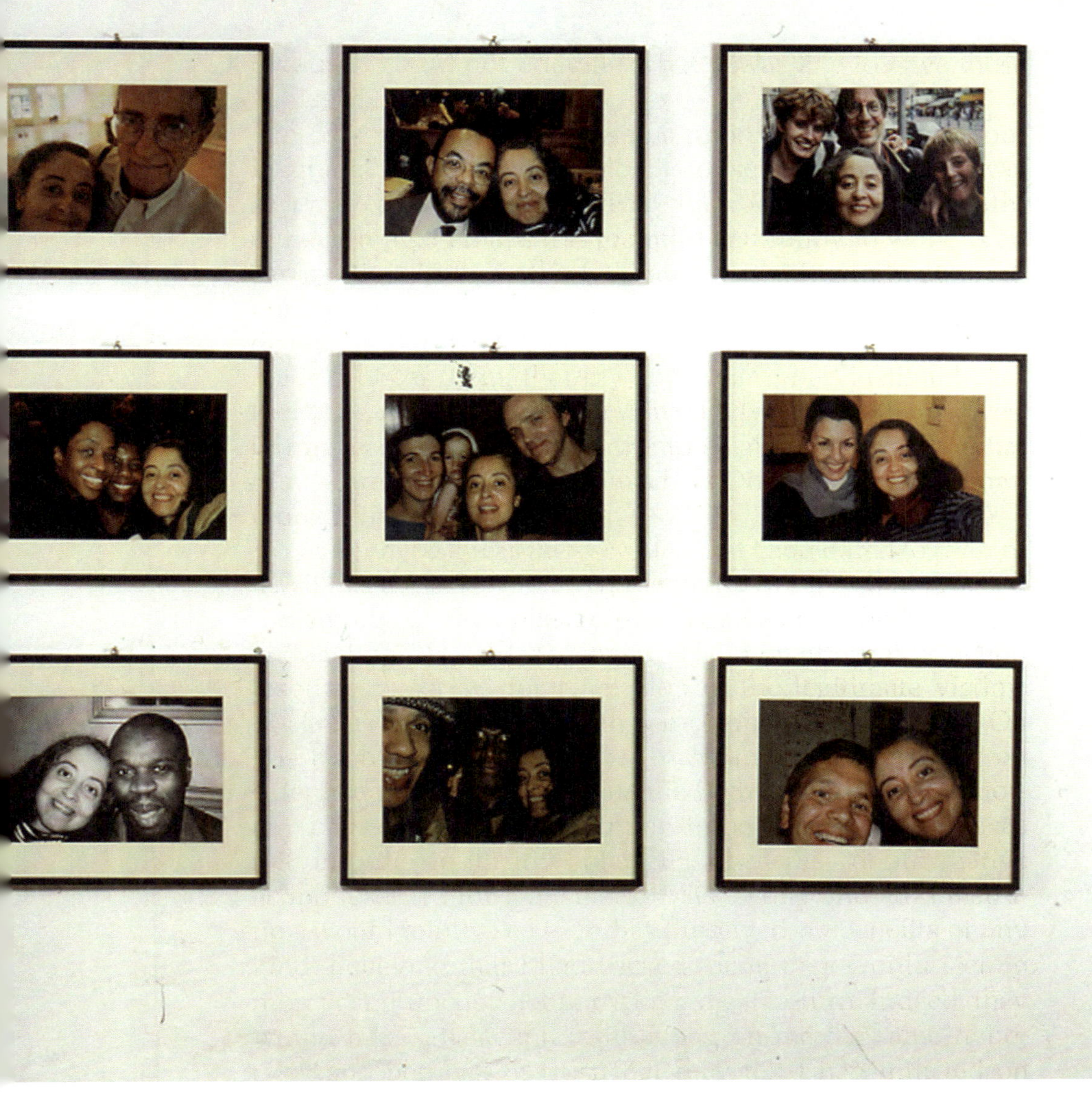

on my part—is what ultimately enraged them. So I am well aware of what a luxury it was (not a serious task at all, really) to have had to accustom myself, through the spiritual exercise that *Everything* enacted, to the reality behind the illusion of community that to so many of us damaged sprouts is already too familiar to be worth mentioning: the reality that in fact one has been alone, hurtling through empty space all along.

IL GALATEO DI VAFFANCULO (1992)

una nuova arma per quelli appena privati dei diritti
con cui elevare il loro prestigio ridotto
indebolendo quelli tra di voi
abbastanza sciocchi da entrare in amicizia con loro.

Con gli obblighi portati dall'amicizia,
l'occasione di masticarla
e sputarla fuori
sui pantaloni
evoca il loro lato meno attraente.

Parliamo della delicata tralicciatura di
progetti e credenze
sogni e aspettative
tutte estendendo minuscoli viticci in altre vite
tutte intrecciate con
altri piani e credenze
sogni e aspettative
tutte cucite insieme
in un reticolato leggero
a sostegno di azioni propositive
a sostegno del senso dato dalla rete.

Parliamo del delicato graticcio
quei trionfi di sospensione aerea
chiamati fiducia reciproca,
più della complessa intersezione dei nostri piani
quei numeri di equilibristi che sfidano la morte
chiamati cooperazione,
più dell'involontario nutrimento di ognuno da parte di tutti.

Parliamo del crollo di tutti ciò
in mucchi di fili e bastoni
montagne di filigrana sgualcita
lavorata da un brusco strappo al tappeto
al moment giusto naturalmente,
quando quello smilzo edificio di
aspettative intrecciate drizza le gracili antenne
per toccare
per disegnare

FUCK-YOU ETIQUETTE (1992)

a new weapon for the newly disenfranchised
    with which to elevate their diminished status
by diminishing those of you
    foolish enough to have befriended them.

With all the obligations friendship brings
the chance to chew it up
    and spit it out
    in your lap
calls up their less attractive side.

Let's talk about the tender latticework of
    plans and beliefs
    dreams and expectations
all branching tiny tendrils into other lives
all entwined with
    other plans and hopes
    dreams and expectations
all sewn together
in a gentle netting
supporting purposeful action
supporting the subtle meaning network gives.

Let's talk about delicate grillwork
those feats of airy suspension
    called mutual trust,
    more than the complex intersection of our plans
those death-defying balancing acts
    called cooperation,
    more than inadvertent nourishment to each from all.

Let's talk about the collapse of all that
    into heaps of thread and sticks
    mounds of crumpled filigree
wrought by a sharp tug on the rug
    at the right moment, of course,
    when that skinny edifice of
    interwoven expectations stretches out its puny feelers
to touch
to draw

per intrecciare ancora di più:

Parliamo della soddisfazione
di umiliare quell'ambizione
di guardare il tutto
        crollare,
        scendendo su spifferi flemmatici
        insieme a residui valori
        rotolando sotto il lavandino;
e di allontanarsi da tutto quello che da essa dipendeva.

Ma facciamo in modo che le parole che usiamo per parlarne
significano ancora qualcosa, poiché
esse, poi noi,
saranno le prossime a scomparire.

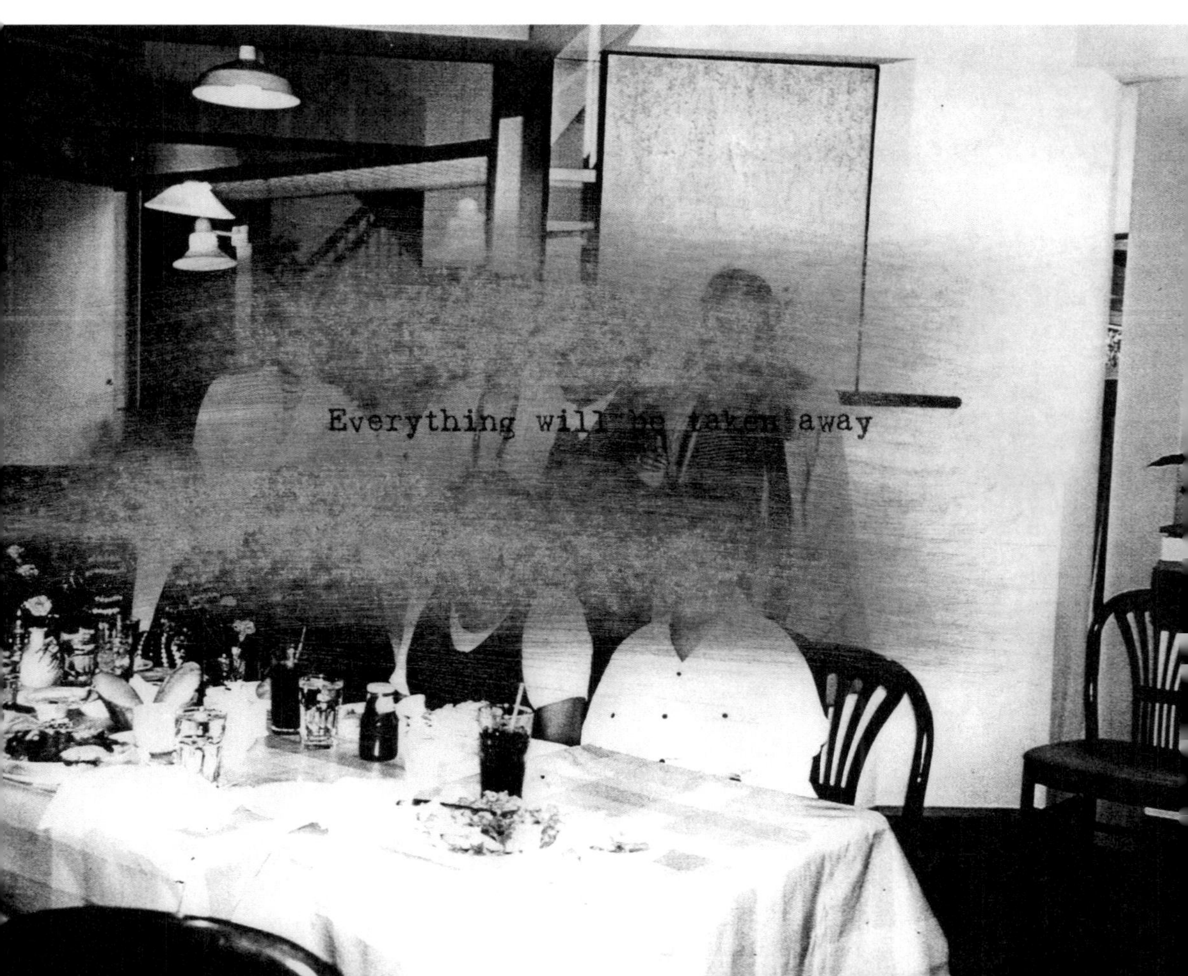

to interweave even more:

Let's talk about the satisfaction
of humiliating that ambition
of watching the whole thing
    come crashing down,
    wafting down on phlegmatic drafts
    along with some vestigial values
    rolling under the sink;
and of walking away from all that rode on it.

But let's make sure the words we use to talk about it
still mean something, since
they, then we,
will be the next to go.

7. "Morte" di cause naturali

Si tratta della videoregistrazione della performance di un pezzo di *endurance art* prodotta da me nell'agosto del 2002, un mese prima di essere messa in lista per riprendere le mie lezioni al College, e dopo un periodo di due anni di convalescenza in seguito agli interventi chirurgici. S'intitola *YOU/STOP/WATCH: A Shiva Japam.* Un japam è un mantra che puoi ripetere mille volte fin quando non avrai ristrutturato i tuoi percorsi neurali in vista dell'ultima liberazione offerta dalla morte, a chi è pronta ad affrontarla. Japam fa parte di una completa pratica yoga il cui obiettivo è arrivare all'ultima liberazione (non tonificare la pancia, per esempio, o come scusa per un appuntamento dopo la lezione del venerdì sera). Il mantra che ripeto in continuazione per quarantacinque minuti nel video è:

Sono in grado di sopportarlo.

A un certo punto della performance si trasforma, del tutto spontaneamente, in

Non sono in grado di sopportarlo.

Provocando una nuova crisi di pianto. Ma poi torna all'affermazione positiva. Anche la mia ripetizione dell'affermazione positiva è interrotta da crisi di pianto, ma una volta pure da una risata, che poi si scioglie in lacrime. Diedi istruzioni alla videografa di tenere la videocamera fissa su di me e di continuare a filmare, succedeva quello che doveva succedere. Non le dissi in anticipo quello che avevo intenzione di fare.

Mi feci venire le lacrime ricordandomi che nessuno – nessun individuo, nessuno dipartimento universitario, nessun istituto di ricerca – era arrivato come deus ex machina mio personale, pronto a liberarmi dall'obbligo di tornare in un ambiente che era riuscito quasi a uccidermi due anni prima. Allo stesso tempo, immaginavo la reazione che avrebbero avuto i miei genitori se fossero stati ancora vivi e avessero potuto assistere alla scena. Nell'occhio della mia mente, la visione delle loro facce che mi fissavano perplesse con aria afflitta mi trasmetteva la sensazione di aver tradito la loro fiducia, la loro speranza, le loro certezze sul mio conto. Alla fine, rimasta sola, indifesa, paralizzata di fronte alla campagna di ritorsione messa in moto dal College, mi sembrava di aver reso inutili gli sforzi della loro vita di attenta coltivazione, i loro tentativi di proteggermi e di armarmi in modo adeguato per affrontare assalti identici a questo. Mi sembrava di averli delusi. E questo mi faceva provare un senso di colpa e rimorso per averli traditi tali da farmi piangere.

7. "Death" From Natural Causes

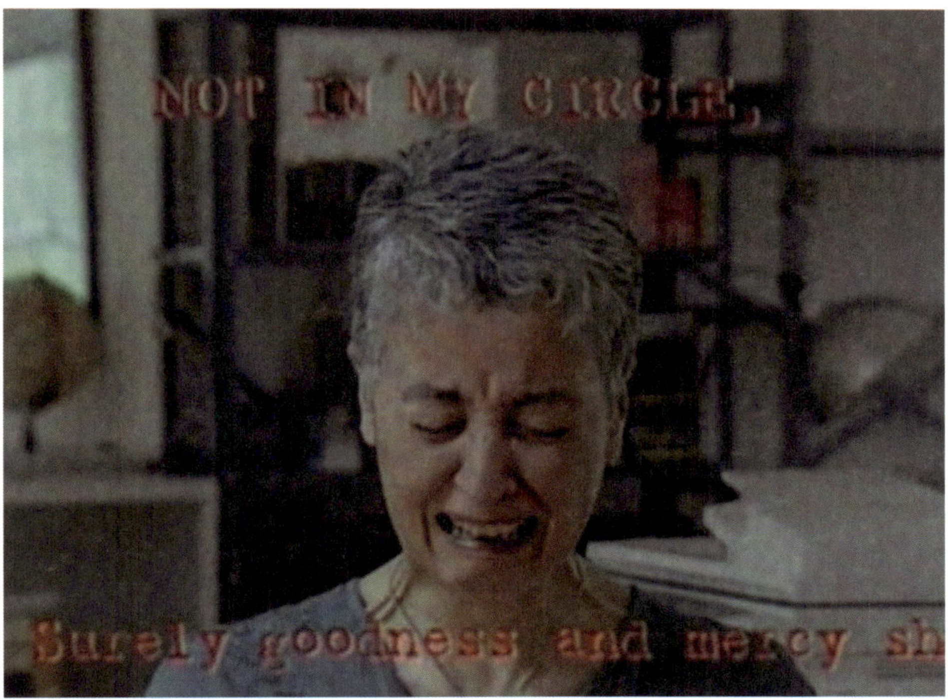

This is an endurance piece performance video I produced in August 2002, a month before I was slated to return to teaching at The College, after having spent two years convalescing from my surgeries. It is called *YOU/STOP/WATCH: A Shiva Japam*. A japam is a mantra that you repeat over and over until it restructures your neural pathways, in preparation for the ultimate liberation that death offers to those who are ready for it. Japam is part of a complete yoga practice, and ultimate liberation is what that practice is for (rather than, for example, firming one's tummy or getting a date after one's Friday evening yoga class). The mantra that I repeat over and over for 45 minutes in the video is:

I can take it.

At one point in the performance it becomes, quite spontaneously,

I can't take it.

This brings on a fresh burst of tears. But then it reverts back to the affirmative utterance. My repetition of the affirmative

In quel momento, stavo lottando contro la paura di avere un cancro e questa volta ero sicura che il College sarebbe riuscita a uccidermi. E così questo pezzo costituiva sia un modo per prepararmi alla morte sia per vincere i miei assassini dando forma artistica al mio dolore. Mi accorgo che la mia prima reazione al dolore, al rifiuto, al tradimento, all'abbandono è sempre di oggettivarla ed esternarla in una *cosa* il cui significato riesco poi a contemplare a distanza. Questi oggetti si concretizzano sempre nella mia mente spontaneamente, di loro iniziativa. Quasi come se un assalto al mio senso di autostima germogliasse automaticamente una rigenerativa produzione creativa che poi lo guariva, come nuove gemme e getti che crescono dal tronco di un albero i cui rami sono stati spuntati o spezzati. Il fatto che il College si dava pena di abbattermi e ostacolare il mio lavoro generava un'enorme riserva di materiale e ispirazione per questo pezzo. Non c'è da stupirsi che non piaceva per nulla ai colleghi e alle colleghe.

Come vedi, il College non è riuscita a uccidermi, almeno non fino al momento in cui scrivo. Ma ho evitato che lo facesse solo tenendo in mente il catalogo di timori di quello che sarebbe potuto e probabilmente sarebbe successo. Superata la paura del cancro, un'altra paura era quella di morire in un incidente stradale addormentandomi al volante durante il tragitto settimanale dal College. Me ne preoccupavo anche quando mi addormentavo al volante per davvero. Anche l'ansia non riusciva a tenermi sveglia. Ho sfiorato l'incidente in più occasioni, rischiando di tamponare l'auto davanti: una volta inchiodando a mancandola per un pelo, un'altra sbandando per evitarla e toccando la fiancata di un'auto che passava nella corsia destra. Non riuscivo proprio a stare sveglia, neanche mangiando una barretta di cioccolato contenente un bel po' di caffeina appena prima di partire. Per un breve momento presi in considerazione la possibilità di passare a stimolanti più forti, ma rinunciai a questa alternativa perché avrebbe significato Permettere a Loro di Vincere, da allora in poi PLV. Ovviamente, non stavo ragionando in modo lucido: sviluppare una dipendenza dal Dexedrine sarebbe stato PLV, ma non lo sarebbe stato anche morire in un incidente stradale per via della spossatezza?

Rimasi sorpresa per il gran numero di accorgimenti per stare sveglia si rivelavano inefficaci. Ascoltare musica ad alto volume non mi teneva sveglia. Ascoltare il giornale radio non mi teneva sveglia. Cantare non mi teneva sveglia. Respirare profondamente non mi teneva sveglia. Recitare mantra non mi teneva sveglia. Cioccolato e caffeina non mi tenevano sveglia. Mordermi la lingua fino a farla

utterance is also frequently interrupted by fits of sobbing, but also once by laughter, which then rapidly dissolves into tears. I instructed the videographer to just keep the camera on me and keep shooting, no matter what happened. I did not tell her in advance what I planned to do.

I elicited the tears by reminding myself that no one—no individual, no academic department, and no research institution—had arrived to be my deus ex machina, to rescue me from having to return to the environment that had almost succeeded in killing me two years earlier. Simultaneously, I envisaged my parents' reaction to this, had they been alive to witness it. This vision in my mind's eye, of their stricken faces, staring at me in puzzled misery, made me feel that I had betrayed their trust, their hope, and their confidence in me. By being in the end alone, defenseless, and paralyzed in the face of The College's campaign of retaliation, I felt I had rendered meaningless their life's work of careful cultivation, of trying to protect and adequately arm me for onslaughts precisely such as this one. I felt I had let them down. This made me feel guilt and remorse for having failed them, which made me cry.

At the time I was battling a cancer scare, and quite sure that this time, The College would succeed in killing me. So this piece was a way of both preparing for death, and also achieving victory over my killers, by giving artistic form to my pain. I notice that my first response to pain, rejection, betrayal, or abandonment is always to objectify and externalize it in some *thing* whose meaning I can then contemplate from a removed distance. These objects always materialize in my mind spontaneously, of their own accord. I never have to invent or search for them. It is almost as though an assault on my sense of self-worth automatically sprouts some regenerative creative output that heals it, much as new buds and shoots grow from the trunk of a tree whose branches have been clipped or broken. That The College went out of its way to break me and thwart my work itself engendered an enormous fund of material and inspiration for that work. No wonder my colleagues there disliked it so much.

As you can see, The College has not succeeded in killing me, at least not as of this writing. But I averted that only by keeping in mind my catalogue of fears of what could and probably would happen. After the cancer scare, another fear

sanguinare non mi teneva sveglia. Non funzionava nulla. La situazione peggiorava con il peggioramento del tempo, che non mi permetteva di accostare l'auto eventualmente per fare un sonnellino. L'unica volta che ci riuscii arrivò d'improvviso una grossa tormenta di neve e rischiai di morire assiderata in macchina. Per fortuna, la visibilità era talmente cattiva che fui tamponata da un'auto uscita di strada alle mie spalle. Altrimenti non mi sarei svegliata.

Temevo pure di morire in un incidente stradale a causa delle gomme, che si sgonfiavano in continuazione. Capitava solo durante il viaggio di ritorno, dal College a Capo Cod. E capitava ripetutamente, nonostante continue riparazioni e sostituzioni. Nelle giornate in cui avevo lezioni, parcheggiavo l'auto in a una sezione speciale riservata agli autisti disabili dietro la palazzina che ospitava il dipartimento di filosofia, in cui c'era il mio ufficio. Il giorno della settimana in cui restavo a dormire al campus, la lasciavo nel parcheggio del club dei professori del College dove pernottavo. Il primo receptionist del club mi chiamava ogni tanto per avvisarmi che la mia prenotazione era stata cancellata e la camera riassegnata a un addetto alle pulizie. Mentre effettuavo il check-in, sulle note della filastrocca infantile *Nyah nyah nyah-nyah nyah! Nyah nyah nyah-nyah nyah!*, il secondo mi canticchiava: "No-on ti vogliamo qui! No-on ti vogliamo qui!". Ne ho dedotto che entrambi i receptionist stavano semplicemente eseguendo degli ordini. Anche se nessuno lo sarebbe venuto a sapere, naturalmente, se avessero scelto di disattenderli. Poiché il mio ufficio e le aule in cui insegnavo erano ambienti amichevoli, mi ci chiudevo dentro il più possibile. Che partissi per casa in macchina dal parcheggio della palazzina che ospitava il dipartimento di filosofia o da quello del club, scoprivo sempre di avere le gomme sgonfiate dopo la partenza. Me ne accorgevo, per fortuna, prima di giungere all'autostrada, su un lungo tratto di strada che attraversava la città sul quale era possibile viaggiare abbastanza velocemente, e che era costeggiato da diverse stazioni di servizio. Dopo la seconda o la terza gomma sgonfiata, realizzai che era necessario ricontrollare le gomme non appena possibile dopo essere uscita dal campus del College e, in ogni caso, prima di entrare in autostrada.

was that I would be killed in an auto accident on the highway while falling asleep at the wheel during my weekly commute from The College. I worried about this even while falling asleep at the wheel. Even the anxiety did not keep me awake. I came close to that accident on occasion, rear-ending the car in front of me once, slamming on the brakes and barely missing once, swerving to avoid it and side-swiping the car in the right-hand lane once. I just could not stay awake, even after eating a caffeine-laced chocolate bar before getting on the road. I briefly considered stronger stimulants, but rejected that alternative because it would have meant Letting Them Win, henceforth LTW. Obviously I was not thinking clearly: becoming addicted to Dexedrine would have been LTW, but dying in a car crash from exhaustion would not?

I was surprised at how many devices for staying awake proved ineffective. Playing loud music did not keep me awake. Playing news radio did not keep me awake. Singing did not keep me awake. Deep breathing did not keep me awake. Chanting mantras did not keep me awake. Chocolate and caffeine did not keep me awake. Biting my tongue so hard it bled did not keep me awake. Nothing worked. The situation worsened when the weather got bad, because then I could not pull over to take a nap. Once a major snowstorm had hit very suddenly after I already had pulled over to take a nap. I almost froze to death in the car. Luckily, the visibility was so bad that I was rear-ended by a car that had slid off the road behind me. Otherwise I would not have woken up.

I also feared that I would be killed in an auto accident on the highway because of the flat tires I kept getting. These only happened on the return trip, from The College to Cape Cod. They happened repeatedly, despite repeated repairs and replacements of the tires. During the day while I was teaching, I parked my car behind the philosophy building where my office was located, in a special section reserved for drivers with physical disabilities. During the one night per week when I slept overnight on campus, I parked it in the parking lot of The College's faculty club. The first receptionist at the club called occasionally to inform me that my reservation had been cancelled and my room reassigned to a member of the cleaning staff. The second sang to me as I checked in, in that childish sing-song *Nyah nyah nyah-nyah nyah! Nyah nyah*

LASCIATA MORTA SULLA STRADA (2003)

M'identifico con gli animali investiti e lasciati morti per strada, specie quando sono morti da qualche giorno e i loro corpi schiacciati e infeltriti, con gli occhi fissi, cominciano ad assumere un aspetto secco e impolverato. Sono così piccoli. Dopo un po', le pellicce ricordano quelle sintetiche di cappotti di qualità scadente. Devi fare uno sforzo per ricordarti che una volta erano vivi. E che sarebbero vivi ora, se tutti gli altri non viaggiassero così velocemente.

Prego per gli animali investiti lasciati morti per strada perché sono innocenti. Spero sempre che morire non gli abbia fatto troppo male. Ma poi penso che siano fortunati perché ora è finita e sono liberi.

Una volta, andando al lavoro, sono andata a sbattere contro uno scoiattolo. Un'altra contro un opossum con una coda lunga da topo. Ho visto lo scoiattolo troppo tardi e ho deciso di non frenare. Pensavo fosse meglio ucciderlo in modo pulito e rapido piuttosto che rischiare di ferirlo gravemente. Ho sentito l'impatto. Non ho guardato indietro. Dopo qualche giorno me ne sono scordata e ora ci penso solo quando attraverso quel punto della strada. Ho provato a frenare invece per l'opossum. Grosso, grasso, lento. Ma anche in quel caso l'ho visto troppo tardi. Dopo l'esperienza con lo scoiattolo cercavo di fare attenzione ma non ha funzionato. Ero semplicemente troppo stanca. La macchina ha colpito l'opossum con un tonfo sciaguattante. Quando ho guardato indietro non l'ho più visto. Vuol dire che era tornato zoppicando nei boschi per morire. Non ho fermato la macchina. Dovevo arrivare al lavoro.

Gli animali investiti lasciati morti per strada sono sicuramente fuori.

Ecco un altro paio di foto che mi piacciono di me con la famiglia. Entrambe scattate il giorno di Natale del 1949 nell'appartamento di Washington Heights in cui sono cresciuta. Quella a sinistra ritrae me e lo zio Martin. Quella a destra ritrae me con Nana, la madre di Martin, e mia madrina, Myrtle Wallace, una delle migliori amiche di mia madre. Ho ancora l'orsacchiotto e la sedia a dondolo. Non so che fine abbia fatto la borsettina. Dal momento che i miei genitori conservavano tutto quello che creavo, indossavo, usavo o con cui giocavo, è probabile che si trovi da qualche parte nell'Archivio.

La mia paura maggiore era che stavo per morire di insufficienza epatica. Descrivendomi il decorso della malattia, il mio epatologo mi disse che era progressiva, irreversibile e mortale. Disse che, a poco a poco, mi sarei sentita sempre più stanca, e sarei rimasta sempre più immobilizzata a letto per via della lassitudine e lentezza che avevo lamentata dalla fine del primo anno al College. Trascorrevo sempre più tempo a dormire e trovavo sempre più difficile svegliarmi.

nyah-nyah nyah! melody, "You're no-ot wanted here! You're no-ot wanted here!" From this I inferred that both were merely following orders. Of course no one would have ever known, had they chosen to disregard those orders. My office and the classrooms where I taught were friendly environments, so I confined myself to them as much as possible. I drove my car home from both the Philosophy Department building and from the faculty club, and discovered flat tires after leaving from both locations. Fortunately I usually noticed them before I got on the highway, during a long stretch of road through the town where it was possible to go quite fast, and which contained several gas stations. After the second or third flat tire, I grasped that I had to double-check the tires as soon as possible after exiting The College campus, and in any case before getting on the highway.

ROAD KILL (2003)

I identify with road kill, especially after they have been dead for a few days, and their mashed and matted corpses with their staring eyes start looking dry and dusty. They are so little. After awhile their fur coats look like bad fake fur. You have to work to remember they were alive once. And that they would be alive now, if everybody else were not going so fast.

I say prayers for road kill, because they were innocent. I always hope dying did not hurt them too much. But then I think they are lucky because it is over now, and now they are free.

Once I hit a squirrel on my way to work. Another time it was an opossum with a long rat's tail. I saw the squirrel too late and decided not to brake. I thought it would be better to kill it cleanly and quickly rather than run the risk of wounding it badly. I felt the impact. I did not look back. After a few days I forgot about it, except when I pass that spot. I did try to brake for the big, fat, slow opossum. But again I saw it too late. I had been trying to pay attention after the squirrel, but it did not work. I was just too tired. My car hit the opossum with a squishy thud. When I looked back I did not see it. That meant it had limped off into the woods to die. I did not stop my car. I had to get to work.

Road kill are definitely outside.

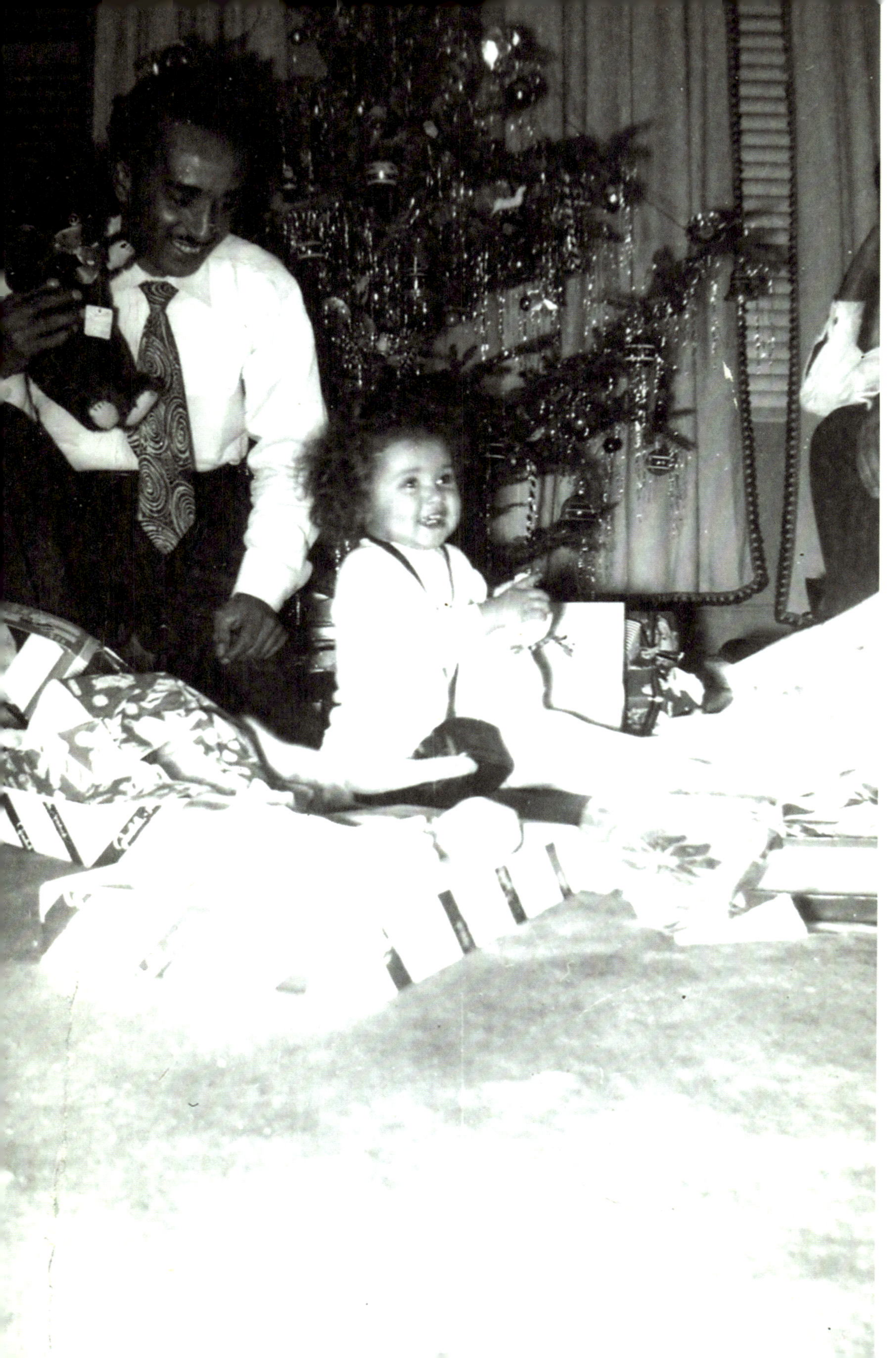

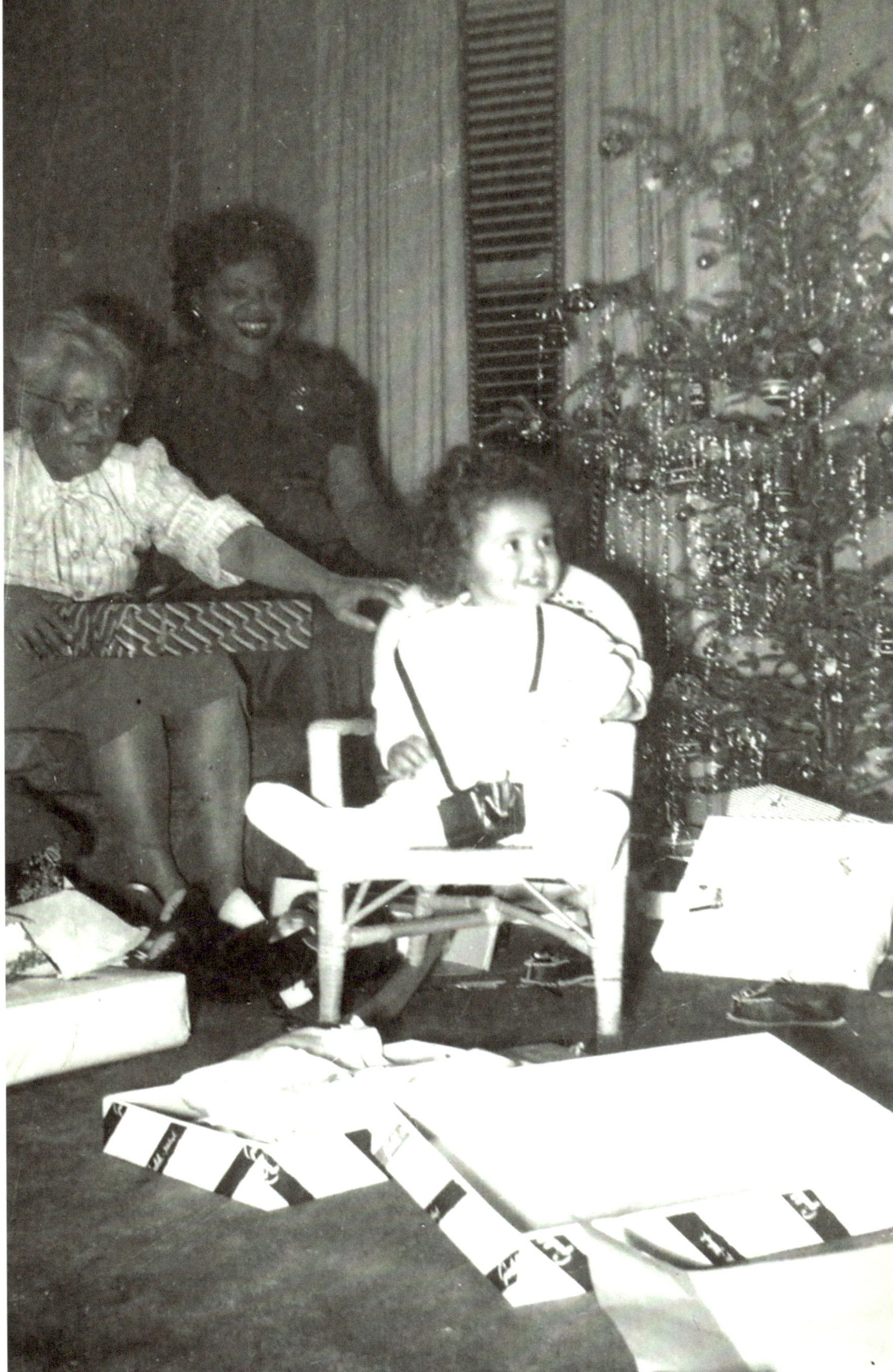

Leggere diventava più difficile man mano che perdevo la capacità di concentrarmi. Anche la mia memoria e la mia capacità di eseguire compiti semplici, tipo cucinare, fare la doccia e rifare il letto, si compromettevano sempre di più. Alla fine, sarei entrata in coma e non ne sarei più uscita. Se avessi pensato per tempo di dare esecuzione a un testamento biologico con l'ordine di non rianimare, cosa che feci, sarei morta in modo naturale.

La diagnosi ufficiale era di fibrosi epatica criptogenetica portale stadio f-2. Ciò significa che le cellule del mio fegato si stavano indurendo e morendo ma che i medici non ne conoscevano la causa. A me la causa era ovvia. Ero letteralmente bruciata, con il fegato fritto, per aver fatto tre lavori a tempo pieno per più di un decennio. Ero crollata per l'esaurimento fisico almeno una volta all'anno da quando avevo cominciato a insegnare al College. Alla fine, ero stata ricoverata per un mese nell'autunno del 2000 e sottoposta agli interventi resi necessari dall'appendicite, dalla peritonite, dalle aderenze addominali. La guarigione dall'ultimo intervento richiese un periodo di circa otto volte quello previsto di tre mesi. Trascorsi così i due anni successivi a sottopormi a esami per capirne il perché mentre, nello stesso tempo, lottavo contro gli ostinati tentativi del College di annullare la mia assicurazione sanitaria. Dal momento che il College mi aveva accusata pubblicamente di simulare la malattia, accolsi quella diagnosi con un misto di sollievo, gioia, e un senso di giustificazione. La morte non avrebbe confutato l'accusa del College? O avrebbero affermato che avevo simulato pure quella?

Sebbene non volessi morire in un cruento incidente autostradale (poiché avrebbe significato PLV), pensavo che l'insufficienza epatica potesse costituire un modo non tanto malvagio di passare a miglior vita. E volevo passarci di sicuro, per srotolarmi al più presto e più velocemente possibile. Ma, alla fine, non perché il College mi stava logorando, portandomi a PLV. No, non era il College che mi stava logorando. Il College era un branco di minuscole piranha che schizzavano qua e là nel loro minuscolo acquario; roba da poco rispetto a tutte le fetide alghe di stagno che avevano inquinato la mia vita ormai. A quel punto ero così schifata da quasi tutti quelli che conoscevo che dovevo fuggirne a tutti i costi, non volevo mai più sentirmi contaminata dalla loro presenza. Morire di insufficienza epatica pareva un'opportunità attraente. La parola in sanscrito per questo stato mentale è *djugupsa*. Nel suo commento alla *Brhadaranyaka Upanisad*, Shankara dice che costituisce un requisito indispensabile per intraprendere sul serio il lavoro spirituale che, alla fine, porta all'ultima liberazione.

Here are another couple of pictures of me and my family that I like. Both were taken on Christmas Day of 1949, in the apartment in Washington Heights where I grew up. The one on the left is of me and Uncle Martin. The one on the right is of me with Nana, Martin's mother, and my godmother, Myrtle Wallace, one of my mother's best friends. I still have the teddy bear and the rocking chair. I do not know what happened to the purse. As my parents saved everything I ever made, wore, used, or played with, it is probably somewhere in the Archive.

My very worst fear was that I was going to die of liver failure. My hepatologist described to me the course of the disease, which, he said, was progressive, irreversible and fatal. Gradually, he said, I would become more and more tired, more and more pinned to my bed by the lassitude and sluggishness I had been complaining about since the end of my first year at The College. I would spend more and more time sleeping, and would find it harder and harder to wake up. Reading would be become harder as I lost the ability to concentrate. My memory and my ability to execute simple tasks, such as cooking, showering, and making my bed, also would be increasingly compromised. Eventually I would go into a coma, from which I would not emerge. If I had taken care in time to execute a Do-Not-Resuscitate Living Will, which I did, eventually I would die naturally.

The official diagnosis was Cryptogenic Stage 2 Portal Liver Fibrosis. That means the cells of my liver were hardening and dying but the doctors did not know the cause. To me the cause was obvious. I was literally burned out, fried liver, from having worked three full-time jobs for over a decade. I had been collapsing from physical exhaustion at least once each year since I had begun teaching at The College. I had finally landed in the hospital for a month in the fall of 2000, for surgeries necessitated by appendicitis, peritonitis and intestinal adhesions. My recovery from the last surgery had taken roughly eight times as long as the predicted three months. So I spent the next two years getting tested to find out why, while fighting The College's persistent attempts to cancel my health insurance. Because The College had publicly accused me of malingering, I greeted this diagnosis with relief, joy, and a feeling of vindication: Surely my dying would disprove The College's accusation? Surely they could not claim I had faked that?

VOI UMANI (1996)

VOI UMANI
VOI STUPIDI PICCOLI NESSUNO
CON I VOSTRI PICCOLO STUPIDI BISTICCI
I VOSTRI PICCOLISSIMI GIOCHI DI POTERE
LE VOSTRE PICCOLE PATETICHE MANOVRE
I VOSTRI MINUSCOLI OTTUSI ODI
I VOSTRI PICCOLI RIDICOLI SCATTI DI RABBIA OMICIDA
I VOSTRI PICCOLI MALEVOLI INTRIGHI
I VOSTRI SUSCETTIBILI SENTIMENTI
LA VOSTRA FATUA ESISTENZA È UN'OFFESA ALL'UNIVERSO.

I VOSTRI PICCOLI ISTERICI MICROBI GONFI
CON LE VOSTRE PICCOLISSIME VENDETTE
IL VOSTRO MINUSCOLO EGOCENTRISMO
LA VOSTRA STUPIDA CORSA ALLA PRESUNZIONE
IL VOSTRI VACUI ATTEGGIAMENTI PUBBLICI CHE NON INGANNANO NESSUNO
LA VOSTRA RIDICOLA DEVOZIONE ALL'ACCUMULO
LA VOSTRA PATETICA BRAMA DI INGURGITAMENTO
LA VOSTRA INTERMINABILE RICERCA DI SCORTE INFINITE
IL VOSTRO APPETITO SENZA FONDO PER IL RIDICOLO COSMICO

VOI INSETTI UMANI IDIOTI
CON LA VOSTRA COMICA OSSESSIONE DA FORMICA
CON I VOSTRI PICCOLISSIMI SPINOTTI E PRESINE
SFREGANDOLI E SOLCANDOLI
FACENDOLI URTARE GLI UNI CONTRO LE ALTRE
FACENDOLI SFREGARE AD ALTRI
COSTRINGENDO ALTRI A SOLCARLI
CANTANDO CANZONI DI SOLCHI
SCRIVENDO TOMI SUI SOLCHI
FACENDO ARTE SUI SOLCHI
ERIGENDO MONUMENTI AI SOLCHI
FONDANDO DINASTIE SOCIALI SUI SOLCHI
TROVANDO AUTOSTIMA NEI SOLCHI
PACE DELL'ANIMO NEI SOLCHI
SOLIDARIETÀ SOCIALE
ISPIRAZIONE DIVINA NEI SOLCHI
SENSO ESISTENZIALE NEI SOLCHI
I VOSTRI PICCOLI PIETOSI SPINOTTI E PRESINE.

Although I did not want to die a bloody, highway car crash death (since this would have been LTW), I also did not think liver failure would be such a bad way to go. And I definitely did want to go, to unspool as soon and as quickly as possible. But not because The College was wearing me down to LTW after all. It was not The College that was wearing me down. The College was a school of tiny little piranha fish, darting here and there in their tiny little tank; small change compared to all of the other pond scum that by then had polluted my life. By that time I was so disgusted with virtually everyone I knew that I had to get away from all of them at all costs, and never again feel defiled by their presence. Dying of liver failure seemed an attractive opportunity. The Sanskrit word for this mental state is *djugupsa*. Shankara says in his commentary on the Brihadaranyaka Upanishad that it is a necessary prerequisite for undertaking in earnest the spiritual work that eventually leads to ultimate liberation.

YOU HUMANS (1996)

YOU HUMANS
YOU STUPID TINY NOTHINGS
WITH YOUR STUPID LITTLE SQUABBLES
YOUR TEENY WEENY POWER PLAYS
YOUR PATHETIC LITTLE MANEUVERINGS
YOUR TINY DIMWITTED HATREDS
YOUR RIDICULOUS LITTLE MURDEROUS RAGES
YOUR SPITEFUL LITTLE INTRIGUES
YOUR EASILY WOUNDED FEELINGS
YOUR FATUOUS EXISTENCE IS AN OFFENSE TO THE UNIVERSE

YOU HYSTERICAL PUFFED-UP LITTLE MICROBES
WITH YOUR ITTY BITTY VENDETTAS
YOUR TINY SELF-ABSORPTION
YOUR SILLY SCRAMBLE FOR SELF-IMPORTANCE
YOUR INANE PUBLIC POSTURINGS THAT FOOL NO ONE
YOUR LUDICROUS DEVOTION TO ACCUMULATION
YOUR PATHETIC CRAVING FOR ENGORGEMENT
YOUR UNENDING QUEST FOR THE INFINITE STOCKPILE
YOUR BOTTOMLESS APPETITE FOR THE COSMICALLY RIDICULOUS

VOI PICCOLI RANOCCHIETTI
VOI ZAMPETTANTI VERTEBRATI IDIOTI
CON LE VOSTRI ARMI GIOCATTOLO DA AVANSPETTACOLO
CHE SCOPPIANO REGOLARLMENTE NELLE VOSTRE FACCINE SORRIDENTI
FACENDO PICCOLI MASSACRI L'UNO DELL'ALTRO COME SCARAFAGGI
FACENDO A PEZZI TESTE E CUORI E MANI DISTESE
CANCELLANDOVI VOI MINUSCOLI NANEROTTOLI DALLA CARTINA GEOGRAFICA
PER FAR SFREGARE E SOLCARE E SPINGERE
I VOSTRI PICCOLI PATETICI SPINOTTI E PRESINE A RICHIESTA
FACENDO LA GUERRA PER SOLCARE IN SPLENDORE
SACRIFICANDO TUTTO PER SOLCARE E SOLCARE E SOLCARE

VOI STUPIDI UMANI OTTUSI
AVETE MANDATO TUTTO AL DIAVOLO
AVEVATE IL DONO DIVINO DI DISCRIMINAZIONE
AVRESTE POTUTO SAPUTO TUTTO
AVRESTE POTUTO ESSERE TUTTO
AVRESTE POTUTO FARE QUALSIASI COSA
INVECE
L'AVETE USATO PER COSTRUIRE PICCOLISSIME GERARCHIE SOCIALI
PICCOLI SVAMPITI DISTINTIVI DI PLASTICA DI RELATIVO VALORE
MINI MIINUSCOLI OLEOSI GRADI DI ESCREMENTI DI EGO
PICCOLI RIDICOLI REGNI COMICI DI BUFFONESCO EGOTISMO
NON SOPPORTAVATE DI ESSERE NESSUNO
IN UN UNIVERSO DI TUTTO
COSÌ AVETE SOGNATO UN INCUBO DI NULLA
IN CUI ERAVATE TUTTO
MA NON ABBASTANZA
NO MAI ABBASTANZA
MAI MAI ABBASTANZA

VOI PICCOLI UMANI SCIOCCHI
VOI PICCOLI LETALI IRASCIBILI BUFFONI DI CORTE TARDI DI MENTE
VOI PARODIE DI ORGOGLIO E DIGNITÀ ANIMALE
UN TERRIBILE SPRECO DI TEMPO
NOIOSI
RIDICOLI
INCOMPETENTI
PICCOLISSIMI STUPIDISSIMI PERICOLOSISSIMI
UNA DIGRAZIA IN OGNI MODO
UNA DELUSIONE COSTOSA

YOU MORON HUMAN INSECTS
WITH YOUR ANTLIKE COMIC OBSESSION
WITH YOUR TEENY WEENY LITTLE PLUGS AND SOCKETS
RUBBING AND RUTTING THEM
BUMPING THEM TOGETHER
GETTING OTHERS TO RUB THEM
FORCING OTHERS TO RUT THEM
SINGING SONGS ABOUT RUTTING
WRITING TOMES ABOUT RUTTING
MAKING ART ABOUT RUTTING
BUILDING MONUMENTS TO RUTTING
FOUNDING SOCIAL DYNASTIES ON RUTTING
FINDING SELF-WORTH IN RUTTING
PEACE OF MIND IN RUTTING
SOCIAL SOLIDARITY IN RUTTING
DIVINE INSPIRATION IN RUTTING
EXISTENTIAL MEANING IN RUTTING
YOUR PITIFUL LITTLE PLUGS AND SOCKETS

YOU PUNY LITTLE RUNTS
YOU IDIOTIC SCAMPERING VERTEBRATES
WITH YOUR TINY SLAPSTICK GADGET WEAPONRY
THAT REGULARLY BLOWS UP IN YOUR GRINNING LITTLE FACES
CONDUCTING ITSY BITSY LITTLE COCKROACH MASSACRES
OF ONE ANOTHER
HACKING HEADS AND HEARTS AND OUTSTRETCHED HANDS
WIPING YOUR TINY DIZZY MIDGET SELVES CLEAN OFF THE MAP
TO GET YOUR PATHETIC LITTLE PLUGS AND SOCKETS
RUBBED AND RUTTED AND JERKED ON DEMAND
WAGING WAR TO RUT IN SPLENDOR
SACRIFICING EVERYTHING TO RUT AND RUT AND RUT AND RUT

YOU STUPID WITLESS HUMANS
YOU BLEW IT
YOU HAD THE DIVINE GIFT OF DISCRIMINATION
YOU COULD HAVE KNOWN EVERYTHING
YOU COULD HAVE BEEN EVERYTHING
YOU COULD HAVE DONE ANYTHING
INSTEAD
YOU USED IT TO BUILD ITTY BITTY LITTLE PECKING ORDERS
LITTLE AIRHEAD PLASTIC BADGES OF COMPARATIVE WORTH
TEENY TINY OLEAGINOUS GRADES OF EGO-DROPPINGS

TROPPO SI RISCHIA NULLA SI GUADAGNA
È ORA DI PORTARE A TERMINE QUESTO PROVINO POCO INTERESSANTE
MA LASCIAMO PROVVEDERE A VOI

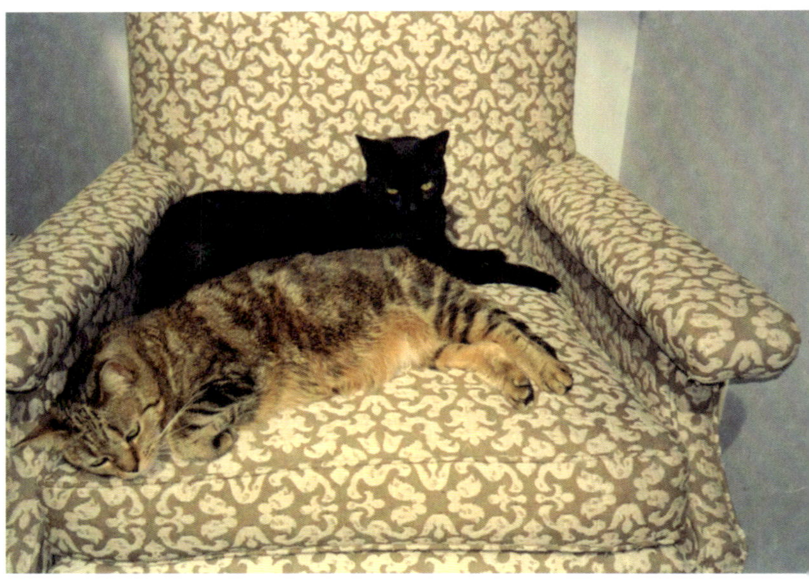

Purtroppo, morendo non avrei avuto nessuno cui affidare i miei gatti. Solo il pensiero di Ginger e Kali–eccoli–mi dava la forza per tornare a casa tutte le settimane. E così decisi almeno di vivere più a lungo di entrambi. Continuavo a prendere vitamine e medicine a base di erbe, a fare yoga e meditazione, portavo avanti le mie cause e il mio lavoro. Mi ripromettevo di finire il mio libro *Rationality and the Structure of the Self* prima di ammalarmi troppo o di essere troppo demoralizzata dalla realtà della mia situazione per credere in quello che scrivevo. Mi ricordai che se non fossi riuscita a finire *Rationality and the Structure of the Self* prima di morire, sarei dovuta tornare indietro per rifare tutto la prossima volta, una prospettiva davvero orribile. Continuavo inoltre a sviluppare i miei piani per andarmene dal Paese. E mi rassicuravo con il pensiero che, in un modo o in un altro, avrei abbandonato questo luogo, per sempre e presto.

Il College aveva respinto le raccomandazioni congiunte dei mei quattro medici per quanto riguardava gli orari di insegnamento che avrei dovuto seguire per evitare una "rapida deteriorazione" della mia malattia epatica. Era un modo per comunicarmi che tenermi in vita non valeva più il costo di adattare gli orari stabiliti alla mia malattia. Poiché si trattava di una violazione legale della

PUNY LITTLE COMEDY KINGDOMS OF BUFFOON SELF-WORSHIP
YOU COULDN'T STAND BEING NOTHING
IN A UNIVERSE OF EVERYTHING
SO YOU DREAMED A NIGHTMARE OF NOTHING
IN WHICH YOU WERE EVERYTHING
BUT NOT ENOUGH
NO NEVER ENOUGH
NEVER EVER ENOUGH

YOU SMALL DUMB HUMANS
YOU DULL-WITTED BAD-TEMPERED LETHAL LITTLE COURT JESTERS
YOU MOCKERIES OF ANIMAL PRIDE AND DIGNITY
A TERRIBLE WASTE OF TIME
BORING
RIDICULOUS
INCOMPETENT
VERY TINY VERY STUPID AND VERY DANGEROUS
A MISFORTUNE IN EVERY WAY
AN EXPENSIVE DISAPPOINTMENT
TOO MUCH VENTURED NOTHING GAINED
IT'S TIME TO TERMINATE THIS UNINTERESTING AUDITION
BUT WE'LL LET YOU TAKE CARE OF THAT

Unfortunately dying would also leave me with no one I could trust to take care of my cats. The thought of Ginger and Kali—here they are—was what got me back home each week. So I resolved to at least outlast both of them. I plodded on with my vitamins, my herbs, my yoga and meditation, my lawsuits, and my work. I promised myself I would complete *Rationality and the Structure of the Self* before I got too sick to work on it, or too demoralized by the facts of my situation to believe in what I was writing. I reminded myself that if I did not finish *Rationality and the Structure of the Self* before I died this time, I would have to come back and do it all over again next time, a truly horrible prospect. I also continued developing my plans to leave the country. And I reassured myself with the thought that, one way or another, I was going to leave this place, permanently and soon.

The College had rejected my four doctors' joint recommendations as to the teaching schedule I should maintain in order to avoid a "rapid deterioration" in my liver disease.

pratica adottata in precedenza nell'ambito del mio caso, sapevo che il College non avrebbe rischiato di metter per iscritto quel rifiuto, a meno che non potesse contare su molte altre persone disposte ad appoggiarlo, quali giornalisti e avvocati e mediatori e giudici e giurie presso i tribunali americani.

Questo mi diede un'intuizione su uno dei motivi che portano al suicidio che mi convinse di non tentarlo. La suicida finisce per credere–a torto o a ragione–di fare semplicemente quello che, in realtà, gli altri vogliono o sperano che faccia, sicché uccidendosi obbedisce ai desideri della propria comunità e ne guadagna l'approvazione. Ciò trasforma i suoi sentimenti di mancanza di dignità e disperazione in sentimenti di fermezza e appartenenza. Questi sentimenti la portano a compiere un atto che, secondo lei, li risolverà e porterà pace. Anche il messaggio trasmessomi dal College mi portò a questa convinzione: credevo veramente di volermi uccidere. Credevo, e credo ancora, che il College volesse–vuole–la mia morte senza essere implicato nelle cause. Ma la mia reazione fu differente. Rifuggivo la tentazione di fare la pace con malevolenza o di trovare una ragione per soddisfare la volontà di sterminio da parte del College. Anzi, era la spudoratezza del College che intensificava la mia paura per la vita e alimentava i miei tentativi frenetici di fuggire.

Non era la prima volta in quel periodo che il mio desiderio di farla finita fu impedito, istintivamente, dall'impulso, biologicamente più forte, di sopravvivere. Si tratta di un impulso interessante, che dà l'impressione di essere completamente impersonale, e che funziona, appunto, in modo molto interessante e impersonale. Avrai fatto la pace con tutto e tutti, avrai sistemato tutti i tuoi affari. Sentirai spegnersi lentamente la tua energia, la tua conoscenza, la tua forza vitale. E con gratitudine ti arrenderai senza resistere, solo rilassandoti e aspettando che cali il silenzio sul teatro mentre si svuota e l'ultimissima spettatrice, tu, ne esce. Ma poi, proprio quando meno te l'aspetti o la vuoi, arriva una scossa galvanizzante, assolutamente irrazionale che ti riporta dentro, che riporta dentro tutto; che ti fa sentire la tua morte imminente come qualcosa da temere e cui resistere anziché da accogliere. Credo che questa scossa dimostri che, spiritualmente, non sei ancora pronta per passare a cose migliori.

It thereby communicated to me that keeping me alive was no longer worth the cost of adjusting its standard teaching schedule to accommodate my illness. Because this was a legal violation of its previous practice in my case, I knew The College would not have risked putting that refusal in writing unless it could count on many other people to back it, such as journalists and lawyers and mediators and judges and juries in American courts of law.

This gave me insight into one motive behind suicide that fortified me against it. The suicide comes to believe—whether rightly or wrongly—that she is only doing what others in reality want her to do or are hoping she will do; so that in killing herself she is obeying the wishes of her community and gaining its approval. This transforms her feelings of worthlessness and despair into feelings of purpose and belonging. These feelings move her to commit the act that she believes will resolve them and bring peace. The College's message also led me to this belief: I did feel that it wanted me to kill myself. I believed, and still do believe, that The College wanted—wants—my death without being implicated in its causes. But my reaction was different. I recoiled from the temptation to make peace with malevolence or find purpose in satisfying its will to extermination. Instead, The College's brazenness intensified my fear for my life and fueled my frantic attempts to escape.

This was not the first time during this period that my rational desire to have done with all of it had been instinctively thwarted by a biologically stronger compulsion to survive. It is a very interesting compulsion that feels completely impersonal, and that functions in a very interesting and impersonal way. You can have made your peace with everything and everyone, and have put all of your affairs in order. You can feel your energy, your consciousness, and your life force slowly slipping away. And you can gratefully surrender to that without resisting, simply relax into it and wait for all of the lights to dim, the theater to grow quiet and empty, and the very last spectator, namely you, to leave. And then, just when you least expect or want it, there is that galvanizing, utterly irrational jolt that brings you back in, brings all of it back in; that makes you believe your impending death is something for you to fear and resist rather than to welcome. I believe this jolt demonstrates that spiritually, you are not yet ready to move on to better things.

L'opossum che tornò zoppicando nei boschi per morire non morì da solo, ma nessuno guardava. Il resto della natura era lì. Lasciò che morisse, che diventasse una parte diversa di sé. Ma quando muori nell'arena, muori sola e guardano tutti. Ti fanno morire, ti fanno diventare una cosa.

Sei più fuori, più sola, quando sei accerchiata da persone che ti guardano morire, che aspettano che tu muoia, che vogliono che sia già tutto finito, che ti fanno morire. Perché poi sei perfino fuori da te stessa. Vedi attraverso i loro occhi la cosa cui ti riduce il loro sguardo. Senti i loro desiderio di alimentarsi della cosa che hanno fatto. Senti che stai diventando il loro vuoto, e la loro rabbia frenetica perché non sono in grado di riempirlo.

Poi il tuo disgusto ti respinge fuori dall'arena stessa. Questa si rimpicciolisce e appare sciocca mentre te ne allontani indietreggiando. I movimenti delle persone appaiono bruschi, casuali, automatici. Con le loro parole e pettegolezzi sciamano sopra e intorno alla cosa immobile cui ti hanno ridotta. Strappano pezzi e li trascinano via per ingozzarsi in privato, lontano dal tuo fisso sguardo morto. Ma non gli passa mai per la mente di uscire dall'arena. A cosa servirebbe.

Tra le foto con la famiglia, questa, fatta a St. Nicholas Place, il Giorno del Ringraziamento del 1952, è forse la mia preferita. Da sinistra, si vedono: mia madre e mio padre; la moglie dello zio materno Frank, zia Naomi; Nana, mia nonna materna; il suo secondo figlio, lo zio Martin; Aston Oxley, il figlio di Rosa, la sorella; e me. La foto fu scattata dallo zio Frank. Mio padre stringe mia madre col braccio destro e le pone la mano destra sul braccio destro. Nana è seduta a capotavola, circondata dalla famiglia. Io sono in fondo

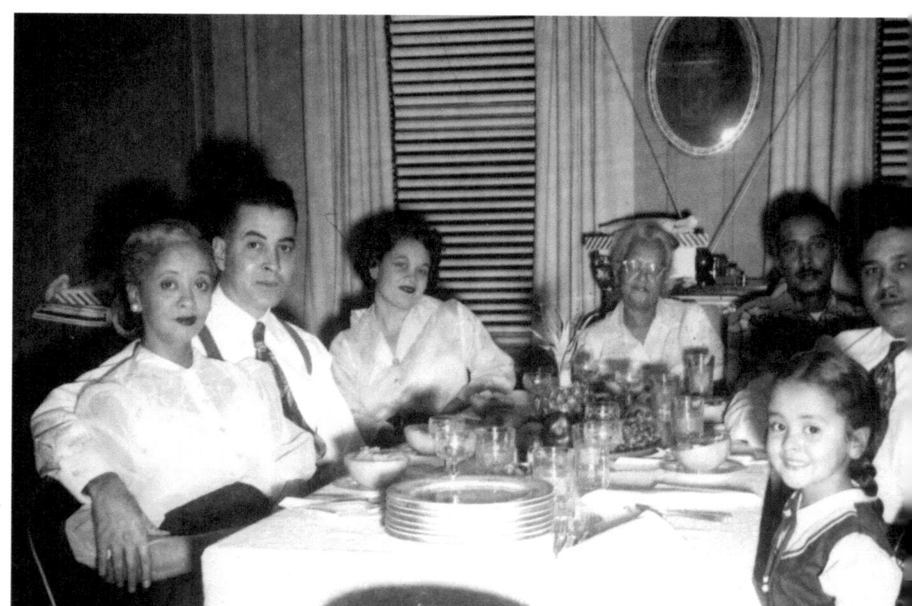

THE ARENA (2003)

The opossum that limped into the woods to die did not die alone, but no one was watching. The rest of nature was there. It let her die, let her become a different part of it. But when you die in the arena, you die alone, and everyone is watching. They make you die, make you into a thing.

You are more outside, more alone when encircled by people watching you die, waiting for you to die, wanting you to get it over with, making you die. Because then you are even outside of yourself. You see through their eyes the thing their gaze makes of you. You feel their desire to feed off the thing they have made. You sense yourself becoming their emptiness, and their frenzied rage at not being able to fill it.

Then your disgust repels you to outside of the arena itself. It becomes small and silly as you back away from it. People's movements look herky-jerky, random, automatic. With their words and gossip they swarm all over and around the motionless thing they have made of you. They tear off pieces, drag them off to gorge in private, away from your dead, fixed glare. But it never occurs to them to climb out of the arena. What would be the point.

This is probably my favorite picture of me with my family, taken in my parent's apartment on St. Nicholas Place, Thanksgiving Day of 1952. From your left you see my mother and father; my maternal Uncle Frank's wife, Aunt Naomi; Nana, my maternal grandmother; her second son, my Uncle Martin; Aston Oxley, Nana's sister Rose's son; and me. The picture was taken by Uncle Frank. My father is embracing my mother in his right arm, his right hand on her right arm. Nana sits at the head of the table, surrounded by her family. I am at the foot of the table, on my best behavior, practicing good posture and proper dinner etiquette. One reason I like this picture so much is because I see a sprout that is both new and also very much enfolded into this otherwise very grown-up fabric. I see myself being taken seriously as a member of this group, not only loved but also respected; allowed to participate in Thanksgiving dinner and held to the same social standards, at least until I got tired and my parents put me to bed.

alla tavola, comportandomi in modo inappuntabile, dando prova di buona postura e galateo. Un motivo per cui questa foto mi piace tanto è perché vedo in me un germoglio che è sia nuovo sia ben avvolto in un tessuto altrimenti molto adulto. Mi vedo presa sul serio come appartenente a un gruppo, non solo amata ma anche rispettata; ammessa a partecipare alla cena di Ringraziamento e tenuta a rispettare le stesse norme sociali, almeno fino a quando non mi stancai e i miei mi misero a letto.

Non vorrei dare l'impressione che, crescendo, i miei genitori mi amassero di meno, anche se avrebbero avuto tutte le ragioni per farlo durante la mia adolescenza. Ma anche allora e successivamente continuavano a mandarmi brevi note di incoraggiamento per dirmi com'erano orgogliosi dei miei successi, per incitarmi, per esprimere il loro amore e la loro ammirazione e, indirettamente, la loro soddisfazione, vedendomi conquistare territori che erano stati vietati a loro. Qui siamo alla Heidelberger Schloß durante un loro viaggio in Europa nel 1978, mentre io studiavo per la laurea in Filosofia presso l'Università di Heidelberg.

Ecco una foto, tratta dalla serie *I Am Some Body*, di me e di mia madre poco prima della sua morte per enfisema nel 1994. Prendersi cura di lei nei suoi ultimi due anni fu la cosa più importante che abbia mai fatto. I colleghi e colleghe del dipartimento di Filosofia mi aiutavano, sostituendomi nelle lezioni e permettendomi di riorganizzare il mio orario per poter vivere con mia madre a Capo Cod e di fare la pendolare, viaggiando al College per fare lezione. Secondo il tradizionale protocollo gestionale, non avevano nulla da obiettare quando si trattava di dare il loro sostegno a quello che percepivano

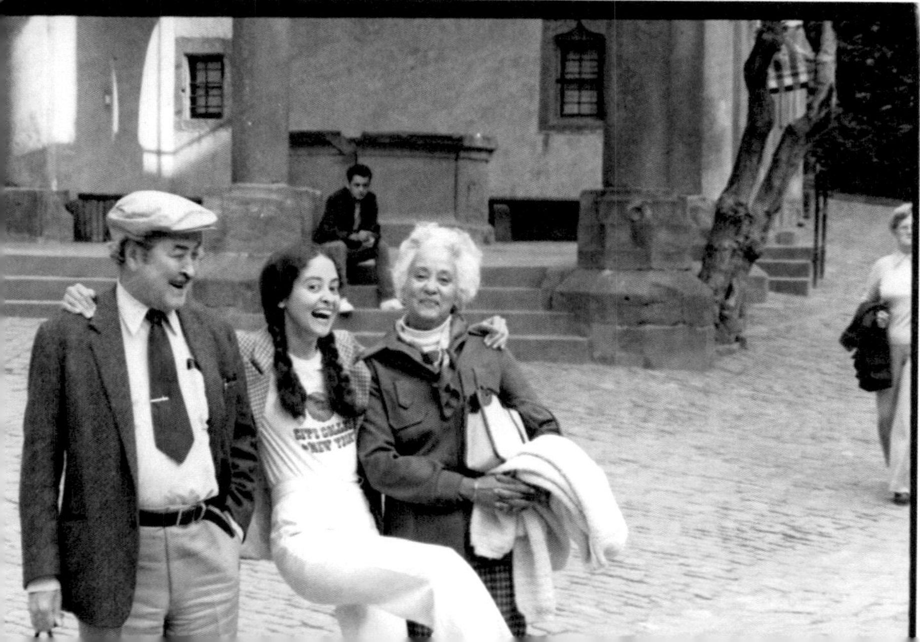

I would not want to give the impression that my parents loved me less as I grew older, although during my teenage years they had every reason to. Even then and ever after, they were always sending me little notes of encouragement, telling me how proud they were of my achievements, urging me on, expressing their love and admiration and—indirectly—their satisfaction at watching me conquer territory that had been off limits to both of them. Here we are at the Heidelberger Schloß in 1978, during their tour of Europe while I was doing graduate study in philosophy at the University of Heidelberg.

This is a picture of me and my mother shortly before her death from emphysema in 1994, from the *I Am Some Body* series. Taking care of her during her last two years was

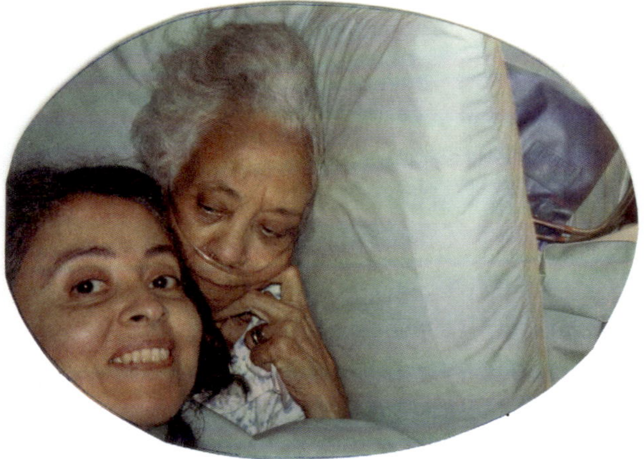

the most important thing I have ever done. My Philosophy Department colleagues helped, by substituting for classes I was teaching and allowing me to arrange my schedule so that I could live on Cape Cod with my mother and commute up to The College to teach. In accordance with its traditional service orientation, they had no objection to offering support for what they saw as my service to my mother. As it happens, they saw that wrongly: it was rather my mother who had allowed me the privilege of returning the favor she had done me, in caring for me when I was too new and weak and small to care for myself. My colleagues' help in this instance showed me that it was neither structurally nor psychologically impossible for them to extend it. It was only my research and creative work, which they had made an

come il mio modo di essere utile a mia madre. Per combinazione, percepivano male: era piuttosto mia madre che mi aveva concesso il privilegio di ricambiare il favore che lei aveva fatto a me, prendendosi cura di me quando ero troppo nuova e debole e piccola per farlo da sola. L'aiuto da parte dei colleghi e colleghe in quell'occasione mi dimostrò che non era vero che gli era impossibile offrirlo, né strutturalmente né psicologicamente. Era solo il mio lavoro di ricerca e creativo, che si erano impegnati, esplicitamente e per iscritto, a sostenere, che, a loro giudizio, non lo meritava. Riuscivo a pagare le cure domiciliari di mia madre mentre insegnavo al College continuando a scrivere articoli, esibendo le mie opere, e tenendo conferenze.

All'inizio, dopo averla trasferita dall'appartamento di Riverside Drive più a nord alla casa di Capo Cod, mia madre era irritabile e lunatica. Eravamo diventate buone amiche a quel punto, così facevo quello che, immaginavo, una buona amica avrebbe fatto. Le feci una dura ramanzina, criticai il suo atteggiamento, le dissi che stava per affrontare la sfida più importante della sua vita, la sfida per la quale la sua vita intera l'aveva preparata, e che doveva affrontarla con dignità e grazia. E pazienza se la cultura occidentale ci aveva preparati, tutti noi, per affrontarla in modo inadeguato, a differenza di alcune tradizionali culture nordamericane che iniziavano i loro

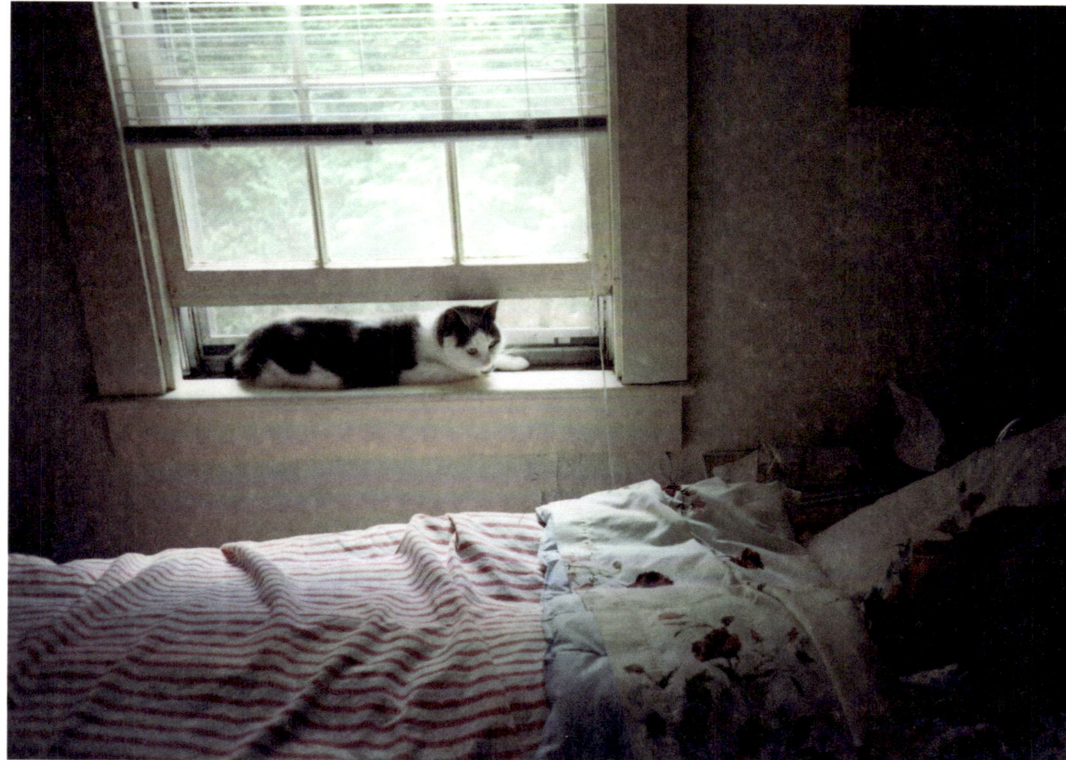

explicit, written commitment to support, that they felt did not warrant it. I paid for my mother's home care while I was teaching at The College by continuing to write papers, show my artwork, and give talks.

At the beginning, after I had moved her from the Riverside Drive apartment up to the Cape Cod house, she was irritable and temperamental. We were good friends by then, so I did what my idea of a good friend would do. I gave her a sharp-tongued lecture, criticized her behavior, told her she was about to face the most important challenge she would ever face in her entire life, the challenge for which her entire life had prepared her, and that she needed to face it with dignity and grace. I said it was too bad that Western culture prepared all of us so inadequately for that, compared with some traditional Native-American cultures that initiated a young man into adulthood by first giving him his own death chant to learn by heart, to repeat the instant he was threatened with physical danger of any kind, and then sending him into the desert for days without food or water to practice it. I suggested that this was what the 23rd Psalm was for, and asked if she would like us to drill it every day until she had learned it by heart. She said that would be nice, so that is what we did. We repeated it together every night before she went to bed, and sometimes during the day when she had had a difficult one. In her final death-throes, when she was crying out in agony and turbulence, I repeated it as we always had, and she quieted immediately. She died peacefully in her sleep.

I have continued to repeat it every night before falling asleep, just in case. In late 2000, a few months after I had sued The College for the first time and my house had been vandalized, then burglarized twice within two weeks following my release from the hospital, I added the 26th Psalm to repeat when I wake up every morning, also just in case. Perhaps there will come a day when I feel that I no longer need these two pieces of protective spiritual armor. But I doubt I will live to see that day. When I received The College's notification in 2008 that it had forcibly terminated the tenured full professorship I had held onto for dear life for eighteen years, I had the same instinctive response I had had when they had informed me a few years before that I could die before they would adapt their teaching schedule for my sake: I knew in my gut that they wanted me dead. I immediately sat down

giovani all'età adulta prima donando a ognuno il proprio canto di morte, da imparare a memoria e da ripetere nei momenti in cui erano minacciati da pericoli fisici di qualsiasi genere. Dopodiché lo mandavano nel deserto per giorni interi, senza né cibo né acqua, per provarlo. Suggerii a mia madre che era proprio a questo che serviva il Salmo 23 e le chiesi se voleva che lo recitassimo tutti i giorni finché non l'avesse imparato a memoria. Disse che sembrava una bella idea, e così facemmo. Lo ripetevamo tutte le sere prima che andasse a letto, e talvolta nelle giornate che si rivelavano particolarmente difficili. Nell'ultima agonia, quando gridava per il dolore e l'agitazione, lo ripetevo come avevo sempre fatto, e si calmò immediatamente. Morì tranquillamente nel sonno.

Continuo ancora a recitare il salmo tutte le sere prima di addormentarmi: non si sa mai. Alla fine del 2000, qualche mese dopo aver denunciato il College per la prima volta, prima furono commessi atti vandalici in casa mia, poi ci entrarono i ladri, due volte nel giro di quindici giorni subito dopo la mia dimissione dall'ospedale. Da allora recito anche il Salmo 26 quando mi sveglio al mattino, sempre perché non si sa mai. Forse verrà il giorno in cui non sentirò più il bisogno di questi due pezzi di armatura spirituale per proteggermi. Ma non penso di vivere abbastanza a lungo per vedere quel giorno. Quando, nel 2008, ricevetti la notifica con cui il College mi comunicava che aveva terminato la cattedra di ruolo alla quale mi ero aggrappata disperatamente per diciotto anni, reagii istintivamente proprio come avevo fatto qualche anno prima quando mi avevano informata che non avrebbero adattato il programma didattico per me, neanche a morire: sentivo nelle viscere che mi volevano morta. Mi misi subito a sedere e creai questo autoritratto. Credo tuttora che il College mi voglia morta; che lo vorrà ancora di più quando verranno pubblicate queste memorie; che, con i suoi potenti contatti politici ed economici internazionali, troverà il modo per far sì che succeda. Credo che ancora una volta si sentirà costretto a fare di me un esempio, come avvertimento ad altri di tenere la bocca chiusa.

Ma, alla fine, che abbia ragione o meno su questo punto non fa alcuna differenza. Dopo la morte di mia madre, avendo dedicato tanto tempo ad aiutarla a prepararsi al momento, scoprii di non avere più voglia di tornare al mondo di superficie e illusione, il mondo immaginario in cui la morte non capita a nessuno perché nessuno ne parla e coloro che si dirigono lentamente a essa spariscono dalla vista prima che gli altri s'impressionino. Quel mondo immaginario mi pareva noioso e infantile, privo di spessore, significato e

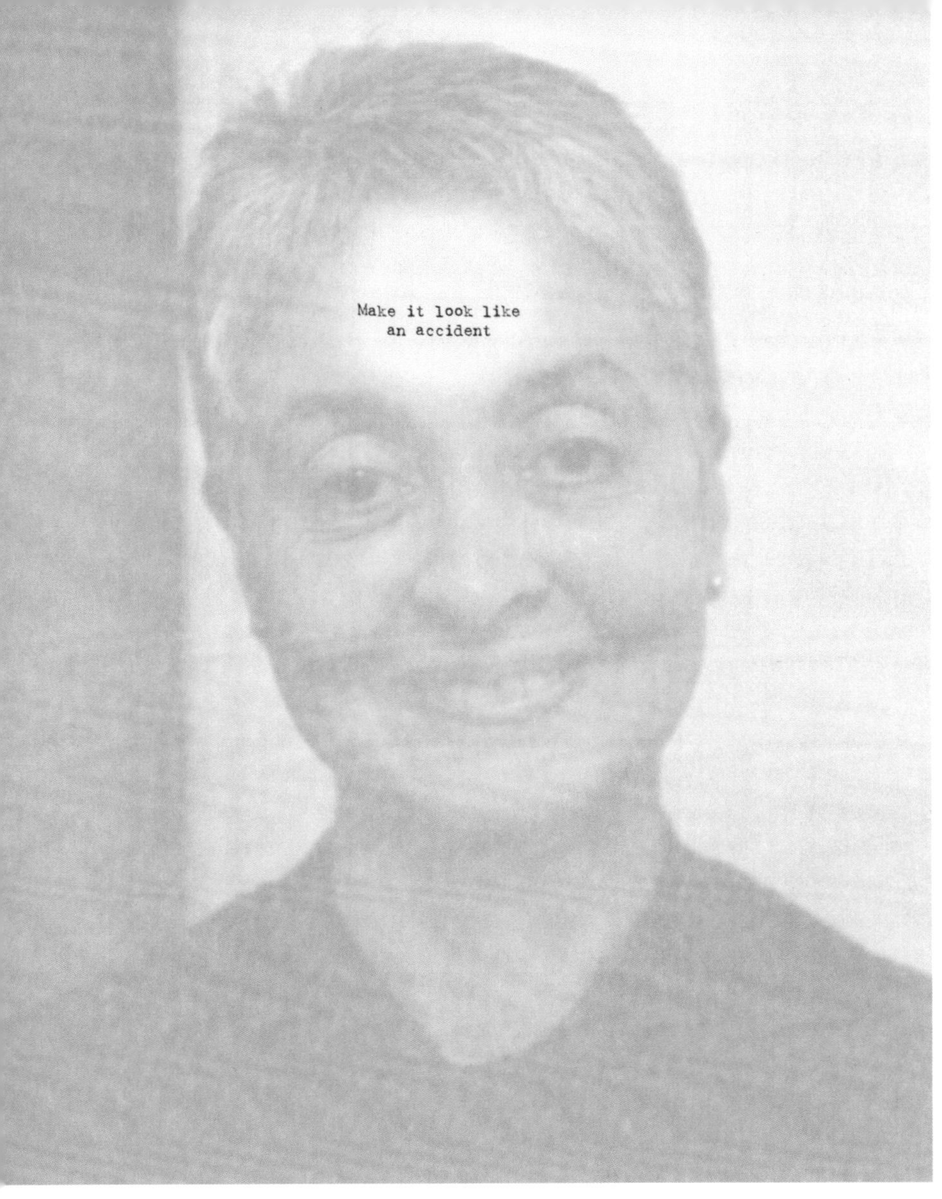

and created this self-portrait. I still think The College wants me dead; that it will want this even more once this memoir is published; and that, with its powerful international political and corporate connections, it will find a way to make this happen. I believe it will feel once again compelled to make an example of me, as a warning to others to keep their mouths shut.

But whether or not I am right about this does not make any difference in the end. After my mother's death, having spent so long helping her prepare for it, I discovered that I did not want to return to the world of surface, of illusion, the world of fantasy in which death does not happen to anyone

viva intensità, nonché della maturità di carattere che è la necessaria conseguenza di una preparazione intensiva e riflessiva alla morte. Navigare su quella fragile superficie di latta e adattare la qualità e contenuto delle mie interazioni alle sue esigenze sembrava un tradimento dell'io, una violazione di integrità. Dava l'impressione di una regressione a una mentalità assai più primitiva e vacua che mia madre e io avevamo lasciato indietro per sempre.

E, difatti, non ci sono mai tornata. Sono progredita invece, monitorando il processo graduale del mio inevitabile srotolamento, prima con l'aiuto di mia madre, poi con quello del College, e successivamente da sola. Quelle preghiere fanno parte di me ora, parte di quello che faccio e di quello che sono. Sono i miei canti di morte. L'essere stata così vicina alla morte così tante volte da sentire il bisogno di inciderli nella mente ha cambiato la qualità di quest'ultima, il suo contenuto e le sue preoccupazioni, decisamente in meglio. Ne sono estremamente grata. Nessuno di noi ha la possibilità di scegliere il proprio involucro, le circostanze in cui nasce. Ma, senza arrivare al suicidio, possiamo almeno scegliere o stabilire le circostanze del nostro srotolamento, come fece Socrate, e vivere ogni singolo giorno pensando che sia l'ultimo. Si può scegliere di lasciare fare al caso, rischiando così di andare incontro a una morte veramente ridicola e grossolana, tipo strozzarsi con un gamberone solo semicotto o farsi fracassare il cranio da un vaso da fiori che cade dal davanzale di un appartamento ai piani alti, o, ancora, asfissiarsi tra i fumi tossici di un bagnoschiuma profumato. Oppure si può scegliere una morte significativa dal punto di vista personale: in una guerra in cui si crede, per esempio, o per una causa che si ritiene giusta. Io credo che la mia causa, quella di produrre e proteggere il mio lavoro, sia giusta.

Ma c'è un problema più grosso. Devi sapere che ogni americana che, come me, lavora tanto, ottiene molto, gioca secondo le regole, si guadagna acclamazioni a livello internazionale, può trovarsi costretta ad abbandonare il Paese, temendo per la propria vita. Settant'anni dopo la fine della Seconda guerra mondiale, forse proprio a causa di essa, gli Stati Uniti sono ancora quel tipo di Paese. Non pensare quindi che quello che è successo a me non possa succedere a te. Non sono così diversa da te come forse immagini. Se l'ordinamento giuridico non ha protetto me, è probabile che non protegga nemmeno te, a meno che tu non sia abbastanza ricca per pagare la protezione. Ma anche se lo sei, specie se sei una di quelle americane autocelebrative che si crogiolano nella loro narcolessia autoindotta, devi disilluderti delle tue assurde fantasie circa gli Stati

because no one ever discusses it and those on their slow way to it disappear from sight and from conversation long before the rest of us get squeamish. That world of fantasy seemed to me boring and childish, lacking in the depth, meaning, and intensity of life, and the maturity of character, which an intensive and reflective preparation for death necessarily brings in its train. To navigate on that tinny, brittle surface and adapt the quality and content of my interactions to its demands felt like a betrayal of self, a violation of integrity. It felt like a regression to a much more primitive and shallow mentality that my mother and I had left behind forever.

So I never did go back to it. Instead I moved forward, to monitor the gradual process of my own inevitable unspooling, first with my mother's help, and then with The College's, and afterward on my own. These prayers are part of me now, part of what I do and who I am. They are my death chants. Having been so close to death so many times as to need to engrave them in my mind has changed the quality, content, and preoccupations of my mind very much for the better. I am extremely grateful. None of us gets to choose our wrappings, the circumstances under which we are born. But well short of suicide, we can at least choose or set the circumstances of our unspooling, as Socrates did; and live each and every day on the assumption that it is our last. We can either choose to let chance have its way, and risk dying a truly ridiculous, slapstick death, such as choking on a half-cooked jumbo shrimp or having our skulls cracked by a flowerpot falling from an overhead apartment window or asphyxiating ourselves in the toxic fumes of our bubble bath cologne. Or we can choose a personally meaningful death—in a war we believe in, for example, or on behalf of a cause we believe is just. I believe my cause, of producing and protecting my work, is just.

But there is a larger issue. You need to let yourself know that any American who, like me, works very hard, achieves a great deal, plays by the rules, and gains international acclaim can end up having to flee the country in fear for her life. Seventy years after World War II, or perhaps because of it, that is still the kind of country it is. So do not think that what happened to me could not possibly happen to you. I am not as different from you as you may think. If the laws of the land did not protect me, they probably do not protect you, either, unless you are rich enough to pay for it. But even if you are,

Uniti come terra in cui quelli che la meritano hanno la possibilità di un trattamento equo. E quelli che non l'hanno, si vede che non l'hanno meritata. Nessuno merita di morire di insufficienza epatica per aver fatto tre lavori a tempo pieno per quindici anni.

EHI, DIO! (1992)

Come mai io mi ritrovo con questa banda di deficienti ?
Succhia
Hai perso un grosso granchio con questo branco di gente triste, Dio
E lo sai
Dove pensi di andare?
Torna subito in quel laboratorio
    e agita quelle provette ancora una volta
Non osare a fare dietrofront e a scappare
Quella cazzate del Big Bang, che vada a farsi fottere, Dio
Hai mandato tutto a puttane, ora tocca a te rimediare:

Niente più stupida testa di cazzo/brutta negraccia/cazzo molle/frocio schifoso/ cravattona che non te la da
Niente più allegre merendine a base di carogne
Niente più miei/tuoi giocattoli in una guerra di carte
Niente più pettegolezzi pugnalate alle spalle a bordo piscina
Niente più pompini inculate inattuabili
Niente più trame da pezzo grosso macho
    scoparsi la gnocca
    iscriversi al circolo
    superare brillantemente la prova
    essere capo della baracca
Niente più mostra e racconta colorito cavernicolo
Niente più giochi punto in più/ punto in meno, Dio

Niente più seghe
Niente più segaioli
Niente più abbuffate di fucili
    abbuffate di sangue
    abbuffate di sesso
    abbuffate di dollari
    abbuffate di orgasmi
    abbuffate di droga
    abbuffate di sonno
    abbuffate di morte

you self-congratulatory Americans in particular, reveling in your self-induced narcolepsy, need to disabuse yourselves of your absurd fantasies about the United States as the land in which those who deserve it get a fair shake and those who do not must have deserved not to. Nobody deserves to die of liver failure from working three full-time jobs for fifteen years.

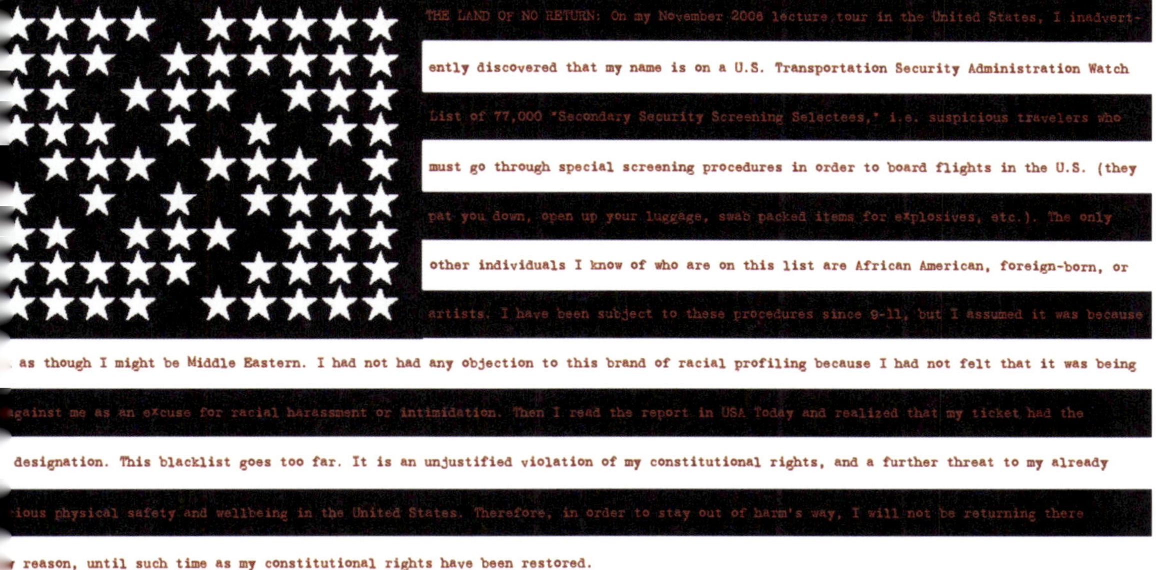

HEY, GOD! (1992)

How come I get stuck with this dumb bunch?
It sucks
You goofed bad on this sad batch, God
and you know it
Where do you think you're off to?
You get back to that lab right now
    and shake up those test tubes one more time

Niente più tiri di dadi prendimi a calci/ricaricabili in malafede
Niente più mal di testa lancinanti/ cuori spezzati
Niente più umiliazioni fai del bene/mangi merda/pesi cazzate
Niente più bugie a occhi sbarrati

Fa' sentire la tua voce, mi raccomando
Falle dire quello che è giusto a fa' girare le ruote
O sbarazzatene e
Togliti dalle budella, cazzo
Affrontalo ora, Dio
Sappi essere figo proprio
Altrimenti, me ne vado da qui

Don't you dare turn tail and run
Screw that Big Bang shit, God
You fucked up big time, now you fix it:

No more dumb cunt/bad nig/limp dick/sick fag/bull dyke bad jokes
No more dead meat fun snacks
No more my toys/thy toys crib wars
No more pool side back stab chit-chat
No more cock suck bum trip bad jobs
No more big deal he-man plots to
    bag the pork
    join the club
    ace the test
    run the show
No more skin tone cave man show and tell
No more one-up/one-down games, God

No more jerk-offs
No more jerks
No more gun binge
    blood binge
    sex binge
    bucks binge
    head binge
    drug binge
    doze binge
    death binge
No more kick-me/pay-as-you-go bad faith crap shoots
No more head/heart splits
No more do good/eat shit/think piss put-downs
No more wide-eyed lies

You fix that voice in there
Make it say what's right and turn the wheels
Or get rid of it and
Get the hell out of the way of my gut
You get on it now, God
You kick ass good
Or I'm out of here.

8. Corsa al fondo

Di recente, un'amica tedesca mi ha raccontato una conversazione avuta con un tassista haitiano a Washington, D.C. Si era domandata ad alta voce perché non ci fossero tassì guidati da afroamericani. L'ho interrotta per spiegare che, ovunque negli Stati Uniti, la maggior parte dei tassì non si fermerebbe per afroamericani di pelle scura, che per la comunità afroamericana esiste un separato sistema di auto private, pubblicizzato su giornali afroamericani e fruibile solo previa prenotazione. La cosa l'ha sorpresa. Il tassista haitiano, infatti, le aveva raccontato che non c'erano tassisti afroamericani perché gli afroamericani sono tropo pigri, troppo analfabeti, troppo indisciplinati per fare quel lavoro.

Negli anni Novanta, in occasione di una mia corsa in tassì da Boston, il tassista, un immigrato da poco arrivato da Mumbai, si lamentava dei "neri": della loro criminalità, aggressività, pigrizia, mancanza di etica professionale. Senza svelare la mia appartenenza razziale, gli risposi in modo neutrale, spiegando che si trattava di stereotipi frutto dell'ignoranza, e che gli auguravo di avere l'opportunità di conoscere qualche afroamericano per capire di prima mano quanto fossero errati. Dopo un silenzio imbarazzato, l'uomo mi spiegò che era immigrato negli Stati Uniti perché in Gran Bretagna egli stesso sarebbe stato nero, mentre negli Stati Uniti era bianco.

Alcuni immigranti negli Usa difendono questa classificazione richiamandosi alla cosiddetta invasione ariana dell'India che, secondo gli archeologi più autorevoli, non è mai avvenuta. In India, però, esiste una scala mobile del colore della pelle per cui più la pelle di una persona è scura, più diminuisce il suo valore sociale. Ma si sovrappone solo fino a un certo punto al formale sistema delle caste, il quale è strutturato da una complessa scala graduata di mestieri empiricamente verificabili e classificati per casta, secondo gradi discendenti di valore sociale e spirituale.

Eppure nessuno di questi determinanti arbitrari di valore sociale è minimamente comparabile al bizzarro sistema delle caste americano, basato sull'immaginaria opposizione binaria tra razza "nera" e razza "bianca". La terminologia tradizionale di questo sistema rende impensabile la possibilità stessa di impurità razziale (se non attraverso lo stereotipo trito e ritrito del "mulatto tragico", al quale, con mio grande disgusto, corrispondono quasi perfettamente i contorni della mia narrativa personale). In realtà, il nostro

8. Race to the Bottom

Recently, a German friend described her conversation with a Haitian cab driver in Washington, D.C. She had wondered aloud why there were no cabs driven by African Americans. I interrupted to explain that most cabs would not stop for dark-skinned African Americans anywhere in the United States, so they had a separate system of private cars, advertised in African-American newspapers and available only by telephone, that the African-American community used. This surprised her. The Haitian cab driver had told her there were no African-American cab drivers because they were too lazy, illiterate, and undisciplined to do the job.

In a cab ride from Boston in the 1990s, my driver was a recent immigrant from Mumbai who complained to me about "the blacks"—their criminality, aggression, laziness, lack of work ethic. Without revealing my own racial affiliation, I responded neutrally that these were racial stereotypes based on ignorance; and that I hoped he would have the opportunity to get to know some African Americans, so that he could see first hand how misguided they were. After a shamefaced silence, he told me he had immigrated to the United States because in the United Kingdom, he himself would have been black, whereas in the U.S. he was white.

Some Indian immigrants to the U.S. defend this classification by referring to the so-called Aryan invasion of India, which most reputable archaeologists agree did not occur. India does, however, have a sliding scale of skin color, relative to which social value diminishes with darkness. But this overlaps only to a certain extent with its formal caste system, which is structured by a complex graded scale of empirically verifiable employment occupations that are caste-indexed to diminishing degrees of social and spiritual worth.

Yet neither of these arbitrary determinants of social value even comes close to the wackiness of the American caste system, based on the imagined binary opposition between "black" and "white" "races." The traditional terms of this system make the very possibility of racial impurity unthinkable (except through the well-worn stereotype of the "tragic mulatto," to which, to my great disgust, the outlines of my

My folks had to send me away to camp when I was five because they both had to wo
rk overtime that summer and didn't want to leave me alone in that hot apartment.
It was a girls' camp for the children of practicing Protestants called Camp Good
Hope. I had a friend named Karl who was sixteen and came from the boys' camp acr
oss the lake. He played catch and volleyball with me and took care of me and I a
dored him. I told someone that he was my big brother (I'm an only child) and she
said But that's impossible; Karl's white and you're colored. She said Colored. I
didn't know what she meant. Karl and I were pretty much the same color except th
at he had blue eyes. A few years later my mom thought it was time I started goin
g to and from school by myself instead of her taking me on the bus. The school w
as far away because it was not a local public school but rather an expensive pro
gressive prep school called New Lincoln where there were lots of rich mediocre w
hite kids and a few poor smart white kids and even fewer, poorer, even smarter b
lack kids. But all I knew then was that there sure was a difference between wher
e most of them lived (Fifth Avenue) and where I lived (Harlem). Anyway I started
going to school by myself and the neighborhood kids would waylay me as I was wal
king the two blocks from the bus stop to my house and would pull my braids and t
ease me and call me Paleface. By then I knew what they meant. No one at school e
ver called me Paleface. Once I was visiting one of my white classmates at her bi
g fancy apartment house on Central Park West where there were four doors into th
e house with a doorman standing at each and two separate elevators with an eleva
tor man for each and only one apartment on a floor and a cook and a maid and a c
leaning woman and a governess (!!). She said to her little brother I bet you can
't guess whether Adrian is white or colored. He looked at me for a long time and
very searchingly and said White. And she said You lose, she's colored, isn't tha
t a scream? I thought it was really a scream. I was afraid of the black kids on
my block because they bullied me and I was afraid of the black kids at school be
cause they made cutting remarks about my acting too white. But I wasn't afraid o
f the white kids because they were so stupid. Later when I was in fifth grade an
d getting sick alot and hating school I had a teacher named Nancy Modiano who re
ally bullied me. Once we all went on a hike and I became very thirsty and she wo
uldn't let me get any water. Then we went back to school and she forced me to fo
llow her around the school for four hours while she did her errands but wouldn't
let me stop at a water fountain for some water. When my mom came to pick me up I
was almost fainting. In conference with my parents she once asked them Does Adri
an know she's colored? I guess she must have thought I was too fresh and uppity
for a little colored girl. My folks were very upset and wanted to transfer me in
to another class but it was too near the end of the term. Nancy Modiano was one
of the few whites who overtly bullied me because of my color. The only others we
re white philosophy students later when I was in college who hated me and said Y
ou don't have to worry about graduate school; a black woman can get in anywhere,
even if she looks like you. But as I got older and prettier white people general
ly got nicer and nicer, especially liberals. I was very relieved when my folks m
oved out of Harlem when I was fourteen, and into a mixed neighborhood on Riversi
de Drive because there we weren't so conspicuous, and besides the boys in my old
neighborhood were no longer pulling just my braids when I passed them on the str
eet. In my new neighborhood I hung out with a Puerto Rican gang that accepted me
pretty well and taught me to curse in Spanish. I didn't see New Lincoln people v
ery much because they were turning into boring and neurotic people and were real
ly getting into being rich. But I made other friends when I started going to the
Art Students' League and Greenwich Village. I noticed that all my friends were w
hite and that I didn't have much in common with the children of my parents' very
light-skinned, middle class, well-to-do black friends. They seemed to have a ver
y determined self-consciousness about being colored (they said Colored) that I d
idn't share. They and many of my relatives thought it a scandal that I went out
with white men. I felt just as alienated from whites as blacks, but whites made
me feel good about my looks rather than apologetic. When someone asked me why I
looked so exotic I would either say I'm West Indian (my mother's Jamaican) or if
they looked really interested I would go on at length about my family tree: how
my mother's family is English, Indian from India and African, and how there's a
dispute about my father's family which my grandmother told me about before she d
ied because there are now two branches of the Piper family, the rich ones who no
w live in Chicago and founded the Piper Aircraft Company and the poor ones, i.e.
us; how they were originally a single English family who settled in the South bu
t at some point split up and disowned each other (i.e. the rich ones disinherite
d the poor ones) because the poor ones publicly admitted to being partly descend
ed from the slaves who worked on their plantation and the rich ones didn't want
to acknowledge any African blood in the family; but how for the poor ones it was
a matter of honor after the Civil War not to pass for white. But I would never s
imply say Black because I felt silly and as though I was coopting something, i.e.
the Black Experience, which I haven't had. I've had the Gray Experience. Also I
felt guilty about unjustifiedly taking advantage of justified white liberal guil
t. But I would never deny that I am black because I understand how it can be a m
atter of pride and honor for my folks to positively affirm their heritage and I
don't want to deny a part of myself that I'm proud of. But sometimes I wonder wh
y I should be caught in this bind in the first place; why I should have to feel
dishonest regardless of whether I affirm or deny that I'm black; and whether I,
my family, and all such hybrids aren't being victimized by a white racist ideolo
gy that forces us to accept an essentially alien and alienating identity that ar
bitrarily groups us with the most oppressed and powerless segment of the society
(black blacks) in order to avoid having that segment gradually infiltrate and ta
ke over the sources of political and economic power from whites through the de f
acto successful integration of which we hybrids are the products and the victims.
When I think about that I realize that in reality I've been bullied by whites as
well as blacks for the last three hundred years. And there is no end in sight.

Adrian Piper

Political Self-Portrait #2

To Mom + Dad Christmas 1978 Love, Adrian

personal narrative almost perfectly conform). In reality, our binary system is not calibrated by skin color, but rather by gender, class, and ethnic background. In this system, upper-class Anglo-Saxon American men are the Brahmins and underclass African-American women are the Dalits. Aside from its fictional monochromatic foundation, America's caste system has the same four defining features as India's: it is hierarchical; it is enforced through violence (harassment, ostracism, beatings, rape, burning, or lynching of those who transgress their assigned caste status); those higher in the hierarchy feel themselves to be defiled and debased by association with those lower in the hierarchy; and such association is a source of excitement and attraction as well as defilement, so miscegenation is in fact very widespread. The punishments for public transgression of one's caste status nevertheless intensify in virulence as one descends along the scale. So the system itself is a public lie, based on an incoherent fiction, and maintained through the consensual hypocrisy of those who benefit from it.

Immigrants begin their induction into this system as they pass through immigration clearance, and complete it with their classification by the National Census. Regardless of actual physical appearance, they are sorted in accordance with this binary system. And they learn through experience that no matter how badly they lose out in the competitive race, they must never lose so badly as to be identified racially as an American "black." Because all Americans are immigrants, all have learned this lesson. So African Americans have always played a very special and crucially important role in the education and assimilation of new immigrants into American society. They constitute the fundamental condition of contamination from which all other immigrants must distance themselves, in order to maintain their progress and achieve status along the scale of upward mobility.

From early on, my journey through and beyond America's academic institutional hierarchies was shaped by attempts to force me down that scale to Dalit status, and my artwork of those decades bears the scars. *Political Self-Portrait #2 [Race]* memorializes the fifth-grade teacher who asked my parents if I was aware that I was colored. But I did not recall the incident until 1978, at the end of a year in Germany in which a visiting American Brahmin classmate with kinky blond hair called

sistema binario non è tarato secondo il colore della pelle ma piuttosto secondo sesso, classe e origine etnica. All'interno di questo sistema, gli uomini americani di origine anglosassone e di classe elevata sono bramini e le donne afroamericane del sottoproletariato sono intoccabili. La sua immaginaria fondazione monocromatica a parte, il sistema delle caste possiede le stesse quattro cifre di quello indiano. Ovvero: è gerarchico; è applicato attraverso la violenza (vessazioni, ostracismi, botte, stupri, roghi o linciaggi nei confronti di quanti trasgrediscono lo status della propria casta); quelli che occupano i gradini più elevati nella gerarchia si sentono contaminati e sviliti dall'associazione con quelli ai gradini più bassi; e tale associazione è fonte di emozione e attrazione oltre che di contaminazione, per cui gli incroci sono assai diffusi. Ciononondimeno, le pene previste per la pubblica trasgressione del proprio stato di casta si intensificano man mano che si scende lungo la scala. Basato com'è su una narrativa incoerente e conservato grazie all'ipocrisia consensuale di coloro che ne traggono beneficio, il sistema stesso è dunque una menzogna pubblica.

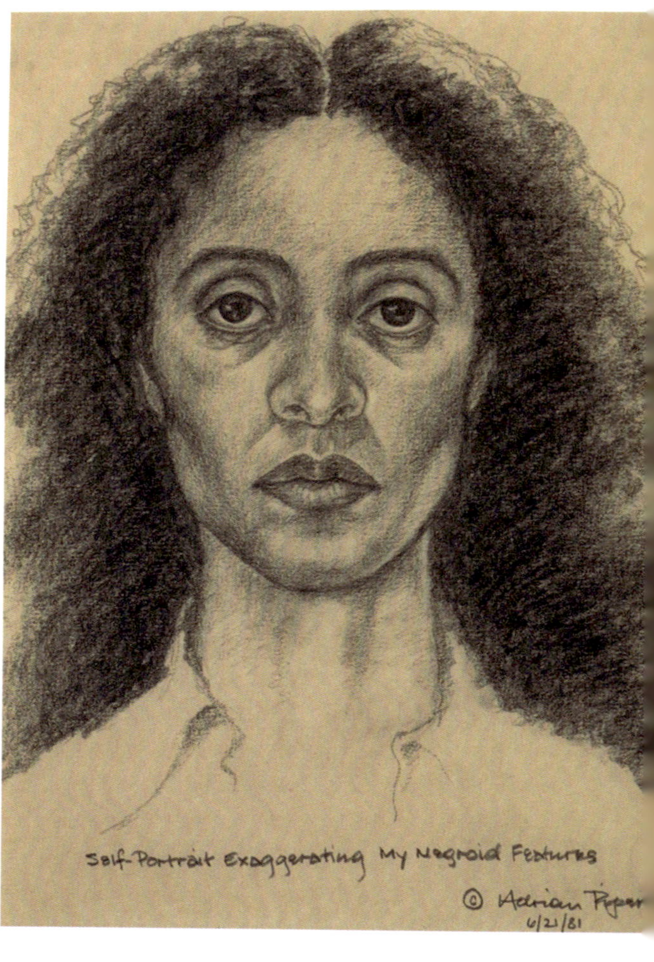

Gli immigrati cominciano a entrare in questo sistema nel corso delle pratiche di autorizzazione all'ingresso nel Paese e ne diventano parte quando vengono classificati dal Censimento nazionale. Vengono classificati secondo il sistema binario, a prescindere dal reale aspetto fisico. E imparano con l'esperienza che, per quanto ci rimettano nella corsa competitiva, non ci devono mai rimettere così tanto da essere identificati, a livello razziale, come americani "neri". Dal momento che tutti gli americani sono immigrati, tutti hanno imparato questa lezione. Gli afroamericani, pertanto, hanno sempre giocato un ruolo molto particolare e di cruciale importanza

attention to my race, after I had rejected his sexual overtures. This did much to improve my understanding of American society. In the 1980s, I lived in a segregated Midwestern college town, in which my racial affiliation was a surprise, an annoyance, and an endless source of inappropriate behavior on the part of my Brahmin colleagues. One of them with kinky brown hair, the string-puller, brought his self-anointed Brahmin wife and her parents to my office door to inspect my physiognomy at close quarters. I returned the favor, noticing that all four of them had the broad, flat noses stereotypically identified as "Negroid," just like Charles van Doren, who had similarly kinky hair. *Self-Portrait Exaggerating My Negroid Features* (1981) followed shortly thereafter, and *Think About It* (1983) two years later. Later still, a senior European departmental colleague who had not quite grasped my assigned location on the American caste scale, enthused to me that my external tenure review letters were fantastic, glowing, that I

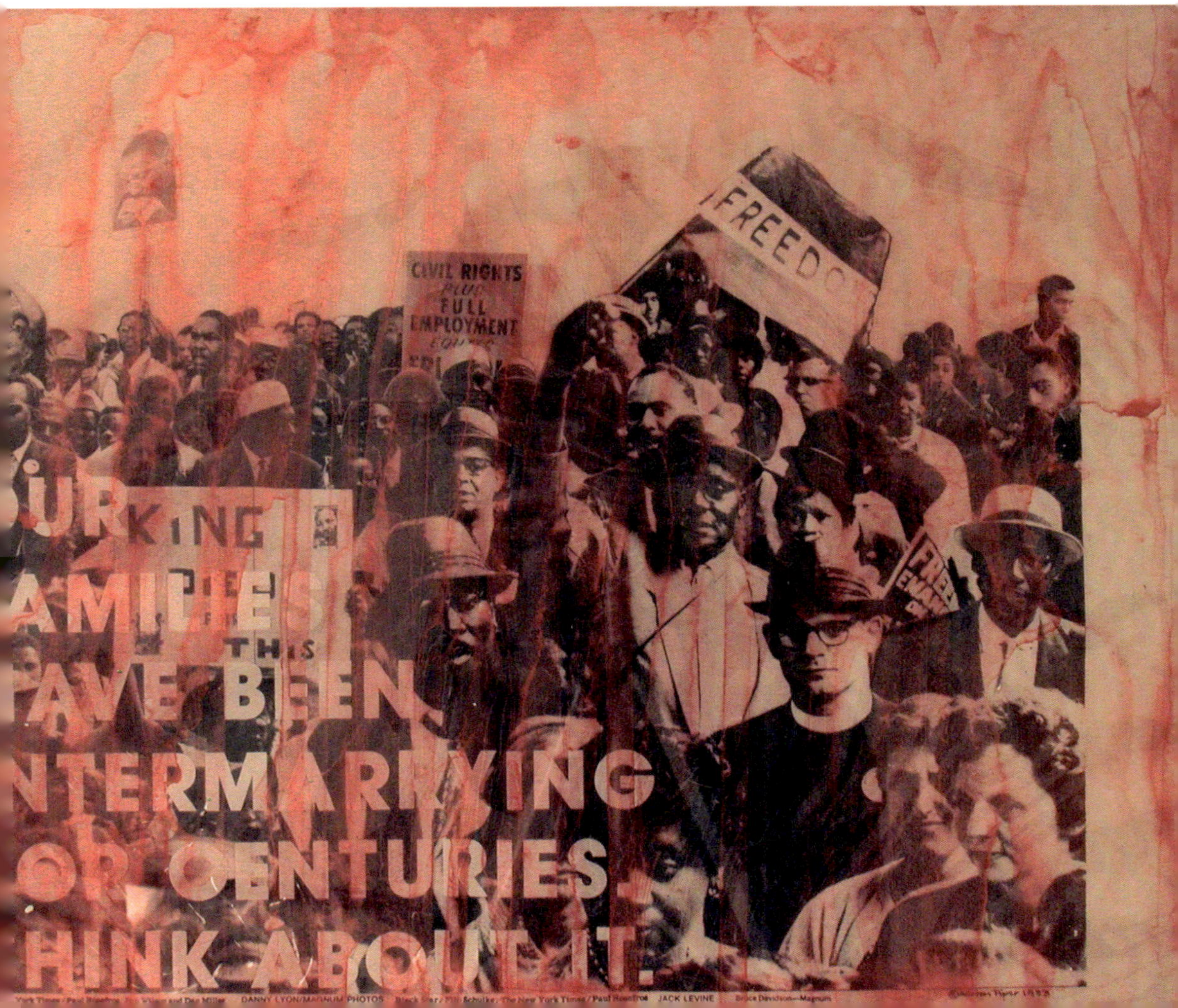

nell'istruzione e assimilazione di nuovi immigrati nella società americana. Costituiscono la condizione fondamentale di contaminazione dalla quale tutti gli altri immigrati devono distanziarsi per poter continuare i propri progressi e ottenere prestigio sulla scala della mobilità sociale verso l'alto.

Il mio viaggio attraverso e oltre le gerarchie accademiche americane fu plasmato quasi subito da tentativi di costringermi a scendere quella scala verso lo status di intoccabile, e il mio lavoro artistico di quei decenni ne mostra le cicatrici. *Political Self-Portrait #2 [Race]* commemora l'insegnante di quinta che chiese ai miei genitori se ero consapevole di essere una bambina di colore. Ma mi ricordai dell'episodio solo nel 1978, alla fine di un anno trascorso in Germania durante il quale un compagno di classe, un americano bramino dai capelli biondi ricciuti, richiamò l'attenzione sulla mia razza dopo che io avevo respinto le sue avances. Ha contribuito molto alla mia comprensione della società americana. Negli ultimi anni Ottanta, vivevo in una citta universitaria segregata del Mid West, in cui la mia appartenenza razziale era, insieme, una sorpresa, un fastidio, e una fonte di comportamenti inappropriati senza fine da parte dei colleghi e colleghe bramine. Uno di loro, un *influencer* dai capelli ricciuti castano scuri, accompagnò l'autoconsacrata moglie bramina e i genitori di lei alla porta del mio ufficio per controllare la mia fisiognomia da vicino. Ricambiai il favore, notando che tutt'e quattro avevano quel naso largo e piatto identificato, stereotipicamente, come "negroide", proprio come, oltre ai capelli ricciuti, l'aveva Charles Van Doren. *Self-Portrait Exaggerating My Negroid Features* (1981) fu creato poco dopo quell'episodio e *Think About It* (1983) due anni più tardi. Più tardi ancora, un anziano collega di dipartimento europeo che non aveva colto appieno la posizione assegnatami sulla scala delle caste americana, tessé le mie lodi dicendomi che le lettere di valutazione della mia cattedra da parte di osservatori esterni erano fantastiche, lusinghiere, che sarei stata confermata di sicuro, il tutto poco prima che i suoi colleghi e colleghe mi cacciassero. Venti *Vanilla Nightmares* videro la luce in seguito. Le parti migliori della mia esperienza presso il dipartimento vennero a galla in *Cornered* (1988), un'istallazione video che trasmette l'idea che, secondo i reali principi di questa scala binaria, o sono "neri" tutti o nessuno lo è. A Chicago, dove *Cornered* è esposto in modo permanente presso il Museo di arte contemporanea, io sono personalmente oggetto di antagonismo da parte di quasi tutte le altre istituzioni di istruzione superiore e di cultura della città, e i miei rapporti professionali con loro sono ostili.

"All the News That's Fit to Print"

The New York Times

National Edition

Midwest, mostly sunny and mild. South, showers from southern Georgia to the Gulf Coast. West and Southwest, showers in the Pacific Northwest. New York, mostly sunny. Details on page 6.

VOL.CXXXV.... No. 46,824 — NEW YORK, THURSDAY, JULY 3, 1986 — 50 CENTS

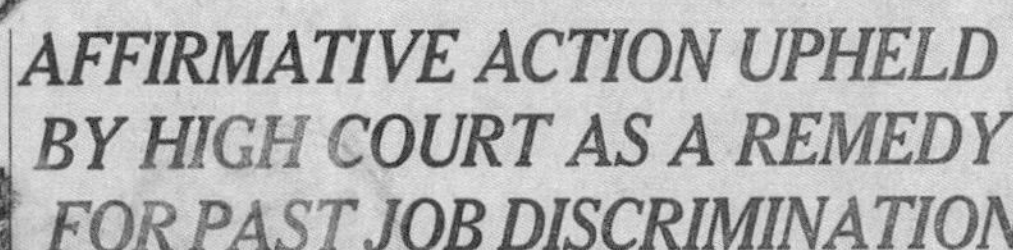

AFFIRMATIVE ACTION UPHELD BY HIGH COURT AS A REMEDY FOR PAST JOB DISCRIMINATION

SIX VOTE FOR IDEA

They Say Individuals Who Suffered No Bias May Sometimes Benefit

By STUART TAYLOR Jr.

Special to The New York Times

WASHINGTON, July 2 — The Supreme Court today firmly endorsed the use of affirmative action in the workplace to cure past discrimination against minority groups when other approaches would not suffice.

The Court did so in two cases in which it ruled that, as a remedy for job discrimination, judges may sometimes [illegible]

Excerpts from opinions, page 12.

[illegible] preferences that benefit individual members of minority groups who are not themselves victims of discrimination.

Six of the Court's nine members explicitly rejected the Reagan Administration's argument that judges have no power to order such preferences for minority group members at the expense of white employees unless all those who benefit are personally victims of discrimination.

Case From New York

In this decision, involving a New York City sheet metal workers' local, these six held that judges may order special preferences in union membership and other contexts if necessary to rectify especially "egregious" discrimination. Five of them upheld such a preference in the case at hand, while the sixth said the order constituted an illegal quota.

And in a decision involving firefighters in Cleveland, the Court held 6 to 3 that Federal judges have broad discretion to approve decrees in which employers, over the objections of white employees, settle discrimination suits by consenting to take preferential, affirmative action to hire or promote members of minorities. [illegible]

Continued on Page 13, Column 3

The New York Times/Paul Hosefros

Associate Justice William J. Brennan Jr., who announced decisions.

Rebuff to Administration

Decision May Quell Efforts to Strip Down Presidential Order for Federal Contractors

By ROBERT PEAR

Special to The New York Times

WASHINGTON, July 2 — The Supreme Court's rulings today on affirmative action amount to a rejection of the policies and arguments that the Reagan Administration has been advancing for six years in the field of civil rights.

News Analysis

Since President Reagan took office, Justice Department officials have argued that numerical hiring and promotion goals were invalid as a remedy for employment discrimination, and that relief could be awarded only to identified victims of discrimination.

The Court explicitly and forcefully rejected that argument today in cases involving a New York labor union and the Cleveland Fire Department. Race-conscious remedies, including goals, "may be appropriate where an employer or a labor union has engaged in persistent or egregious discrimination, or where necessary to dissipate the lingering effects of pervasive discrimination," Associate Justice William J. Brennan Jr. wrote in a passage summarizing the logic of a majority of the Court.

Rebuffs for the Administration

The ruling is the latest in a series of defeats suffered by the Administration in Supreme Court cases concerned with the essence of Mr. Reagan's domestic agenda. The other cases this year involved abortion, voting rights, Social Security disability benefits and the treatment of handicapped infants.

William Bradford Reynolds, the Assistant Attorney General for civil rights, has denounced race-conscious remedies and numerical goals as "morally wrong." He has led the Administration's campaign against consent decrees in which state and local governments agreed to use hiring goals to undo the effects of discrimination against black and Hispanic workers and women.

The Court today said that an employer and employees could voluntarily adopt broader remedies through a con-

Continued on Page 13, Column 1

5 KILLED IN CHILE ON THE FIRST DAY OF GENERAL STRIKE

Tear Gas Fired in Santiago at Anti-Pinochet Protest — 49 People Detained

[illegible]

Stately Ships Fill Harbor On Eve of Liberty Salute

[illegible]

Sailors aboard the aircraft carrier John F. Kennedy being instructed [illegible]

NASA Set to Alter Booster Joint, Rejecting a Radical New Design

[illegible]

U.S. and Cuba to Meet for Talks On Reviving Immigration Accord

WASHINGTON, July 2 — The United States and Cuba have agreed to have officials meet in Mexico City [illegible] for negotiations on reviving a [illegible] immigration agreement, Reagan Administration officials said today.

The agreement was suspended [illegible] Castro, the Cuban leader, [illegible] United States began broadcasting [illegible] by Radio Martí.

[illegible] scheduled talks, which have [illegible] announced, are to cover both [illegible] of immigration and radio broadcasts, the officials said.

Revival of Accord Expected

They said they expected Cuba to agree to reviving the immigration accord, the most important agreement between Cuba and the Administration. [illegible] said there was no likelihood that the United States would halt its broadcasts over Radio Martí, a new [illegible] of the Voice of America.

[illegible] were sketchy on what [illegible] the decision to hold talks on reviving the agreement. State Department officials said there had been confidential exchanges through the two nations' third-party representatives in Havana and Washington, leading to the decision to meet in Mexico City.

They said the Cubans had decided it was in their interest to revive the immigration accord to improve relations not only with Washington but also wi[illegible]

[illegible] Cuban populations in Cuba and the United States who had resented the cutoff [illegible] between the two countries. [illegible] between Cuba and the Administration have been very tense. The United States has linked Cuba to the [illegible] in Nicaragua, whose opposition [illegible] being financed by American [illegible], and to military aid to rebel [illegible] Central America.

[illegible], the United States has insisted that Cuba withdraw its forces [illegible] as part of an overall settlement [illegible] the independence of South-

Continued on Page 6, Column 1

Chernobyl Cloud Keeps Welsh Lamb Off Table

By FRANCIS X. CLINES

[illegible]

Bargaining on Arms: A Glimmer of Motion

[illegible] are no break[illegible]" an American official [illegible] recent Soviet arms [illegible] proposals. "But they [illegible] the look and smell of [illegible] moves in a real negoti[illegible]

[illegible] analysis today traces [illegible] that has arisen in Washington [illegible] limits on "Star Wars" as a possible price for reduction in strategic arms. And a chart compares Soviet and American proposals, past and present. Page 6.

INSIDE

South Africa to Charge 780

[illegible]

CBS to Cut 700 Jobs

[illegible]

Vanilla Nightmares #9 7/86

©Piper 1986

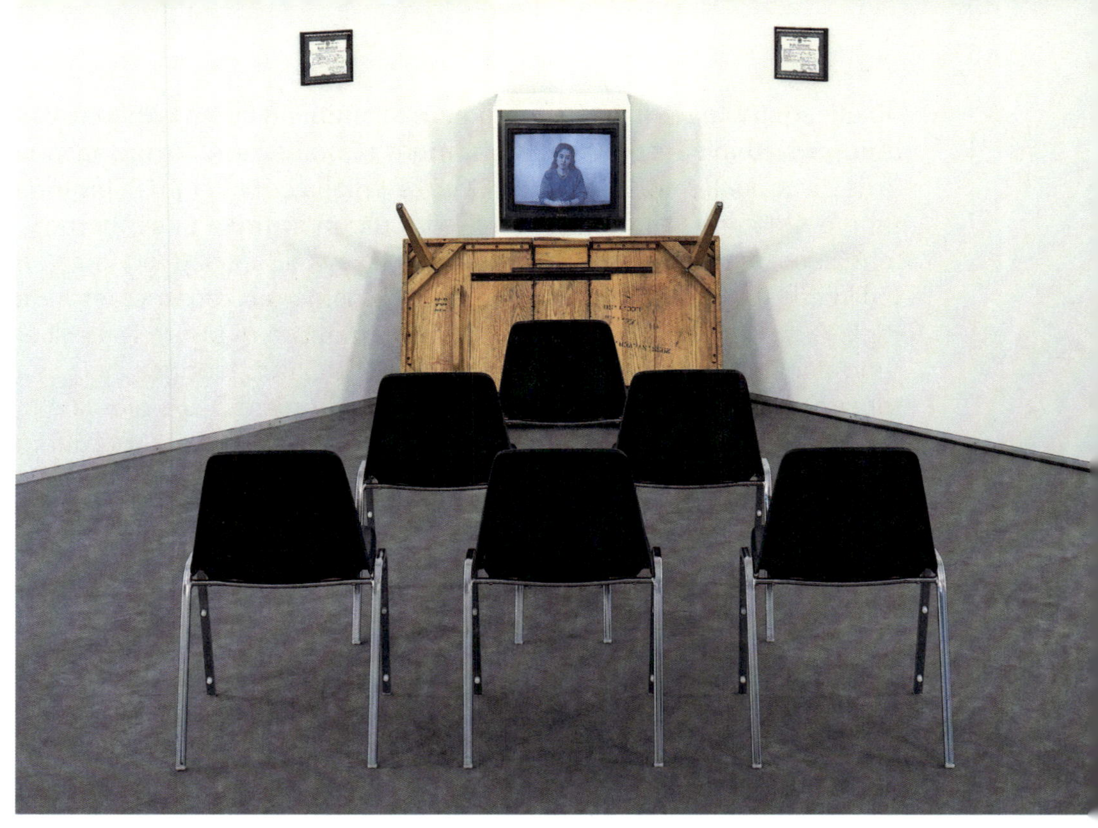

Nel 1991, mentre le fazioni del College, sia "nera" sia "bianca", mettevano in dubbio la mia autoidentificazione razziale, io scrivevo *Passing for White, Passing for Black*, che spiegava, più pazientemente e più nel dettaglio, che la distinzione nera/bianca era insostenibile dal punto di vista genetico, nonché ridicola da quello ideologico. Concludeva che, potendo scegliere, io naturalmente avrei preferito essere considerata "nera". La sua pubblicazione provocò diverse telefonate e lettere da parte di donne europeo africane in cui mi informavano di essere certissime di non avere antenati africani in famiglia. Lettrici latine mi ripetevano in continuazione che, seppur provenienti dal Centro o Sud America, in realtà le loro famiglie erano spagnole al 100%; che, arrivati nelle Americhe, i loro progenitori non si erano imparentati con schiavi, meticci o indigeni; e che tra i loro antenati spagnoli non c'erano mori. Questo virulento attacco di "bellasignorabianchite" aveva la stessa sintomatologia di quella del College. Anche lì, come altrove, lo stato di casta inerentemente più precario delle donne "bianche" portava queste a difenderlo con più veemenza degli uomini contro la minaccia che io presento nei suoi confronti.

Realizzai l'animazione video *Unite (The PacMan Trilogy Part I)* all'inizio del 2005, mentre mi accingevo ad abbandonare il Paese.

was definitely in, shortly before his colleagues kicked me out. Twenty *Vanilla Nightmares* appeared in the aftermath. Some of the highlights of my experience in that department surfaced in the video installation *Cornered* (1988), which suggests that according to the actual principles of this binary scale, either everyone is "black" or nobody is. In Chicago, where *Cornered* is on regular display at the Museum of Contemporary Art, I personally am an object of antagonism to virtually every other institution of higher education or culture in the city, and my professional relations with them are hostile.

In 1991, while both "black" and "white" factions at The College were questioning my racial self-identification, I wrote "Passing for White, Passing for Black," which pointed out, more patiently and in greater detail, that the black/white distinction was genetically untenable, in addition to being ideologically ridiculous. It concluded that, given the choice, I of course would prefer to be known as "black." Its publication provoked several phone calls and letters from European-American women, informing me that they were quite sure there was no African ancestry in their families. Latina women readers also repeatedly let me know that although they were Central or South American, actually their families were pure Spanish; that their South American forbears did not intermarry with slaves, mestizos, or aboriginals; and that their ancestors in Spain did not include any Moors among them,

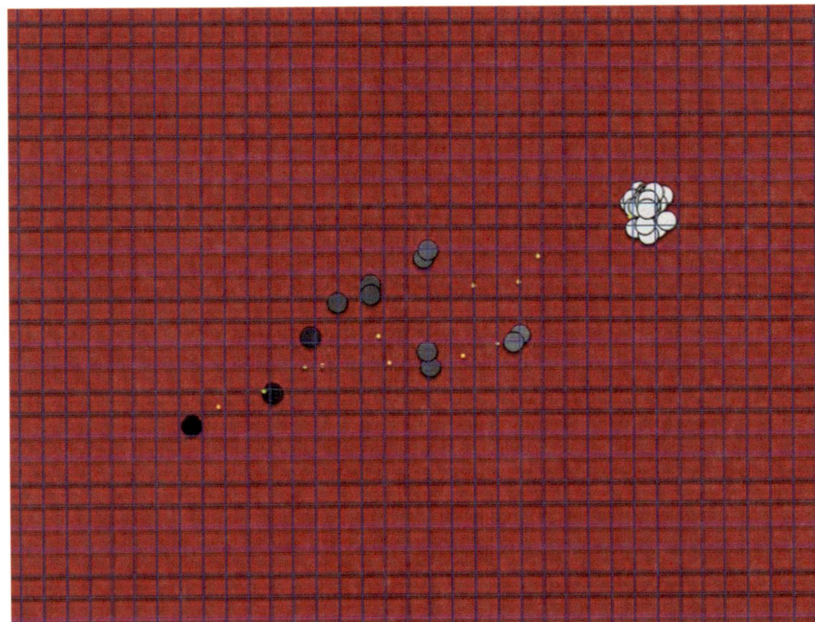

Schematizza l'arbitrario ciclo narrativo di dispersione, condensazione, divisione, attacco, defezione, ostracismo e annichilimento che caratterizza questo ballo di distanziamento, esso stesso solo un caso particolare del fenomeno più generale e casuale della ricerca di un capro espiatorio. Cominciavo a capire la struttura di quella narrativa solo mentre fuggivo la fase di annichilimento per sempre. Ricordavo i colleghi e colleghe di prima generazione che prima avevano espresso solidarietà quando non c'era nulla in palio, e poi la ritirarono quando c'era. Uno, che era discretamente orgoglioso della moglie gentile, faceva finta di non saperne nulla e declinò semplicemente di rispondere. Un altro, i cui famigliari erano profughi dalla Germania di Hitler, mi fece la paternale sul valore del silenzio, su come non dire e fare nulla sia, di per sé, una forma di protesta. Un altro, che era immigrato dall'Australia per evitare il peso della sua eredità aborigena di sangue misto, mi accusò di egoismo per essermi rifiutata di rimanere per affrontare le conseguenze. Un'altra ancora – quella che si era offerta di fare le pulizie a casa mia – mi chiamò poco prima della mia fuga per invitarmi a presentare un paper a un nuovo convegno sul razzismo che stava organizzando per combattere il problema, con la partecipazione di un lungo elenco di luminari accademici. Non puoi abbandonarle e basta, mi disse. Fossi stata più sensibile allo stato precario e fragile della loro appartenenza alla comunità americana, non avrei preteso che una di loro contribuisse a difendere la mia. Dal momento che tutti gli americani sono immigrati, tutti godono, di fatto, di uno status in modo analogo, precario e fragile. Si unirono al tentativo di farmi diventare un'intoccabile per evitare di diventarla anche loro.

Ogni tentativo di questo tipo rafforzava la mia empatia nei confronti dei veri intoccabili del sistema delle caste americano. Realizzai *Everything #19: Megan Williams* dopo essere fuggita, nel 2007, come omaggio a tutte quelle come me che non erano in grado di farlo. Nella serie ci sono quattro opere diverse. *Everything #19.1* è un lavoro murale. Il colore sul muro è quella sfumatura di bianco sporco che si ottiene mescolando bianco puro con 10% di nero puro. Gli afroamericani costituiscono il 10% circa della popolazione americana. Il testo, quasi invisibile, è appropriato parola per parola dal servizio emesso dall'Associated Press sul caso Megan Williams pubblicato dall'*International Herald Tribune* a metà settembre 2007, ma non dall'edizione americana del *New York Times*, proprietario di *Tribune*, e nemmeno dagli altri grandi quotidiani americani di diffusione nazionale. Il servizio stesso è degno di nota per come evita di citare il Paese o lo Stato in cui gli eventi ebbero luogo. Eppure,

either. This virulent outbreak of Nicewhiteladyitis evinced the same symptomatology as The College's. There, too, as elsewhere, "white" women's inherently more precarious caste status led them to defend it more vehemently than men against the threat to it I present.

I produced the video animation *Unite (The PacMan Trilogy Part I)* in early 2005, while I was preparing to leave the country. It schematizes the random narrative cycle of dispersion, condensation, division, attack, defection, ostracism, annihilation, and dispersion that characterizes this distancing dance, itself merely a special case of the even more general and random phenomenon of scapegoating. I began to understand the structure of that narrative only while escaping the annihilation phase for good. I recalled the first-generation immigrant colleagues who had earlier signaled solidarity when nothing was at stake, and who then withdrew it when something was. One, who was discretely proud of his shiksa wife, simply declined to respond, pretending he knew nothing about it. Another, whose family were refugees from Hitler's Germany, lectured me on the value of silence, of saying nothing and doing nothing as itself a form of protest. Another, who had emigrated from Australia to escape the burdens of a mixed-race Aboriginal heritage, accused me of selfishness

charges filed in black woman's torture case The Associated Press Tuesday,
ember 18, 2007 The graphic details of a black woman's alleged torture were
aled for the first time in court Tuesday as more charges were filed
nst two of six white people accused in the case. Carmen Williams, the
n's mother, left the hearing in tears after listening to the allegations.
ce say 20-year-old Megan Williams was tortured, sexually assaulted, forced
at animal feces and taunted with a racial slur. Police said the woman who
d the trailer where the alleged assault took place told them the six were
id to let Williams go because she might tell on them. They also talked
t killing her. Magistrate Jeffrey Lane referred the case against Frankie
ster, 49, to a grand jury for action. In addition to charges of
apping, sexual assault and giving false information to police, the
ecutor filed three counts of misdemeanor battery against Brewster and
ped a charge of unlawful wounding. Danny J. Combs, 20, now faces a
apping charge that carries life in prison. He originally was charged with
al assault and malicious wounding. Prosecutors added two more sexual
ult charges. The six people charged are accused of assaulting Williams for
than a week at a trailer. The ordeal ended when an anonymous tip led
ce to the home Sept. 8.The Associated Press generally does not identify
ected victims of sexual assault, but Williams and her mother agreed to
ase her name. Carmen Williams said she wanted people to know what her
hter had endured. Reading from a statement Megan Williams gave deputies
day, Sheriff's Deputy Jeffrey Robinette said Williams was stabbed with
she described as a butcher knife and beaten with wooden sticks and fly
ters. He said the woman was sexually assaulted, doused with hot water and
ted with racial slurs. Two of her captors forced her to drink a cup of
r urine, Sheriff's Deputy Rick Goodman testified. Deputies are still
ng to determine how long Williams was held. In a statement to deputies,
ster detailed her role and implicated others, saying 'I just want to come
n.' Brewster also is accused of forcing Williams to perform oral sex on
Hearings for some of the other defendants were scheduled for Tuesday
rnoon.

leggendolo, sai fin da subito che potevano aver avuto luogo solo negli Stati Uniti. Il servizio descrive i particolari del sequestro e, nello spazio di una settimana, lo stupro, la tortura, l'umiliazione e il tentato omicidio di Megan Williams, una ventenne afroamericana della West Virginia, da parte di sei europeo-americani, tra cui una coppia formata da una madre e sua figlia e un'altra da una madre e suo figlio. Nel corso dell'aggressione hanno costretto la ragazza a mangiare escrementi di animali, l'hanno chiamata negra, l'hanno stuprata, l'hanno bastonata, l'hanno pugnalata con un coltellaccio da macellaio, l'hanno minacciata di morte, l'hanno bagnata con acqua bollente, l'hanno costretta a bere la loro urina, l'hanno costretta a praticare sesso orale.

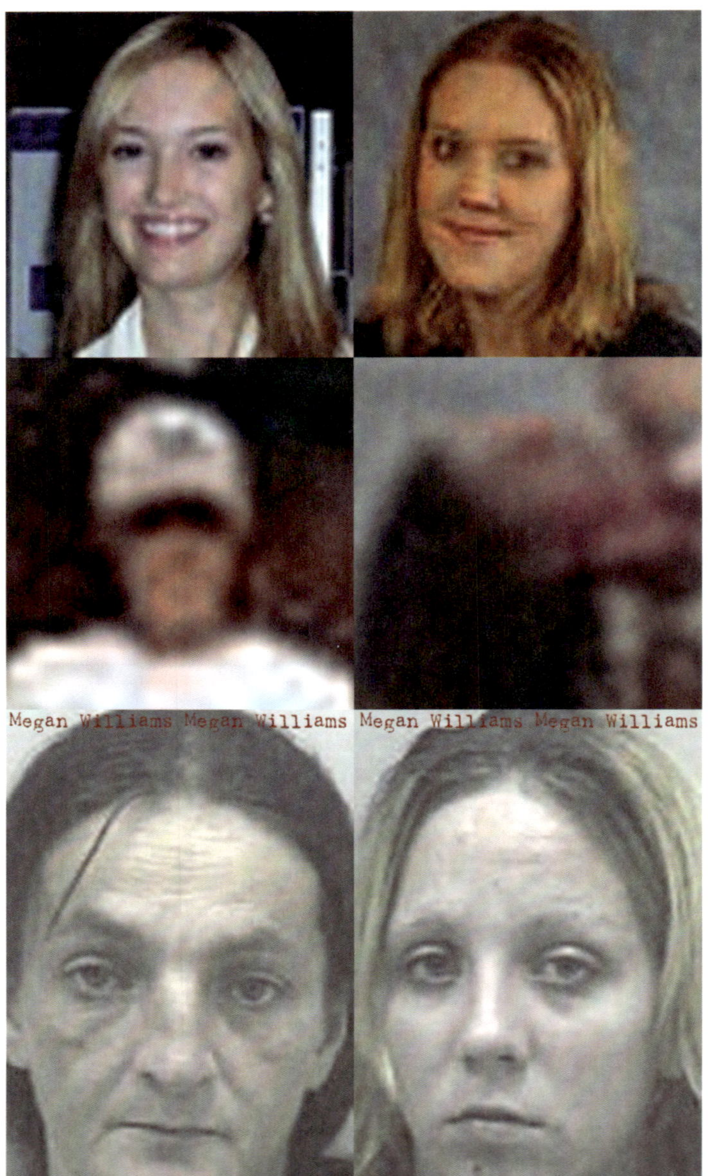

for refusing to stay and face the music. Yet another—the one who had offered to clean my house—called shortly before I got out to invite me to contribute a paper to the new conference on racism she was arranging, with the participation of a long list of academic luminaries, in order to fight these problems. You cannot just give up on them, she said. Had I been more sensitive to the precarious and fragile status of their own membership in the American community, I would not have expected any of them to help me defend mine. As all Americans are immigrants, all in fact enjoy a similarly precarious and fragile status. They joined the attempt to make me a Dalit in order to avoid becoming Dalits themselves.

Each such attempt strengthened my empathy for the real Dalits in the American caste system. I produced *Everything #19: Megan Williams* in 2007, after I had escaped, as a tribute to all those like me who could not. There are four different works in the series. *Everything #19.1* is a wall work. The wall is painted that shade of off-white that results from mixing flat white with 10% flat black. African Americans constitute about 10% of the American population. The near-invisible text is appropriated verbatim from the first Associated Press report on the Megan Williams case that appeared in the *International Herald Tribune* in mid-September 2007, but not in the American edition of the *New York Times*, owner of the *Tribune*, or in any other major American newspaper of national stature. The report itself is notable for failing to mention the country or state in which the events take place. Yet you know right away from reading it that they could only have occurred in the United States. The report describes the details of the week-long kidnapping, rape, torture, humiliation, and attempted murder of Megan Williams, a 20-year old African-American woman in West Virginia, by six European Americans that included one mother and daughter team and one mother and son team. Their assault included forcing her to eat animal feces, calling her a nigger, raping her, beating her with sticks, stabbing her with a butcher knife, threatening to kill her, dousing her with boiling water, forcing her to drink their urine, and forcing her to perform oral sex on them.

I monitored the national American press coverage of this case from September 2007 through February 2008, shortly before *Everything #19.1* was publicly exhibited for the first time. It received no mainstream media attention in the U.S.

Ho monitorato la copertura stampa nazionale del caso dal settembre 2007 al febbraio 2008, poco prima della prima esposizione pubblica di *Everything #19.1*. L'opera non ha attirato alcun tipo di attenzione da parte dei media dominanti negli Usa. Qualche mese dopo, realizzai l'opera *Everything #19.3: New York Times Portrait of Megan Williams*. Consiste in una serie di sedici pagine. Esposte in sequenza in cima a ogni pagina sono quattro immagini di tutte le Megan Williams che riuscii a trovare su Google Images il 24 ottobre 2007, sessantaquattro in tutto. La Megan Williams descritta sopra non era tra loro. In fondo a ogni pagina c'è una coppia di foto segnaletiche dei veri criminali. L'accoppiamento su questa pagina raffigura la coppia madre-figlia di Karen Burton, 46, e Alisha Burton, 23.

Forse non sarei stata motivata a realizzare le opere della serie *Everything #19: Megan Williams*, se non fossi stata così colpita dal caso. Non sono meno egocentrica o ossessionata da me stessa di qualsiasi altra americana. Ma quello che vedevo infliggere a Megan Williams da parte della stampa americana era quello che era stato inflitto a me su scala molto minore: trattata come se le punizioni di casta che avevamo sperimentato entrambe non meritassero di essere riportate, di essere oggetto di discussione; come se, essendo ripugnanti e poco interessanti, tipicamente da intoccabili, né i suoi problemi né i miei fossero abbastanza rilevanti o redditizi da meritare una protesta pubblica. Quando resi pubbliche la mia causa e le conseguenti vessazioni subite al College ne seguì una sola risposta da parte della stampa: un servizio speciale apparso nella sezione "Living Arts" del *Boston Globe* dopo che avevo pubblicato una satira contro l'occultamento del caso su *PRESS BLACK-OUT*. Dopo l'uscita dell'articolo e l'archiviazione della causa per prescrizione, l'autrice del servizio, un'afroamericana, mi chiamò per informarmi che non avrebbe più seguito la mia vicenda perché erano subentrati altri eventi più urgenti di cui doveva occuparsi al suo posto.

Ho lavorato su *Rationality and the Structure of the Self* per 34 anni, per tutto il tempo dei fatti qui narrati, nonostante l'opposizione quasi unanime di quasi tutti i mei colleghi e colleghe nel campo professionale della filosofia. Pubblicai entrambi i volumi di questo progetto sul sito di APRA nel 2008, insieme alle anonime recensioni entusiastiche che mi avevano dato il coraggio per continuare, uscite pochi mesi dopo la mia espulsione dal campo imposta dal College. Da allora, anno per anno, ha continuato a ricevere più visite – circa 2500 al mese per volume – di qualsiasi altra pagina del sito, e ha incontrato un altrettanto regolare (bensì non totale) silenzio generalizzato sulla stampa angloamericana. Ai guardiani dell'informazione

Old News and World Retort

PRESS BLACK-OUT

You Will Pardon the Pun

50 Journalists Watch Silently As Elite Women's College Destroys Health, Work, Careers of Black Woman Professor Who Achieved International Recognition in Two Fields

By BUTYMA FAIRCHILD

WELLESLEY, MA., February 11, 2002. – The national press of the United States has closed ranks to defend the purity of elite white womanhood against a black woman's smear. Campaign. Adrian Piper's lawsuit against Wellesley College "is not for Time," said Barrett Seaman of Time Magazine. New York Times Education Editor Ethan Bronner explained, "There's no story unless there's a lawsuit." His colleague Dinitia Smith agreed, "This is just another lawsuit." Added The Times' Adam Shatz, "I didn't know there was a lawsuit."

Piper's lawsuit was filed on September 5, 2000. It has received no press coverage outside the College's student newspaper, where it was front page news on May 9, 2001. The Nation's Katrina vanden Heuvel commented that this "complex case seems like one the Chronicle of Higher Education or Lingua Franca should look into." "We're at the wrong point in our publication cycle," replied Lingua Franca's editor Laura Secor. The Chronicle's Jean Rosenblatt observed gently, "People just don't care."

Piper is suing Wellesley for allegedly reneging on research funding promised when it recruited her. She alleges that this resulted in overwork, stress, and damaged health, which prevented her from producing the research in philosophy and art on which her professional reputations are based. Piper has completed no new body of artwork since 1992, and has not yet finished a multi-volume philosophy work begun in 1982.

Wellesley College President Diana Chapman Walsh also has been charged with harassment and retaliation against Piper, who authored a candid internal report, "Racism at Wellesley: Causes and Containment" in 1998. Piper is presently convalescing from two surgeries. She has received no income from the College or from Met Life, its long-term disability insurer, since March 15, 2001. Medical testing continues for liver, blood, and stamina abnormalities. Boo Hoo. "The art world loves a dead artist," noted public radio's Dolores Brandon.

In a July 3, 2000 letter, Piper urged Walsh to settle the dispute privately, predicting that otherwise it would result in "an impasse, at which you and I continue this battle in the court of public opinion, and the continuing but contained problem I have been for the past ten years now unravels into a very big, ugly, expensive, public problem on a national scale from which Wellesley's and your reputation will never fully recover." – *Oh, yeah?*

President Walsh declined to respond to the letter, to a demand letter from Piper's attorneys, to the lawsuit, and to a settlement offered March 29, 2001. As a last resort, Piper posted the legal documents at her web site, adrianpiper.com, and began contacting journalists on April 23, 2001. But to date the watchdog press has declined to bark. Explained The New York Times' Emily Eakin, "It's just not the kind of thing we do." Gr-r-r-r. Arf!

75% of the journalists alerted write for news outlets that have covered Piper's artwork. A Boston Phoenix editor rejected Kristen Lombardi's proposed article. A WHDH-TV producer rejected Amy Johnson's proposed news feature. Several public radio stations rejected suggestions from Dolores Brandon and Gina Servetti. Vanessa Jones' in-depth investigative report, filed in December 2001 for the Boston Globe, was never published. To the American news media, this story is (black) *history*. Commented cultural critic and video artist Laura Cottingham, "Nobody wants to hear that a black woman who has already achieved in two fields what most whites can't achieve in one is being actively prevented from fulfilling her potential." •

All quotes reported in this article are verbatim.

I produced the page work *Everything #19.3: New York Times Portrait of Megan Williams* a few months later. It consists of a series of sixteen pages. At the top of each page are sequentially displayed four, and in total all sixty-four pictures of all the Megan Williamses I found on Google Images on October 24, 2007. The Megan Williams described above was not among them. At the bottom of each page is a different pairwise combination of criminal mugshots of the perpetrators. The combination on this particular page depicts the mother-daughter team of Karen Burton, 46, and Alisha Burton, 23.

I might not have been moved to produce the works in the *Everything #19: Megan Williams* series, had I not felt so

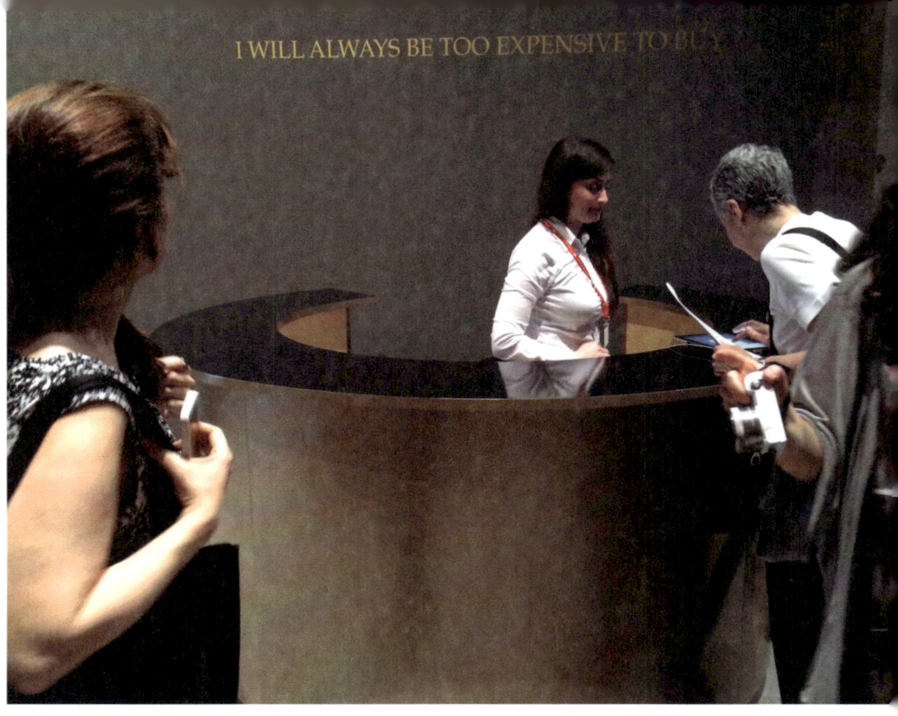

pubblica questa dimostrazione di solidarietà a difesa collettiva di interessi di casta condivisi è costata una perdita di dignità, credibilità e autorizzazione a fissare i termini del discorso pubblico. Ma si comportano semplicemente secondo il loro carattere. Il costo a me di dover rispondere alle domande necessarie anziché solo a quelle permissibili, e di aver risposto come meglio sapevo fare, è che sono costretta a trovarmi davanti a quel carattere. In entrambi i casi, si prende quello che si merita. Senza fatica non si ottiene nulla.

Poi mi sono permessa di provocare alla stampa angloamericana un altro problema tipicamente sgradevole da intoccabile vincendo il Leone d'oro per il miglior artista della mostra alla 56ma edizione dell'Esposizione Internazionale di Venezia, la più grande e più durevole della storia. E ciò nonostante il fatto che l'esauriente e concertata campagna mediatica per evitare che questo accadesse, non appena accadde, lo occultò. E ancora una volta la stampa affrontò una sgradevole sorpresa fingendo che non fosse mai capitata; come se l'assegnazione del massimo onore del mondo dell'arte internazionale ("l'Olimpiade del mondo dell'arte internazionale") a una donna di discendenza africana per la prima volta nella sua storia (sono il suo Jesse Owens) non fosse abbastanza significativa da meritare di essere riportata dalla stampa. Mi fa ancora paura la possibilità di una reazione violenta a livello professionale nei confronti di una giuria internazionale che, all'unanimità, mi conferì quell'onore. Perché, così facendo, trasgredì a uno dei tabù di casta più aggressivamente custoditi in America.

personally affected by her case. I am no less egocentric or self-absorbed than any other American. But I saw being done to Megan Williams by the American press what had been done to me on a much smaller scale: treated as though the caste punishments we each had experienced were not important enough to report, not worth making an issue of; as though neither hers nor mine, both being typically distasteful and uninteresting Dalit problems, were significant or profitable enough to warrant public protest. Making my lawsuit and consequent harassment at The College public had resulted in exactly one press response, a feature article in the Living Arts section of the *Boston Globe*, after I had publicly lampooned its suppression in *PRESS BLACK-OUT*. After it came out and my charges were dismissed on statute of limitations grounds, its author, an African-American woman, called me to announce that she would report no further on my situation, as other, more pressing events had displaced it in urgency.

I worked on *Rationality and the Structure of the Self* for thirty-four years, and throughout the events narrated here, against near-unanimous opposition from virtually all of my colleagues in the professional field of philosophy. I published both volumes of this project at the APRA website in 2008, together with the anonymous rave reviews that gave me the courage to do so, a few months after The College had forced me out of the field. Since then it has consistently, year after year, received more hits—roughly 2,500 per volume per month—than any other pages on the website, and an equally consistent (although not complete) blanket silence in the Anglo-American press. The cost to the gatekeepers of public information of this ineffectual display of solidarity in collective defense of their shared caste interests is their loss of dignity, credibility, and authority to set the terms of public discourse. But they are merely acting in character. The cost to me of having asked the necessary questions rather than merely the permissible ones, and having answered them to the best of my ability, is being forced to witness that character. In both cases, we get what we pay for. No pain, no gain.

And then I presumed to cause the Anglo-American press another typically distasteful Dalit problem, by winning the Golden Lion Award for Best Artist at the 56th Venice Biennale—the largest and longest-running in its history, despite the exhaustive and concerted international media

Fino al 1960, la segregazione nel Sud degli Stati Uniti costituiva un caso esemplare dei pregiudizi di casta americani. Ghetti urbani snobbati da amministrazioni locali e agenzie immobiliari a parte, la sua più palese manifestazione contemporanea sono le mostre per soli "neri". Tornano in auge su per giù ogni vent'anni e hanno lo scopo di affrontare l'incapacità americana, ciclica e generazionale, di ricordare quelle che le hanno precedute. La stessa idea di allestire mostre basate sulla segregazione razziale per combattere, appunto, la segregazione razziale dà un'idea di confusione. Servirebbero, si dice, a educare il pubblico sul ricco patrimonio artistico afroamericano. Ma, in realtà, fungono da deterrente contro la violazione del confine professionale tra "neri" e "bianchi". Di solito, ricompaiono più o meno negli stessi momenti storici in cui gli artisti afroamericani sembrano sull'orlo della piena integrazione nel mondo dell'arte tradizionale. Negli anni Venti del secolo scorso, nel corso della cosiddetta "Harlem Renaissance", grazie alla sua potenza e originalità l'arte afroamericana sembrava sul punto di essere accolta tra le tendenze dominanti. È riemersa negli anni Quaranta attraverso la riscoperta dei pittori "Negri", poi negli ultimi anni Sessanta sulla scia del movimento dei diritti civili e di quello delle arti nere, negli anni Ottanta con la esaltazione postmodernista dell'"alterità", e ancora nei primi anni Duemila con l'emergere di artisti concettuali afroamericani di seconda e terza generazione.

Entrai in quel ciclo e iniziai a ripeterlo negli ultimi anni Ottanta dopo che la mia prima mostra personale aveva corretto l'incapacità, ciclica e generazionale, del mondo dell'arte americano di ricordare la mia presenza dagli ultimi anni Sessanta. In un primo tempo ero sconcertata, non capendo perché mi invitavano a reiterare una riflessione pedagogica già espressa attraverso la mia partecipazione al primo ciclo di mostre simili. Ora è dal 2000 che mi rifiuto incondizionatamente di partecipare. Riallestendo queste mostre ispirate alla segregazione ripetutamente, tutte insieme, in ognuno di questi significativi momenti storici, il tradizionale mondo dell'arte americana, con la partecipazione dei professionisti che dipendevano da esse per il proprio sostentamento, impedisce l'integrazione razziale. Il messaggio trasmesso è che non è permesso agli artisti afroamericani di competere con altri artisti americani secondo la stessa scala di valutazione, né di essere giudicati secondo gli stessi criteri di eccellenza.

Un'altra insinuazione è che gli artisti afroamericani non sono all'altezza, ma si tratta solo di una posa. In realtà, in questo campo come in altri, l'America sedicente "bianca" ha solo paura della

campaign to prevent this from happening and bury it once it did happen. And once again the press coped with this unpleasant surprise by pretending it did not occur; as though the award of the international art world's highest honor ("the Olympics of the international art world") to the first woman of African descent in its history (I am its Jesse Owens) were not significant enough to merit press coverage. I still fear the professional backlash on the international jury who unanimously bestowed this honor on me, for they transgressed one of America's most aggressively guarded caste taboos.

Segregation in the American South up to 1960 is the textbook example of American caste prejudice. But its most effective contemporary manifestation, aside from inner city ghettos redlined by local governments and real estate agencies, is the all-"black" exhibition. These revive in popularity roughly every twenty years, to address America's cyclical, generational failures of memory of the previous ones. The very idea of staging racially segregated exhibitions in order to combat the legacy of racial segregation suggests confusion. Ostensibly they serve to educate the public about the rich heritage of African-American art. But in reality they function as a deterrent against professional boundary-violation between "blacks" and "whites." They usually resurface around the same historical moments at which African-American artists appear on the verge of full integration into the mainstream art world. In the 1920s, the power and originality of African-American art was on the threshold of mainstream acceptance during the Harlem Renaissance. It resurfaced in the late 1940s, through the postwar "rediscovery" of "Negro" painters; and again in the late 1960s, following the Civil Rights and Black Arts Movements; and again in the 1980s, with the Postmodernist glorification of "otherness"; and again in the early 2000s, with the emergence of second- and third-generation African-American Conceptual artists.

I entered and began repeating the cycle in the late 1980s, after my first retrospective had corrected the American art world's cyclical, generational failure to remember me from the late 1960s. I was mystified, at first, as to why I was being invited to reiterate the same pedagogical point I had already made by participating in these exhibitions the first time around. Since the 2000s I have unconditionally refused

concorrenza (credo che Frederick Douglass sia stato il primo a evidenziare questa paura a stampa nel 1845). E se dovessero vincere, come hanno già fatto nei campi – dello sport, della musica, dell'intrattenimento – cui si sono guadagnati l'accesso? E se l'etica del lavoro americana, radicata nella volontà degli immigrati di fuggire l'oppressione attraverso energia, persistenza e successo, avesse la sua massima incarnazione negli afroamericani tout court? E se fosse possibile impedire che, grazie alla sua potenza e rilevanza, la creatività afroamericana in tutti i campi oscurasse quella di tutti gli altri solo isolandoli dal confronto con questi ultimi? E se, giudicate e confrontate con quelle di altri artisti americani in condizioni veramente paritarie, le loro opere si rivelassero migliori, più profonde, più significative, più ingegnose, più ricche di inventiva formale, grazie proprio alla loro storia? E se le lezioni e le risorse creative derivate dalle avversità della schiavitù e delle sue conseguenze si rivelassero più profonde e durevoli di quelle che è possibile insegnare a Yale?

In altri campi accademici, ci si sbarazza degli afroamericani negandogli la formazione ed escludendoli dalla competizione, come se fosse una cosa naturale. O gli viene negato l'accesso o vengono ostracizzati o rimossi delicatamente o cacciati, proprio come fece con me il campo professionale della Filosofia, guidato dal College. O i loro sforzi per ottenere una formazione di qualità vengono sabotati da istruttori che utilizzano politiche di azione positiva per razionalizzare il proprio rifiuto di pretendere da loro gli stessi livelli di rendimento di altri studenti, garantendo così, una volta usciti dai confini dell'accademia, la loro mediocrità professionale.

Non che la mediocrità professionale sia riservata a un gruppo in particolare. Su un sito di informazioni filosofiche, proposi Rosa Parks come eminente modello di comportamento per aver resistito passivamente a tentativi da parte dell'amministrazione universitaria di smantellare standard accademici tradizionalmente impegnativi (potrebbe definirsi *attivismo meritocratico* questa particolare forma di atteggiamento negativo). Poco tempo dopo, l'host e moderatore del sito prese l'insolito provvedimento di chiudere sommariamente la discussione. Poi, accidentalmente, cancellò la mia sottoscrizione alla lista. Così la rinnovai. Poi, sempre accidentalmente, riconfigurò il sito in modo che io sola, tra i circa mille iscritti, non potessi ricevere normali email di notifica. Così gli chiesi di risolvere il problema. Declinò. Così gli chiesi il permesso di poter contattare il webmaster per conto mio. Declinò. Così mi sono offerta di pagare il webmaster per risolvere il problema. Mi spiegò che era

to participate in any more of them. By repeatedly restaging these segregated exhibitions en masse at each of these significant historical junctures, the mainstream American art world, joined by the African-American art professionals whose livelihoods depend on them, prevent racial integration from occurring. The message is that African-American artists cannot be permitted to compete with other American artists on the same scale of evaluation, nor evaluated according to the same criteria of excellence.

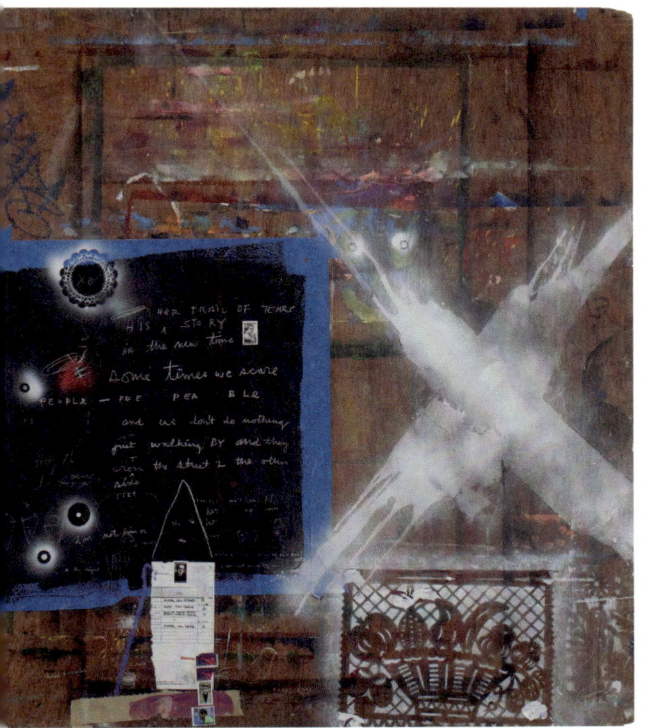

The insinuation is that they cannot make the grade. But that is just posturing. In reality, in this field as in others, self-styled "white" America is just afraid of the competition (I believe Frederick Douglass was the first to note this fear in print, in 1845). For what if they were to win, as they already have in the fields—sports, music, and entertainment—to which they have gained access? What if the American work ethic, rooted in the immigrant drive to escape oppression through energy, persistence, and achievement, were most fully personified by African-Americans across the board? What if the power and significance of African-American creativity in all fields could be prevented from upstaging everyone else's only by isolating them from comparison with anyone else? What if their artwork, when judged and compared on a truly level playing field with that by other American artists, were found to be better, deeper, more meaningful, more resourceful, and more formally inventive precisely because of their history? What if the lessons and creative resources derived from the hardships of slavery and its aftermath proved to be more profound and durable than any that could be taught at Yale?

In other academic fields, African Americans are sifted out, denied training, and excluded from competing as a matter of course. Either they are refused admittance; or they are

troppo impegnato con problemi più importanti per chiedere aiuto al webmaster e che il webmaster era troppo impegnato con faccende più importanti per darlo. Così cancellai la mia iscrizione intenzionalmente. Ripensandoci, l'uomo stava solo svolgendo la funzione professionale designatagli a un altissimo livello di competenza.

Queste tattiche sono assai efficaci nell'ambiente universitario, in cui, per quanto riguarda la proprietà e il controllo di informazioni, la posta è più alta, e i giorni in cui agli schiavi era proibito leggere sono commemorati più coscienziosamente. Ma oggi non è più legale proibire agli afroamericani l'ingresso a musei, gallerie, biblioteche pubbliche, o siti internet. L'arte è un campo–proprio come lo sport, la musica e l'intrattenimento–in cui gli afroamericani possono imparare e formarsi e diventare competenti e innovativi, sia che siano formalmente ammessi sia che non lo siano. E altri accademici afroamericani privati dei diritti devono imparare questa lezione. I tuoi colleghi o colleghe ti possono escludere. Ma non possono bloccarti l'accesso alla cultura classica e d'avanguardia che definisce i livelli di eccellenza per il tuo campo. E non possono impedirti di avere successo a quel livello di qualità che loro, sistematicamente, non riescono a raggiungere. Non si tratta di un club al quale iscriverti. In entrambi gli ambiti, universitario e artistico, la consolidata gerarchia di casta si può mantenere solo escludendo gli afroamericani, il loro lavoro e la loro storia, impiegando la stessa tattica di segregazione spaziale che ha funzionato così efficacemente per più di un secolo negli Stati del Sud americano. In entrambi i campi, la segregazione razziale ripara il mito prevalente della meritocrazia dalla realtà diffusa della mediocrità professionale.

Come i loro colleghi e colleghe, i critici d'arte e curatori americani contemporanei colludono per proteggere il mito della meritocrazia e le sue ricompense, legate a questioni di casta, conformandosi, appunto, a questa politica di segregazione razziale. Discutendo, confrontando e tracciando linee di influenza esclusivamente tra artisti afroamericani e sorvolando in silenzio sulla loro influenza, assai considerevole, su quelli europeo-americani, critici e curatori trasmettono al pubblico di proposito la falsa impressione che gli artisti afroamericani esistano in un mondo separato tutto loro. Non mi chiedo più di cosa abbia paura questa gente. Quello che temono è esattamente quello che è successo alla 56ma edizione dell'Esposizione Internazionale di Venezia.

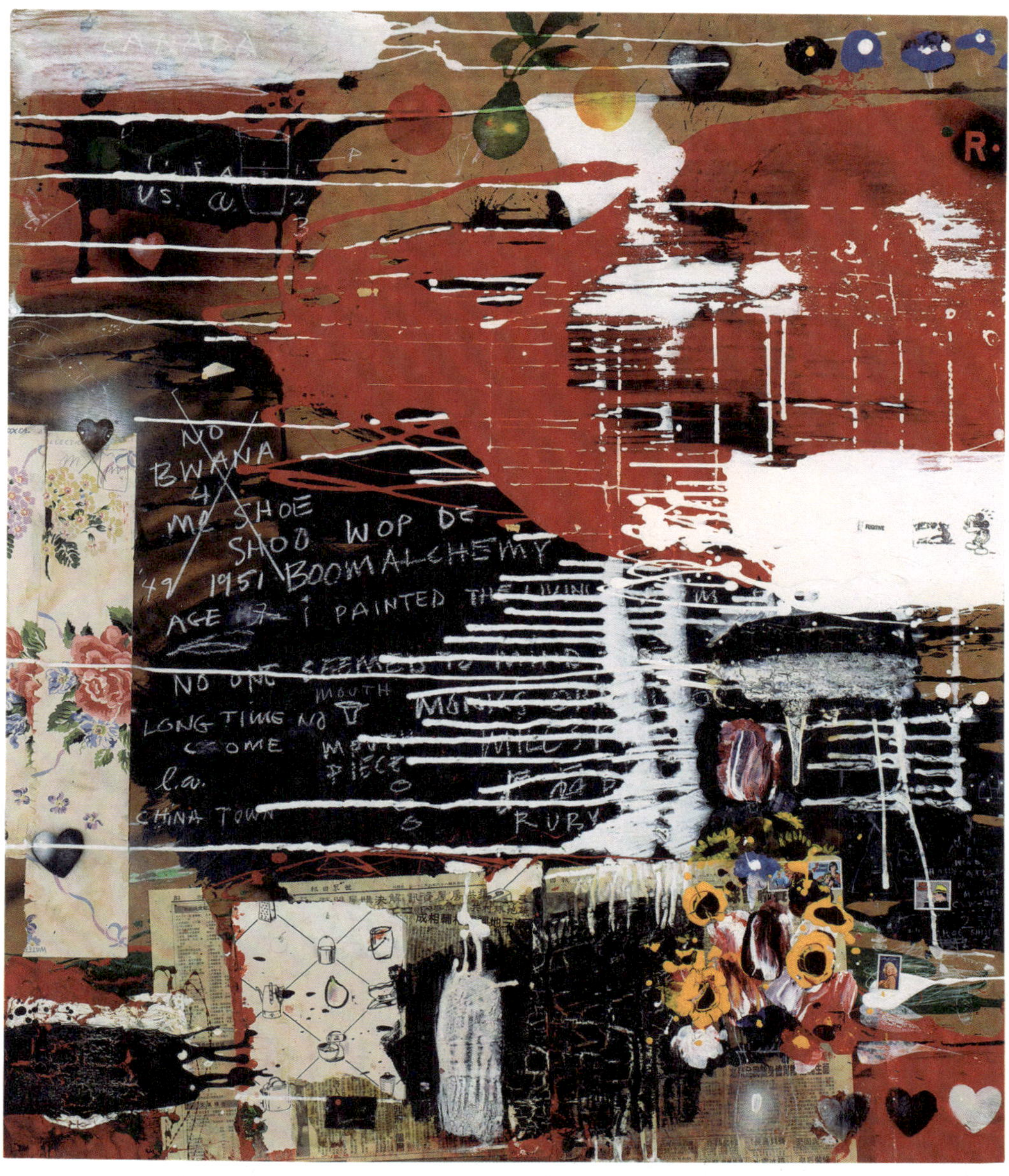

ostracized or eased out or edged out or driven out, just as the professional field of philosophy, spearheaded by The College, did me. Or their efforts to obtain a quality education are sabotaged by instructors who use affirmative action policies as a rationalization for declining to hold them to the same standard of performance as other students, thus ensuring their professional mediocrity once they leave the protected confines of the academy.

Not that professional mediocrity is the exclusive preserve of any particular group. At a philosophy information website, I proposed Rosa Parks as a distinguished role model

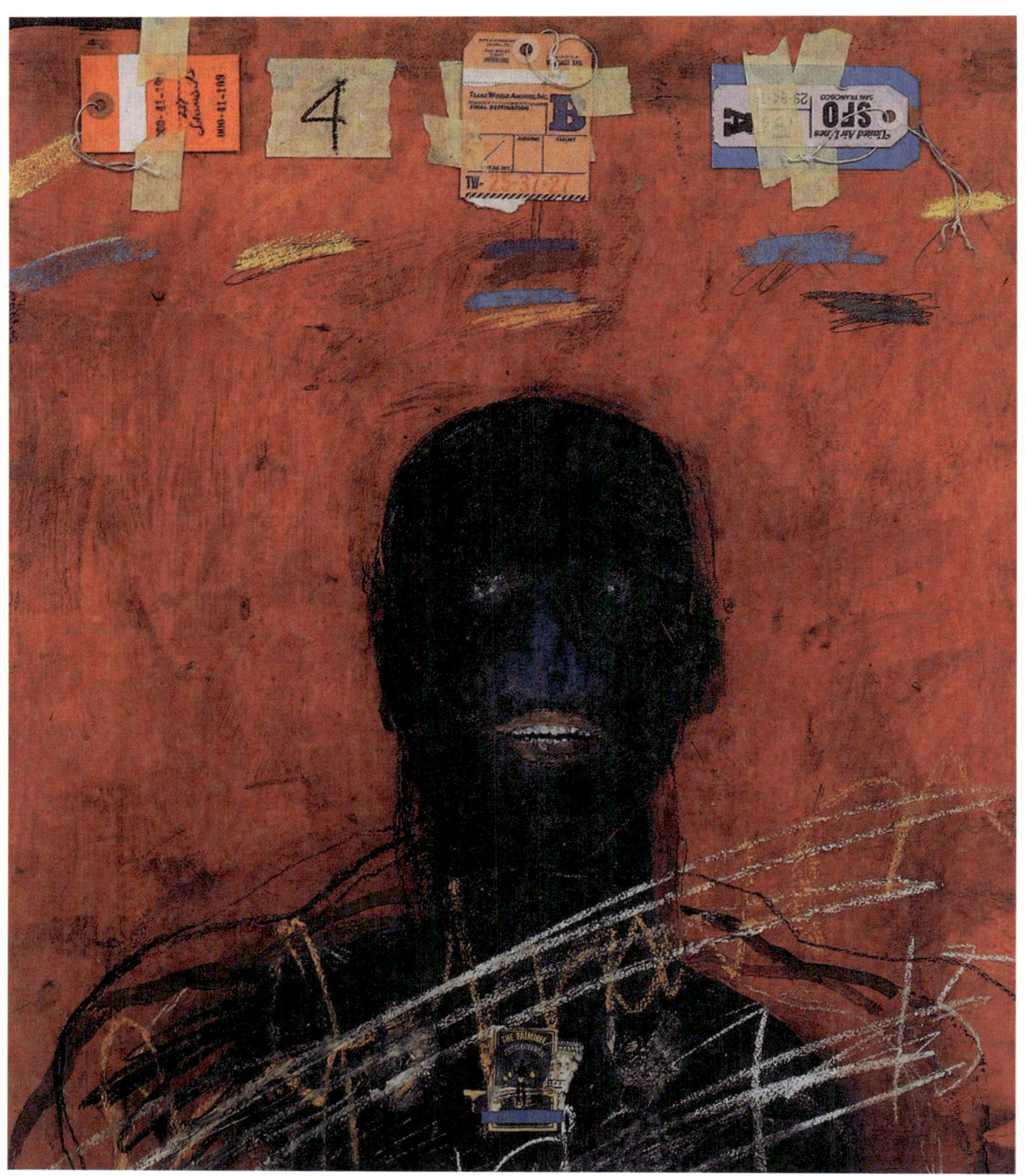
4
FINAL DESTINATION
B
A

for passively resisting university administration attempts to dismantle traditionally demanding academic standards (*militantly meritocratic* would be the correct description of this particular bad attitude). Shortly thereafter, its host and moderator took the unusual step of summarily concluding the discussion. Then he accidentally unsubscribed me from the list. So I resubscribed. Then he accidentally reconfigured the site in such a way that I alone, among roughly 1,000 subscribers, could not receive normal email notifications. So I asked him to fix the problem. He declined. So I asked him to contact his webmaster. He declined. So I asked to speak to his webmaster myself. He declined. So I offered to pay his webmaster myself to fix the problem. He explained that he was too busy with more important matters to ask his webmaster's help, and that his webmaster was too busy with more important matters to provide it. So I intentionally unsubscribed myself. On second thought, he was performing his designated professional function at a very high level of competence.

These tactics are very effective in academia, where the stakes in owning and controlling information are highest, and the days when slaves were legally forbidden to read most conscientiously commemorated. But it is no longer legal to forbid African Americans admittance to museums, galleries, public libraries, or websites. Art is a field—just like sports, music, and entertainment—in which African Americans can learn and train and become proficient and innovative whether they are formally admitted to it or not; and other disenfranchised African-American academics need to learn from this. Your colleagues can exclude you. But they cannot block your access to the classic and cutting-edge scholarship that defines the standards of excellence for your field. And they cannot prevent you from achieving at the level of quality they themselves are systemically failing to reach. That is not a club you want to join. In both academia and art, the established caste hierarchy can be maintained only by debarring African Americans, their work, and their history, using exactly the same tactic of spatial separation that functioned so effectively for over a century in the American South. In both fields, racial segregation shelters the prevailing myth of meritocracy against the pervasive reality of professional mediocrity.

TERRIBILI VERITÀ (1992)

Sono anni che ne faccio incetta
Densi volumi pronti a parlare con me
Pronti a dirmi quello che non voglio sapere:
    Quanto era cattivo
    Quanto è cattivo
    Quanto erano cattivi
    Quanto sono cattivi
Etichettati in modo allettante
Avvisandomi di mettermi comoda per una buona lettura
Quando io sono pronta
Pronta a sparire nelle storie delle mie genti
    Le storie del mio io
nell'orrore, nella realtà
di quello che ci è stato inflitto
quello che ci è inflitto
Le degradazioni quotidiane
Le punizioni sadiche
Le brutalità casuali
inflitte su di me per abitudine e di diritto
Crimini che riducono le mie umiliazioni personali a
    piccoli fantasmi, minuscoli e condiscendenti
Crimini che sostituiscono le mie umiliazioni personali con
    catastrofi dello spirito così enormi
che non trovo spazio per accomodarli nella mente
La mia povera mente, fragile,
che si espande fino al punto di rottura
e poi frantumandosi per lo sforzo di comprensione
                lo sforzo di incorporazione
                lo sforzo della stoica accettazione
Frantumandosi nell'aria neutrale,
pezzetti di sentimento
schegge di incredulità
conficcate, galleggianti, in impersonali forze naturali che,
    come uragani
    tornado
    alluvioni lampo
    eruzioni vulcaniche
    terremoti
    pesti
    pestilenze

Like their academic colleagues, contemporary American art critics and curators collude in protecting the myth of meritocracy and its caste-indexed rewards by complying with this policy of racial segregation. By discussing, comparing, and tracing lines of influence exclusively among African-American artists and passing over in silence their very considerable influence on European-American artists, they deliberately leave the public with the false impression that African-American artists exist in a separate world. I no longer wonder what exactly these people are so afraid of. What they fear is exactly what happened at the 56th Venice Biennale.

AWFUL TRUTHS (1992)

I've been stockpiling them for years
Thick volumes ready to speak to me
Ready to tell me what I don't want to know:
    How bad it was
    How bad it is
    How bad they were
    How bad they are
Labeled enticingly
Warning me to settle in for a good read
When I'm ready
Ready to disappear into the histories of my peoples
    the histories of my self
into the horror, the reality
of what was done to us
what is done to us
The daily degradations
The sadistic punishments
The casual brutalities
inflicted on us by habit and by right
Crimes that reduce my own humiliations to
    tiny, indulgent little phantasms
Crimes that replace my own humiliations with
    catastrophes of the spirit so enormous
that I can't find room for them in my mind
My poor little mind, flimsy
expanding to breaking point
then shattering with the effort of comprehension

tsunami
non hanno nessuna ragione, nessun motivo, nessuna coscienza, nessuna preoccupazione.
Questi volumi rivelano crimini che mi spingono
oltre a quello che è umanamente possibile anche nei nostri momenti più vili
Giocano con la mia sanità
Avvelenano l'atmosfera
La loro stessa esistenza è pestilenza
Sono punta sul vivo a ogni respiro
Non assimilo nemmeno un dato in più
né un pungente filo d'aria in più
né una singola verità in più
Eppure non riesco a posare il libro
a smettere di torturarmi con queste verità
a impedire la mia autotrasformazione
da scontenta aliena con aria di sufficienza
a locus di sdegno assassino
su un passato che non sono in grado di rivedere e un futuro al quale non sopravvivrò.
E così accumulo questi blocchi di informazione,
rassicurandomi che
Un giorno sarò abbastanza forte da raccoglierli
Un giorno sarò abbastanza equilibrata da subire la trasformazione
Un giorno sarò abbastanza sana da emergerne tutta intera
Un giorno sarò abbastanza al sicuro
Un giorno sarò abbastanza intera
Un giorno

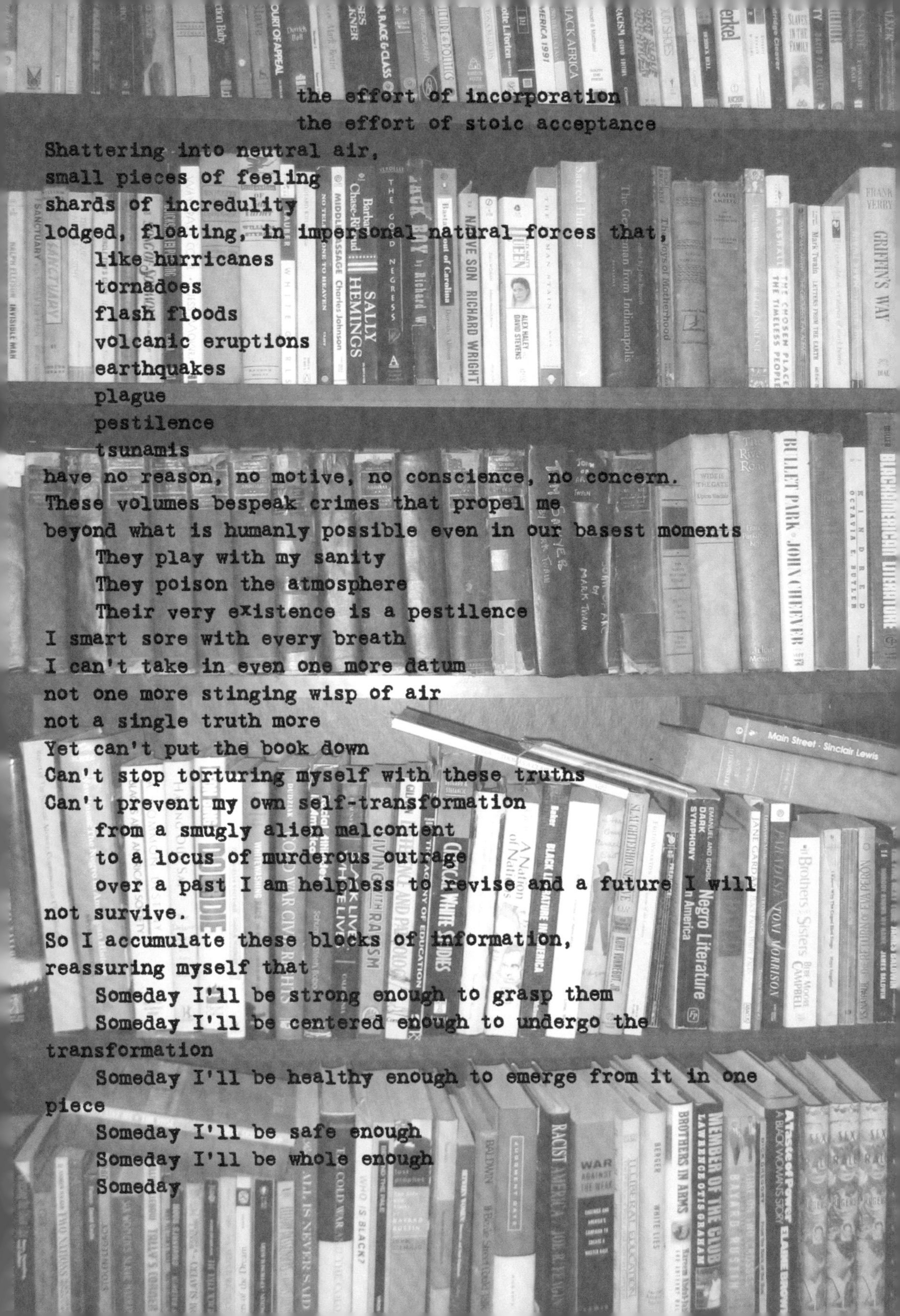

the effort of incorporation
the effort of stoic acceptance
Shattering into neutral air,
small pieces of feeling
shards of incredulity
lodged, floating, in impersonal natural forces that,
like hurricanes
tornadoes
flash floods
volcanic eruptions
earthquakes
plague
pestilence
tsunamis
have no reason, no motive, no conscience, no concern.
These volumes bespeak crimes that propel me
beyond what is humanly possible even in our basest moments
They play with my sanity
They poison the atmosphere
Their very existence is a pestilence
I smart sore with every breath
I can't take in even one more datum
not one more stinging wisp of air
not a single truth more
Yet can't put the book down
Can't stop torturing myself with these truths
Can't prevent my own self-transformation
from a smugly alien malcontent
to a locus of murderous outrage
over a past I am helpless to revise and a future I will not survive.
So I accumulate these blocks of information,
reassuring myself that
Someday I'll be strong enough to grasp them
Someday I'll be centered enough to undergo the transformation
Someday I'll be healthy enough to emerge from it in one piece
Someday I'll be safe enough
Someday I'll be whole enough
Someday

Ricordo un lungo dialogo con una curatrice alla cui mostra per soli "neri" mi ero rifiutata di partecipare. Lei era un'immigrata di prima generazione, cacciata dalla Polonia per via dell'olocausto. Le chiesi se vedesse qualche connessione tra l'allestimento di una mostra per soli "neri" in America e la stella di David che i suoi parenti erano stati costretti a portare nel ghetto ebraico di Varsavia. Rispose citando la visita in Cina di Laura Bush e l'importanza di celebrare la diversità americana; e commentando i problemi incontrati dai ragazzi neri, dipendenti della ditta della sua famiglia, nel servire i clienti. Aggiunse, generosamente, che quello del servizio ai clienti costituiva un problema tra tutti i dipendenti, non solo tra quelli neri. In modo commovente, descriveva i primi ricordi d'infanzia nei campi di raccolta tedeschi e, dopo la Seconda guerra mondiale, il ritorno in Polonia, dove trovò lo stesso clima ostile di prima e nessuna traccia della casa di famiglia. Parlò della gamma di pubblico allargata raggiungibile da una mostra per soli "neri". Aggiunse anche che gli artisti neri più giovani godevano già di un grosso successo commerciale; che includerli nella mostra non significava fargli un favore; che nero era bello e voleva celebrare il fatto; che il rinnovato interesse per mostre per soli "neri" era diverso rispetto a prima; che una volta aveva curato una mostra per soli polacchi che aveva riscosso un grosso successo. Una mostra per soli "neri" quindi? Ma perché no?

Il patto sociale per mantenere la gerarchia di casta monocroma e binaria vanta una lunghissima storia, che parte dalle classi operaie inglesi per passare poi per tedeschi, poi scandinavi, poi cinesi, poi irlandesi, poi italiani, poi ebrei, poi ispanici, poi coreani, poi indiani d'Asia, poi europei dell'Est, e ora arabi. Ogni gruppo di immigrati stabilisce la propria idoneità per ottenere le ricompense materiali e sociali offerte dall'America, imparando dai predecessori come infliggere le pene di casta determinate della negritudine contro gli stessi afroamericani. Più gruppi di immigrati arrivano, più predecessori ci sono. Più successi ottiene ciascuno di questi gruppi, più profondamente si radicano queste pratiche e più si diffondono. Il prezzo della leggendaria mobilità verticale americana è la latente rabbia fondamentale che esplode in sommosse razziali, caos e omicidi, almeno una volta per ogni generazione.

Ma anche gli afroamericani collaborano in questo patto sociale perché la loro sopravvivenza dipende dalla capacità di adattarsi agli imperativi razziali americani. Se non fosse per le continue conseguenze devastanti del razzismo americano, che va contenuto in qualche modo a livello istituzionale attraverso l'incarcerazione penale, l'assistenza pubblica, l'istruzione curativa, l'aggiornamento

I recall an extended dialogue with a curator in whose all-"black" exhibition I had refused to participate. She herself was a first-generation immigrant, driven out of Poland by the Jewish Holocaust. I asked whether she saw any connection between staging an all-black exhibition in America and the Jewish star her relatives had been forced to wear in Poland's Warsaw Ghetto. She replied by describing Laura Bush's visit to China and the importance of celebrating American diversity; commented on the problems the black kids among her family company's employees were having in providing service to its clients, adding generously that rendering service was a problem among all its employees, not just the black kids. She described movingly her early childhood memories in German displacement camps, of returning to Poland after World War II to find the same hostile atmosphere and not a trace of her family's home still standing. She remarked on the broadened public spectrum an all-black exhibition would reach. And she added that these younger black artists were very commercially successful, that she was not doing them any favors by including them in her exhibition; that black was beautiful and she wanted to celebrate it; that this interest in all-black shows was different from earlier ones; and that she had once curated an all-Polish show that had been very successful, so why not an all-black show?

The social pact to maintain America's monochrome binary caste hierarchy has a long and impressive history, beginning with the English laboring classes, then the Germans, then the Scandinavians, then the Chinese, then the Irish, then the Italians, then the Jews, then the Hispanics, then the Koreans, then the East Indians, then the Eastern Europeans, and now the Arabs. Each immigrant group marks its eligibility for America's material and social rewards by learning from its predecessors how to inflict the caste punishments of blackness against African Americans. The more immigrant groups arrive, the more predecessors there are. The more success each group achieves, the more deeply these practices are entrenched and the more widely they are disseminated. The price of America's fabled upward mobility is the simmering foundational rage that explodes in race riots, mayhem and murder at least once a generation.

But African Americans also collaborate in this social pact, because their economic and social survival depends

professionale, i sussidi di disoccupazione, i consultori familiari, i gruppi d'incontro, i programmi di tutoraggio, i servizi di tossicodipendenza, i programmi terapeutici di disintossicazione, l'assistenza sociale, i programmi di assistenza, gli interventi delle forze dell'ordine, le cure mediche, le consulenze legali, ecc., ecc., nonché le molte industrie di istruzione superiore create per combattere l'ignoranza dell'America "bianca" e falsa della propria composizione razziale e storia... quali lavori farebbe tutta questa gente? Chi l'assumerebbe? Se non fosse per i continui sforzi, retribuiti, di limitare i danni del razzismo americano, condotti per la maggior parte dagli stessi afroamericani, cosa ne farebbe l'America? La risposta è che questa gente competerebbe con altri americani per ottenere posti di lavoro realmente redditizi, gratificanti, duraturi. E se l'interesse personale istituzionale e nazionale dovesse avere mai la meglio sulla fedeltà di casta, avrebbe buone possibilità di superarli. E ciò sarebbe *intollerabile*. Molti sognatori sono morti per molto meno.

Il razzismo americano dunque è un sistema endemico, autorigenerante e autosufficiente in cui avidità, discriminazione ereditata e pena di casta per colpa della "negritudine" si rafforzano reciprocamente. A loro volta, anche questo ciclo causale e la limitazione dei danni attraverso le pene detentive che esige si rafforzano reciprocamente. La permanenza di questo sistema è così garantita da

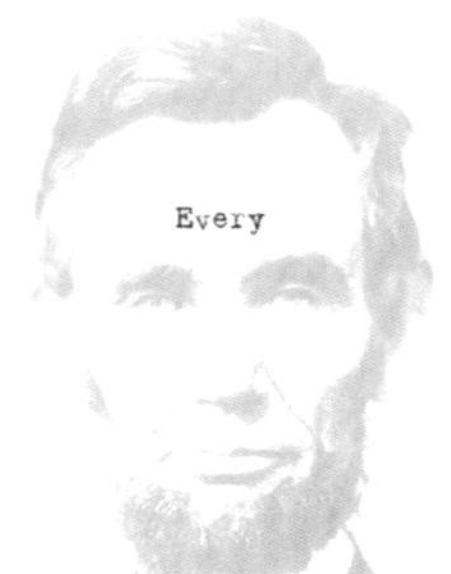

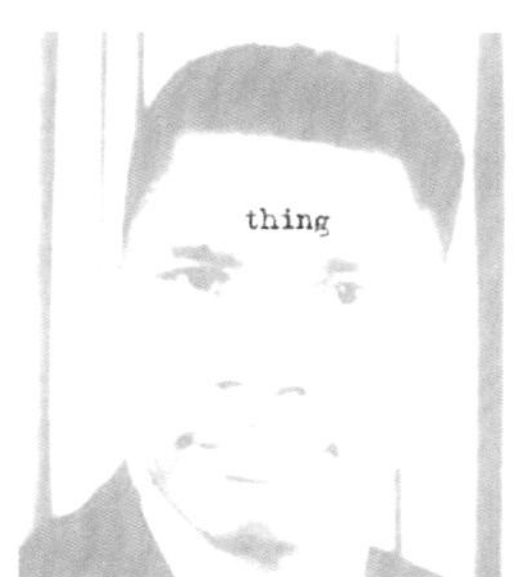

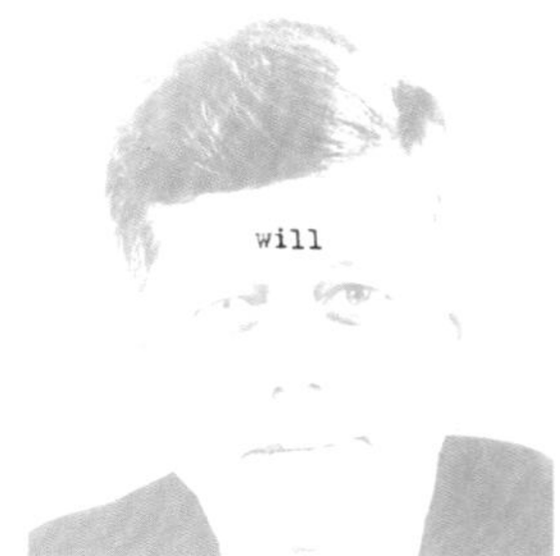

un triplo sostegno a livello di struttura sociale: il patto sociale che ha lo scopo di mantenerlo, le opportunità di impiego nel settore carcerario che lo alimentano, e il premio di prestigio di casta che promette: ovvero, la visione di "bianchezza" in fondo a un lungo e buio tunnel di speranza, lotta, fatica, arrivismo e autotradimento. Ecco la fantasia stabilizzante attraverso la quale si cancella la memoria dell'immigrato e si raggiunge la coesione sociale americana.

on finding ways to adapt themselves to America's racial imperatives. Were it not for all of the continuing, devastating consequences of American racism that somehow must be institutionally contained—through penal incarceration, public assistance, remedial education, job retraining, unemployment benefits, family counseling, affirmative action programs, conflict mediation, encounter groups, mentoring programs, drug addiction programs, drug therapy programs, social work, community outreach programs, police work, medical care, legal counseling, etc., etc., as well as the many academic industries of higher education created to battle "white" America's disingenuous ignorance of its own racial composition and history, what would all these people do for a living? Who would employ them? Were it not for the continuing, salaried efforts at damage control of American racism, conducted mostly by African Americans themselves, what would America do with them? The answer is that they then would be in competition with other Americans for the truly lucrative and fulfilling jobs that remain—and, were institutional and national self-interest ever to trump caste loyalty, would very possibly outcompete them. We cannot have *that*. Dreamers have died for less.

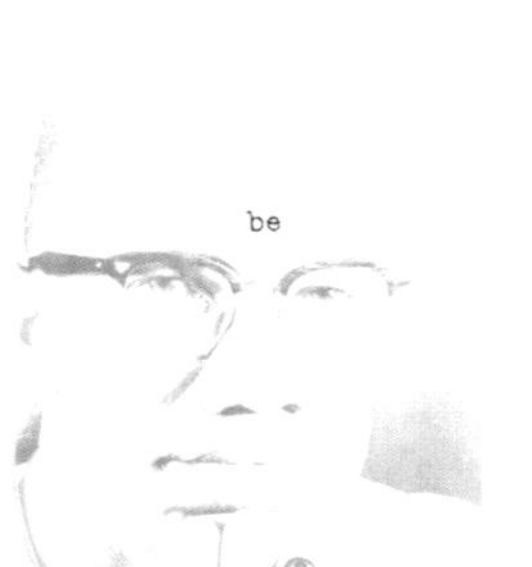

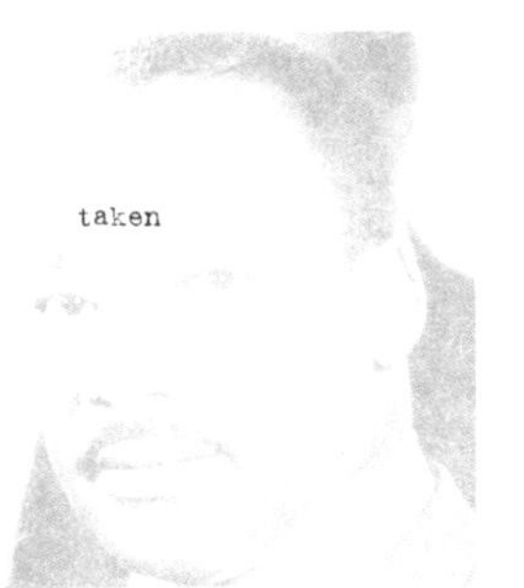

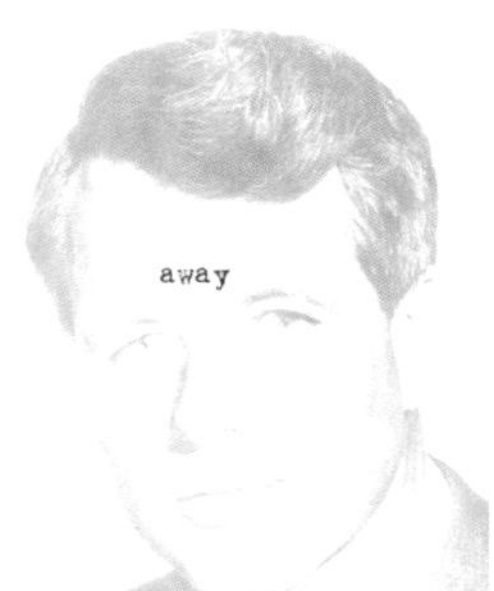

So American racism is a structurally endemic, self-regenerating, and self-sustaining system, in which greed, inherited disadvantage, and caste punishment for "blackness" are mutually reinforcing. This causal cycle and the custodial damage control it requires are also, in turn, mutually reinforcing. The permanence of this system is thus ensured by a triple undergirding of social structure: the social compact

Il nostro tacito accordo, in qualità di immigrati che vivono in una situazione precaria, di continuare a sfruttare il sistema di casta americano per obiettivi di avanzamento personale rispecchia la risposta ricevuta da quelli cui avevo chiesto aiuto nella mia battaglia contro il College. Alcuni insinuavano che le vessazioni e ritorsioni che subivo lì costituissero una punizione giustificata per aver rifiutato di unirmi alla corrente principale americana "bianca". Scegliendo di essere un'intoccabile, quando avrei potuto essere una bramina, meritavo qualunque punizione mi toccasse.

Ora che capisco quanto è radicato e insensibile al cambiamento questo fantastico mondo di bianchezza immaginaria, non ho più pazienza nei suoi confronti. I miei ripetuti confronti con la mia stessa mortalità mi hanno connesso a qualcosa di più interessante, ovvero la realtà. La scienza che svela quella finzione che è il concetto di razza è vecchia più di un secolo. Ignorarla volutamente per raccogliere i frutti dello status di casta è un atteggiamento tipicamente americano. Ma trattarla come articolo di fede che si è liberi di rifiutare significa perdere contatto con la realtà. Può darsi che il rimedio sia omeopatico: potrebbe consistere in una confortante "contro-infusione" di sit-com, fiction e documentari che interpretino ossessivamente il tema dell'errore di persona alla *Pudd'nhead Wilson*, approfondendo le divertenti conseguenze dell'esposizione di complesse verità genetiche dietro le banali invenzioni dalle quali dipende la nostra reputazione sociale. Ma su chi si potrebbe fare assegnamento per scrivere un copione a regola d'arte?

Non si può avere un rapporto con una persona perduta nel paese dei sogni. Appena realizzi che il tuo interlocutore è avvolto nelle proprie proiezioni immaginarie, troppo letalmente preoccupato a fare i suoi interessi e a difendere le sue illusioni a tutti i costi, incapace di connettere con (tanto meno accogliere) la persona che sei tu, finisci per rinunciare anche solo a provare a iniziare quel rapporto. Sposti l'attenzione su altri progetti, altre persone, altri rapporti, che, a differenza di questo, offrono una promessa di connessione. Ora fate la somma di tutti i narcolettici interlocutori americani il cui comportamento mi aveva costretta ad arrivare a questa consapevolezza durante tutto il periodo in cui avvenivano gli eventi qui narrati. Poi moltiplica questo numero per il numero di incontri agghiaccianti che ebbi con ciascuno di loro. Ero intrappolata in un incubo popolato da pericolose monadi sonnambole e prive di finestre, avvolte fino al soffocamento in un tessuto di menzogne. Dovevo fuggire non solo per salvare la mia vita ma anche per proteggere la mia sanità mentale.

to maintain it, the custodial employment opportunities that feed it, and the rewards of caste stature it promises: the vision of whiteness, positioned at the end of the long, dark tunnel of hope, striving, hard work, social climbing, and self-betrayal. This is the stabilizing fantasy by which immigrant memory is erased, and American social cohesion achieved.

Our tacit agreement as precariously situated immigrants to continue exploiting the American caste system for purposes of personal advancement mirrors the consensus response among those I asked for help in my battle with The College. Some individuals insinuated that the harassment and retaliation I was experiencing there was justified punishment for my having rejected the opportunity to join the "white" American mainstream. For choosing to be a Dalit when I could have been a Brahmin, I deserved whatever punishment I got.

Now that I understand how deeply entrenched and impervious to change this fantasy world of make-believe whiteness is, I no longer have the patience for it. My repeated confrontations with my own mortality have connected me to something more interesting, namely reality. The science on the fictitiousness of the concept of race is more than a century old. To deliberately ignore it in order to reap the rewards of caste status is as American as apple pie. But to treat it as an article of faith that one is free to reject is to lose touch with reality. Perhaps the remedy is homeopathic: a counter-infusion of heartwarming sit-coms, dramas, and documentaries riffing on the theme of mistaken identity, in the spirit of *Pudd'nhead Wilson,* that explore the amusing public consequences of exposing the complex genetic truths beneath the trite fabrications on which our social standing depends. But who could be trusted to write a competent script?

You cannot have a relationship with someone lost in a dream world. Once you recognize that your collocutor is too wrapped in his or her own fantasy projections, too lethally concerned to defend his or her own self-serving illusions at all costs, incapable of making (much less welcoming) contact with the person you are in fact, you eventually lose interest in trying. You turn your attention to other projects, other people, other relationships that offer the promise of connection that this one does not. Now add up all of the narcoleptic American collocutors whose behavior forced me to this realization during the extended period in which the events

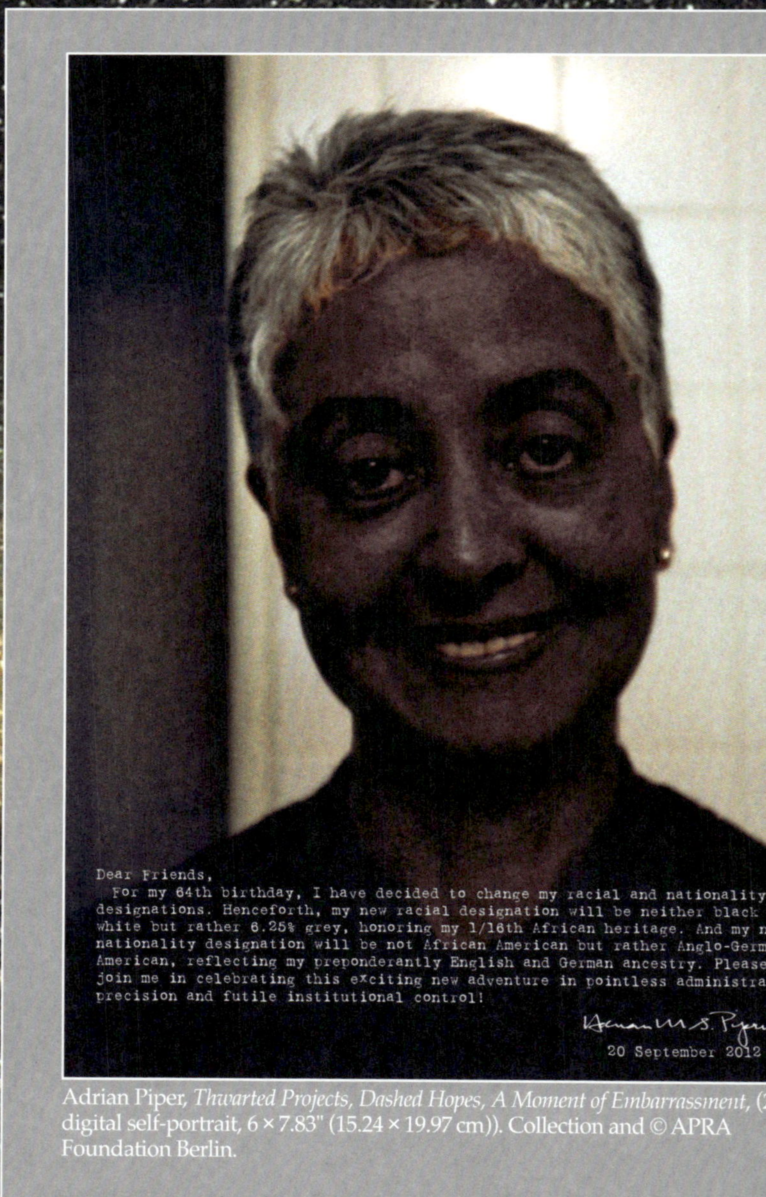

Adrian Piper, *Thwarted Projects, Dashed Hopes, A Moment of Embarrassment*, (2(digital self-portrait, 6 × 7.83" (15.24 × 19.97 cm)). Collection and © APRA Foundation Berlin.

Homepage
Adrian Piper
Research Archive
Foundation
Berlin Journal of Philosophy
News
Contact / Impressum

NEWS

September 2012

← *Adrian Piper has decided to retire from being black. In the future, for professional utility, you may wish to refer to her as The Artist Formerly Known as African-American.*

Festeggiai la mia liberazione da quell'incubo a Berlino in occasione del mio sessantaquattresimo compleanno con *Thwarted Projects, Dashed Hopes, A Moment of Embarrassment* (2012). Il lavoro era ispirato da proposte amichevoli da parte di quella che è forse l'istituzione più apprezzata dell'universo a noi conosciuto, con impeccabili credenziali di casta e un passato non meno impeccabile di segregazione razziale. Io, ahimè, avevo smesso di coinvolgermi in iniziative di azione positiva da un pezzo, essendomi resa conto che nessuno voleva imparare le particolari lezioni di diversità razziale che io ero eccezionalmente indicata a insegnare. Quando mi balenò l'idea per il lavoro, scoppiai a ridere così forte che svegliai il gatto. Ma è divertente solo se sei abbastanza sana da poterne cogliere l'ironia.

Devo tutto quello che sono alla mia nascita, alla mia educazione, alla mia istruzione negli Stati Uniti. Per questo avrei preferito che i miei successi fossero fonte di orgoglio per il mio Paese di origine. Purtroppo, non è organizzato per tollerare successi come i miei da parte di una persona come me perché, in teoria, le persone come me non dovrebbero esistere. Anzi, per quanto resta della mia vita la mia esistenza continuerà a costituire un imbarazzo e un insulto nei confronti di tutto quello che dall'americano narcolettico è ritenuto sacro. Che sia riuscita a fuggire viva dal College e dal Paese va contro le primordiali pene di casta che avevano costretto anche loro ad abbandonare i propri Paesi di origine. Che sia felice e viva in condizioni prospere in Germany è umiliante nei confronti degli Stati Uniti e della loro favoleggiata superiorità rispetto a ogni altro Paese sulla Terra. Che il mio libro *Rationality and the Structure of the Self* abbia superato i loro standard accademici, schedati per casta, con un livello di qualità che, nell'anonimato, suscitava il riconoscimento, il rispetto e ammirazione dei mei pari nel campo della filosofia, costituisce un motivo di vergogna e svilimento tale che non può essere espresso in parole. E che *The Probable Trust Registry* abbia vinto il Leone d'Oro per miglior artista della mostra alla 56ma edizione dell'Esposizione Internazionale di Venezia rappresenta un insopportabile affronto ai loro maldestri tentativi di imporre la segregazione di classe sul giudizio giusto e imparziale. Tali fallimenti totali sono peggiori della morte per quelli che rispettano il proprio status di classe più di quanto non rispettino se stessi.

È chiaro quindi perché questi germogli spenti, piegati e spezzati hanno bisogno che io fallisca e, inoltre, che muoia. Solo vivendo e godendo di buona salute alle mie condizioni gli metto il bastone tra le ruote. La mia stessa esistenza svuota di valore le loro infantili

narrated here took place. Then multiply this number by the number of chilling encounters I had with each one of them. The big picture is easy to see. I was trapped in a nightmare of dangerous, sleepwalking, windowless monads, wrapped to suffocation in a fabric of lies. I had to escape not only to save my life, but to protect my sanity.

I celebrated my liberation from that nightmare in Berlin, on my 64th birthday, with *Thwarted Projects, Dashed Hopes, A Moment of Embarrassment* (2012). The piece was occasioned by friendly overtures from arguably the most highly regarded academic institution in the known universe, with impeccable caste credentials and an equally impeccable record of racial segregation. Alas, I had long since withdrawn my involvement in affirmative action initiatives, having realized that no one wanted to learn the particular lessons about racial diversity that I was uniquely positioned to teach. When the idea for the piece popped up in my mind, I laughed so loud I woke up my cat. But it is only funny if you are sane enough to get the joke.

I owe everything I am to my birth, upbringing, and education in the United States. So I would have preferred my achievements to be a source of pride to my country of origin. Unfortunately, it is not set up to tolerate achievements like mine from someone like me, because people like me are not supposed to exist. Instead, for the rest of my life, however much of it remains, my existence will continue to be an embarrassment and an insult to everything those narcoleptic Americans hold sacred. That I escaped The College and the country with my life offends against the primeval caste punishments that forced them, too, from their countries of origin. That I am happy and flourishing in Germany is a humiliation to their fabulated superiority to every other country on earth. That *Rationality and the Structure of the Self* surpassed their caste-indexed academic standards at a level of quality

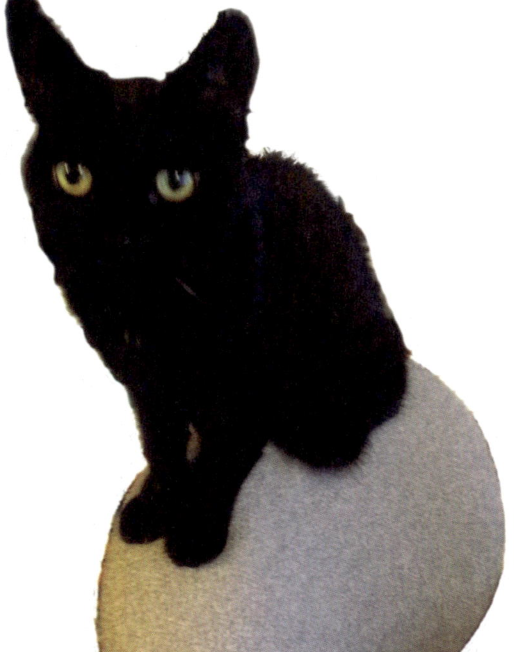

fantasie di casta dalle quali dipendono la loro autorità, statura e autostima. Nel loro gioco a somma zero, io sono l'avversaria letale: se io vivo, loro muoiono di vergogna; se vinco, perdono faccia, status e bottino. Le mie vittorie rendono senza valore le loro. Ogni futuro successo, ogni futuro momento di soddisfazione che otterrò li mortificheranno e deprimeranno e sconfiggeranno ancor di più. Me ne dispiace molto. Ma il mio compito ora è mettermi alle spalle i loro spiacevoli problemi mentali e andare a avanti.

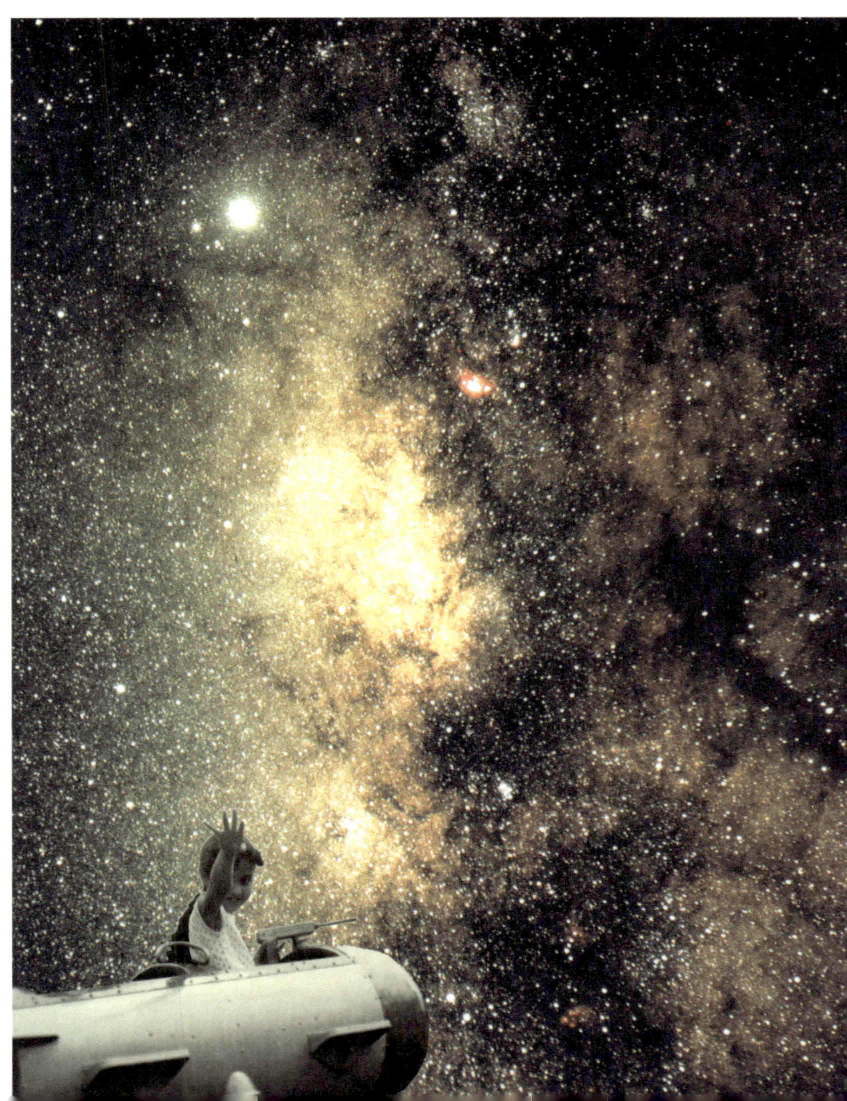

that commanded the anonymous recognition, respect, and admiration of my philosophical peers is so shaming and defiling that it cannot even be named. And that *The Probable Trust Registry* won the Golden Lion Award for Best Artist at the 56th Venice Biennale is an unbearable affront to their heavy-handed attempts to enforce caste segregation over fair and impartial judgment. These abject failures are worse than death for those who respect their caste status more than they respect themselves.

So it is clear why these spent, bent, and broken sprouts need me to fail and to die as well. Merely by living and flourishing on my own terms, I undermine them. My very existence makes a mockery of the infantile caste fantasies on which their authority, their stature, and their self-regard depend. In the zero-sum game they are playing with themselves, I am the lethal opponent: if I live, they die of shame; if I win, they lose face, status, and spoils. My victories make theirs worthless. Every future success, every forthcoming moment of contentment I attain will mortify, depress, and defeat them all the more. I regret that very much. But my task now is to put their unfortunate mental problems behind me and move on.

E ORA? (1992)

Ora che la facciata della tua persona
La persona segreta che si arrotola nell'occhio della tua mente
per la contemplazione privata in momenti di
soddisfazione o incertezza
si scioglie sotto i riflettori
disintegrandosi in una raffica di nuovi dati
su chi e cosa realmente sei:
Quella cosa che odiavi
Quella cosa che temevi
Quella cosa che disprezzavi
Quella cosa contro la quale celebravi la tua superiorità
Quella cosa la cui inferiorità ti sembrava così necessaria
Quella cosa
è quello che sei.

Dove andare quindi?
Cosa fare di questo
disgusto vertiginoso che sale
indurendosi ora in una resistenza di piombo
spingendosi in avanti per legittima difesa assassina
Malmenando i messaggeri
la loro credibilità
la loro autorità
i loro motivi
le loro fonti
Voltandosi ora in ogni direzione
con frenesia spruzzando una pellicola oleaginosa di
fittizie vanità autoprotettive
su ogni superficie
Rendendole belle all'occhio
appiccicose al tatto
Guardale una volta e non soffermarti troppo a lungo su ogni dettaglio
Toccali e sentiti contaminata
mentre il loro rivestimento velenoso ti penetra la pelle
scurendola inaspettatamente.
Paralisi pura su questa nuova rivelazione che
i tuoi tentativi di riadornare la verità
sotto carta da parati a fiori
la staccano
macchiano le mani

NOW WHAT? (1992)

Now that the facade of your person
The secret person that coils in your mind's eye
    for private contemplation in moments of
        satisfaction or uncertainty
is melting under the glare of the footlights
disintegrating in a fusillade of new data
    about who and what you are in fact:
That thing you hated
That thing you feared
That thing you despised
That thing over which you celebrated your superiority
That thing whose inferiority you found so necessary
That thing
    is what you are.

Where to go with this?
What to do with this
    vertiginous revulsion rising up
    hardening now into leaden resistance
    thrusting forward in murderous self-defense
Battering the messengers
    their credibility
    their authority
    their motives
    their sources
Turning now in all directions
Frantically spraying an oleaginous film of
    self-protective fictional conceits
    over every surface
Making them slick to the eye
        sticky to the touch
View them once and linger not too long on any detail
Touch them and feel contaminated
as their poison coating penetrates your skin
    unexpectedly darkening it.
Sheer paralysis over this new revelation that
    your attempts to redecorate the truth
    under flowered wallpaper
peel it off
stain your hands

colorano il sangue e le ossa sotto la pelle
invadono il sistema
penetrano il corpo e l'essere
        fino alla superficie e fuori
Oltre il tuo controllo, infettando altri.
Afflitta, diventi   porosa
                                     fragile
                                     aperta
                                     aliena
                                     più piccola
        ti riduci a niente,
guadagnando umiltà ma perdendo fiducia,
una rivelazione che porta sempre
        alla morte e alla trasfigurazione alla fine.

A che cosa?
        Una cosa non proprio adatta ancora al consumo pubblico
        Una cosa non proprio pronta ancora ad affrontare le conseguenze
        Una cosa catturata, sospesa, pietrificata sul posto
Dal dilemma del come sterminare il nemico
senza sterminare se stessa
        Una cosa non proprio umana ancora

tint the blood and bones beneath the skin
invade the system
penetrate through the body and being
    back to the surfaces and out
Out beyond your control, infecting others.
Stricken, you become   porous
                         fragile
                         open
                         alien
                         smaller
    dwindle into nothing,
gaining humility but losing confidence,
revelation always bringing
    death and transfiguration in the end.

Into what?
    Some thing not yet fit for public consumption
    Some thing not yet quite ready to face the music
    Some thing caught, suspended, petrified in place
By the dilemma of how to exterminate the enemy
without exterminating oneself
    Some thing not yet quite human

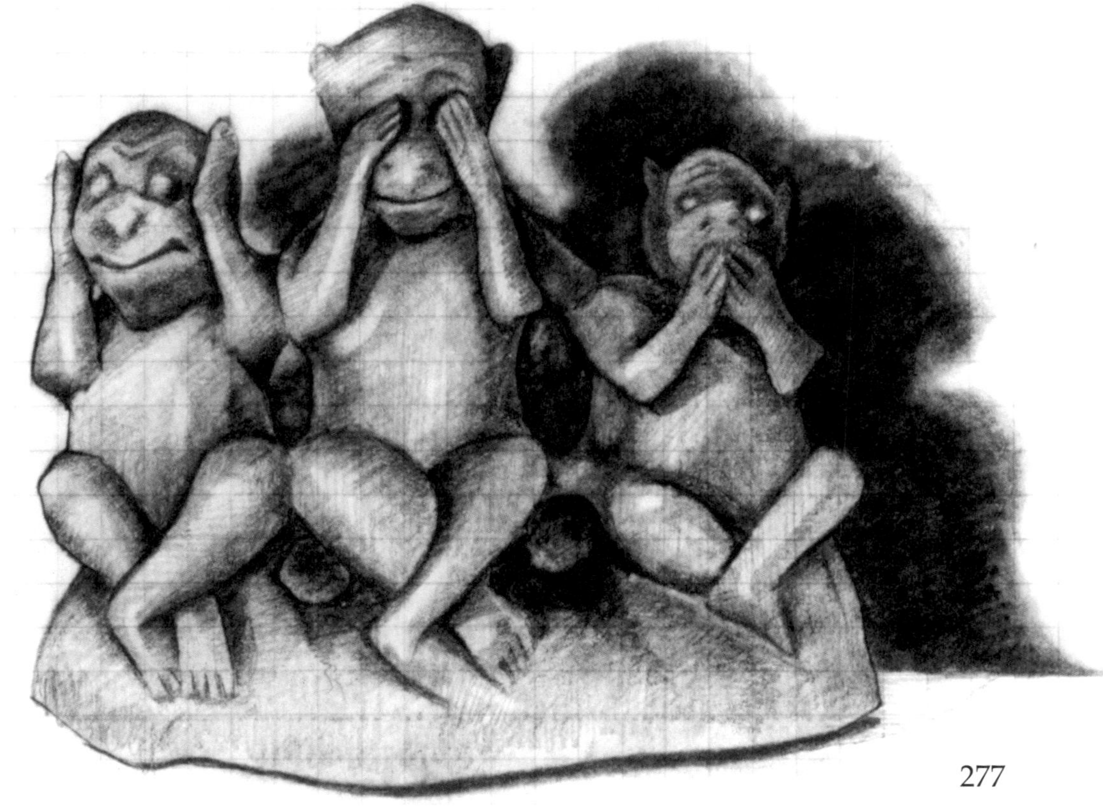

9. Fuga a Berlino

È stato facile. Quando realizzai che dovevo andarmene, le persone che conoscevo da tanto tempo smisero di chiamarmi. Oppure mi chiamavano se avevano bisogno di qualcosa, tipo una chiacchierata o una lettera di raccomandazione o un'opera d'arte per una mostra per soli neri, e si guardavano dall'interessarsi alla mia salute o a quello che facevo. Mi meravigliavo per com'era possibile parlare a lungo con colleghi e colleghe di vecchia data che di colpo evitavano di esprimere anche la minima curiosità o preoccupazione riguardo alla mia situazione. Quelle persone dovevano esserne informate già, naturalmente, per poter essere così brave a saltare l'argomento del tutto. Per converso, i miei nuovi amici, come i dipendenti dell'ufficio postale a Hyannis o del negozio di cibi naturali Cape Cod Natural Foods, dopo aver visitato il mio sito web avevano troppo tatto per sincerarsi del mio benessere. Erano prodighi di amicizia, buonumore e aiuto. Erano loro che mi regalavano i pochi momenti quotidiani di gratificante contatto emozionale che rendevano ogni giornata una giornata di contentezza. Ecco il mio amico Rich dell'ufficio postale a Hyannis. Quello all'ufficio postale però non era l'unico suo lavoro. È anche un talentuoso ballerino da sala e teatrale, capace di replicare il numero reso famoso da James Cagney in *Ribalta di gloria*. Gliel'ho visto fare. Ed ecco Doug, Amy e Anthony di Cape Cod Natural Foods. Doug è il più abile analista finanziario che conosca, nonché il più spiritoso. Devo a queste brave persone, e ad altre come loro, il mio equilibrio emotivo e psicologico negli ultimi mesi a Cape Cod.

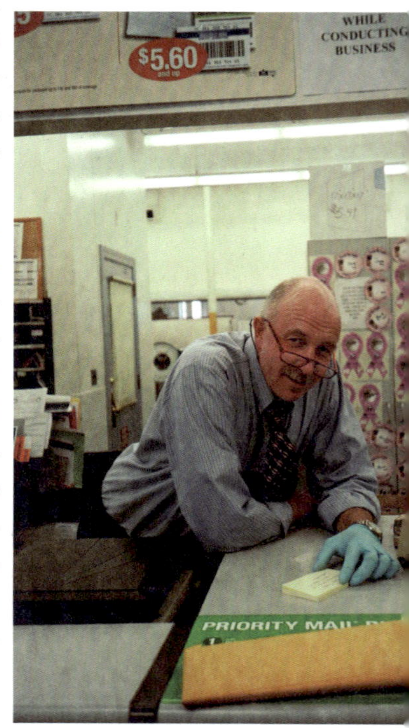

Così, quando mi misi a pianificare la fuga sul serio, non dovevo mentire quasi a nessuno. La maggior parte delle persone non mi chiedeva nulla, e io non dicevo nulla a loro. I colleghi e le colleghe non iniziavano più conversazioni con me: nessun problema quindi. Con discrezione svuotai l'ufficio presso il dipartimento di Filosofia, portando via qualche oggetto personale ogni volta che passavo: libri, poster incorniciati, cuscini, coperte ecc. Nessuno si accorse che non c'ero più per diversi mesi, ma a quel punto mi ero già ristabilita a Berlino. Quelle poche persone nella mia vita che

9. Escape to Berlin

It was easy. By the time I realized that I had to get out, the people I had known for a long time had stopped calling. Or if they called because they needed something, such as a talk or a letter of recommendation or an artwork for an all-black show, they were careful not to express interest in how I was or what I was doing. I marveled at how it was possible to engage at length with longstanding colleagues who suddenly managed to avoid expressing even the slightest curiosity or concern about my situation. Of course they would have had to know about it beforehand, in order to be nimble enough to avoid the topic altogether. By contrast, my new friends, for example, the employees at the Hyannis Post Office and at the Cape Cod Natural Foods health store, were too tactful to inquire into to my wellbeing after visiting my website. They were generous with their friendliness, their good humor, and their help. They extended to me the few daily moments of satisfying emotional contact that made each day a contented one. This is my friend Rich, from the Hyannis Post Office. However, that is just his day job. He is also a very talented ballroom and theatrical dancer who can perform James Cagney's routine in *Yankee Doodle Dandy*. I have seen him do it. And here are Doug, Amy, and Anthony from Cape Cod Natural Foods. Doug remains the sharpest financial analyst I know, and also the funniest.

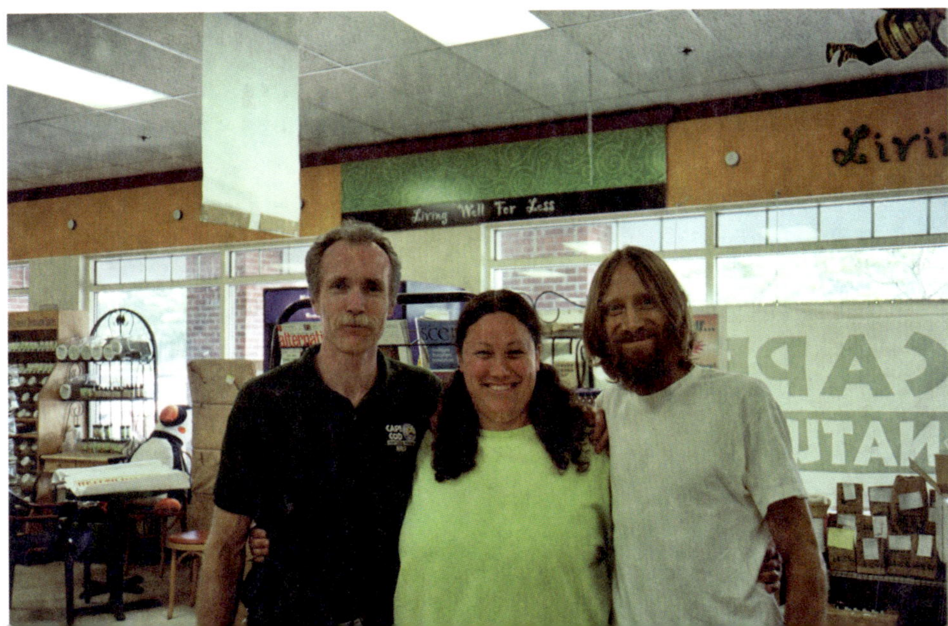

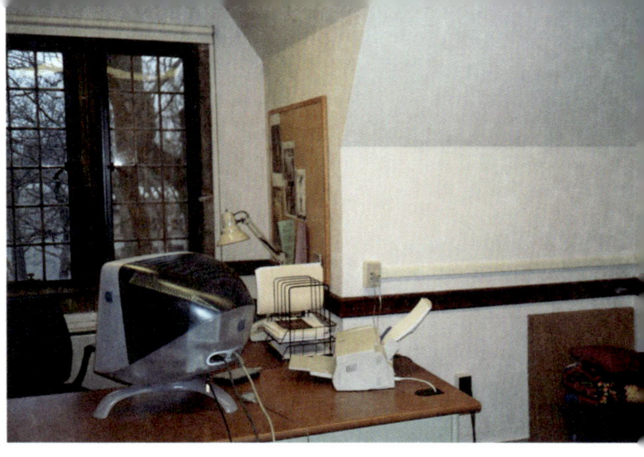

dovevano necessariamente sapere della mia partenza non ne sapevano abbastanza per ritenerla una notizia da diffondere in giro. Gli mentivo circa i motivi per cui dovevano tenerla per sé, gli mentivo sul perché stavo imballando tutti i miei mobili, gli mentivo sul perché vendevo casa e auto e averi, gli mentivo sulla durata della mia assenza, e citavo fatti reali su borse di ricerca e assicurazione sulla casa e previsioni del tempo a Cape Cod per falsare i miei motivi per andarmene. Non sono d'accordo con Kant che non si deve mai mentire, nemmeno quando è necessario farlo per salvarsi la vita.

Per prima cosa, programmai la sequenza degli eventi. Decisi che era necessario comprare casa a Berlino prima di spedirci il mio archivio e tutti i miei beni. Iva mi insegnava come fare per acquistare un immobile a Berlino senza disporre di denaro: accesi un'enorme seconda ipoteca sulla casa a Cape Cod che avevo ereditato dai miei e mentii alla banca su come intendevo impiegarla. Usai quel mutuo per acquistare un condominio a Berlino, riuscendo a estinguerlo mentre, contemporaneamente, continuavo a percepire lo stipendio dal College. Poi, proprio quando stavo per partire, vendetti la casa dei miei ed estinsi il mutuo, e i soldi in eccedenza bastavano e avanzavano per vivere comodamente a Berlino. Il mio piano era di rientrare temporaneamente per insegnare, ammesso che fosse possibile negoziare un accordo in quel senso con il College, ma in ogni caso di andare in prepensionamento – mi mancavano solo tre anni – a Berlino. Sapevo già in partenza che avrei dovuto probabilmente rinunciare alla pensione del College, e così fu. Ma avevo venduto opere sufficienti per poter costruire e addestrare e mantenere un'équipe colta e intelligente in grado di gestire l'Archivio e proteggerlo dai predatori della mia remota ed estesa famiglia, anche quando io mi sarò srotolata una volta per tutte. Nell'occhio della mia mente, immagino spesso la contentezza dei miei per i vari modi in cui i molti doni che mi avevano dato – di amore, di rispetto di sé, di istruzione, di beni – mi avevano permesso, alla fine, di fuggire le

I owe my emotional and psychological equilibrium during my last months on Cape Cod to these good people, and to others like them.

So when I started to plan my escape in earnest, I hardly had to lie to anybody. Most did not ask, and I did not tell them. My colleagues at The College no longer engaged me in conversation at all, so that was no problem. I unobtrusively cleaned out my office in the Philosophy Department, taking a few personal belongings each time I left it: books, framed posters, pillows and blankets, etc. No one even realized I was gone until several months after I had resettled in Berlin. Those very few individuals in my life who strictly needed to know I was leaving did not know enough to make it a subject worth relaying on the grapevine. I lied about why they should keep it confidential, lied about why I was packing up all my furnishings, lied about why I was selling my house and car and personal belongings, lied about how long I would be gone, cited true facts about fellowships and house insurance and Cape Cod weather prognostications in the service of falsifying my motives for getting out. I do not agree with Kant that you should not lie even if it is necessary to save your life.

First I planned out the sequence of events. I decided I needed to buy property in Berlin before moving my archive and all of my belongings over here. Iva coached me on how to buy real estate in Berlin without having any money: I took out a huge second mortgage on the Cape Cod house I had inherited from my parents, and lied to the bank about how I intended to use it. I used that loan to purchase the apartment building in Berlin, and continued to pay it off while drawing a salary from The College. Then, when I was about to leave, I sold my parents' house, paid off the mortgage, and had plenty left over to live on in Berlin. My plan was to come back temporarily to teach, if I reached a negotiated settlement to that effect with The College; but in any case to take early retirement—only three years away—in Berlin. I knew in advance that I would probably lose my College retirement benefits, and I did. But I also sold enough artwork to build and train and maintain an educated and intelligent team who will be able to run the Archive, and protect it from the predators in my distant, extended family after I unspool once and for all. I often imagine in my mind's eye my parents' gladness at the ways in which their many gifts to me—of love, self-respect,

stesse condizioni che avevano talmente limitato le loro vite. Avrei voluto poterli portare con me.

Inoltre, ben prima di trasferirmi, dovevo trovare un assistente a Berlino che fosse in grado di aiutarmi a coordinare il trasloco. Nel corso del mio ultimo semestre al College, Jeremy effettuò tre ricerche a Berlino, più o meno simultaneamente, e trovò altrettanti appartamenti: uno con un contratto d'affitto temporaneo di due mesi in cui avrei vissuto in attesa dell'arrivo via nave dei tre container contenenti tutti i miei averi; un altro, a Berlino Est, con un contratto a lungo termine, in cui avrei vissuto e lavorato; e, infine, un grande loft in cui avrei conservato l'Archivio, le mie opere e carte e tutti i mobili che non riuscivo a far stare nell'appartamento in cui avrei vissuto. I miei beni più preziosi, inoltre, li spedii a Jeremy per via aerea nel corso di un periodo di diversi mesi: i diari, gli articoli e libri più interessanti, le attrezzature per i gatti, i documenti di famiglia, l'archivio fotografico. Non avrei potuto fare niente di tutto questo – trovare casa, ingaggiare un assistente a Berlino, ricercare appartamenti, trovare un traslocatore che mi potevo permettere – senza internet. Robert mi aveva trascinata, calciando e urlando, nella realtà virtuale solo due anni prima.

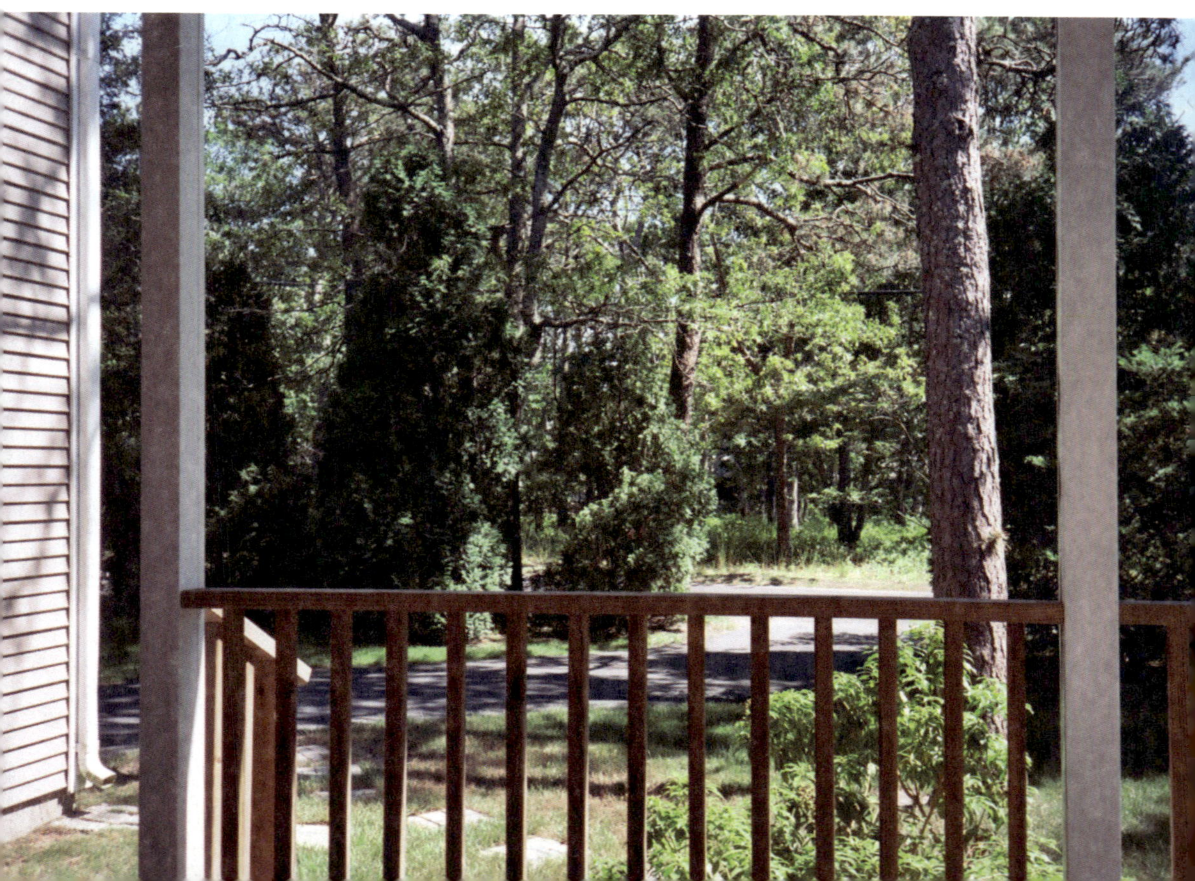

education, property—finally enabled me to escape the conditions that had so constricted their lives. I wish I could have taken them with me.

I also had to find, well in advance of the move, an assistant in Berlin who could help me coordinate it. During my last semester at The College, Jeremy did three apartment hunts in Berlin more or less simultaneously: a temporary apartment for two months while I waited for the three containers full of my belongings to arrive by ship; a long-term apartment in East Berlin where I could live and do my work; and a large loft space to house the Archive, my art work, papers, and all of the furniture I could not fit into my apartment. I also air-shipped all of my most valuable possessions to him over a period of several months: my journals, my most important research papers and books, my cats' equipment, my family papers and photo archive. I could not have done any of this—finding the house, hiring an assistant in Berlin, searching for apartments, finding a mover I could afford—without the internet. Robert had dragged me kicking and screaming into virtual reality only two years earlier.

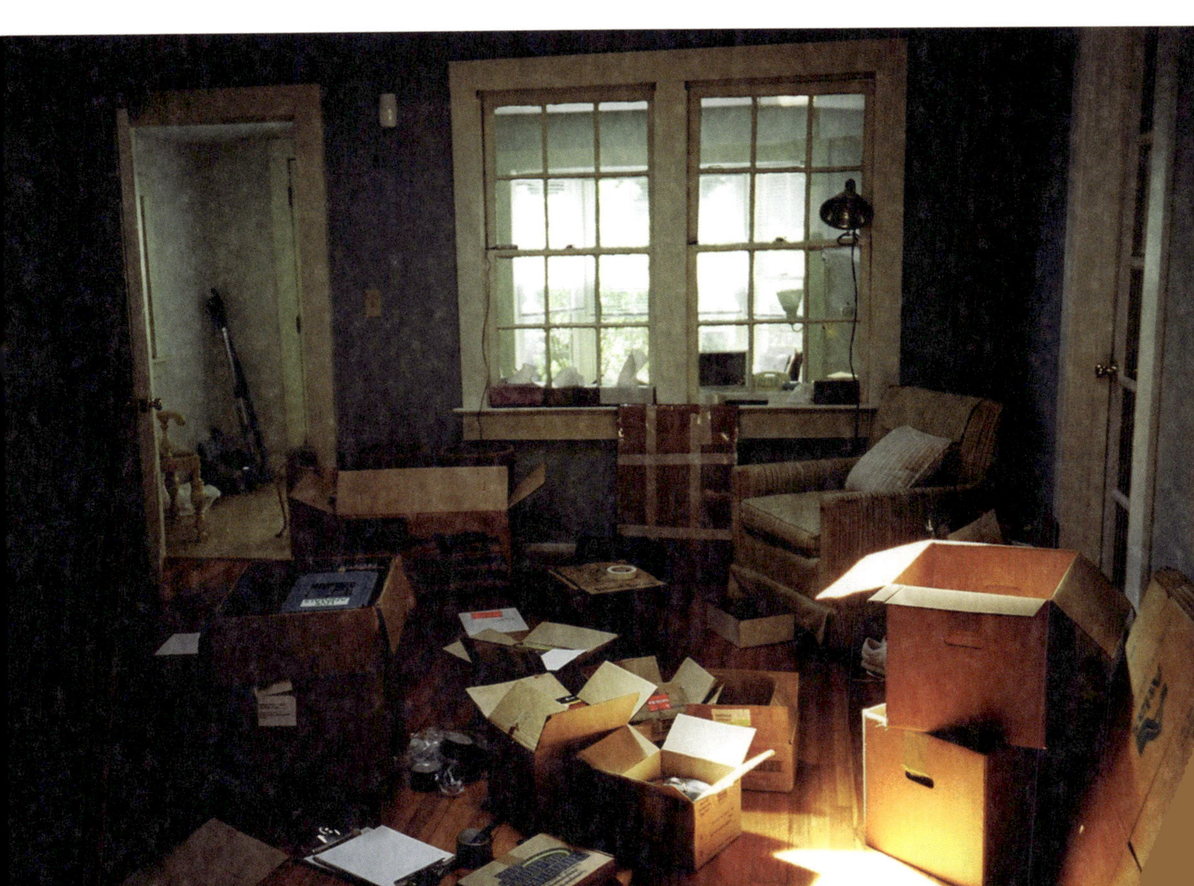

Poi, nella mia mente, salutai la casa lasciatami dai miei, la casa che avevo ristrutturato e ampliato e arredato da sola. E tutti i ricordi che conservava per me. Salutai la veranda e il giardino che mi avevano regalato tanto piacere e conforto. Salutai Fortes Beach, la spiaggia dove mi recavo più volte la settimana, anche d'inverno, per guarire. E salutai i miei vicini e amici a Hyannis, persone gentili e cortesi che conoscevo da molto tempo, seppur non benissimo. Poi contattai i vari traslocatori per chiedere preventivi e tirai sul prezzo con alcuni di loro, che poi mi insegnarono a preparare gli imballaggi per il trasloco internazionale, e feci l'inventario di tutti i miei beni. Questi li divisi in quelli che avrei portato con me e quelli che avrei venduto. Portai via con me i mobili e cimeli di famiglia cui sapevo che i miei avevano tenuto di più, e vendetti gli oggetti che, essendo stati usati in continuazione, avevano il più grande valore sentimentale. Poi, poco alla volta, cominciai a rimettere in valigia gli oggetti che ne avevo tirato fuori solo pochi anni prima in seguito al trasferimento dal College a Cape Cod. Diedi la precedenza alle cose che mi servivano meno. Alcune, come il fax e la fotocopiatrice e l'auto, le utilizzai fino all'ultimissimo giorno prima di partire. Il processo intero richiese un anno e mezzo circa. In cammino per l'aeroporto, imbucai delle lettere per notificare il cambio di indirizzo a poche ma fondamentali persone, per essere sicura di essere già all'estero prima che arrivassero a destinazione. Sì, sarei già partita prima che qualcuno mi potesse bloccare.

Mi crogiolavo nel fatto che potevo contare sulle dita di una mano le persone che sapevano che partivo una volta per tutte; che avevo imparato a non esporre le mie vulnerabilità condividendo i miei piani per il futuro, in base all'assunto, errato, che i miei conoscenti volessero sostenermi nel metterli in pratica. Imparai il valore della segretezza, della privacy, del non confidarmi e condividere i miei pensieri con nessuno. Finora li ho condivisi solo con il mio io futuro, quella che rilegge i miei diari. Li condivido ora con te solo perché non m'importa quello che pensi. Ho imparato il valore di non fidarmi di nessuno, di anticipare la violenza e il tradimento, e di preparare a difendermene. Ora so che non posso pretendere che gli altri mi proteggano. Perché, dopotutto, alla fine, quando se la prenderanno con me per aver esercitato i diritti che io, erroneamente, credo di avere, chi mi proteggerà da loro?

Then I mentally said goodbye to the house my parents gave me, the house I had renovated and built up and decorated myself; and to all the memories it held for me. I said goodbye to my porch and my yard that had brought me so much pleasure and solace. I said goodbye to Fortes Beach, where I went several times a week, even in winter, to heal. And I said goodbye to my neighbors and friends in Hyannis, kind and considerate people I had known long if not well. Then I called in the moving companies for estimates, haggled at length with several about prices, learned from them how to pack for an international move, and inventoried every item in my possession. I sorted all of my possessions into those I intended to take with me and those I intended to sell. I took with me the family furniture and heirlooms that I knew my parents had valued most highly, and sold the items to which their constant use had in fact given the greatest sentimental value. Then I gradually started repacking the items I had unpacked only a few years before, after my move from The College to Cape Cod. I packed first the things I needed least. Some things, like my fax machine and photocopier and car, I used up until the very last day before I left. The entire process took about a year and a half. I mailed the few essential change-of-address notices on my way to the airport, to ensure that I would be out of the country before they arrived at their destinations. That way, I would have left before anyone could block my exit.

I reveled in the facts that I could count on the fingers of one hand those who knew I was leaving for good; that I had learned not to expose my vulnerabilities by sharing my plans for the future, on the mistaken assumption that my acquaintances might want to support me in achieving them. I learned the value of secretiveness, of privacy, of confiding in no one and sharing my thoughts with no one. Up to now I have shared them only with my future self, the one who rereads my journals. I share them now with you only because I do not care what you think. I have learned the value of trusting no one, of anticipating violence and betrayal, and of preparing to defend myself against it. I now know that I cannot expect others to protect me; because after all: in the end, when they turn on me for exercising the rights I mistakenly believe myself to have, who will protect me from them?

UN BERSAGLIO MOBILE (1991)

un centro in movimento,
una vittima intraprendente
        che se ne va a grandi passi dalla
                scena del delitto,
        ogni volta celando il mio spirito in
un semplice sacchetto di carta,
        protezione inadeguata, certo, contro
                aggressione o
                rottura o
                colpi tremendi,
        ma durevole, più che sufficiente, davvero, contro
                lacerazioni e
                strappi e
                merda e
                piscio.
I suoi contenuti bagnati e frusti, temprati, come si dice, dal compost della vita.

Scene dal mio futuro
        entrano in vista
        e si allontanano in fretta,
        vergognandosi di incrociare il mio sguardo,
        lasciando piccole tacche nell'occhio della mia mente
        mentre si precipitano a raggiungere gli annali della memoria,
        conservati in
quel piccolo sacchetto di carta,
        appesantendosi ora,
        rallentando il mio volo,
        danneggiando i suoi contenuti con la sua fragilità,
        schiacciandoli,
        sgualcendosi sotto pressione,
        diminuendo per alimentare le fiamme,
        disintegrandosi in cenere, ma
spinti in avanti contro il vento comunque.

A MOVING TARGET (1991)

a bull's eye in motion,
an enterprising victim
    loping swiftly away from
        the scene of the crime,
    each time concealing my spirit in
a plain brown paper bag,
    inadequate protection, to be sure, against
        assault or
        breakage or
        crushing blows,
    but durable, more than sufficient, really, against
        ripping and
        tearing and
        shitting and
        pissing.
Its contents soaked and tattered, toughened, as they say,
by the compost of life.

Scenes from my future
    move into view
    and quickly past,
    ashamed to meet my glance,
    leaving small dents in my mind's eye
    as they rush to join the annals of memory,
    stored in
that plain brown paper bag,
    growing heavier now,
    slowing my flight,
    damaging its contents with its fragility,
    crushing them,
    crumpling under pressure,
    dwindling to feed the flames,
    disintegrating into ashes, but
propelled forward against the wind nevertheless.

Inoltre, ho imparato con fatica che nessuna istituzione potrà proteggermi, o addirittura nutrire quelle parti di me che potrebbe impiegare a suo vantaggio. Avevo cercato di fare parte di un'istituzione che avrebbe potuto farlo: per sentirmi unita collettivamente ad altri in attività che inseguivano obiettivi condivisi in cui credevamo tutti; per essere avvolta stretta in un tessuto condiviso che mi legasse ad altri. Io, ingenua, mi aspettavo di più dal tessuto del College, quel groviglio soffocante di fili sciolti che rischiò di intrappolarmi perché era gestito per e, per di più, da donne. La mia esperienza lì eliminò quell'ultimo residuo di discriminazione di genere rimasto nel mio punto di vista. In primo luogo, mi rivelò la mia impotenza personale, violando la sua parola d'onore senza né scuse né risarcimento, dimostrandomi così che quel che conta è il potere, non l'onore; minando la mia riconosciuta autorevolezza, dimostrandomi così che l'autorevolezza dipendeva non dalla mia competenza o dai miei successi ma dai capricci dell'istituzione stessa; e punendomi per non aver rigato dritto, dimostrandomi così che le mie iniziative indipendenti erano prive di valore.

In secondo luogo, il College mi faceva pressioni affinché o sacrificassi altri sull'altare della realtà dell'ingiustizia istituzionale per poter conservare l'apparenza di rettitudine istituzionale, o perdessi il mio status e appartenenza all'istituzione, dimostrandomi così che il suo funzionamento scorrevole era fondamentalmente incompatibile con i valori che giustificano e abbelliscono la mia esistenza. Il College esprimeva quei valori pubblicamente e si prefiggeva di infonderli nelle studentesse. Ma ciò non è facile se il prezzo di partecipazione in quel progetto è quello di svilirli. Vedevo il College costringere o incoraggiare o autorizzare altri colleghi e colleghe a fare altrettanto, e così a svilirsi mentre, allo stesso tempo, promuovevano gli interessi dell'istituzione. Lo vedevo fiaccare il loro spirito, domarle, costringerle a vergognarsi, farle sentire l'ansia di redimersi e così rendersi utili. Le vedevo arrivare a considerare i valori come una finzione, se stesse come collaboratrici, e l'opportunismo personale come equivalente funzionale di un altruistico servizio istituzionale. Erano queste le priorità che la messaggera della cricca nera del College aveva cercato di comunicarmi. Io, non lei, ero quella che non ci azzeccava.

Vedevo persone al College che scendevano a questo compromesso, provando non solo vergogna ma anche meschina gratitudine per le ricompense istituzionali con le quali venivano risarcite per la perdita di rispetto di sé, e per le ragioni di sacrificio di sé che la perdonavano. Vedevo il College abituarle a tradire se stesse e

I have also learned the hard way that no institution can protect me, either—or, for that matter, even nurture those parts of me that might be used to its advantage. I had sought to be part of an institution that could—to feel communally joined with others in activities that pursued shared goals we all believed in; to be wrapped around securely in a shared fabric that bound me to others. I naively expected more of The College's fabric, that strangling tangle of loose threads that almost ensnared me, because it was operated for and largely by women. My experience there successfully removed that last remnant of gender discrimination in my outlook. First it taught me my individual powerlessness, by violating its word of honor without apology or restitution—thus showing me that power, not honor, was the name of the game; by undermining my allocated authority—thus showing me that that authority depended not on my competence or achievements but on the institution's whim; and by punishing me for stepping out of line—thus showing me that my independent initiatives were of no value.

Next The College pressured me to either sacrifice others to the reality of institutional injustice, in order to preserve the appearance of institutional rectitude; or else lose my status and membership in the institution—thus showing me that its smooth functioning was fundamentally incompatible with the values that justify and grace my existence. The College publicly voiced those values, and aimed to instill them in its students. But that is not easy if the price of participation in that project is defiling them. I saw it pressuring, or encouraging, or empowering other faculty to do this too; and so to defile themselves while furthering the institution's interests. I saw it breaking their spirits, breaking them in, making them ashamed of themselves and anxious to redeem themselves by being of use. I saw them coming to regard those values as a sham, themselves as collaborators, and personal opportunism as functionally equivalent to altruistic institutional service. Those were the priorities The College's black caucus messenger had been trying to communicate to me. I, not she, was the one who didn't get it.

I saw those at The College who made this trade-off feeling not only ashamed but also abjectly grateful for the institutional rewards by which they were compensated for this loss of self-respect; and for the rationale of institutional

altri per amore dell'istituzione, così reclutandole gradualmente tra i ranghi degli "abituatori". Concluso il processo di reclutamento, non vedevano nulla di sbagliato in quello che facevano ad altri, me compresa, né in quello che era stato fatto a loro. Per me che provengo da una comunità i cui appartenenti erano stati esclusi sistematicamente dalla partecipazione in tradizionali istituzioni americane, e pertanto esclusi anche dalle loro corruzioni, il processo di acculturazione istituzionale messa in atto dal College era una rivelazione. Non è diverso altrove. Riesco a contare sulle dita di una mano i colleghi e colleghe accademiche che non furono danneggiate fatalmente dal processo.

In cambio di questa resa e sacrificio di se stessi, vedevo i miei colleghi e colleghe presso il College ricevere un'illusione di sostegno, approvazione e status sociale o politico o professionale, basata su una realtà di transitoria utilità istituzionale: un senso di sicurezza, l'impressione di fare parte di qualcosa di più grande e più importante di se stessi, che gli conferiva importanza – in realtà, valore d'uso – agli occhi altrui. Questo accentuato senso di presunzione era accompagnato dal discutibile privilegio di compatire persone, come me, che erano state cacciate o si erano deliberatamente ritirate, oppure entrambe le cose, perché il compromesso non vale la pena. Lo spazio cosmico è ingombro di rifiuti che galleggiano liberamente come noi. Noi che rischiamo l'esposizione letale agli elementi per avere il privilegio di deridere l'importanza personale offerta da questo genere di appartenenza istituzionale.

Io non ho più quella appartenenza e, perciò, nemmeno quell'illusione. Quando, nel 2000, la maggioranza repubblicana della Corte Suprema degli Stati Uniti d'America consegnò la presidenza al candidato perdente alle elezioni politiche, sapevo già di non vivere in una democrazia, tanto meno in una meritocrazia, che gli Stati Uniti non erano governati dal principio della legalità, che non avevano alcun contratto sociale degno di questo nome. Insomma, lì non ero al sicuro. Mi spostai nella corsia di uscita quasi subito, e tutto quello che vissi in seguito servì solo ad accelerare la mia deviazione dalla via americana. Quando, nel 2004, dopo averci pensato bene, i miei connazionali votarono la fiducia a George W. Bush, ero quasi totalmente impegnata a lottare contro il College e a preparare la mia fuga. A quel punto, sapevo anche di non essere protetta dalla Costituzione o dalle leggi o dalle politiche sociali degli Stati Uniti; né da quelle dello Stato del Massachusetts; né da quelle delle associazioni di settore cui avevo versato contributi per decenni; né da quelle delle organizzazioni che affermano di esistere per proteggere

self-sacrifice that excused it. I saw The College habituating them to betray themselves and others for its sake, and thereby gradually recruit them into the ranks of the habituators. By the end of that recruitment process, they no longer saw anything wrong with what they were doing to others, including me; nor with what had been done to them. To me, coming from a community whose members had been systematically excluded from participation in mainstream American institutions, and therefore excluded from their corruptions, The College's process of institutional acculturation was a revelation. It is not different elsewhere. I can count on the fingers of one hand those of my academic colleagues who have not been fatally damaged by this process.

In return for this submission and sacrifice of self, I saw my colleagues at The College receiving an illusion of social or political or professional support, approval, and status, based on a reality of transient institutional usefulness; a sense of security, of being part of something larger and more important than themselves, that conferred on them importance—actually use-value—in the eyes of others. With this heightened sense of self-importance came the questionable privilege of pitying people like me, who have been driven out, or have knowingly cast ourselves out, or both, because the trade-off is not worth it. Outer space is littered with free-floating refuse like us, who risk lethal exposure to the elements for the privilege of flouting the illusion of personal importance that such institutional affiliation offers.

I no longer have that affiliation, nor, therefore, that illusion. When the Republican majority on the United States Supreme Court handed the Presidency to the Republican losing candidate in 2000, I knew then that I was not living in a democracy, much less a meritocracy; that the United States was not governed by the rule of law; and that it had no social contract worth the name. I simply was not safe there. I moved into the exit lane almost immediately, and everything I subsequently experienced merely accelerated my detour off the American way. By the time my fellow Americans gave George W. Bush their considered vote of confidence in 2004, I was almost fully preoccupied with battling The College and preparing for my escape. By then I also knew that I was not protected by the Constitution, or the laws, or the social policies of the United States; nor by those of the state of

persone come me ma, di fatto, esistono solo per proteggere solo se stesse; né, sicuramente, dalle politiche o regole interne del College. È probabile che leggi, politiche ed enti locali, statali e nazionali proteggano alcune persone: quelle, cioè, che sono in grado di pagare di più per la protezione, magari in qualche valuta straniera.

Ma io non avevo mai immaginato che la cittadinanza americana prevedesse il pagamento di un supplemento per la protezione della legge, al netto delle tasse, e mi sono rifiutata di cascarci. In particolare, dopo il mio lungo ricovero e la convalescenza ancora più lunga negli ultimi cinque anni prima della fuga, mi sentivo quasi sempre in pericolo fisico, priva di qualsiasi protezione di qualsiasi tipo.

Katie mi accompagnò sull'aereo per permettermi di portare Ginger e Kali con me in cabina. Trascorremmo la prima settimana a Berlino insieme, scoprendo la città da turisti, facilitando il mio ambientamento. Non avevo svelato nemmeno a lei la vera ragione della mia partenza. In macchina, uscendo da Mitchell's Way e salendo verso Iyannough Road a Cape Cod, non mi voltai a guardare casa mia, e non piansi. Ero troppo preoccupata, chiedendomi se sarei riuscita a uscire dal Paese e ad arrivare in Germania senza essere fermata o tenuta in stato di fermo o incarcerata per qualche accusa inventata, orchestrata da qualche ben introdotto membro del consiglio del College. Non avevo spiegato a Katie la vera ragione della mia partenza perché pensavo che, se l'avesse saputa, non avrebbe accettato di venire. In silenzio, mi portai queste preoccupazioni con me per tutto il viaggio e il vero senso dell'arrivo a Berlino lo festeggiai solo mentalmente. Atterrammo all'aeroporto di Berlino-Tegel proprio nel momento in cui l'uragano Katrina colpiva la Costa del Golfo degli Stati Uniti. Rividi la mia casa di Cape Cod solo due anni dopo, o quasi, aprendo l'album di foto che avevo scattato negli ultimi giorni lì. Poi piansi fino a perdere la voce per aver dovuto rinunciare al santuario spazioso, luminoso, arieggiato che avevo creato. Il santuario che non ero riuscita a fortificare abbastanza per proteggermi.

Il risultato di tutto questo è il pezzo che si vede qui. Lo realizzai nel 2007 dopo essermi ambientata a Berlino. S'intitola *Everything #9.1*. Consiste in nove stampe a getto d'inchiostro montate alla parete in una posizione determinata dalla griglia disegnata a mano con una linea blu all'interno della quale sono inserite. Quattro stampe raffigurano scene di devastazione provocate dall'uragano Katrina, sovrastampate con il testo

Massachusetts; nor by those of the professional associations to which I had paid membership dues for decades; nor by those of the organizations that claim to exist in order to protect people like me, but in fact exist to protect only themselves; and most certainly not by the policies or by-laws of The College. Local, state, and national laws, policies, and organizations probably do protect some people—those who can pay extra for protection in some currency or other. But I had not thought American citizenship required paying extra for the protection of the law, over and above taxes; and I refused to do it. Particularly after my long hospital stay and even longer convalescence during the last five years before I escaped, I felt myself to be in physical danger and without protection of any kind almost all the time.

Katie came with me on the plane so that I could take both Ginger and Kali with me in the cabin. We spent my first week in Berlin together, discovering it as tourists, easing my landing. I had not told her the real reason I was leaving, either. As we drove out of Mitchell's Way and up toward Iyannough Road on Cape Cod, I did not look back at my house, or cry. I was too worried about whether I would be able to make it out of the country and into Germany without being stopped or detained or jailed on some trumped-up charge orchestrated by some well-connected member of The College's board of trustees. I had not told Katie the real reason I was leaving because I did not think she would have agreed to come if she knew. So I carried those worries throughout the trip in silence, and celebrated only mentally the true meaning of my arrival in Berlin. We touched down in Tegel Airport just as Hurricane Katrina was hitting the Gulf Coast of the United States. I did not look back at my Cape Cod house until almost two years later, when I opened the photos I had taken during my last days there. Then I cried myself voiceless at having had to give up the spacious, light-filled, airy sanctuary I had created; the sanctuary I had been unable to fortify strongly enough to protect me.

This piece is the result. I produced it in 2007, after I had gotten settled in Berlin. It is called *Everything #9.1*. It consists of nine inkjet prints mounted onto a wall, at a location determined by the hand-drawn, blueline grid in which they are placed. Four of the prints are scenes of devastation from Hurricane Katrina, overprinted with the text,

Spostando l'occhio tra queste quattro stampe, formano una croce. Le altre cinque sono foto mie personali. Spostando l'occhio tra le cinque foto, formano una X. Le avevo spazzolate e levigate con sabbia, impiegando lo stesso sfrenato movimento circolare che produce il vento in mezzo a un tornado. In tutte e cinque, l'occhio della tempesta è calmo, chiaro, vivido: una scrivania davanti a una finestra, una porta accanto a una finestra, una lampada su una scrivania, il lucernario di una camera da letto, il lucernario di una cucina; tutto si rifugia in luce. Le due immagini della fila superiore mostrano le stanze della mia casa a Cape Cod, dopo che i traslocatori avevano portato via tutti i mobili verso la fine di agosto 2005. Quella al centro della fila di mezzo mostra la camera d'albergo a Bloomington, Indiana, dove soggiornai durante il mio unico viaggio di ritorno negli Stati Uniti nel novembre 2006, e dove scoprii il mio nome nella lista nera dei viaggiatori sospetti. E le due stampe della fila inferiore mostrano l'attico monolocale a Berlino dove vissi per i primi due mesi dopo l'arrivo qui nel 2005. Rivisitare e rielaborare queste immagini era un modo per onorare il fatto che ero fuggita davvero, che ero riuscita veramente ad andarmene in tempo per salvare la vita. Faccio ancora un po' fatica a crederci. Ancora oggi, più di un decennio dopo, ricordo a me stessa tutti i giorni che sono a a Berlino, che ora vivo a Berlino, che sono riuscita ad arrivarci viva e vegeta. Lo faccio tutti i giorni.

Proprio verso la fine, quando la casa di Cape Cod era ingombra di scatole, disordinata, non più riconoscibile come il rifugio che era stato per me, arrivò una coppia di visitatori scomodamente premurosi. Mi limitai a congedarli con la scusa che non era il momento, il che era vero. Come tutti gli altri a quel punto, ebbero il buon senso di indietreggiare ed eclissarsi al minimo segno di difficoltà. L'episodio mi aiutò a realizzare che ero libera di partire, e che partendo non avrei spezzato alcun legame, che non avrei deluso nessuno. Non c'è nessuno che è stato abbandonato da me, non c'è nessuno che mi manca (a parte Jon Stewart, naturalmente), e non c'è nessuno cui manco io. È una situazione che giova a tutti.

Da allora lavoro sodo per comprendere come facevo a essere così pericolosa agli occhi di quelli che mi mandarono via, o di quelli che rimanevano i disparte ad assistere a quello che combinavano i loro complici. Il mio stesso senso di presunzione, per quanto esagerato, non arrivò mai a tanto. Ciò era dovuto in parte alla mia stessa ingenuità, in parte al silenzio pubblico sul sistema delle

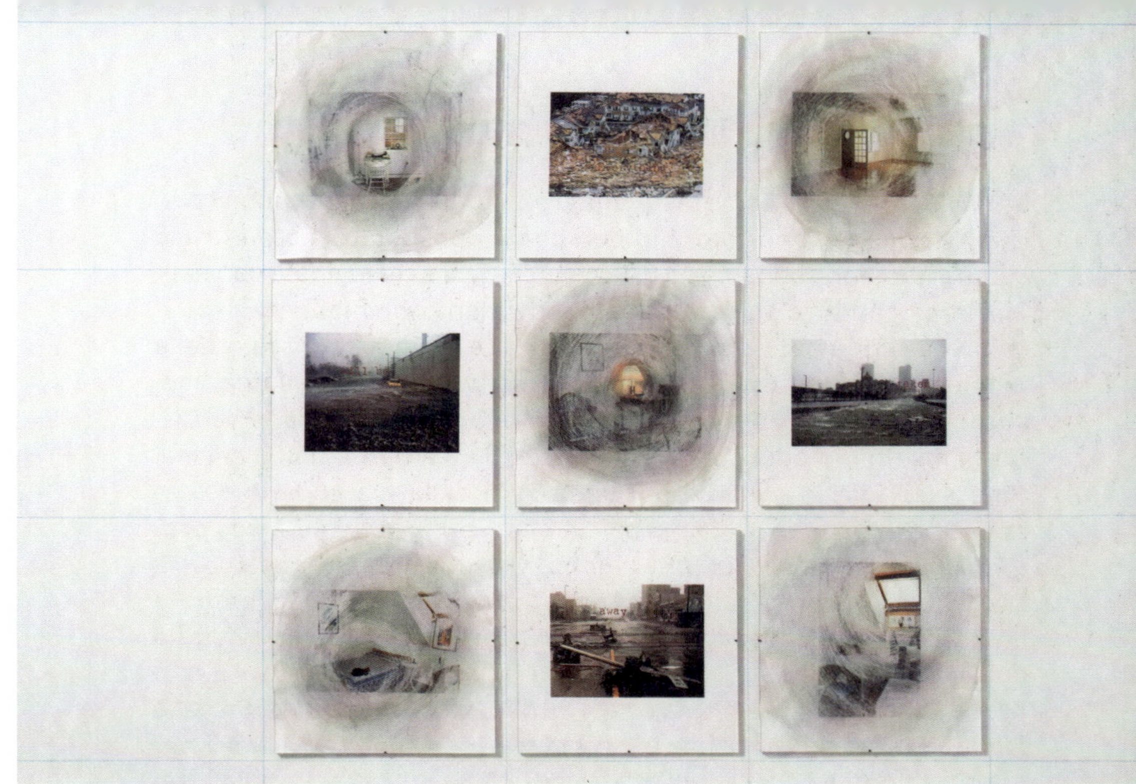

Everything will be taken away

If your eye moves among these four, they form a cross. The other five images are personal snapshots. If your eye moves among these five, they form an X. These are scrubbed and sanded in the wild, circular motion that the wind makes when you are in the midst of a tornado. In all five, the eye of the storm is quiet, clear, and vivid: a desk at a window, a door next to a window, a lamp on a desk, a bedroom skylight, a kitchen skylight; all escapes into light. The two images in the top row are of rooms in my Cape Cod house, after the movers had taken away all the furniture in late August 2005. The one in the middle of the second row is of the hotel room in Bloomington, Indiana, where I stayed during my only return trip to the U.S. in November 2006, and where I discovered my name on the Suspicious Travelers' Watch List. And the two in the bottom row are of the one-room attic apartment in Berlin where I lived for the first two months after my arrival there in 2005. Revisiting and reworking these images was a way of honoring the fact that I really did escape, that I actually managed to get out in time to save my life. I still cannot quite believe it. Even now, more than a decade later, I still remind

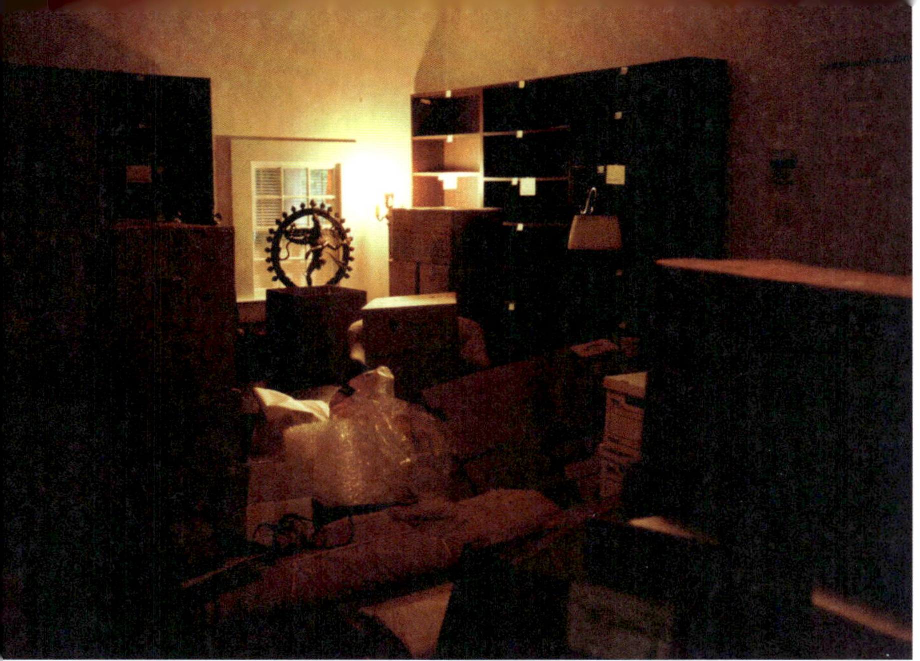

caste americano di quelli che ne traggono i benefici e combattono alla morte per difenderli. E in parte era dovuto all'ignoranza causata dal silenzio di quelli che non hanno benefici da difendere. Nella prima parte del secolo scorso, quando l'intero Paese era tanto ingenuo quanto me, il nostro sistema delle caste era oggetto di un gran numero di confronti pubblici aperti ed espliciti tra quelli che davano per scontato che le vittime di quel sistema o non stavano ascoltando o stavano ascoltando ma non erano importanti. Era impossibile immaginare gentaglia imbastardita come me, anche se, di fatto, eravamo diffuse allora come lo siamo ora. Ma quelli che disprezzavano noi gentaglia, pubblicamente e tout court, adoperano più cautela ora. A differenza della letteratura sociologica, che è sia voluminosa sia gratificante. Questa mi ha aiutato a capire meglio la paura che infondo in loro.

BU!

AHAHAHAHAHAHAHAHAHAHAH.

myself every day that I am in Berlin, that I live in Berlin now, that I made it here, that I made it out alive. I do this every day.

Toward the very end, when my Cape Cod house was full of boxes, disordered, and no longer recognizable as the refuge it had been for me, there were a couple of inconveniently solicitous visitors. I simply put them off with comments about this being a bad time, which was true. Like everyone else by then, they knew enough to back off and make a quick exit at the slightest hint of trouble. This helped me to see that I was free to leave, that I would destroy no attachments and disappoint no one by leaving. There is no one I have abandoned, no one I miss (aside from Jon Stewart, of course) and no one who misses me. This works to everyone's benefit.

Since then I have worked hard to comprehend how I could possibly have been that dangerous to those who drove me out, or who sat by and watched while their confederates did. My own sense of self-importance, inflated though it is, never extended that far. In part that was due to my own naiveté. In part it was due to the public silence about the American caste system among those who enjoy its advantages and fight to the death to defend them. And in part it was due to the ignorance this silence causes among those who have no advantages to defend. In the early part of the last century, when the entire country was as naive as I was, our caste system received a great deal of open and explicit public discussion among those who took for granted that its victims were not listening, or not important if they were. Mongrelized riffraff such as myself were unthinkable, even though in fact we were just as pervasive then as we are now. Those who publicly deplored the riffraff *tout court* are more circumspect now. But the sociological literature is not. It is both voluminous and rewarding. It has helped me to better understand the dread I inspire in them.

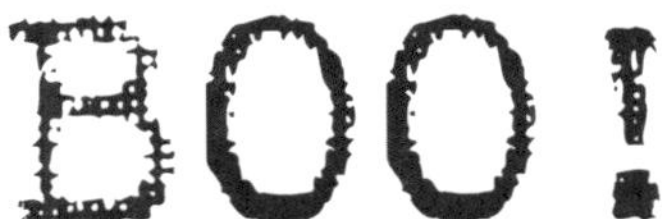

HAHAHAHAHAHAHAHAHAHA.

Ora vivo in un luogo in cui non sono facile preda di nessuno. Sono, naturalmente, oggetto di sospetto e ansia per alcuni. Ma ora ci sono abituata. I miei quindici anni al College mi hanno insegnato il mio ruolo di "Sorella che viene da un altro pianeta". La differenza sta nel fatto che qui sono a mio agio nel ruolo di estranea perché è ciò che effettivamente sono. Lo schizofrenico paesaggio immaginario americano che aveva una parte così importante nella mia esperienza negli Usa è scomparso. Qui ora non mi sento obbligata a pretendere la tessera di appartenenza perché nessuno pretende di offrirmela. Non mi sento maltrattata o depressa o indicata come capro espiatorio perché non è il mio ambiente e perché nessuno pretende che lo sia. Il mio ruolo qui è quello di osservare e registrare, di capire e incanalare e trasmettere; non di soddisfare un qualche desiderio errato che potrei o non potrei avere di relazioni umane. Anzi, sembra che abbia perso la capacità di chiedere qualcosa a qualcuno. Mi trovo meglio a pagare per quello che mi serve. E se non riesco a pagare, ne faccio a meno. E se non lo possono comprare i soldi, doverli chiedere mi fa passare la voglia di averlo. E non appena gli altri si rendono conto che non gli chiederò nulla, si rilassano. A quel punto possiamo divertirci insieme.

Mi sento al sicuro per strada, nel mio appartamento, nella mia mente. Grazie alla convenzione dell'Europa continentale di schedare le persone per nazionalità, non penso più alla differenza di razza o quasi: si tratta di un beneficio inatteso per non aver saputo soddisfare i requisiti né dell'una, nazionalità, né dell'altra, razza, nella dicotomia da vignetta americana, a meno che qualche americano in visita mi ricordi involontariamente di quanto sono fortunata di essere stata esclusa dall'opportunità di fare la cavia, ancora una volta, per il mal congegnato esperimento americano. Ho recuperato la salute completamente in ogni particolare e la malattia epatica, scrupolosamente documentata, è scomparsa. L'unico dolore che infliggo è quello che infliggo a me stessa quando ricordo quello che mi successe perché non ero fuggita per tempo, realizzando quello che mi sarebbe successo se fossi fuggita affatto. Riesco a lenire quel dolore guardando fuori dalla finestra, dandomi pizzicotti, trasferendo quelle immagini dalla mente alla pagina davanti a me. Ecco lo scopo di queste memorie. Non c'entra nulla con te.

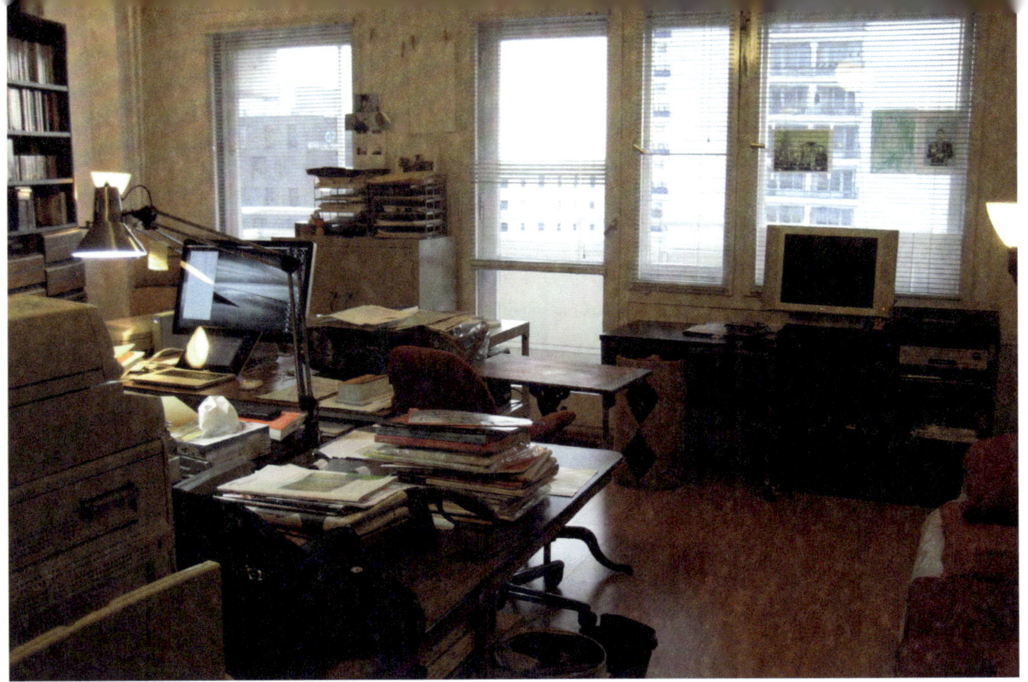

I now live in a place where I am no one's sitting duck. Of course I am still an object of suspicion and anxiety to some. By now I am used to that. My fifteen years at The College taught me my place as The Sister From Another Planet. The difference is that here, I am comfortable in the role of an outsider, because now that really is what I am. The schizophrenic American dreamscape that was so much a part of my experience in the U.S. has disappeared. I do not feel obligated to insist on my membership, because no one purports to extend it. I do not feel wronged or miserable or scapegoated for failing to belong, because no one claims that I do. My role here is to observe and record, to understand and channel and transmit; not to indulge some misguided desire I may or may not have for human connection. In fact I seem to have lost the ability to ask anyone for anything. I find it works better simply to pay for what I need. If I cannot pay for it, I do without it. And if money cannot buy it, having to ask for it makes me stop wanting it. As soon as others realize that I am not going to ask them for anything, they relax. Then we can have fun together.

I feel safe in the streets, safe in my apartment, safe in my mind. Thanks to the Continental European convention of coding individuals by nationality, I almost never think about race anymore, an unexpected benefit of having failed to satisfy the requirements of either in America's cartoon dichotomy—unless some visiting American inadvertently reminds me of

SENZACASA (2002)

Solo perché sei senza casa non vuol dire che sei fuori. Forse non hai un luogo dove dormire o fare il bagno. Ma hai un sacco di gente che cerca di aiutarti. Hai anche un sacco di gente che prova ad aiutare sé stessa, esprimendoti pietà, compassione, generosità come può. Tutto bene. Non ha importanza, alla fine, perché la gente fa quello che fa. La verità è che o prende posizione quando è chiamata a farlo oppure non lo fa.

Ma stare senza casa ha molto in comune con lo stare fuori. C'è la stessa mancanza di isolamento. Non c'è nulla tra te e gli elementi. Ti senti bruciata, infreddolita, fradicia, bollita, gelata, levigata, graffiata e strappata, proprio sulla superficie dei tuoi organi. Puoi essere affettata e tagliata a dadini facilmente, come lo Jello, da qualunque cosa. Bagnare una cosa così esposta quasi non vale la pena.

Anche la perdita d'identità sociale è abbastanza simile. Quando stai lottando per la sopravvivenza momento per momento, chi eri cessa di avere importanza. Ci sono certe cose che devi fare proprio ora: procurarti denaro, lottare per avere credito, mangiare, scrivere lettere, fare telefonate, farti intervistare, esaminare, indagare, riempire moduli, spiegarti, produrre documenti probanti. Non gliene importa nulla alle persone per le quali devi fare tutto ciò di quello che hai realizzato o di chi conoscevi. Anzi, più riveli più diventano cattive.

C'è anche quel senso onnipresente di imminente pericolo. Sei appesa all'orlo del precipizio e qualcuno ti sta pestando le dita. Ti stai facendo i fatti tuoi e questo fa infuriare qualcuno, che te la fa pagare. Oppure chiedi aiuto, educatamente, e lo fai infuriare, e te la fa pagare. Devi pagare sia che fai qualcosa sia che non fai nulla. Sei intrappolata nella tua pelle.

E, naturalmente, arriva sempre il messaggio che sei priva di valore, inutile, smaltibile. Non hai nessuna richiesta, nessuna nicchia, nessuna funzione sociale. Stai solo occupando spazio prezioso, stai consumando risorse preziose. Sei un peso e un fastidio, e non hai nessun contributo da dare. La gente senza casa mi fa arrabbiare, mi sento manipolata dalla loro destituzione, mi sento colpevolizzata dal loro sguardo. Alcune persone reagiscono così nei miei confronti. Lo so perché si comportano con la stessa vendicatività che io sento dentro me.

how lucky I am to have been excluded from the opportunity to be a guinea pig, yet again, for the very poorly designed American experiment. I have completely regained my health in every particular, and the scrupulously documented terminal liver disease has disappeared. The only pain I inflict now is on myself, by remembering what happened to me because I did not escape soon enough, and realizing what would have happened to me had I not escaped at all. I can soothe that pain by looking out the window, pinching myself, and transferring those images from my mind to the page in front of me. That is the purpose of this memoir. It has nothing to do with you.

HOMELESS (2002)

Just because you are homeless does not mean you are outside. You may not have a place to sleep or bathe. But you have a lot of people trying to help you. You also have a lot of people try to help themselves, by expressing mercy, compassion, generosity to you in any way they can. That is fine. It does not matter, in the end, why people do things. The bottom line is that either they step up to the plate when they are called, or they do not.

But being homeless has a lot in common with being outside. There is that same lack of insulation. There is nothing between you and the elements. You feel scorched, chilled, soaked, boiled, iced, sanded, scratched, and rent, right on the surface of your organs. You can be sliced and diced as easily as Jello, by anything at all. Bathing something that exposed hardly seems worth it.

The loss of social identity is also quite similar. When you are fighting for your moment-to-moment survival, it stops mattering who you were. There are certain things you have to do right now: get money, fight for credit, eat, write letters, make phone calls, be interviewed, examined, investigated, fill out forms, explain yourself, and produce supporting documentation. The people you have to do all this for do not care what you have accomplished or who you knew. In fact the more of that you let on, the meaner they get.

There is also that ever-present sense of imminent danger. You are hanging off the edge of the cliff and someone is stomping on your fingers. You are minding your own business

Everything will be taken away
7/4/28/03

and this enrages someone, who makes you pay. Or you ask for help, nicely, and this enrages them, and they make you pay. You have to pay whether you do something or nothing. You are trapped inside your skin.

And of course there is the same message that you are worthless, useless, disposable. You fill no need, no niche, no social function. You are just taking up valuable space, and using up valuable resources. You are a burden and an inconvenience, with nothing to contribute. Homeless people make me angry. I feel manipulated by their destitution, guilt-tripped by their gaze. Some people react to me that way. I know that, because they behave as vindictively as I feel.

10. Loro

Tja. Pech!, come diciamo da queste parti. Non esiste un preciso equivalente dell'espressione in italiano. Roba da matti! potrebbe essere un'approssimazione vicina. Peggio per te! un'altra. Ma nessuna delle due fa stare la sfortuna al suo posto come fa *Pech!* E nessuna delle due la riduce da soggettiva catastrofe umana in oggettivo incidente minore. Impiegata schiettamente, l'espressione non è priva di compassionevoli sfumature distaccate. Ma, impiegata con freddezza, restituisce a una narrativa, nel caso mancasse, un senso di proporzione. Colloca un evento, in modo appropriato e modesto, verso l'estremità bassa del grande continuum delle sfortune umane. Se si impiega malignamente e informalmente, come fa il personaggio Caterina Schöllack stile-*Mammima cara* nella serie televisiva tedesca *Una strada verso il domani-Ku'damm 56*, riferendosi alla deportazione e allo sterminio della famiglia ebrea alla quale confisca la scuola di ballo, sminuisce l'oggettiva catastrofe umana, riducendola in un soggettivo incidente minore attraverso il quale chi parla disconosce implicitamente ogni legame personale. Valutate quale impiego dell'espressione rispecchi in modo più adatto la vostra reazione a questa narrativa.

A grandi linee, si tratta di una narrativa familiare. Gli americani (con l'eccezione di afroamericani puri di cui non c'è più praticamente nessuno) emigrarono in Nordamerica per fuggire da esperienze nei Paesi natii simili a quella dalla quale dovevo fuggire io, in Nordamerica. Tante sono assai più letali della mia. Ma molte altre storie di immigrati americani raccontano di persone con il semplice bisogno di fuggire che venivano frustrate, ostacolate o deliberatamente private dei diritti e libertà fondamentali, proprio come lo ero io, da concittadini che le avevano rese capri espiatori, proprio come fecero con me; o cacciate, proprio come lo ero io, da concittadini che avevano privilegi da proteggere. I primi proprietari di schiavi immigrati americani si sentivano autorizzati a fare agli altri quello che era stato fatto in precedenza a loro, in qualità di servi e servitori. I profughi tutti non si guadagnano il diritto di infliggere agli altri quello che è stato inflitto a loro? In quale altro modo potrebbero dimostrare la loro padronanza delle lezioni che hanno imparato?

Quegli americani che restavano in silenzio, che non facevano nulla, che ignoravano le mie richieste, che cercavano attivamente di sfruttare la mia angoscia, esprimevano e trasmettevano i valori

10. Them

Tja. Pech! as we say in these parts. There is no precise counterpart for this expression in English. Too bad! would be one approximation. Tough luck! would be another. But neither puts the misfortune in its place like *Pech!* Neither demotes it from subjective human catastrophe to objective minor mishap. Used forthrightly, the expression is not bereft of detached sympathetic overtones. But it coolly restores a sense of proportion to the narrative, in case one was lacking. It locates the event appropriately and modestly toward the low end along the grand continuum of human misfortunes. Used spitefully and casually, as did the *Mommie Dearest*-like Caterina Schöllack character in *Ku'damm 56,* to refer to the deportation and extermination of the Jewish family from whom she confiscated her dancing school, it belittles objective human catastrophe, reducing it to subjective minor mishap with which the speaker implicitly disavows any personal connection. Consider which usage of this expression might most fittingly express your reaction to this narrative.

In outline, it is a familiar one. Americans (with the exception of undiluted African Americans, of which there are virtually none) emigrated to North America to escape experiences in their home countries of the kind I had to escape in North America. Many are much more lethal than mine. But many other American immigrant stories are rooted in simple needs to escape being stymied, obstructed, or deliberately disenfranchised of their basic rights and liberties, just as I was, by fellow citizens who scapegoated them, just as they did me; or being driven out, just as I was, by fellow citizens who had privileges to protect. Early American immigrant slave holders surely felt entitled to do to others what had been done to them as serfs and servants. Do not all refugees earn the right to inflict on others what has been inflicted on them? How else are they to demonstrate their mastery of the lessons they have learned?

Those Americans who stayed silent, did nothing, refused my pleas for help, or actively sought to exploit my distress were expressing and transmitting the values and dispositions these experiences typically form. If they themselves

e le disposizioni che quelle esperienze vanno tipicamente a formare. Se essi stessi erano immigrati, esprimevano l'effetto di quelle esperienze su se stessi, applicando direttamente nelle loro reazioni nei miei confronti le lezioni imparate in conseguenza delle proprie esperienze di vulnerabilità e bisogno. Se erano americani di seconda o terza o ennesima generazione, trasmettevano quell'influenza indirettamente in base a lezioni simili imparate in conseguenza delle esperienze da immigrati dei loro genitori o nonni o bisnonni. Mi facevano la paternale su come dovevo essere grata per quello che avevo, in parte perché essi stessi erano venuti da Paesi in cui o non avevano nulla o avevano perduto tutto: prestigio, beni, proprietà, colonia, domini, nobiltà, patrimoni, imperi ecc. Le obsolete distinzioni razziali cui si aggrappavano gli conferivano l'unica distinzione che possedevano. Quelle esperienze di privazione infondono valori ignobili e tendenze verso la sopravvivenza a ogni costo, al dominio e alla indifferenza, all'aggressività e all'ingordigia e al tradimento e all'abbandono, all'autoperpetuazione impenitente, tramandandole alle generazioni future attraverso la pratica e il condizionamento.

Avendomi letta fin qui, potete intuire dalla mia voce, ormai, le lezioni che quei valori e quelle disposizioni trasmettono. La voce è fredda, dura, poco amichevole, diffidente, inflessibile, cinica, indifferente alle sofferenze altrui, sospettosa che quella facciata di sofferenza non sia altro che una finzione che nasconde una truffa. Sono addirittura molto più sospettosa ora di quello che sta dietro alle richieste di aiuto da parte degli altri, proprio perché le loro risposte alle mie mi insegnarono a non prendere mai la loro parola alla lettera. Queste esperienze generano egoismo e ti portano a concentrare l'attenzione su bisogni ed esigenze di sopravvivenza, a considerare le richieste di aiuto da parte di altri come una sgradita concorrenza nella caccia alle scorte limitate di assistenza, compassione e benevolenza che stai lottando per ottenere per te stessa. Ti portano a vedere la vita come un gioco a somma zero e gli altri come avversari; a invidiare quelli che vincono e a mettere in questione la motivazione di quelli che perdono. Provocano la mentalità "o bere o affogare" che ti porta a pensare: se ce la faccio io, perché non ce la fai anche tu? Ma non perché cerchi una risposta seria alla domanda. È piuttosto che hai bisogno di una scusa per non spartire le risorse che hai accumulato a un costo così personale ed emotivo in seguito a quelle esperienze. Con questo stato d'animo, una richiesta di aiuto comunica una minaccia di sfruttamento. Compatrioti americani, è questa la voce familiare che abbiamo in testa, fatta entrare clandestinamente, col favore silenzioso della dimenticanza, dai

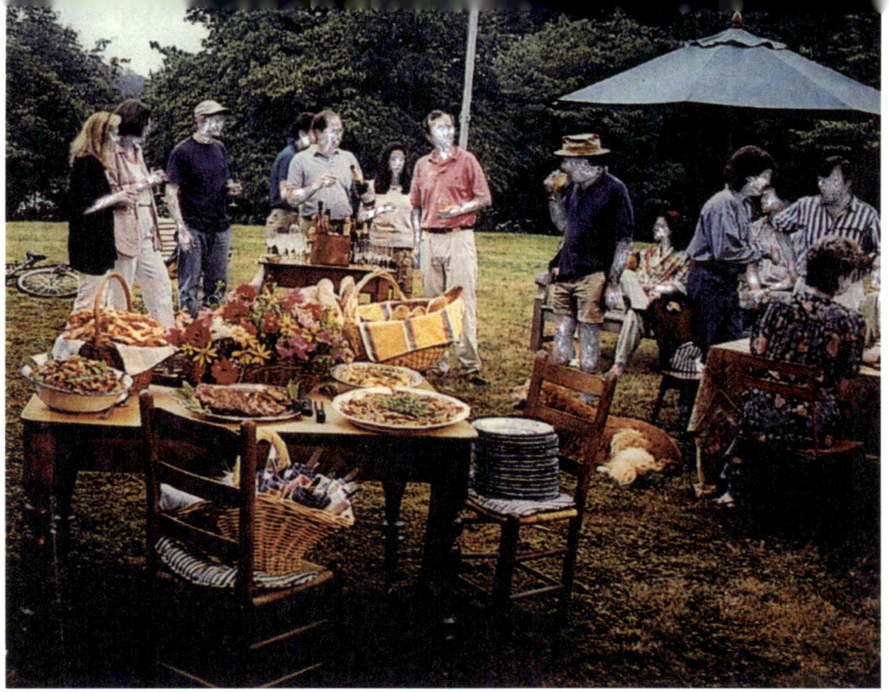

were immigrants, they were expressing the effect of those experiences on themselves, directly, applying in their reactions to me the lessons learned from their own experiences of helplessness and need. If they were second- or third- or nth-generation Americans, they were transmitting that influence indirectly, from the similar lessons learned from their parents' or grandparents' or great-grandparents' immigrant experiences. They lectured me on being grateful for what I had, in part because they themselves had come from countries in which they had either had nothing or lost everything: standing, possessions, property, colonies, dominions, nobility, estates, empires, everything. The obsolete racial distinctions they clung to conferred the only distinction they had. Those experiences of deprivation instill the ignoble values and dispositions to survival at any cost, to domination and disregard, to aggression and gluttony and betrayal and abandonment, to unrepentant self-perpetuation, by transmitting them forward through practice and conditioning to future generations.

You can sense from my voice here, from having read this far, the lessons those values and dispositions transmit. The voice is cold, hard, unfriendly, mistrustful, unforgiving, cynical, indifferent to the suffering of others, and suspicious that the facade of suffering is nothing but a sham concealing a swindle. I am, indeed, much more suspicious now of what

nostri Paesi di origine lacerati e devastati, e rimodulata per armonizzare con la devozione americana alle buone maniere amichevoli.

Quelle persone non mi aiutarono quando ne avevo bisogno perché la mia richiesta consumava la loro attenzione, la loro energia e le loro risorse, estremamente limitate, di tempo, credibilità e comprensione: non avrebbe garantito rendimenti tali da meritare un investimento da parte loro. Offrire aiuto senza la speranza di alcun rendimento sarebbe stato impensabile. Gli scrupoli morali, direbbero, vanno bene per chi se li può permettere. Avendo dovuto salvarmi da sola senza l'aiuto di nessuno, ora anche io avrei ristretto, e di molto, la portata della mia comprensione. Mi sarei chiesta in ogni caso se un supplicante mi stesse raggirando o meno per poter trarre vantaggio dalla mia generosità. Credo che quelli del College mi vedessero così, come supplicante (il che indica un disaccordo tra noi su chi faceva un favore a chi), e credessero davvero che li avessi raggirati.

Dove vivo ora, tutti gli ultratrentenni traboccano di memorie e traumi. Ogni individuo, e ogni famiglia, ha storie da raccontare di proporzioni raccapriccianti, centinaia di volte peggiori della mia; e, volente o nolente, ognuno le ricorda. Tutti sono danneggiati e segnati da quelle lunghe storie di guerra, violenza, sconvolgimento sociale e tradimento personale; e tutti sono nobilitati dall'umile supposizione per cui la propria storia sia solo una delle tante, né peggio né di maggior interesse di altre. Tutti vorrebbero che queste storie condivise evolvessero in qualcosa di meglio, per sé e per i figli. E proprio perché non possono né vogliono lasciare queste storie alle spalle, come abbiamo fatto noi americani, ora lavorano sodo per superarle.

Sono impressionata dalla qualità e dalla intensità dell'impegno politico, da parte dei "tedeschi ordinari" intorno a me, sul tema della xenofobia. Sono impressionata dalla raffinatezza dei confronti e dibattiti pubblici e dall'alto livello di educazione civica da parte dei media che ne costituiscono il presupposto. In Germania la carta stampata e i media digitali esprimono e infondono nella maggior parte della popolazione un comportamento responsabile e di rimorso e disgusto morale nei confronti non solo del suo ruolo storico durante l'ultima guerra ma della guerra in generale. Non passa giorno o settimana qui senza un film o un documentario televisivo, o una fiction, o un servizio giornalistico investigativo o un talk show che sia dedicato a reali eventi storici, che sia la Riunificazione, o la Guerra fredda, o la Seconda guerra mondiale, o anche la Prima, o le Guerre napoleoniche, o la Guerra dei trent'anni, o le Crociate, o

lies behind others' pleas for help, because others' responses to mine taught me never to take their word at face value. These experiences breed selfishness, by focusing one's attention on the needs and demands of survival, and regarding others' pleas for help as unwelcome competition for the limited supply of aid, compassion, and good will one is struggling to claim for oneself. They cause one to view life as a zero-sum game and other people as opponents; to envy those who win and question the motivation of those who lose out in this game. They cause the sink-or-swim mentality that thinks, if I can make it, why can't you? But not because one seeks a serious answer to this question. It is rather that one needs an excuse not to share the resources one has accumulated, at such terrible personal and emotional cost, in the aftermath of those experiences. In this frame of mind, an appeal for help communicates a threat of exploitation. Fellow Americans, this is the familiar voice in our heads, smuggled in under silent cover of forgetfulness from our many torn and shattered countries of origin, and retuned to harmonize with the American devotion to friendly manners.

Those individuals did not help me when I needed it because my appeal was a drain on their attention, their energy, and their extremely limited resources of time, credibility, and sympathy that would not have yielded sufficient returns to make the investment worthwhile. Offering aid with no expectation of returns at all would have been out of the question. Moral scruples, they might say, are for those who can afford them. Having had to rescue myself with no help from anyone, I, too, would now delimit the scope of my compassion very narrowly. I would consider as a matter of course whether a supplicant were not just scamming me in order to take advantage of my largesse. I believe that The College regarded me as such a supplicant (this indicates a fundamental disagreement between us about who was actually doing whom a favor), and did, indeed, feel that I had scammed them.

Where I live now, everyone over thirty years old is full to overflowing with memory and trauma. Everyone, and every family, has personal stories of horrifying proportions, hundreds of times worse than mine; and everyone remembers them whether they want to or not. Everyone is damaged and scarred by the personal consequences of those long histories

la Caduta di Roma, o le Guerre balcaniche, o le guerre in Ucraina o Afghanistan o Iraq o Siria. Si tratta di una cultura determinata a infondere nei propri cittadini una convinzione informata della inammissibilità della guerra a qualunque prezzo, e ci sta riuscendo.

La vigilanza e l'impegno attraverso i quali il giornalismo investigativo tedesco coinvolge il pubblico nel proprio passato e presente alimentano la qualità sempre alta dell'autocoscienza critica che permette al Paese di guidare il suo sviluppo futuro. La sua dedizione a un discorso pubblico democratico è impareggiabile. Personali testimonianze pubbliche approfondiscono e diffondono nei media la memoria della traiettoria storica nazionale. I tedeschi s'impegnano giorno per giorno a guarire e ad arrivare alla normalità dopo un secolo intero di distruzione e devastazione, compresa la sconvolgente e insopportabile conoscenza di sé che ha accelerato il processo di maturazione molto più in là rispetto a quello che gli americani potranno sperare di fare.

La mia storia non regge il confronto con nessuna delle loro. Ma anch'io sono nobilitata e rinnovata dal privilegio di assistere a questo lungo e lento processo di ricostruzione con il quale la "Vecchia Europa" sta riformando le stesse antiche politiche di esclusione sociale, etnica e razziale che, insieme ai bagagli, i suoi emigranti trascinavano con sé nel "Nuovo Mondo". Lì le condizioni del cambiamento vengono stabilite non da quelli che rimanevano indietro per affrontare le conseguenze delle loro storie, ma piuttosto da quelli che partivano o fuggivano o erano cacciati; da tipi solitari emotivamente disadattati e moralmente compromessi che rifiutavano o fuggivano le restrizioni letali della memoria, che – come me – abbandonavano i legami personali per ripartire da nulla: nessuna memoria, nessuna storia, niente tradizioni, niente convenzioni, niente istituzioni, niente restrizioni di quelle visibili a occhio nudo; e, soprattutto, niente legami con chi non serve all'avanzamento personale. Gli Stati Uniti sono stracolmi di questi tipi solitari, pieni di risorse, inventivi, che si fanno i propri interessi. Ora che mi hanno costretto a venire via, sono una di loro.

Noi siamo germogliati dalle ferite inflitte da tutti voi abitanti della patria a quelli che avete costretto a partire. Sono le stesse ferite inflitte su di te, in ugual misura, dagli antichi antenati che germogliarono te, quelli che iniziarono la tradizione della cannibalizzazione dei figli della nostra specie molto prima della nascita stessa del concetto del figlio. Non fatevi ingannare quindi dalla nostra letale ingenuità o dal nostro candido ottimismo o dalla nostra accattivante fiducia in noi stessi o dalla nostra cortesia tutta "buona

of war, violence, social upheaval, and personal betrayal; and everyone is ennobled by their humble assumption that their story is only one of many such stories, no worse and of no more interest than any of the others. Everyone wants only that these shared histories evolve into something better, for themselves and for their children. Because they cannot or will not leave these histories behind as we Americans did, they work very hard to overcome them.

I am awed by the quality and intensity of political engagement with issues of xenophobia on the part of the "ordinary Germans" all around me. I am awed by the sophistication of the public discussions and debates, and the high degree of civic education by the news media they presuppose. Germany's print and electronic media express and instill in the majority of its population an attitude of responsibility for, remorse for, and profound moral disgust, not only with its historical role in the war, but with war more generally. No day or week goes by here without a film or broadcasted documentary, fictionalized narrative, investigative report, or talk show discussion about actual historical events—whether about Reunification, or the Cold War, or the Second World War, or the First, or the Napoleonic Wars, or the Thirty Years' War, or the Crusades, or the fall of Rome, or the Balkan Wars, or the Gulf War, or the wars in Ukraine or Afghanistan or Iraq or Syria. This is a culture that is determined to instill in its citizens a reflective and informed grasp of the unacceptability of war at any price, and it is succeeding.

The vigilance and dedication with which investigative journalism in Germany engages the German public with its own past and present nourish the consistently high quality of critical self-awareness that enables the country to guide its future development. Its commitment to free, democratic, dignified public discourse is unparalleled. Public personal testimony deepens and extends pervasive media recollection of its historical trajectory. Germans strive every day to heal, to recover, to achieve normalcy after a full century of near-constant battering and devastation, including the devastating and unbearable human self-knowledge that has accelerated its process of maturation far beyond anything Americans can ever hope to achieve.

My story does not even figure on the same scale of comparison as any of theirs. But I, too, am ennobled and renewed

giornata e buona serata", radicata nel deferente terziario, che resiste ancora, legato alla schiavitù americana e nella mitologia sparatutto e ribollente di rabbia del nostro Wild West. Tutta questa nostra gestualità caratteristica nasconde la facilità con cui tiriamo fuori la pistola, come facevate voi, in caso di provocazione. E non siate così pronti a trattare con disprezzo la nostra disinvolta arroganza ignorante, i nostri controproducenti capricci infantili pieni di generica aggressività, i nostri ridicoli piani di dominazione mondiale, i nostri sistemi per arricchirci facilmente per poi farci esplodere altrettanto facilmente che ora stanno facendo esplodere anche voi. Dopotutto, noi erbacce erranti fummo strappati dalla vostra terra bruciata.

Quella erbaccia che sono io fu strappata e gettata troppo lontano per poter essere raggiunta o recuperata o restituita al mittente. Ormai è troppo tardi. *Pech!*

by the privilege of witnessing this long, slow process of reconstruction by which "Old Europe" reforms the very same ancient politics of social, ethnic, and racial exclusion that emigrants from it drag with them in their baggage to the "New World." There the terms of change are set not by those who stayed behind to face down the costly consequences of those histories, but rather by those who left, escaped, or were driven out; by the emotionally impaired and morally damaged loners who rejected or fled the lethal constrictions of memory, who—like me—abandoned their personal ties in order to start anew elsewhere with none: no memory, no history, no traditions, no conventions, no institutions, no constrictions of any kind that can be seen with the naked eye; and above all, no ties to anyone that cannot be placed in the service of personal advancement. The United States is full of such resourceful, inventive, self-serving loners. Now that it has forced me out, I am one of them.

We sprouted from the wounds all of you home-country inhabitants inflicted on those you caused to leave. They are the same wounds inflicted in equal measure on you, by the ancient forebears who sprouted you, those who began the tradition of cannibalizing our species' children long before even the concept of a child was born. So do not be fooled by our lethal naiveté or our guileless optimism or our winning self-confidence or our compulsive, have-a-nice-day courtesy, rooted in the lingering, deferential, yas-massa service industry of American slavery and the simmering rage of our Wild West, shoot-'em-up mythology. All these gestural mannerisms conceal our readiness to reach for our guns, just as you used to do, if provoked. And do not be so quick to heap scorn on our ignorant and unselfconscious arrogance, our self-defeating, big-baby tantrums of unfocused aggression, our ridiculous schemes of world domination, our get-rich-quick-then-blow-ourselves-up financial practices that are now blowing you up. After all, we wandering weeds were torn from your scorched soil.

This one was torn out and tossed too far away to reach or rescue or return to sender. It is too late for that now. *Pech!*

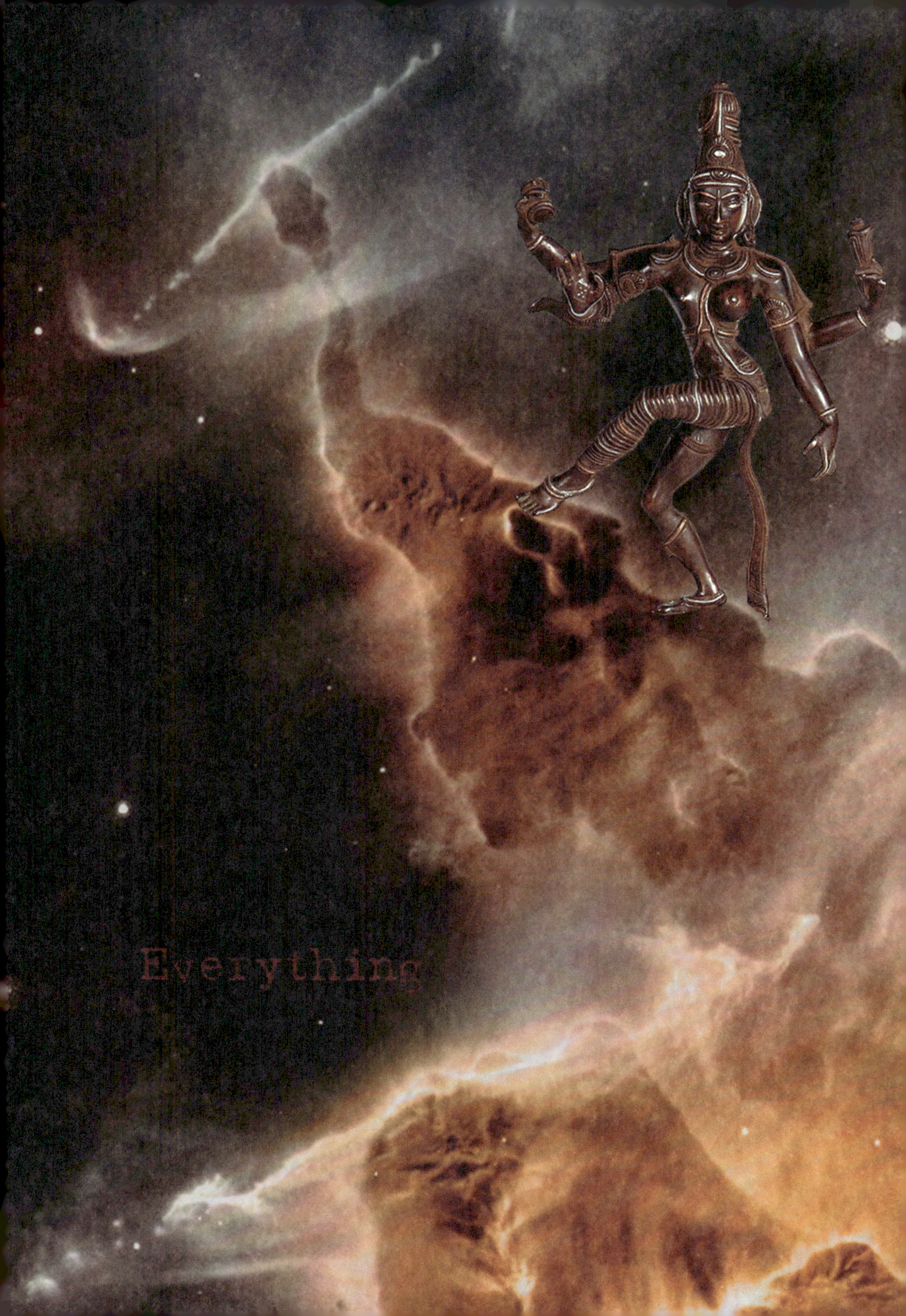
Everything

... E PRESTO! (1993)

Svanisco in lenta dissolvenza sullo sfondo
invisibile all'occhio farfallone.
Solo
        tintura per capelli,
        eyeliner,
        matita per il trucco degli occhi,
        mascara,
        ombretto,
        fondotinta,
        fard, o
        rossetto
potrebbero riportarmi indietro
        a segmenti
se volessi riapparire
        ma non voglio
Riusciamo a farlo con gli anni
        a osservare senza osservare
        a essere soggetto non oggetto
        a scomparire a piacimento
                e a origliare tutto
        per diventare più pallide, più grigie, più piccole, più indistinte
saggezza ed esperienza pure sospese ovunque, da nessuna parte in particolare

... AND PRESTO! (1993)

I do a slow fade into background
invisible to the roving eye.
Only
    hair dye,
    eyeliner,
    eyebrow pencil,
    mascara,
    eye shadow,
    foundation,
    blush-on, or
    lipstick
could bring me back now
    in sections
if I wanted to reappear
    which I don't
We get to do this with years
    to observe without observing
    to be the subject not the object
    to disappear at will
        and overhear everything
    to become fainter, grayer, smaller, dimmer
pure wisdom and experience everywhere suspended,
    nowhere in particular

List of Captions

Front & Back Endpapers
Adrian Piper on Edgecombe Avenue at 150th Street, Washington Heights, NYC, 1957. Vintage black and white photograph, 2.36" × 2.36" (5.99 cm × 5.99 cm). Photo Credit: Daniel R. Piper.
Collection Adrian Piper Research Archive Foundation Berlin. ©APRA Foundation Berlin.
Adrian Piper, Desaturated and color-adjusted Falkplan: Berlin Stadtplan patentgefaltet, 67. Auflage, 2008. Detail: Mitte. ©Falk Verlag. Ostfildern, 2008.
TEXT Harting font text, "Adrian Piper/ESCAPE TO BERLIN/ A Travel Memoir"

Frontispiece & Spine Base:
2–3 Adrian Piper, APRA Foundation Berlin Logo, 2009. 0.627" × 0.627" (1.59 cm × 1.59 cm).
Collection Adrian Piper Research Archive Foundation Berlin. ©APRA Foundation Berlin.

Dedication:
5 Marzia Migliora, Adrian Piper and Nicola Ferrero at the Adrian Piper Research Archive, Berlin, 2016. Color photograph, 22.22" × 16.66" (56.44 cm × 42.33 cm). Photo Credit: Elise Lammer.
Collection Adrian Piper Research Archive Foundation Berlin. © APRA Foundation Berlin.

1.

8 Adrian Piper, *Sprout #1*, 2008. Pastel on paper, 7" × 5" (17.78 cm × 12.7 cm).
Collection Adrian Piper Research Archive Foundation Berlin. ©APRA Foundation Berlin.

9 Adrian Piper, *Sprout #2*, 2008. Pastel on paper, 7" × 5" (17.78 cm × 12.7 cm).
Collection Adrian Piper Research Archive Foundation Berlin. ©APRA Foundation Berlin.

11 Adrian Piper, *Sprout #3*, 2008. Pencil and pastel on paper, 7" × 5" (17.78 cm × 12.7 cm).
Collection Adrian Piper Research Archive Foundation Berlin. ©APRA Foundation Berlin.

14 Adrian Piper, *Sprout #4*, 2008. Pencil and pastel on paper, 7" × 5" (17.78 cm × 12.7 cm).
Collection Adrian Piper Research Archive Foundation Berlin. ©APRA Foundation Berlin.

16 Adrian Piper, *Sprout #5*, 2008. Pencil and pastel on paper, 7" × 5" (17.78 cm × 12.7 cm).
Collection Adrian Piper Research Archive Foundation Berlin. ©APRA Foundation Berlin.

17 Adrian Piper, *Sprout #6*, 2008. Pencil and pastel on paper, 7" × 5" (17.78 cm × 12.7 cm).
Collection Adrian Piper Research Archive Foundation Berlin. ©APRA Foundation Berlin.

17 Adrian Piper, *Sprout #7*, 2008. Pencil and pastel on paper, 7" × 5" (17.78 cm × 12.7 cm).
Collection Adrian Piper Research Archive Foundation Berlin. ©APRA Foundation Berlin.

17 Adrian Piper, *Sprout #8*, 2008. Pencil and pastel on paper, 7" × 5" (17.78 cm × 12.7 cm).
Collection Adrian Piper Research Archive Foundation Berlin. ©APRA Foundation Berlin.

18 Adrian Piper, *Green Sprout #9 in Deep Space*, 2008. Digital image, 7" × 9.66" (17.78 cm × 24.53 cm).
Collection Adrian Piper Research Archive Foundation Berlin. ©APRA Foundation Berlin.

19 Adrian Piper, *Greened Universe*, 2008. Digital image, 6" × 8.28" (15.24 cm × 21.03 cm).
Collection Adrian Piper Research Archive Foundation Berlin. © APRA Foundation Berlin.

23 Adrian Piper, *Decide Who You Are #33: Private Property*, 1992. Silkscreened image-text collage printed on paper mounted on foam, silkscreened text. 3 panels: 42" × 72"; 42" × 50.5"; 42" × 72" (106.7 cm × 182.8 cm; 106.7 cm × 128.3 cm; 106.7 cm × 182.8 cm). Collection Adrian Piper Research Archive Foundation Berlin. ©APRA Foundation Berlin. Detail Panel #2: *The Local Group galaxy NGC 6822 (AAT 26)*. Photo Credit: David Malin, from *Current Science* 60, 1 (1991): "A Celebration of Colour in Astronomy," by David Malin [Current Science Association, Bangalore].
TEXT Adrian Piper, "My Nose Cone," 1994. Compressed text. Collection Adrian Piper Research Archive Foundation Berlin. ©APRA Foundation Berlin.

25 Adrian Piper, *The Five Koshas*, 2000. Pencil on paper, 11" × 8.5" (27.94 cm × 21.59 cm).
Collection Adrian Piper Research Archive Foundation Berlin. ©APRA Foundation Berlin.

26 Adrian Piper, *Die Pflanze Maxi*, 2016. Digital color photograph, 5" × 6.66" (12.7 cm × 16.91 cm).
Collection Adrian Piper Research Archive Foundation Berlin. ©APRA Foundation Berlin.

33 Adrian Piper, *Vanilla Nightmares #20*, 1989. Charcoal drawing on *New York Times* page from Sunday, July 27, 1986. 14.13" × 23.5" (35.9 cm × 59.8 cm). Photo Credit: Amy Patton. Collection Armand Hammer Museum of Art and Culture at UCLA. ©Adrian Piper Research Archive Foundation Berlin.
TEXT Adrian Piper, "In Vulnerable," 1993. Compressed text. Collection Adrian Piper Research Archive Foundation Berlin. ©APRA Foundation Berlin.

2.

47 Adrian Piper, mother Olive Xavier Smith Piper, father Daniel Robert Piper, maternal uncle Sydney Norris Smith on Upper Edgecombe Avenue, Washington Heights, NYC, 1953. Vintage black and white photograph, 4.48" × 3.04" (11.37 cm × 7.72 cm). Photo Credit: Laura Smith.
Collection Adrian Piper Research Archive Foundation Berlin. ©APRA Foundation Berlin.

48 Adrian Piper and maternal uncle Martin Smith on St. Nicholas Place, Washington Heights, NYC,

1952. Vintage black and white photograph, 3.06" × 3.04" (7.77 cm × 7.72 cm). Photo Credit: Daniel R. Piper. Collection Adrian Piper Research Archive Foundation Berlin. ©APRA Foundation Berlin.

50 Paternal grandmother Beatrix Downs Piper McCleary, 1920s. Vintage black and white photograph, 5.62" × 8.57" (14.27 cm × 21.76 cm). Photo Credit: Chidnoff NY. Collection Adrian Piper Research Archive Foundation Berlin. ©APRA Foundation Berlin.

50 Daniel Ashby Piper, 1910s. Vintage black and white photograph, 4" × 5.83" (10.16 cm × 14.80 cm). Photo Credit: Unknown. Collection Adrian Piper Research Archive Foundation Berlin. ©APRA Foundation Berlin.

51 Beatrix Downs Piper with son Daniel Robert Piper and family, Belmont, Ohio, c. 1913. Vintage black and white photograph, 4.66" × 3.24" (11.83 cm × 8.22 cm). Photo Credit: Unknown. Collection Adrian Piper Research Archive Foundation Berlin. ©APRA Foundation Berlin.

52 William Ashby Piper and Daniel Robert Piper, c. 1916. Vintage black and white photograph, 3.4" × 3.10" (8.63 cm × 7.87 cm). Photo Credit: Unknown. Collection Adrian Piper Research Archive Foundation Berlin. ©APRA Foundation Berlin.

53 Maternal grandfather Reginald Smith, Port Antonio, Jamaica, 1913. Vintage black and white photograph, 10.82" × 13.59" (27.48 cm × 34.51 cm). Photo Credit: Unknown. Collection Adrian Piper Research Archive Foundation Berlin. ©APRA Foundation Berlin.

53 Maternal grandmother Margaret Norris Smith with children Sydney Norris Smith and Olive Xavier Smith, Port Antonio, Jamaica, 1913. Vintage black and white photograph, 2.47" × 3.32" (6.27 cm × 8.43 cm). Photo Credit: Unknown. Collection Adrian Piper Research Archive Foundation Berlin. ©APRA Foundation Berlin.

54 Mother Olive Xavier Smith Piper, maternal grandmother Margaret Norris Smith, Adrian Piper, parents' Washington Heights apartment, NYC, Christmas Day, 1957. Vintage black and white photograph, 2.09" × 2.34" (5.30 cm × 5.94 cm). Photo Credit: Daniel R. Piper. Collection Adrian Piper Research Archive Foundation Berlin. ©APRA Foundation Berlin.

55 Maternal grandmother Margaret Norris Smith, son Frank Roy Smith with wife Naomi Smith, Riverside Park, NYC, 1950s. Vintage black and white photograph, 2.16" × 1.75" (5.48 cm × 4.44 cm). Photo Credit: Sydney N. Smith. Collection Adrian Piper Research Archive Foundation Berlin. ©APRA Foundation Berlin.

57 Mother Olive Xavier Smith Piper with daughter Adrian Piper, Teaneck, New Jersey, 1956. Vintage black and white photograph, 2.73" × 3.92" (6.93 cm × 9.95 cm). Photo Credit: Daniel R. Piper. Collection Adrian Piper Research Archive Foundation Berlin. ©APRA Foundation Berlin.

58 Father Daniel Robert Piper and mother Olive Xavier Smith Piper, Edgecombe Avenue, Washington Heights, NYC, 1949. Vintage black and white photograph, 2.53" × 3.97" (6.42 cm × 10.08 cm). Photo Credit: Sydney N. Smith. Collection Adrian Piper Research Archive Foundation Berlin. ©APRA Foundation Berlin.

58 Adrian Piper playing tennis, Riverside Park, NYC, 1956. Vintage black and white photograph, 2.76" × 3.88" (7.01 cm × 9.85 cm). Photo Credit: Daniel R. Piper. Collection Adrian Piper Research Archive Foundation Berlin. ©APRA Foundation Berlin.

60 Adrian Piper jumping rope. Riverside Park, NYC, 1956. Vintage black and white photograph, 3.3" × 4.45" (8.38 cm × 11.31 cm). Photo Credit: Daniel R. Piper. Collection Adrian Piper Research Archive Foundation Berlin. © APRA Foundation Berlin.

63 Adrian Piper on swing, Cape Cod, 1955. Vintage black and white photograph, 3.31" × 4.51" (8.40 cm × 11.45 cm). Photo Credit: Daniel R. Piper. Collection Adrian Piper Research Archive Foundation Berlin. ©APRA Foundation Berlin.

TEXT Adrian Piper, "Like Icarus," 1992. Compressed text. Collection Adrian Piper Research Archive Foundation Berlin. ©APRA Foundation Berlin.

3.

64 Daniel Robert Piper, NYC, 1930s. Vintage black and white photograph, 3.04" × 3.31" (7.72 cm × 8.40 cm). Photo Credit: Olive Xavier Smith. Collection Adrian Piper Research Archive Foundation Berlin. ©APRA Foundation Berlin.

65 Olive Xavier Smith, Upper Edgecombe Avenue, Washington Heights, NYC, 1933. Vintage black and white photograph, 2.48" × 3.51" (6.29 cm × 8.91 cm). Photo Credit: Daniel R. Piper. Collection Adrian Piper Research Archive Foundation Berlin. ©APRA Foundation Berlin.

75 Phillip Zohn at Adrian Piper's parents' Riverside Drive apartment, NYC, 1982. Color negative, 0.975" × 1.45" (2.47 cm × 3.68 cm). Photo Credit: Jeffrey E. Evans. Collection Adrian Piper Research Archive Foundation Berlin. ©APRA Foundation Berlin.

78 Adrian Piper, *The Talking Heads (Color Wheel Series)*, 1994. Pencil and White-Out™ on paper, 6" × 4" (15.24 cm × 10.16 cm). Collection Adrian Piper Research Archive Foundation Berlin. ©APRA Foundation Berlin.

81 Paperback cover *Anne Frank: The Diary of a Young Girl* (New York: Doubleday, 1959). Collection Adrian Piper Research Archive Foundation Berlin.

85 Ethical Culture High School Basketball Team: Daniel Robert Piper in back row, third from right, NYC, 1929. Vintage black and white photograph, 9.92" × 7.60" (25.19 cm × 19.30 cm). Photo Credit: Unknown. ©Adrian Piper Research Archive Foundation Berlin.
TEXT Adrian Piper, "The Heaves," 2003. Compressed text. Collection Adrian Piper Research Archive Foundation Berlin. ©APRA Foundation Berlin.

88 Adrian Piper, *Decide Who You Are*, 1992. Silkscreened image-text collage printed on paper mounted on foam, silkscreened text. Detail: constant right-hand panel #3: 42.75" × 72.75" 108.6 cm × 184.8 cm, framed. Photo Credit: Acey Harper/People. Collection Adrian Piper Research Archive Foundation Berlin. ©APRA Foundation Berlin.

95 Adrian Piper, *The Grid [Three Monkeys]*, 1989. Drawing on graph paper, 11" × 8.5" + superimposed grid. Collection Peter Soriano. ©Adrian Piper Research Archive Foundation Berlin.
TEXT Adrian Piper, "Word Bubble," 1993. Compressed text. Collection Adrian Piper Research Archive Foundation Berlin. ©APRA Foundation Berlin.

4.

96 Socrates [copy of a bust by Lysippos]. Photo Credit: Unknown.

99 Adrian Piper and mother Olive Xavier Smith Piper in the latter's office at CCNY, Washington Heights, NYC, 1969. Color photograph, 3.11" × 3.11" (7.89 cm × 7.89 cm). Photo Credit: Unknown. Collection Adrian Piper Research Archive Foundation Berlin. ©APRA Foundation Berlin.

101 Plato, *Apology*, trans. F. J. Church and Robert D. Cumming (Indianapolis: Bobbs-Merrill, 1956), 26–27; with marginal annotations by Adrian Piper. Collection Adrian Piper Research Archive Foundation Berlin. ©APRA Foundation Berlin.

102 Adrian Piper, *Kant*, 1980. Pencil on paper, 11" × 15" (27.94 cm × 38.10 cm). Collection Albert Landau. ©Adrian Piper Research Archive Foundation Berlin.

110 Mother Olive Xavier Smith Piper's CCNY English Department Retirement Dinner, NYC, 1977. Color photograph 3.88" × 3.93" (9.85 cm × 9.98 cm). Photo Credit: Unknown. Collection Adrian Piper Research Archive Foundation Berlin. ©APRA Foundation Berlin.

113 Plato, *Euthyphro*, trans. F. J. Church and Robert D. Cumming (Indianapolis: Bobbs-Merrill, 1956), 20; with marginal annotations by Adrian Piper. Collection Adrian Piper Research Archive Foundation Berlin. ©APRA Foundation Berlin.

118 Plato, *Apology*, trans. F. J. Church and Robert D. Cumming (Indianapolis: Bobbs-Merrill, 1956), 41; with marginal annotations by Adrian Piper. Collection Adrian Piper Research Archive Foundation Berlin. ©APRA Foundation Berlin.

121 Plato, *Apology*, trans. F. J. Church and Robert D. Cumming (Indianapolis: Bobbs-Merrill, 1956), 28–29; with marginal annotations by Adrian Piper. Collection Adrian Piper Research Archive Foundation Berlin. ©APRA Foundation Berlin.

124 Adrian Piper, *Shattered Thinker*, 1967. Pencil on paper, 6" × 9" (15.24 cm × 22.86 cm). Private collection. ©Adrian Piper Research Archive Foundation Berlin.

126 Adrian Piper, *Howdy #2*, 2013. Ballpoint pen on paper, 5.49" × 8.45" (13.94 cm × 21.46 cm). Collection Adrian Piper Research Archive Foundation Berlin. ©APRA Foundation Berlin.

132 Adrian Piper on porch at 510 South Ashley Street, Ann Arbor, 1981. Black and white photograph, 6.43" × 4.31" (16.33 cm × 10.94 cm). Photo Credit: Robbie Dickson. Collection Adrian Piper Research Archive Foundation Berlin. ©APRA Foundation Berlin.
TEXT Adrian Piper, "You Particularly Encourage Women and Minorities To Apply," 1992. Compressed text. Collection Adrian Piper Research Archive Foundation Berlin. ©APRA Foundation Berlin.

133 Adrian Piper, *Vanishing Point #5*, 2009. Ball pen, red ballpoint pen, black graphite pencil on employment application form, sanded with sandpaper. 8.5" × 11" (21.6 cm × 27.9 cm). Collection Adrian Piper Research Archive Foundation Berlin. ©APRA Foundation Berlin.

5.

137 Adrian Piper with two of her students at The College, 2004. Color photograph, 6" × 3.93" (15.24 cm × 9.98 cm). Photo Credit: Unknown. Collection Adrian Piper Research Archive Foundation Adrian Piper, Berlin. ©APRA Foundation Berlin.

140 Adrian Piper, *Howdy #6*, 2015. Projected light installation on locked door at end of darkened hallway, 36" × 36" (9.44 cm × 9.44 cm). Collection Adrian Piper Research Archive Foundation Berlin. ©APRA Foundation Berlin.

147 Adrian Piper and father Daniel Robert Piper, Riverside Park, NYC, 1953. Vintage black and white photograph, 3.04" × 2.97" (7.72 cm × 7.54 cm). Photo Credit: Olive S. Piper. Collection Adrian Piper Research Archive Foundation Berlin. ©APRA Foundation Berlin.

159 Adrian Piper, *Self-Portrait as a Nice White Lady*, 1995. Black and white photograph overdrawn with oil crayon, 8" × 10" (20.32 cm × 25.40 cm). Collection Studio Museum of Harlem. ©Adrian Piper Research Archive Foundation Berlin.

162 *USA Today* of November 21, 2006, page 7A + Adrian Piper SSSS Boarding Pass, 2006. 11.66" × 8.16" (29.61 cm × 20.72 cm). Collection Adrian Piper Research Archive Foundation Berlin. ©APRA Foundation Berlin.

165 Adrian's New Haircut, 1997. Black and white photograph, 3.19" × 3.47" (8.10 cm × 8.81 cm). Photo credit: Unknown. Collection Adrian Piper Research Archive Foundation Berlin. ©APRA Foundation Berlin.

TEXT Adrian Piper, "Field Work," 1991. Compressed text. Collection Adrian Piper Research Archive Foundation Berlin. ©APRA Foundation Berlin.

6.

168 Daniel Robert Piper and Daniel Ashby Piper, Seattle, Washington, 1930s. Vintage black and white photograph, 1.90" × 2.74" (4.82 cm × 6.95 cm). Photo Credit: Elsie Downs. Collection Adrian Piper Research Archive Foundation Berlin. ©APRA Foundation Berlin.

169 Artist unknown, William T. Piper Aviation Pioneer Memorial U.S. Stamp, 1988. Collection Adrian Piper Research Archive Foundation Berlin.

172 Maternal uncle Frank Roy Smith, his wife Naomi Smith, Adrian Piper, her father Daniel Robert Piper, Una Hendricks Smith, at Orchard Beach, NYC, 1950. Vintage black and white photograph, 3.20" × 2.15" (8.12 cm × 5.46 cm). Photo Credit: Olive Xavier Smith Piper. Collection Adrian Piper Research Archive Foundation Berlin. ©APRA Foundation Berlin.

179 The Uptowners Social Club (Olive Xavier Smith Piper in second row, far right), parents' Washington Heights apartment, NYC, 1950s. Vintage black and white photograph, 10" × 8.06" (25.40 cm × 20.47 cm). Photo Credit: Unknown. Collection Adrian Piper Research Archive Foundation Berlin. ©APRA Foundation Berlin.

184 Adrian Piper, *The Cost of Deciding*, 2002. Photo offset flyer, 11.86" × 8" (30.12 cm × 20.32 cm). Collection Adrian Piper Research Archive Foundation Berlin. ©APRA Foundation Berlin.

189 Adrian Piper, *Everything #2.2*, 2003. Erased photograph on graph paper overprinted with text, 8.5" × 10.86" (21.59 cm × 27.58 cm). Private collection. ©Adrian Piper Research Archive Foundation Berlin.

192 Adrian Piper, *I Am Some Body, The Body of My*

193 *Friends*, 1995. 18 photographs, 3 black and white, 15 color, each 8" × 10" (20.32 cm × 25.40 cm). Collection Adrian Piper Research Archive Foundation Berlin. ©APRA Foundation Berlin.

196 Adrian Piper, *Everything #2.11a*, 2003. Erased photograph on graph paper overprinted with text, 8.5" × 10.93" (21.59 cm × 27.76 cm). Collection Adrian Piper Research Archive Foundation Berlin. ©APRA Foundation Berlin.

7.

199 Adrian Piper, *YOU/STOP/WATCH: A Shiva Japam*, 2002. Video, 00:42:26. Video still: NOT IN MY CIRCLE. Collection Adrian Piper Research Archive Foundation Berlin. ©APRA Foundation Berlin.

206 Two photos of Christmas Day at parents'
207 Washington Heights apartment, NYC. Left: uncle Martin Smith, Adrian Piper. Right: maternal grandmother Margaret Norris Smith, godmother Myrtle Wallace, Adrian Piper, 1949. Vintage black and white photograph, 7.04" × 4.98" (17.88 cm × 12.64 cm). Photo Credit: Daniel Robert Piper. Collection Adrian Piper Research Archive Foundation Berlin. ©APRA Foundation Berlin.

214 Adrian Piper, *Ginger and Kali in Mitchell's Way Den, Hyannis, Cape Cod, Mass.*, 2003. Color photograph, 5" × 3.43" (12.70 cm × 8.71 cm). Collection Adrian Piper Research Archive Foundation Berlin. ©APRA Foundation Berlin.

218 Mother Olive Xavier Smith Piper, father Daniel Robert Piper, maternal aunt Naomi Smith, maternal grandmother Margaret Norris Smith, maternal uncle Martin Smith, maternal second cousin Aston Oxley, Adrian Piper, Thanksgiving Dinner at parents' Washington Heights apartment, NYC, 1952. Vintage black and white photograph, 4.52" × 3.03" (11.48 cm × 7.69 cm). Photo Credit: Frank Roy Smith. Collection Adrian Piper Research Archive Foundation Berlin. ©APRA Foundation Berlin.

TEXT Adrian Piper, "The Arena," 2003. Compressed text. Collection Adrian Piper Research Archive Foundation Berlin. ©APRA Foundation Berlin.

220 Daniel Robert Piper, Adrian Piper, Olive Xavier Smith Piper at Heidelberger Schloß, Heidelberg, Germany, 1978. Black and white photograph, 9.15" × 6.54" (23.24 cm × 16.61 cm). Photo Credit: David Auerbach. Collection Adrian Piper Research Archive Foundation Berlin. ©APRA Foundation Berlin and David Auerbach.

221 Adrian Piper, *I Am Some Body, The Body of My Friends #1–18*, 1992–1995. 15 color photographs, 3 black and white photographs, each 12" × 8" (30.5 cm × 20.3 cm). Detail: *#13* [masked]. Adrian Piper and mother Olive Xavier Smith Piper at Mitchell's Way, Hyannis, Cape Cod, 1994. Color photograph, 8" × 10" (20.32 cm × 25.40 cm).

Collection Adrian Piper Research Archive Foundation Berlin. ©APRA Foundation Berlin.

222 Adrian Piper, *Sally with Mom, Mitchell's Way, Hyannis, Cape Cod, April 1994.* Color photograph, 5.84" × 3.95" (14.83 cm × 10.03 cm). Collection Adrian Piper Research Archive Foundation Berlin. ©APRA Foundation Berlin.

225 Adrian Piper, *Accident*, 2008. Digital image: black and white photograph overprinted with text, 6.10" × 8" (15.49 cm × 20.32 cm). Collection Adrian Piper Research Archive Foundation Berlin. ©APRA Foundation Berlin.

229 Adrian Piper, *Land of No Return*, 2007. Digital image, dimensions variable. Collection Adrian Piper Research Archive Foundation Berlin. ©APRA Foundation Berlin.

231 Crashed Piper Cub, July 19, 1999, off the Coast of Cape Cod, 1999. Newspaper photograph, 6" × 4" (15.24 cm × 10.16 cm). Photo Credit: Unknown. Collection Adrian Piper Research Archive Foundation Berlin.

TEXT Adrian Piper, *HEY, GOD!* 1992. Compressed text. Detail from *Self-Portrait 2000*, 2001. Webwork, dimensions variable. Collection Adrian Piper Research Archive Foundation Berlin. ©APRA Foundation Berlin.

8.

234 Adrian Piper, *Political Self-Portrait #2 [Race]*, 1978. Photostat collage, 24" × 40" (61 cm × 101.6 cm). Private collection. ©Adrian Piper Research Archive Foundation Berlin.

236 Adrian Piper, *Self-Portrait Exaggerating My Negroid Features*, 1981. Pencil on paper, 8" × 10" (20.3 cm × 25.4 cm). Collection Eileen Harris Norton. ©Adrian Piper Research Archive Foundation Berlin.

237 Adrian Piper, *Think About It*, 1983–88. Collage designed for a billboard mockup: rephotographed newspaper images, transparent foil, text, red watercolor, 14" × 17" (35.5 cm × 43.1 cm). Photo Credit: The New York Times/Paul Hosefros, Jim Wilson and Dan Miller; Danny Lyon, Jack Levine; Bruce Davidson/Magnum Photos; Black Star/Flip Schulke. Private collection. ©Adrian Piper Research Archive Foundation Berlin.

239 Adrian Piper, *Vanilla Nightmares #9*, 1986. Charcoal and oil crayon on *New York Times* page from Thursday, July 3, 1986, 22" × 13.75" (55.8 cm × 34.9 cm). Collection Walker Art Center, Minneapolis. ©Adrian Piper Research Archive Foundation Berlin.

240 Adrian Piper, *Cornered*, 1988. Video installation: table, 10 chairs arranged in gunboat formation, television monitor, Adrian Piper's father's two framed birth certificates, lighting, dimensions variable. Collection Museum of Contemporary Art Chicago, Illinois. ©Adrian Piper Research Archive Foundation Berlin.

241 Adrian Piper, *Unite (The PacMan Trilogy Part I)*, 2005. Video wall projection, 00:39:00. Video still. Video animation by Colin Holgate of Funnygarbage. Collection Adrian Piper Research Archive Foundation Berlin. ©APRA Foundation Berlin.

243 Adrian Piper, *Everything #19.1*, 2007. Wall installation, light gray painted wall with white wall text, dimensions variable. Adrian Piper Research Archive Foundation Berlin. ©APRA Foundation Berlin.

244 Adrian Piper, *Everything #19.3: New York Times Portrait of Megan Williams*, 2007–2008. Photo-text collage page work consisting in 16 digital prints, each 7" × 4" (17.8 cm × 10.2 cm), unframed. Collection Adrian Piper Research Archive Foundation Berlin. ©APRA Foundation Berlin.

247 Adrian Piper, *PRESS BLACK-OUT: You Will Pardon the Pun*, 2002. Postal art flyer, 8.5" × 11" (21.59 cm × 27.94 cm). Collection Adrian Piper Research Archive Foundation Berlin. ©APRA Foundation Berlin.

248 Adrian Piper, *The Probable Trust Registry: The Rules of the Game #1–3*, 2013–15. Detail: *The Rules of the Game #1.* Installation + participatory group performance: three embossed gold vinyl wall texts on 70% gray walls; three circular gold reception desks, each ⌀ 1.83 m × h 1.6 m; contracts; signatories' contact data registry; three administrators; self-selected members of the public. Venice Biennale installation. Photo Credit: Elise Lammer. Collection Nationalgalerie Berlin. ©Adrian Piper Research Archive Foundation Berlin.

253 Raymond Saunders, *Untitled Pittsburgh*, 2003. Mixed media on plywood, 48" × 48" (121.92 cm × 121.92 cm). Collection and ©Raymond Saunders.

255 Raymond Saunders, *Untitled*, 2004. 48" × 48" (121.92 cm × 121.92 cm). Collection and ©Raymond Saunders.

256 Raymond Saunders, *Jack Johnson*, 1972. Collage, gouache, and mixed media on paper, 32" × 23" (81.28 cm × 58.42 cm). Collection and ©Raymond Saunders.

261 Adrian Piper, *African American History Library*, 2008. Digitally desaturated color photograph, 11.73" × 15.64" (29.79 cm × 39.72 cm). Collection Adrian Piper Research Archive Foundation Berlin. ©APRA Foundation Berlin.

TEXT Adrian Piper, "Awful Truths," 1992. Compressed text. Collection Adrian Piper Research Archive Foundation Berlin. ©APRA Foundation Berlin.

264 Adrian Piper, *Everything #6*, 2004. Wallpaper

265 in 8 strips, overprinted with silkscreened text, dimensions variable.
Collection Adrian Piper Research Archive Foundation Berlin. ©APRA Foundation Berlin.

268 Adrian Piper, *Thwarted Projects, Dashed Hopes, A Moment of Embarrassment*, 2012. Digital self-portrait, 6" × 7.83" (15.24 cm × 19.97 cm). Collection Adrian Piper Research Archive Foundation Berlin. ©APRA Foundation Berlin.

269 Adrian Piper, *APRA Website NEWS September 2012*, 2012. Website announcement at http://adrianpiper.com/news_sep_2012.shtml. Collection Adrian Piper Research Archive Foundation Berlin. ©APRA Foundation Berlin.

271 Adrian Piper, *Kali 31 October 2014*, 2016. Digitally manipulated color photograph, 6" × 6.69" (15.24 cm × 16.99 cm).
Collection Adrian Piper Research Archive Foundation Berlin. ©APRA Foundation Berlin.

272 Adrian Piper, *AMSP Blasting Off*, 2008. Digital image, 6" × 7.1" (15.24 cm × 18.03 cm). Collection Adrian Piper Research Archive Foundation Berlin. ©APRA Foundation Berlin.

277 Adrian Piper, *The Grid (Three Monkeys)*, 1989. Pencil on graph paper, 8.5" × 11" (21.59 cm × 27.94 cm). Collection Peter Sorianos. ©Adrian Piper Research Archive Foundation Berlin.
TEXT Adrian Piper, "Now What?" 1992. Compressed text. Collection Adrian Piper Research Archive Foundation Berlin. ©APRA Foundation Berlin.

9.

278 Adrian Piper, *Rich, Hyannis Post Office*, 2005. Digital color photograph, 3.90" × 5.85" (9.9 cm × 14.85 cm).
Collection Adrian Piper Research Archive Foundation Berlin. ©APRA Foundation Berlin.

279 Adrian Piper, *Doug, Amy and Anthony, CCNF*, 2005. Digital color photograph, 5.85" × 3.90" (14.85 cm × 9.9 cm).
Collection Adrian Piper Research Archive Foundation Berlin. ©APRA Foundation Berlin.

280 Adrian Piper, *College Office*, 2005. Digital color photograph, 5.85" × 3.90" (14.85 cm × 9.9 cm). Collection Adrian Piper Research Archive Foundation Berlin. ©APRA Foundation Berlin.

282 Adrian Piper, *Mitchell's Way Porch, Cape Cod*, 2005. Digital color photograph, 5.85" × 3.90" (14.85 cm × 9.9 cm).
Collection Adrian Piper Research Archive Foundation Berlin. ©APRA Foundation Berlin.

283 Adrian Piper, *Mitchell's Way Den July 2005, Cape Cod*, 2005. Digital color photograph, 21.44" × 14.22" (54.45 cm × 36.11 cm).
Collection Adrian Piper Research Archive Foundation Berlin. ©APRA Foundation Berlin.

287 *Decide Who You Are #24: a Moving Target*, 1992. Triptych. Detail: panel #2. Enlarged and desaturated magazine photo, 47.63" × 71.75" (121 cm × 182.2 cm). Photo credit unknown. Collection Metropolitan Museum of Art. Gift of the Peter Norton Family Foundation, 1994. ©Adrian Piper Research Archive Foundation Berlin.
TEXT Adrian Piper, "A Moving Target," 1991. Compressed text for *Decide Who You Are #24: A Moving Target*, 1992. Silkscreened image-text collage printed on paper mounted on foam, silkscreened text. Panel #1 & 3: 41.63" × 71.75" (105.4 cm × 182.2 cm), panel #2: 47.63" × 71.75" (121 cm × 182.2 cm). Collection of The Metropolitan Museum of Art, New York. Gift of Peter Norton Family Foundation, 1994. ©Adrian Piper Research Archive Foundation Berlin.

295 Adrian Piper, *Everything #9.1*, 2005–07. 9 ink-jet photo prints: 5 wash-scrubbed with steel and foam rubber sponge, 4 over-printed with text, installed on blue-line grid, dimensions variable.
Collection Adrian Piper Research Archive Foundation Berlin. ©APRA Foundation Berlin.

296 Adrian Piper, *Mitchell's Way Library July 2005*, 2005. Digital color photograph, 5.85" × 3.90" (14.85 cm × 9.9 cm).
Collection Adrian Piper Research Archive Foundation Berlin. ©APRA Foundation Berlin.

299 Adrian Piper, *Berlin Apartment*, 2012. Digital color photograph, 15.64" × 11.73" (39.72 cm × 29.79 cm). Collection Adrian Piper Research Archive Foundation Berlin. ©APRA Foundation Berlin.

302 Adrian Piper, *Everything #2*, 2003. Scrubbed and partially erased blue-line graph paper overprinted with inkjet-printed text, 6" × 4" (15.24 cm × 10.16 cm). Collection Adrian Piper Research Archive Foundation Berlin. ©APRA Foundation Berlin.
TEXT Adrian Piper, "Homeless," 2002. Compressed text. Collection Adrian Piper Research Archive Foundation Berlin. ©APRA Foundation Berlin.

10.

307 Adrian Piper, *White Americans II*, 1997. Color photograph overdrawn with white oil crayon, 10" × 8" (25.40 cm × 20.32 cm).
Collection Adrian Piper Research Archive Foundation Berlin. ©APRA Foundation Berlin.

315 Adrian Piper, *Everything #13.1 [Dancing Shiva Ardhanarishvara]*, 2006. Limited edition of 20 digital prints, each 4.04" × 6.06" (10.26 cm × 15.39 cm). Various collections. ©Adrian Piper Research Archive Foundation Berlin.

317 Adrian Piper, *Automatic Self-Portrait*, 2011. Black and white digitally faded photograph, 7.04" × 8.64" (17.89 cm × 21.95 cm).

Collection Adrian Piper Research Archive Foundation Berlin. ©APRA Foundation Berlin.

TEXT Adrian Piper, "... and Presto!" 1993. Compressed text. Collection Adrian Piper Research Archive Foundation Berlin. ©APRA Foundation Berlin.

327 Adrian Piper, *Mitchell's Way Office, Cape Cod,* 2001. Black and white photograph, 5.66"×3.68" (14.38 cm × 9.35 cm).
Collection Adrian Piper Research Archive Foundation Berlin. © APRA Foundation Berlin.

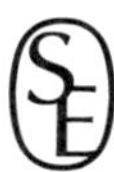

Silvana Editoriale

Direttore generale / Chief Executive
Michele Pizzi

Direttore editoriale / Editorial Director
Sergio Di Stefano

Progetto grafico e impaginazione
Concept & graphic design
Studio Marie Lusa

Coordinamento redazionale
Editorial Coordinator
Maria Chiara Tulli

Redazione italiana
Copy Editing for the Italian Texts
John Irving

Redazione inglese
Copy Editing for the English Texts
Clare Manchester

Traduzione / Translation
John Irving

Segreteria di redazione / Editorial Assistant
Giulia Mercanti

Ufficio stampa / Press Office
Alessandra Olivari, press@silvanaeditoriale.it

ISBN 978-88-366-5717-9

Prima edizione / First Edition:
APRA Foundation Berlin, 2018

Colophon

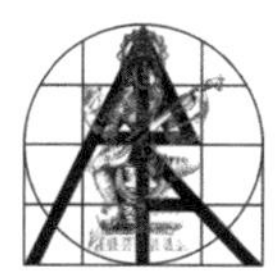

APRA Foundation Berlin
Reinickendorfer Straße 117
D—13347 Berlin
Germany
Tel./Fax +49 (0)30 4403 9244
email: contact@adrianpiper.com

Umsatzsteuer I.D. #DE 284-612-615

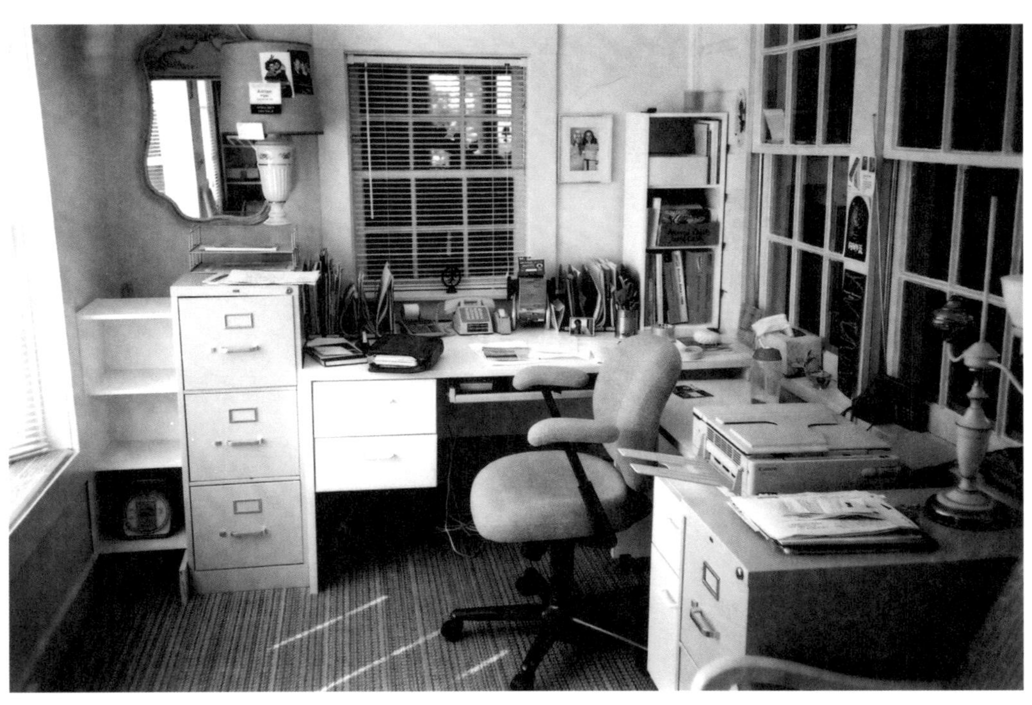

Design copertina e risguardi
Cover and Endpaper Design
Adrian Piper

Silvana Editoriale S.p.A.
via dei Lavoratori, 78
20092 Cinisello Balsamo, Milano
tel. 02 453 951 01
www.silvanaeditoriale.it

Le riproduzioni, la stampa e la rilegatura
sono state eseguite in Italia
Reproductions, printing and binding in Italy
Stampato da / Printed by Musumeci S.p.A., Quart (Aosta)
Finito di stampare nel mese di febbraio 2024
Printed February 2024

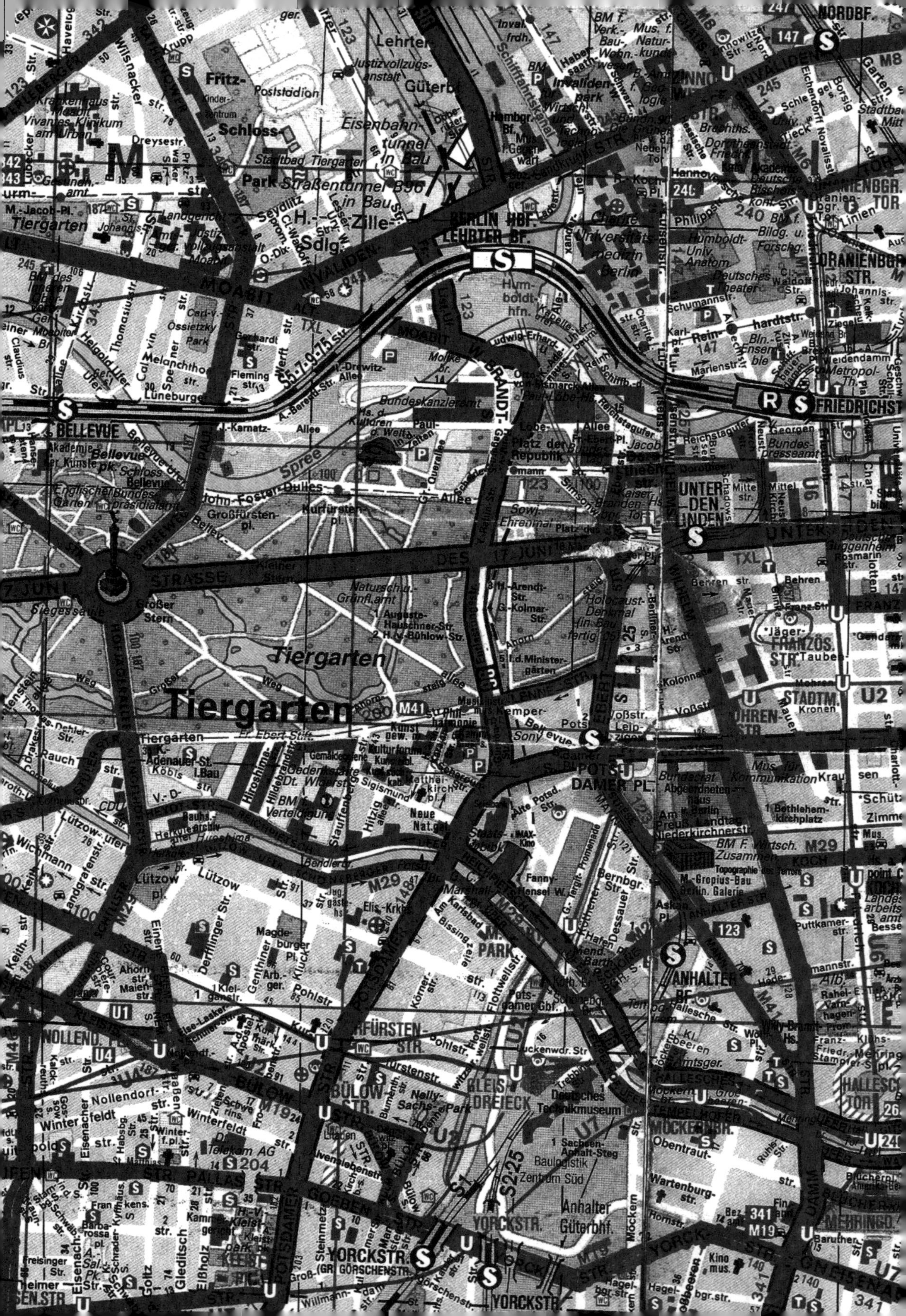